古典文獻研究輯刊

五　編

潘美月・杜潔祥　主編

第 11 冊

《新序》校證（中）

陳茂仁　著

國家圖書館出版品預行編目資料

《新序》校證（中）／陳茂仁著 -- 初版 -- 台北縣永和市：花
木蘭文化出版社，2007〔民96〕

目 2+302 面；19×26 公分（古典文獻研究輯刊 五編：第 11 冊）

ISBN：978-986-6831-45-4（全套精裝）
ISBN：978-986-6831-56-0（精裝）
1. 新序　2. 研究考訂
122.47　　　　　　　　　　　　　　　　　　96017436

ISBN - 978-986-6831-56-0

9 789866 831560

古典文獻研究輯刊
五　編　第十一冊　　　　　ISBN：978-986-6831-56-0

《新序》校證（中）

作　　者　陳茂仁
主　　編　潘美月　杜潔祥
企劃出版　北京大學文化資源研究中心
出　　版　花木蘭文化出版社
發 行 所　花木蘭文化出版社
發 行 人　高小娟
聯絡地址　台北縣永和市中正路五九五號七樓之三
　　　　　電話：02-2923-1455 ／傳眞：02-2923-1452
電子信箱　sut81518@ms59.hinet.net
初　　版　2007 年 9 月
定　　價　五編 30 冊（精裝）新台幣 46,500 元

《新序》校證（中）

陳茂仁　著

目　　　錄

《新序》卷第四

陽朔元年二月癸卯護左都水使者光祿大夫臣劉向上
雜　事

（一）管仲言齊桓公曰

管仲言齊桓公曰：

　　茂仁案：「管仲言齊桓公曰」，審本書凡人臣言於君，「言」下必有「於」字。如卷一「秦欲伐楚」章，「秦使者反，言於秦君曰」；卷三「燕易王時」章，「涓人言於君曰」；卷七「子列子窮」章，「客有言於鄭子陽者曰」；卷九「晉文公之時」章，「狐偃言於晉文公曰」；又「晉文公秦穆公共圍鄭」章，「鄭大夫佚之狐言於鄭君曰」。此例全書凡五見，並此為六，獨此無「於」字，於文例未符，「言」下當據補「於」字，《冊府元龜》二三九〈注〉「言」下有「於」字，即其證也。

「夫墾田剏邑，

　　盧文弨曰：「《韓非子・外儲說左下》作『墾草仞邑』，〈注〉：『仞，入也。』」

　　武井驥曰：「《呂覽・勿躬篇》『剏』作『大』，《韓非子・外儲說左下》作『仞』，《管子・小匡篇》作『墾草入邑』。〈秦策〉曰：『大夫種為越王墾草剏邑。』鮑彪曰：『墾，耕。剏，造也。』」

　　施珂曰：「《管子・小匡篇》作『墾草入邑。』與《韓非子》〈注〉合。《呂覽・勿躬篇》作『墾田大邑。』大疑本作入。」

　　梁容茂曰：「（夫懇剏邑）《呂氏春秋・勿躬篇》：懇，作『墾』；剏，作『大』。《管子・小匡篇》作『墾草入邑』。《韓非子・外儲說左下》作『墾草仞邑』。〈注〉

云：『仞，入也。』案：作懇，誤。」

蔡信發曰：「《呂覽》作『墾田大邑』，《韓子》作『墾草仞邑』，《管子》作『墾草入邑』，《長短經》無此句。《諸子平議》二十一：『墾草仞邑，樾謹案：仞，當作舠。謂舠造其邑也。作仞者，字之誤。舊〈注〉曰：仞，入也，所食之邑，能入其租稅也。訓仞爲入，未詳其義。《新序》載此事，正作舠邑，當據以訂正。』案：忈，舠之誤刻，《說文》：『舠，造法舠業也。』仞、入雙聲假借，並爲日紐，《說文》：『仞，伸臂一尋八尺。入，內也。』仞邑，猶入邑，謂入他地以成邑。《管子》作『大邑』，大，動詞，欲大邑，即須入地，義亦相成。此作舠邑以說之，義亦相同，蓋欲舠邑，務須入地。故諸書所作不一，義實無二。俞氏以此非《韓子》，欠確。」

茂仁案：四庫《新序》版本有二，二本「懇」並作「墾」，下有「田」字，梁先生以四庫本爲底本，失檢。《說文》五篇下井部「舠」字段〈注〉云：「《國語》、《孟子》字皆作創。趙氏、韋氏皆曰：『創，造也。』假借字也。」《史記·蔡澤傳》云：「墾草入邑。」〈索隱〉引劉氏云：「入猶充也。謂招攜離散，充滿城邑也。」〈考證〉引中井積德曰：「墾草入邑，墾開草萊棄地，以爲邑中良田也。」《廣雅·釋詁》三下云：「入，得也。」職此，舠邑、大邑、仞邑、入邑，文異而實同也，蔡先生之說是。元刊本、何良俊本、楊美益本、白口十行本「墾」並作「懇」，各本「舠」並作「舠」。懇、墾；舠、舠，並形近而訛也。

闢土殖穀，盡地之利，

蒙傳銘曰：「《管子·小匡篇》『殖』作『聚』，《韓非子·外儲說左下篇》作『生』，《御覽》二七三同，《呂氏春秋·勿躬篇》作『藝』。」

梁容茂曰：「（辟土殖穀）《呂氏春秋·勿躬篇》：辟，作『闢』，殖穀，作『芸粟』。《管子·小匡篇》作『辟土聚粟』。。」

蔡信發曰：「《管子》作『辟地聚粟』，《呂覽》作『辟土藝粟』，《韓子》作『辟地生粟』，《長短經》作『闢土聚粟』。辟、闢同音假借，《說文》云：「辟，法也。闢，開也。」又藝，種也，見《說文》。殖穀、藝粟、生粟義一，生而後能聚，與聚粟之義相成，故諸書所作不一，義實無二。」

茂仁案：四庫《新序》版本有二，二本並作「闢」，不作「辟」，梁先生以四庫本爲底本，失檢。「植」，四庫全書本作「殖」，四庫全書薈要本作「植」。上言《長短經》，見該書卷一〈任長篇〉，《春秋別典》二引《管子》作「辟土聚粟」。《說文》十二篇上門部云：「闢，開也。」段〈注〉云：「引申凡開拓之偁，古多假借辟字。」《孟子·梁惠王上篇》云：「然則王之所大欲可知已：欲辟土地，朝秦楚。」據是，

辟、闢，古、今字。藝，古作「埶」，種也、樹也，說見《說文》三篇下丮部「埶」字及段〈注〉。蔡先生曰：「殖穀、藝粟、生粟義一，生而後能聚，與聚粟之義相成，故諸書所作不一，義實無二。」是。

則臣不若審戚，

盧文弨曰：「《呂氏·勿躬篇》作『甯遬』，古戚速同音。」

武井驥曰：「《韓非子》『審戚』作『審武』，《呂覽》作『審遬』。」

蒙傳銘曰：「《韓非子》作『甯武』，疑爲『甯戚』之誤。《管子》正作『甯戚』，與《新序》同。」

梁容茂曰：「（則臣不若甯戚）《呂氏》：戚，作『遬』；《拾補》云：『古戚速同音。』《韓子》：戚，作『武』。」

蔡信發曰：「『審戚』，《管子》、《晏子》、《長短經》同此，《呂覽》作『審遬』，《韓子》作『審武』。高〈注〉：『審遬，審戚。』案：遬，遬之形誤；遬，速之重文。戚、遬同音，在聲，戚爲清紐，遬爲心紐，俱爲齒音，古爲雙聲；在韻，古音並在屋部。《韓子》作『武』，乃戚之形近而訛。故審戚一名，諸書所作相異，實即一人。」

茂仁案：四庫本《新序》版本有二，二本並作「甯」，不作「寧」，梁先生以四庫本爲底本，失檢。「則臣不若審戚」，《呂氏春秋·勿躬篇》「審戚」作「甯遬」，《韓非子·外儲說左下篇》作「甯武」，《管子·小匡篇》、《長短經·任長篇》則並與本書同。「審」，不見於字書，爲「甯」字篆文隸變所致誤，說見卷三「齊人鄒陽客游於梁」章，「審戚飯牛車下」條校記。元刊本、白口十行本、四庫本、陳用光本、鐵華館本、百子本、龍溪本並作「甯」，即其證也。《韓非子》〈集釋〉云：「盧文弨曰：『武，戚字之訛，《新序》作戚。』顧廣圻曰：『《呂氏春秋》作遬。』王先慎曰：『盧說是，《管子》亦作戚，戚有宿音，故通作遬。』」審遬，爲「速」之籀文，說見《說文》二篇下辵部「速」字。速，古爲心母、屋部；戚，古爲清母、覺部，二者音近可通。

請置以為田官；

盧文弨曰：「《韓》、《呂》俱作『大田』。」

武井驥曰：「（《呂覽》）『田官』作『大田』，《管子》作『大司田』，『置』作『立』，下同。」

施珂曰：「《管子》作『大司田』即『大田』也。」

梁容茂曰：「《呂氏》：田官，作『大官』。《韓子》：田官作『大官』。《管子》：田

官，作『大司田』。」

蔡信發日：「『田官』，《管子》作『大司田』，《呂覽》、《韓子》，並作『大田』，《長短經》作『司田』。《淮南‧繆稱》〈注〉：『大田，田官也。』又〈齊俗〉：『后稷爲大田。』王念孫：『大田，田官之長也。』案：田官、大司田、大田、司田，並爲農官，義無二歧。」

茂仁案：《管子‧小匡篇》、《韓非子‧外儲說左下篇》、《長短經‧任長篇》「置」並作「立」，下同，置、立義同。《管子》「田官」作「大司田」，《呂氏春秋》、《韓非子》並作「大田」，《長短經》作「司田」。王念孫《讀書雜志》五之四《管子‧小匡》「大司田」云：「大司田，本作司田；大司理，本作司理。此因大司馬之文而誤衍也。《群書治要》作『請立以爲司田』，無『大』字。」審「田官」，當即《詩經‧豳風‧七月》之「田畯」，即《周禮‧地官》之「司稼」。《周禮》「司」上冠以「大」字者，唯「大司徒」、「大司樂」、「大司馬」、「大司寇」四者，餘例未見，王念孫說是也。又蔡先生所引王念孫之說，見《讀書雜志》九之十《淮南子‧繆稱》。

登降揖讓，進退閑習，臣不如隰朋，請置以為大行；

武井驥曰：「《呂覽》『如』作『若』。驥按：『習』下當有『則』字。」

蒙傳銘曰：「如字，《管子》、《韓非子》均如此作。惟此節上文『則臣不若甯戚』，下文『則臣不若東郭牙』，『則臣不若弦寧』，『則臣不若王子成甫』，均作若字，則此文亦當作若字，以與上下文句法一律。又案：各本『臣』上皆無則字，惟此節上下文此等句法，『臣』上皆有『則』字，則此文亦當有『則』字，以與上下文句法一律。武說甚的。」

茂仁案：「登降揖讓」，《管子‧小匡篇》、《長短經‧任長篇》「登」並作「升」，《呂氏春秋‧勿躬篇》「揖」作「辭」，《韓非子‧外儲說左下篇》作「肅」，登、升義同；揖、辭、肅，並通。「進退閑習」，《管子‧小匡篇》「習」下有「辨辭之剛柔」五字，於義較長。「臣不如隰朋」，審上文「則臣不若甯戚」，下文「則臣不若東郭牙」、「則臣不若弦寧」、「則臣不若王子成甫」，「臣」上並有「則」字，「如」並作「若」，此不當例外，當據補改，以符文例，武井驥、蒙先生說並是也。「請置以爲大行」，《管子‧小匡篇》「行」下有「人」字。大行，官名，即《周禮‧秋官》之「大行人」。

蚤入晏出，犯君顏色，進諫必忠，不重富貴，不避死亡，則臣不若東郭牙，

茂仁案：「蚤入晏出」，《冊府元龜》二三九「蚤」作「早」，蚤、早，古、今字。「不重富貴」，《管子‧小匡篇》、《長短經‧任長篇》「重」並作「撓」，撓，訓捉住，

重、撓並通。「則臣不若東郭牙」，《管子・小匡篇》作「鮑叔牙」，非是，王念孫以人多聞鮑叔牙，寡聞東郭牙，故以意改之耳，說見《讀書雜志》五之四《管子・小匡》「鮑叔牙」條。

請置以為諫臣；

盧文弨曰：「（諫上）《呂》有『大』字。」

武井驥曰：「《呂覽》作『大諫臣』。」

施珂曰：「《管子》作『大諫之官』。」

梁容茂曰：「《呂氏》：為下有『大』字。《管子》作『大諫之官』。」

茂仁案：《長短經・任長篇》「諫臣」作「大諫」。諫臣、大諫之官、大諫臣、大諫，並為諫官，文異而實同。

決獄折中，不誣無罪，不殺無辜，

茂仁案：祕書本、四庫本「辜」並作「辠」，非是，辠、辜，形近致訛也。

則臣不若弦寧，

武井驥曰：「《呂覽》『弦寧』作『弦章』，《韓非子》作『弦商』，《管子》作『賓須無』。驥按：《管子》此章上文云：『弦子旗為理。』子旗蓋弦章之字，義自相配。」

梁容茂曰：「《韓子》：弦寧，作『弦商』。《管子》作『賓須無』。」

蔡信發曰：「『弦寧』，《晏子》、《呂覽》、《說苑》作『弦章』，《韓子》作『弦商』，《管子》一作『弦子期』，一作『賓須無』，《長短經》作『賓須無』。《讀書雜志》五：『弦子期，即弦章之字。《韓子》作弦商，商與章古字通。〈費誓〉：「我商賚爾。」徐邈音章。《荀子・王制篇》，審詩章作審詩商，皆是也。《新序》作弦寧，即弦章之譌。』孫星衍《晏子春秋音義》上：『弦章，《韓非子・外儲說》有弦商。章、商聲相近，一人也，事桓公。』《說苑斠補》：『孫說非也。《呂氏春秋・勿躬篇》：「管子復於桓公曰：『決獄折中，不殺不辜，不誣無罪，臣不若弦章，請置以為大理。』」《管子・小匡篇》：『子旗為大理。』子旗，弦章之字。《左》閔二年〈傳〉：『衣，身之章也；佩，衷之旗也。』章、旗二字，義正相合，故弦章字子旗。若為弦寧，則不得字子旗也。《韓非子・外儲說左下篇》：『管仲曰：「辯察於辭，清潔於貨，習人情，夷吾不如弦商，請立以為大理。」』章、商古通用；弦商，即弦章也。是弦章本桓公時人，此文作弦章，不誤。《新序・雜事四》、《晏子春秋・問上篇》作弦寧，並非。下文『晏子沒十有七年，景公飲大夫酒，公射出質，堂上唱善，若出一口，公作色太息，播弓矢，弦章入。』章當為寧，後人依此文改之，而不知其誤也。」

上除孫說，餘說並是。本章之所以作弦寧，蓋涉《晏子·問上》景公時之弦寧而誤。據〈年表〉，桓公末年迄景公元年，凡九十六年，相去遙遠，則桓公時之弦章與景公時之弦寧，斷非一人，而本文弦寧為弦章之誤，亦無疑矣。《呂覽·勿躬》畢沅校：『《管子》作賓須無。王厚齋云：'案：《說苑》弦章在景公時，當以《管子》為正。'』王氏引《說苑》為說，既欠周，且失檢。至賓須無、弦章何者為是，蓋傳聞異詞，殊難定之。」

茂仁案：「則臣不若弦寧」，《管子·小匡篇》「弦寧」作「賓胥無」，唯上文作「弦子旗」，《呂氏春秋·勿躬篇》、《說苑·君道篇》並作「弦章」，《韓非子·外儲說左下篇》作「弦商」，《長短經·任長篇》作「賓胥無」。《呂氏春秋》〈注〉引梁仲子云：「子旗，蓋弦章之字。」王引之《經義述聞》述二三〈春秋名字解詁〉「齊弦章，字子旗」云：「【《呂氏春秋·勿躬篇》作『弦章』，《韓非子·外儲說篇》作『弦商』，商、章古字通。《新序·雜事篇》作『弦寧』，章字之誤也。《管子·小匡篇》作『子旗』，蓋弦章之字。】謂旌旗之采章也。〈月令〉曰：『命婦官染采，以為旗章。』〈小雅·六月篇〉曰：『織文鳥章。』〈大雅·韓奕篇〉曰：『淑旂綏章。』〈郊特牲〉曰：『旂十有二旒，龍章而設日月。』《爾雅》曰：『因章曰旃。』皆謂旌旗。旗、章所以立表，以示眾人。因而凡物之表皆謂之章，亦謂之旗。閔二年《左傳》：『衣，身之章也。佩，衷之旗也。』杜〈注〉云：『旗，表也。所以表明其中心。』昭元年傳：『舉之表旗，而箸之制令。』」是。說又見周法高先生《周秦名字解詁彙釋》卷下。審古人名與字常有意義上之關繫，弦章，字子旗，是也，作「弦寧」，則不類矣。王念孫《讀書雜志》五之四《管子·小匡》「賓胥無」云：「賓胥無本作弦章，後人以上文云其相曰夷吾，大夫曰甯戚、隰朋、賓胥無、鮑叔牙，用此五子者，何功？遂改改弦章為賓胥無。不知上文自謂用此五人而成霸功，不謂以賓胥無為大理也。〈大匡篇〉曰：『賓胥無堅強以良，可以謂西土。』則不使為大理明矣。又上文云使東郭牙為大諫，王子城父為將，弦子旗為理，甯戚為田，隰朋為行。此文云隰朋為大行，甯戚為司田，王子城父為大司馬，東郭牙為大諫。皆與上文同。而弦子旗即弦章之字，則為大理者，乃弦章而非賓胥無矣。《呂氏春秋》、《韓子》、《新序》並云以弦章為大理，即本於管子也。【《韓子》作『弦商』。商與章，古字通。〈費誓〉：『我商賚女。』商，徐邈音章。《荀子·王制篇》『審詩章』作『審詩商』，皆是也。《新序》作『弦寧』，即『弦章』之訛。】」王引之、王念孫之說並是也，「弦寧」當據改作「弦章」。

請置以為大理；

　　施珂曰：「《管子》作『大司理』。」

　　梁容茂曰：「《管子》：大下有『司』字。」

　　茂仁案：《管子》作「大司理」，其「大」字，衍也。說見上文「請置以爲田官」條校記引《讀書雜志》。

平原廣囿，

　　盧文弨曰：「（囿）《呂》作『域』。」

　　武井驥曰：「《管子》『囿』作『牧』，《呂覽》作『城』。」

　　施珂曰：「《管子》作『牧』。」

　　梁容茂曰：「《呂氏》：囿作『城』；《管子》作『牧』。」

　　茂仁案：《長短經・任長篇》「囿」亦作「牧」，《呂氏春秋》畢沅云：「城，疑域。」囿、域，並通，《呂氏春秋・勿躬篇》作「城」，文不辭，蓋「域」之形訛也，盧文弨云「《呂》作『域』」，蓋所見本不誤，是其證也。

車不結軌，士不旋踵，鼓之而三軍之士，

　　茂仁案：「車不結軌」，《管子・小匡篇》、《長短經・任長篇》「軌」並作「轍」，義通。「鼓之而三軍之士」，元刊本、何良俊本、楊美益本、程榮本、鐵華館本「鼓」並作「皷」，鼓、皷，正、俗字，說見《永樂大典》八「上聲・五姥」。

視死若歸，

　　梁容茂曰：「《韓子》、《呂氏》、《管子》：若，作『如』。百子本同。若、如，通用。」

　　茂仁案：百子本作「若」，不作「如」，梁先生失檢。

則臣不若王子成甫，請置以為大司馬。

　　武井驥曰：「（《呂覽》）『王子成甫』作『王子城父』，《韓非子》作『公子成父』。」

　　梁容茂曰：「《呂氏》、《管子》：成甫，作『城父』。《韓子》：王子成甫，作『公子成父』。甫、父，通用。」

　　蔡信發曰：「『王子成甫』，《管子》、《呂覽》作『王子城父』，《韓子》作『公子成父』，《長短經》作『王子城甫』。王子，複姓。《通志・氏族略・以爵系為氏》：『王子氏，姬姓，周大夫王子狐，王子城父之後也。漢有王子中同，治《尚書》。』《韓子》作公子，誤。城從成得聲，古通。甫、父並為方矩切，同音，故相通作。《詩・

大雅・緜》公古亶父〈釋文〉:『父,本作甫。』《儀禮・士冠禮》〈注〉:『甫字,或作父。』」

茂仁案:《說苑・君道篇》「王子成甫」,亦作「王子成父」。《長短經・任長篇》「王子成甫」亦作「王子城父」。

君如欲治國彊兵,則此五子者足矣。如欲霸王,則夷吾在此。」

武井驥曰:「《管子》『足』作『存』。」

梁容茂曰:「(君爲欲治國強兵,則此五子者足矣)《管子》:足,作『存』。」

茂仁案:「君如欲治國彊兵」,四庫《新序》版本有二,二本並作「如」,不作「爲」,梁先生以四庫本爲底本,失檢。《長短經・任長篇》「彊」作「強」,《冊府元龜》二三九〈注〉同,元刊本、楚府本、何良俊本、楊美益本、白口十行本、程榮本、祕書本、四庫本、陳用光本、百子本並同,彊、強,古並爲群母、陽部,音同可通。「則此五子者足矣」,《長短經・任長篇》「足矣」作「存焉」。

夫管仲能知人,桓公能任賢,所以九合諸侯,一匡天下,不用兵車,管仲之功也。《詩》曰:「濟濟多士,文王以寧。」桓公其似之矣。

武井驥曰:「朱熹曰:『九,《春秋傳》作‘糾’。督也。古字通用。』驥按:《左傳・僖二十六年》:『桓公是以糾合諸侯,而謀其不協。』〈齊世家〉曰:『兵車之會三,乘車之會六,九合諸侯,一匡天下。』此似爲九會諸侯。〈正義〉承此爲解。又釋一匡曰:『匡,正也。』謂定襄王爲天子之位也。太宰純曰:『《穀梁傳》云:‘衣裳之會十有一。’由是觀之,九字似當作糾,然後之文人,多有以‘九合諸侯’與‘一匡天下’對言者,則此九字不必讀爲糾,今不敢定其是非。要之,九、糾同音,其義亦兩通,二說並存爲是。」

茂仁案:《史記・齊世家》云:「桓公稱曰:『寡人兵軍之會三,乘車之會六,九合諸侯,一匡天下。』」九合諸侯,歷來說解紛歧,略見《困學紀聞・春秋》翁〈注〉。九,或釋糾、或釋次數爲九、或釋蓋多之謂,實難定其是,唯清人梁玉繩及近人劉師培之說,較得其實。梁玉繩《史記志疑》一六云:「《論語》九合,朱子據《春秋傳》糾合,以爲古字通用,固是。而實則九合,猶《左傳》『夷于九縣』、《公羊》『叛者九國』,不必改九爲糾,九之爲言多也。《丹鉛錄》云:『九爲陽數之極,書傳稱九者,皆極言之。』此解甚愜。」劉師培《古書疑義舉例補》云:「九合,猶言屢合,不必以九爲限。考之《楚辭・九歌》本十一篇,而以九數標目,則數之不止於九者,亦可以九爲數。蓋九訓爲究,又訓爲極數,凡數之指其極者,皆得稱九,而不必泥

於實數也。」梁、劉之說是。審《穀梁傳・莊公二十七年》言齊桓公「衣裳之會十
有一」〈集解〉云：「（魯莊公）十三年會北杏，十四年會鄄，十五年又會鄄，十六年
會幽，二十七年又會幽；僖元年會檉，二年會貫，三年會陽穀，五年會首戴，七年
會寧毋，九年會葵丘。」合共十一會，是知此云九合者，蓋多之謂，非實數也，此
亦其明證也，《路史・發揮篇》「九合諸侯」，亦有辯，可相參稽也。

（二）有司請吏於齊桓公

有司請吏於齊桓公，桓公曰：「以告仲父。」

盧文弨「吏」作「叓」，曰：「古『事』字，《呂氏・任數篇》作『事』，俗本訛
『吏』。」

武井驥曰：「《論衡・自然篇》作『或復於桓公』，《韓非子・難二篇》作『齊桓
公之時，晉客至，有司請禮』，《呂覽・任數篇》『吏』作『事』是。《治要》同。驥
按：事，古字作『叓』，故誤。」

施珂曰：「盧說是也，《治要》引此正作事。」

梁容茂曰：「《韓非子・難二篇》云：『齊桓公之時，晉客至，有司請禮。』《呂
氏・任數篇》：吏，作『事』。《治要》引亦作『事』。《拾補》云：『叓，古事字，《呂
氏・份數篇》（茂仁案：《拾補》作「任數」，不作「份數」）作事，俗本訛吏。』案：
事，古文作叓，與吏形似，故易誤。」

蔡信發曰：「《呂覽》『吏』作『事』，《韓子》作『齊桓公之時，晉客至，有司請
禮』，《論衡》作『或復於桓公』，並與此異。」

茂仁案：「有司請吏於齊桓公」，文不辭。盧文弨曰：「（叓）古事字，《呂氏・任
數篇》作事，俗本訛吏。」是。《群書治要》四二引、《冊府元龜》二三九「吏」並
作「事」，即其明證。

有司又請，桓公曰：「以告仲父。」若是者三。

武井驥曰：「吳本『三』作『二』，嘉靖本、朝鮮本同。」

梁容茂曰：「（若是者二）《韓子》、《呂氏》、《治要》：二作『三』。何本、程本、
百子本同。」

茂仁案：四庫《新序》版本有二，二本並作「三」，不作「二」，梁先生以四庫
本為底本，失檢。《群書集事淵海》三引、《春秋別典》二引「三」並作「二」，楚府
本、何良俊本、白口十行本並同。三，蓋言其多。唯審本文有司請事於桓公者二，

又下文「一則告仲父，二則仲父」，亦「二」次，故作「二」較長。

在側者曰：「一則告仲父，二則告仲父，易哉為君！」

武井驥曰：「《呂覽》『在側者』作『習者』。」

梁容茂曰：「《韓子》：作『而優笑曰』。《呂氏》：在側，作『習』。」

蔡信發曰：「《呂覽》作『習者曰』，《韓子》作『而優笑曰』，《論衡》作『左右曰』。」

茂仁案：「在側者曰」，《冊府元龜》二三九亦作「習者曰」，且「習」上有「其」字。《呂氏春秋》高誘〈注〉云：「習，近習。所親臣也。」陳奇猷《韓非子集釋》云：「〈八姦篇〉：『優笑侏儒，左右近習。』則優笑、近習，皆近習之人，故《新序》作『在側者』。」「二則告仲父」，祕書本「二」作「一」，非是，蓋涉上文「一則告仲父」而誤。

桓公曰：「吾未得仲父，則難；已得仲父，曷為其不易也？」

盧文弨曰：「（為其）何誤倒。」

武井驥曰：「《治要》下『仲父』下有『之後則』三字。」

施珂曰：「《漢魏叢書》陳本為其二字誤倒。」

梁容茂曰：「《治要》引：曷上有『之後則』三字。《拾補》云：『為其，何誤倒。』」

茂仁案：「已得仲父」，《呂氏春秋·任數篇》「父」下有「之後」二字，《冊府元龜》二三九同，上言《群書治要》，見卷四二引。「曷為其不易也」，祕書本、百子本「為其」亦並乙作「其為」。

故王者勞於求人，佚於得賢。

武井驥曰：「《治要》『人』、『賢』易地。《韓非子》作『勞於索人，佚於使人』。」

施珂曰：「《治要》引人、賢二字互易。」

梁容茂曰：「《治要》引：人，作『賢』；佚，作『逸』；賢，作『人』。」

茂仁案：《韓非子·難二篇》作「君人者，勞於索人，佚於使人」，置於上引「吾未得仲父」之上，與此異，又《鹽鐵論·刺復篇》作「君子勞於求賢，逸於用人」，亦「人」、「賢」互易。《群書集事淵海》三引「佚」上有「而」，「賢」下有「也」字，各本並無。審上下文，有「而」、「也」，於文氣較順。佚、逸，古並為餘母、質部，音同可通。

舜舉眾賢在位，垂衣裳，恭己無為而天下治。

　　茂仁案：「舜舉眾賢在位」句，直至本章完，《呂氏春秋》、《韓非子》、《論衡》並無此文，《群書集事海》三引並同。

湯文用伊呂，成王用周邵，

　　武井驥曰：「《治要》下『用』作『任』。」

　　施珂曰：「（成王用周邵）《治要》引用作任。」

　　梁容茂曰：「《治要》引：用，作『任』。」

　　茂仁案：任、用，互文。《春秋別典》二引「邵」作「召」，邵從召得聲，可相通用。

而刑措不用，兵偃而不動，用眾賢也。

　　茂仁案：「而刑措不用」與「兵偃而不動」當為並列句，疑「而刑措不用」之「而」字，當置「措」字下，適與「兵偃而不動」句法一律也，上文「湯文用伊呂」與「成王用周邵」並列為言，即其比也，《管子·君臣上篇》云：「是以令出而不稽，刑設而不用。」亦其比也。

桓公用管仲，則小也，故至於霸而不能以王。故孔子曰：「小哉！管仲之器！」蓋善其遇桓公，惜其不能以王也。

　　茂仁案：「桓公用管仲」句，至本章末，《群書治要》四二引、《春秋別典》二引並無。《論語·八佾篇》「子曰：『管仲之器小哉！』」〈正義〉言《新序·雜事篇》以桓公未能致王而譏管仲之器小為非。其云：「今謂管仲器小，由於桓公稱霸，非矣！《春秋繁露·精華篇》：『齊桓仗賢臣之能，用大國之資。於柯之盟，見其大信。一年而近國之君畢至，至於救邢衛之事，見存之繼絕之義，而明年遠國之君畢至，其後矜功振而自足，而不修德，故楚人滅弦而志弗憂。江、黃伐陳而不往救。損人之國，而執其大夫，不救陳之患。而責陳不納，不復安鄭，而必欲迫之以兵，功未良成，而志已滿矣。』故曰『管仲之器小哉』，自是自衰，九國叛矣。《法言·先知篇》：『或曰齊得夷吾而伯。仲尼曰『小器！』『請問大器？』『大器猶規矩準繩乎，先自治而後治人，謂之大器。』』此皆以管仲驕矜失禮為器小，無與於桓公稱霸之是非也。程氏瑤田《論學小記》：『事功大者，必有容事功之量。堯天而民無能名，蓋堯德如天，而即以天為其器。夫器小者，未有不有功而伐者也。其功大者，其伐益驕。塞門反坫，越禮犯分，以驕其功，蓋不能容其事功矣矣。吾於管仲之不知禮，而得器小之說矣！享富貴者，必有容富貴之量。舜禹之有天下而不與，蓋舜禹之德

亦如天，亦即以天爲其器，夫器小者，未有不富貴而淫者也。其富貴愈顯者，其淫
益張。三歸具官，窮奢極侈，以張其富，蓋不能容其富貴矣。吾於管仲之不儉，而
得器小之說矣！』」是。黃暉《論衡校釋・感類篇》云：「《論語・八佾篇》：『子曰：
＇管仲之器小哉！＇或曰：＇管仲儉乎？＇曰：＇管氏有三歸，官事不攝，焉得儉
乎？＇曰：＇然則管仲知禮乎？＇曰：＇邦君爲兩君之好，有反坫，管氏亦有反坫。
管氏而能禮，孰不知禮也？＇」翟灝曰：『《禮記》、《韓非子》、《論衡》所識譏管之
語，均與《論語》不同。』按《禮記・雜記》云：『孔子曰：＇管仲鏤簋而朱紘，賢
大夫也，而難爲上。＇』《韓非子・外儲說左下》：『管仲父庭有陳鼎，家有三歸。孔
子曰：＇良大夫也，其侈逼上。＇』正與此文謂譏管仲僭禮說同。《論語》謂『小器』，
此云『不賢』者。《管子・中匡篇》曰：『施伯謂魯侯曰：＇管仲者，天下之賢人也，
大器也。＇』故此文於《論語》『小器』，變言『不賢』。《過庭錄》據《史記・管晏
傳贊》及《新序・雜事篇》，謂『小器』乃孔子惜其遇桓公，至於伯而不能以王，非
也。若惜其不能以王，則不當以反坫、三歸譏之。」是。

至明主則不然，所用大矣。《詩》曰：「濟濟多士，文王以寧。」此之謂也。

　　梁容茂曰：「（至明王則不然）何本、百子本：王作『主』。」

　　茂仁案：四庫《新序》版本有二，二本並作「主」，不作「王」，梁先生以四庫
本爲底本，失檢。

（三）公季成謂魏文侯曰

**公季成謂魏文侯曰：「田子方雖賢人，然而非有土之君也，君常與之齊禮。假
有賢於子方者，君又何以加之？」**

　　茂仁案：龍溪本「方」作「万万」，非是，万、方，形近而訛。

**文侯曰：「如子方者，非成所得議也。子方，仁人也。仁人也者，國之寶也；
智士也者，國之器也；博通士也者，國之尊也。**

　　武井驥曰：「《御覽》四百三十二引『智士』下無『也』字，四百十九下『仁人』
下，無『也』字。」又曰：「《治要》『士』上增『之』字。」

　　施珂曰：「（通博士也者）《漢魏叢書》程本也者二字誤倒。」

　　梁容茂曰：「（博通士者也）《治要》引：士上有『之』字；者也，作『也者』。
百子本亦作『也者』。案：作『也者』，與上文例一律，是。」

蔡信發曰：「《校補》：『《治要》引：‘士’上有‘之’字；‘者也’，作‘也者’。案：作‘也者’，與上文例一律。』是。」

茂仁案：施先生以清蔣鳳藻鐵華館本爲底本，檢鐵華館本作「博通士也者」，不作「通博士也者」，失檢；梁先生以四庫本爲底本，四庫《新序》版本有二，二本並作「也者」，不作「者也」，失檢。「博通士也者」，《群書治要》四二引「通」下有「之」字，下文正作「博通之士」，「之」，蓋涉上文「仁人也者」、「智士也者」而奪，當據補，《喻林》七七引作「博通士也者」，亦奪「之」字耳。武井驥《纂註本》、元刊本、楚府本、何良俊本、楊美益本、程榮本「也者」並乙作「者也」，非是，與上文文例未符，檢白口十行本、祕書本、四庫本、陳用光本、鐵華館本、百子本、龍溪本並作「也者」，不誤。

故國有仁人，則群臣不爭；國有智士，則無四鄰諸侯之患；國有博通之士，則人主尊；

武井驥曰：「《御覽》『患』作『憂』。」

梁容茂曰：「《御覽》四三二引：無『四鄰』二字；患，作『憂』。」

茂仁案：憂、患義通。《群書治要》四二引「鄰」作「隣」，鄰、隣，一字之異體。

固非成之所議也。」

武井驥曰：「《治要》『議』上有『得』字。」

梁容茂曰：「《治要》引：所下有『得』字。案：據上文例，當有『得』字爲是。」

茂仁案：審上文「非成所得議也」，爲魏文侯聽及公季成之議田子方而發，而此「固非成之所議也」句，則乃魏文侯大加闡發仁人、智士、博通之士後所發斬釘截鐵之語。上文用「得」字，乃示公季成，田子方之重要非其所能知也，於其大加論述之後，益知公季成之議非是，故以「固非成之所議也」言之。無「得」字，益示公季成之非也。是以下文乃有「公季成自退於郊三日，請罪」之語。此無「得」字，非奪也，不當補，《冊府元龜》二四一所載與本文同，即其明證。祕書本「成」作「臣」，非是，音近致誤耳。

公季成自退於郊三日，請罪。

茂仁案：元刊本「成」作「或」，非是，形近致訛也。

（四）魏文侯弟曰季成

魏文侯弟曰季成，友曰翟黃，文侯欲相之，而未能決，

盧文弨曰：「《呂氏春秋・舉難篇》作『璜』，下同。」

蒙傳銘曰：「《韓詩外傳》三、《說苑・臣術篇》並作『黃』，與《新序》同。《史記・魏世家》、〈高士傳〉卷中『段干木』條並作『璜』。」

梁容茂曰：「翟黃，《外傳》作『翟璜』。」

蔡信發曰：「《呂覽》『黃』作『璜』，下同。璜從黃得聲，故相通作。」

茂仁案：「友曰翟黃」，《史記・魏世家》、《資治通鑑》一、《冊府元龜》二三九「黃」亦並作「璜」，白口十行本同，《說苑・臣術篇》作「觸」，下同。「黃」當據改作「璜」，下同，說見卷一「魏文侯與士大夫坐」章，「次至翟黃」條校記。

以問李克。

蔡信發曰：「《呂覽》『李克』作『季充』，下同。畢沅校：『乃李克也，因形近而訛。』是。案：李克，戰國，魏人，或作里克，見《外傳》十。蓋李、里並為良士切，同音通假。春秋別有一里克，晉獻公大夫，見《春秋》僖公九年、十年《經》、《左》閔公二年、僖公二年、八年、九年、十年《傳》。」

茂仁案：許維遹《呂氏春秋・舉難篇》〈集釋〉云：「畢沅云：『乃李克也。因形近而訛。』案：李本、凌本正作李克。〈適威篇〉、《史記・魏世家》、《韓詩外傳》二、《說苑・臣術篇》並同。」檢《韓詩外傳》，卷「二」為卷「三」之訛，許先生失檢。

克對曰：「君若置相，則問樂商與王孫苟端孰賢。」

盧文弨曰：「（商）《呂》作『騰』。」

武井驥曰：「《呂覽・舉難篇》『樂商』作『樂騰』。」

梁容茂曰：「《呂氏・舉難篇》：作『樂騰』。」

蔡信發曰：「《呂覽》『樂商』作『樂騰』。」

茂仁案：「君若置相」，《冊府元龜》二三九〈注〉作「君欲卜相」。《史記・六國年表》云：「（魏文侯）二十年，卜相，李克、翟璜爭。」「置相」並作「卜相」也，本卷「孟嘗君問於白圭曰」章，亦云魏文侯「卜相則曰：『成與黃孰可。』」《呂氏春秋・舉難篇》引此同，〈注〉云：「卜，擇也。」職此，作「卜相」義較長。「則問樂商與王孫苟端孰賢」，《冊府元龜》二三九〈注〉「商」作「商」、「王孫苟端」作「王孫圍苟端」，下同。商、商，形近而訛，元刊本、楚府本、何良俊本、楊美益本、程

榮本、祕書本、四庫本、陳用光本、鐵華館本、百子本、龍溪本並作「商」，即其明證，當據改，下同。

文侯曰：「善。」以王孫苟端為不肖，翟黃進之；樂商為賢，季成進之；故相季成。故知人則哲，進賢受上賞，季成以知賢，故文侯以為相。季成、翟黃皆近臣親屬也，以所進者賢別之，故李克之言是也。

　　茂仁案：《呂氏春秋‧舉難篇》「以王孫苟端爲不肖」，畢沅云：「爲不肖，舊本作『而不肖』，（中略）從《新序》改正。」審《古書虛字集釋》七云：「而，猶爲也。」《孟子‧滕文公篇》云：「方里而井。」《論語‧顏淵篇》〈正義〉引「而」作「爲」；《管子‧乘馬篇》云：「五家而伍，十家而連，五連而暴，五暴而長。」此與《周禮‧大司徒》「五家爲比，五比爲閭，四閭爲族」，文例同，並其比也，「而」非必改作「爲」也。

（五）孟嘗君問於白圭曰

孟嘗君問於白圭曰：「魏文侯名過於桓公，而功不及五伯，何也？」白圭對曰：「魏文侯師子夏，友田子方，敬段干木，此名之所以過於桓公也。

　　茂仁案：《韓詩外傳》三云：「卜子夏、田子方、段干木，此三人，君皆師友之。」《史記‧魏世家》云「卜子夏、田子方、段干木，此三人者，君皆師之。」《冊府元龜》二三九同，《說苑‧臣術篇》云：「是以東得卜子夏、田子方、段干木，彼其所舉，人主之師也。」《全三國文》嵇康〈段干木〉云：「文侯所以名過齊桓公者，能尊段干木、敬卜子夏、友田子方也。」《太平御覽》五〇七引皇甫士安《高士傳》云：「文侯以名過齊桓公者，蓋能尊段干木、敬卜子夏、友田子方故也。」《資治通鑑》一云：「魏文侯以卜子夏、田子方爲師，每過段干木之廬必式。」並與此異，蓋傳聞異辭。又「田子方」、「段干木」俱姓、名並舉，子夏不當例外，檢上引諸書，「子夏」上並有「卜」字，又《呂氏春秋‧察賢篇》、《白氏六帖》八「魏文得譽於諸侯」〈注〉、《永樂大典》一二〇一七引《史記》並作「卜子夏」，即其明證，當據補。「敬段干木」，四庫本、鐵華館本「叚」並作「段」，龍溪本「干」作「千」。叚、段；千、干，並形近而訛也，當據改。

卜相則曰『成與黃孰可』，此功之所以不及五伯也。

　　茂仁案：「成與黃孰可」，「黃」當據改作「璜」，說見卷一「魏文侯與士大夫坐」

章,「次至翟黃」條校記。《焦氏類林》一正作「璜」,不誤。

以私愛妨公舉,在職者不堪其事,故功廢;然而名號顯榮者,三士翊之也。如相三士,則王功成,豈特霸哉!」

　　武井驥曰:「經訓堂本《呂覽》『翊』作『羽翼』。」

　　茂仁案:「三士翊之也」,《呂氏春秋·舉難篇》畢沅云:「舊本脫翼字,今據李善注《文選》王子淵《四子講德論》補。《新序》四作三士翊之也。〈注〉羽翼舊倒,《選》〈注〉枚叔〈七發〉引作『羽翼佐也』。」翊、羽翼並作「輔助」義,義並通。龍溪本「士」作「上」,非是,形近致訛也。

(六)晉平公問於叔向曰

晉平公問於叔向曰:「昔者齊桓公九合諸侯,一匡天下,不識其君之力乎?其臣之力乎?」

　　武井驥曰:「《治要》『昔』下無『者』字。」

　　梁容茂曰:「《治要》引:無『者』字。」

　　茂仁案:上言《群書治要》,見卷四二引,「昔」下有無「者」字,並通。本書載「昔者」,凡二十七例;載「昔」,凡十二例,其間同章二者並存者,有:卷一「昔者周舍事趙簡子」章,「昔紂昏昏而亡」;卷三「齊人鄒陽客游於梁」章,「昔者荊軻慕燕丹之義」、「昔者玉人獻寶」、「昔者樊於期逃秦之燕」、「昔者司馬喜臏於宋」、「昔魯聽季孫之說」;卷七「堯治天下」章,「昔者堯治天下」、「昔堯治天下」,並其證也。九,為虛數,蓋言其多也,非實數,說見本卷「管仲言齊桓公」章,「所以九合諸侯」條校記。「一匡天下」,《路史·發揮篇》、《冊府元龜》二三九〈注〉「匡」並作「正」,義同。

叔向對曰:「管仲善制割,隰朋善削縫,賓胥無善純緣,桓公知衣而已,亦其臣之力也。」

　　武井驥曰:「《治要》『縫』作『齊』。」又曰:「《治要》『純』作『補』,《韓非子·難二篇》『隰朋』、『賓須無』易地。」

　　梁容茂曰:「《治要》引:縫,作『齊』;純,作『補』。眉注云:『齊作縫,補作純。』」

蔡信發曰：「《韓子》『隰朋』與『賓須無』倒。」

茂仁案：「管仲善制割」，《路史・發揮篇》「割」作「裁」，義通。「隰朋善削縫，賓胥無善純緣」，上言《群書治要》眉注，為指該書天頭眉批云。《太平御覽》八六一引、《焦氏類林》一引「胥」並作「須」，下同。胥，古為心母、魚部；須，古為心母、侯部，二者一聲之轉也，可相通用。

師曠侍，曰：「臣請譬之以五味，管仲善斷割之，隰朋善煎熬之，賓胥無善齊和之，

茂仁案：「管仲善斷割之」，《春秋別典》七引「斷割」乙作「割斷」。審《群書治要》四二引、《路史・發揮篇》、《太平御覽》八六一引、《冊府元龜》二三九、《喻林》七八引、《天中記》四六引、《焦氏類林》一引並作「斷割」，各本並同，又《淮南子・氾論篇》高〈注〉云：「愚者不能斷割。」又《太平御覽》一三一引《北齊書》云：「帝善斷割。」又一三五引《後漢書》云：「婦人斷割重器。」職此，作「斷割」為是。楚府本「管」作「官」，非是，形近致訛也。

羹以熟矣，奉而進之，而君不食，誰能彊之？亦君之力也。」

盧文弨曰：「（食）何誤『入』。」

梁容茂曰：「百子本：食，作『入』。《拾補》云：『何誤入。』」

茂仁案：「羹以熟矣」，《群書治要》四二引、《太平御覽》八六一引「以」並作「已」，以、已，古並為余母、之部，音同可通。「奉而進之」，《春秋別典》七引「進」作「薦」，義通。「而君不食」，陳用光本「食」亦作「入」。「亦君之力也」，審上文「不識其君之力乎？其臣之力乎」，「君」、「臣」上並有「其」字，且此句與上文「亦其臣之力也」對言，「臣」上亦有「其」字，是知此「君」上奪「其」字，《群書治要》四二引「君」上正有「其」字，當據補。「誰能彊之」，《喻林》七八引「彊」作「疆」，楚府本、白口十行本並同，疆、彊，形近而訛也，《群書治要》四二引、《冊府元龜》二三九〈注〉、《春秋別典》七引「彊」並作「強」，四庫本同，彊、強，古並為群母、陽部，音同可通。

（七）昔者齊桓公與魯莊公為柯之盟

昔者齊桓公與魯莊公為柯之盟，魯大夫曹劌謂莊公，

武井驥曰：「《史・刺客傳》『曹劌』作『曹沫』，《呂覽・貴信篇》作『曹翽』。」

蒙傳銘曰：「莊公十年、二十三年《左傳》、莊公十三年《穀梁傳》、《管子・大匡篇》皆作『曹劌』，《戰國策・齊策三》則作『曹沫』。」

梁容茂曰：「《呂氏・貴信篇》：曹劌，作『曹翽』。《史記・刺客列傳》作『曹沫』。」

蔡信發曰：「曹劌劫持桓公事，不見《左氏》、《穀梁》，而見《公羊》，直書曹子，不言其名，《淮南》、《史記・魯仲連傳》同。他如《管子》、《呂覽》、《國策》、《史記》亦僉有載及，唯劌名所作不一。《管子》、《書・古今人表》、《劉子》作『劌』，與此同；《呂覽》作『翽』，《國策》、《史記》、《長短經》、《鶡冠子》作『沫』，並與此異。子，男子美稱，所謂曹子，實即莊公十年助魯攻齊於長勺之曹劌，故《穀梁・莊公十三年傳》作『冬，公會齊侯，盟于柯，曹劌之盟也，信齊侯也』，可證所謂曹子，即指曹劌。劌、翽、沫，並在泰韻，疊韻通假，故諸書所作相異，實即一人耳。至《史記・魯仲連傳》〈索隱〉作『曹昧』，昧乃沫之形近而訛。」

茂仁案：上言《長短經》，見該書〈臣行篇〉。《公羊傳・莊公十三年》、《史記・魯仲連傳》「曹劌」並作「曹子」，〈索隱〉云：「魯將，曹昧是也。」《史記・齊太公世家》、又〈刺客列傳〉、《鶡冠子・世兵篇》並作「曹沫」，《文選》李少卿〈荅蘇武書〉李善〈注〉引《史記》同，《戰國策・齊策三》、《史記・周公世家》、又〈管仲傳〉並作「曹沫」，《白氏六帖》四「曹沫投」並〈注〉、《太平御覽》四三三引《史記》、《資治通鑑》二〈注〉、《通志》九二、《冊府元龜》二並同，《呂氏春秋・貴信篇》則作「曹翽」，《左傳・莊公十年》、又〈莊公二十三年〉、《穀梁傳・莊公十二年》、《胡非子》、《管子・大匡篇》、《漢書・古今人表》、《後漢書・崔駰傳》並作「曹劌」與本文同，《群書集事淵海》四〇引、《通志》八九、《春秋別典》二引、又引《呂氏春秋》並同。趙翼《陔餘叢考》二「曹翽即曹沫」云：「魯莊公與齊桓公盟於柯。《左傳》但言始通好而不言劫盟，《呂氏春秋・貴信篇》：『齊桓公伐魯，魯請盟，桓公許之曹翽。』先說莊公以劫盟之事，盟之日，莊公與曹翽皆懷劍至壇，莊公左搏桓公，右抽劍以自承，請戮於君前。管仲、鮑叔進，曹翽按劍當兩陛，管仲等不得進。莊公曰：『封於汶則可。』管仲勸桓公許之，是劫盟者，曹翽也。《史記》則謂二公立壇上，曹沫執匕首劫桓公，公問所欲，沫欲齊返魯侵地，桓公許之，沫乃下就臣位，則劫盟者，又屬曹沫。按《左傳》長勺之戰有曹翽，而沫之名不見，則劫盟為曹翽無疑，以翽為沫，司馬貞〈索隱〉云：『沫音翽，聲相近而字異耳。林〈註〉《春秋》柯之盟，亦言曹翽劫盟，則翽即沫也。』《淮南子・氾論篇》：『昔曹子為魯將，三戰不勝，亡地千里。及柯之盟，三戰所亡，一朝而得之，勇聞于天下。』」知曹子即曹翽也。昧，沫並从未得聲，可相通用；昧、沫並从「末」得聲，可相通用。沫，古為明母、月部；劌，古為見母、月部；翽，古為曉母、月部，三者並音近之字也，

又沫、昧，古並爲明母、物部，音同可通。據是，曹劌、曹翽、曹沫、曹昧、曹子，曹沫、曹昧，所載文異，而實一人也。沫、沫之辨，又見王觀國《學林》九。蔡先生云「昧乃沫之形近而訛」，恐失之不審。

曰：「齊之侵魯，至於城下，城壞壓境，君不圖與！」
　　梁容茂曰：「《公羊傳》：境作『竟』。竟、境，古今字。」
　　茂仁案：《春秋繁露・楚莊王篇》凌〈注〉引莊公三十年《傳》，亦作「竟」，《太平御覽》四八〇引《公羊傳》則作「境」，《通志》八九、《群書集事淵海》四〇引、《春秋別典》二引並同。阮元《春秋公羊傳注疏》「城壞壓竟」〈校勘記〉云：「唐石經諸本同，鄂本『竟』作『境』。按〈釋文〉亦作『壓境』，是俗『竟』字。」

莊公曰：「嘻！寡人之生不若死。」曹劌曰：「然則君請當其君，臣請當其臣。」及會，兩君就壇，兩相相揖，曹劌手劍拔刃而進，迫桓公於壇上，曰：「城壞壓境，君不圖與！」
　　武井驥曰：「《史》曰：『曹沫執匕首劫齊桓公。』《公羊》曰：『曹子手劍而從之。』《淮南子》曰：『曹子揄三尺之刃，造桓公之胸。』〈齊策〉曰：『曹子以一劍之任，劫桓公壇位之上。』《管子》曰：『莊公抽劍其懷，左摏桓公。』《呂覽》曰：『莊公左搏桓公，右抽劍。』又見《鹽鐵論》及《孔叢子》，諸家所載不同。」
　　蔡信發曰：「《公羊傳》、《國策》、《淮南》、《史記》、《鶡冠子》以劌劫桓公，並與此同；《管子》、《呂覽》以劫桓公者莊公，敵管仲者劌，並與此異。又《管子》、《呂覽》、〈齊策〉、《史記・魯仲連傳》、《鶡冠子》以劌持劍行劫，並與此同；《史記・齊世家》、〈刺客傳〉以劌持匕首行劫，《淮南》以劌揄三尺之刃行劫，並與此異。」
　　茂仁案：《公羊傳・莊公十三年》云「曹子手劍」，《春秋繁露・楚莊王篇》凌〈注〉引莊公三十年《傳》、《太平御覽》四八〇引《公羊傳》並同，《通志》八九、《資治通鑑》二〈注〉、《冊府元龜》二四二則並以曹劌（沫）持匕首劫桓公，並與此略異。本文載「曹劌手劍拔刃而進」，曹劌所操持者，爲「劍」與「刃」二者，蔡先生言以劍行劫爲與本文同，言《淮南子》以刃行劫，爲與本文異，恐失之。

管仲曰：「然則君何求？」曹劌曰：「願請汶陽田。」
　　蔡信發曰：「《史記・刺客傳志疑》：『《公羊》漢始著竹帛，不足盡信。即如歸汶陽田，在齊頃公時，當魯成公二年，乃公羊以爲桓公盟柯，因曹子劫而歸之，其妄可見。況魯未嘗戰敗失地，何用要劫？曹子非操匕首之人，春秋初，亦無操匕首之習，前賢謂戰國好事者爲之耳。』」

茂仁案：上言《史記・刺客傳志疑》，見梁玉繩《史記志疑》，卷三十一〈刺客列傳〉「曹沫執匕首劫齊桓公」。「願請汶陽田」，郭嵩燾《史記札記・齊太公世家》「曹沫以匕首劫桓公於壇上」云：「考之《春秋・莊公九年》，桓公入齊，敗魯於乾時。十年，敗齊師於長勺，齊師、宋師次於郎，公敗宋師乘邱。十一年，敗宋師於鄑。是莊公納子糾，一敗於乾時，其後屢勝，齊師於魯地無所侵也。定公十年，齊人來歸鄆、讙、龜陰田，杜注《左傳》：『三邑，皆汶陽田也。』齊人侵魯汶陽之田，自在春秋中葉，莊公之世未嘗失汶陽，《公羊傳》云：『願請汶陽之田。』非事實也。戰國游俠之風，其端起於專諸之刺王僚，亦在定、哀之際矣，春秋以前無有也。《左傳》於莊公十三年盟于柯云：『始及齊平也』，最得當時事實，《公羊傳》之言誣矣。史公於此但云『與曹沫三敗所亡地於魯』，而不云汶陽之田，蓋亦知《公羊》之云汶陽之請為尤誤也。又案《左氏傳》，成二年：『晉使齊人歸我汶陽之田。』成八年：『晉侯使韓穿來言汶陽之田，歸之於齊。』汶陽之田忽屬魯、忽屬齊，皆在成公之世，則齊之取汶陽之田，當亦去是時不遠矣。」此言得之。另《史記札記・刺客列傳》「曹沫執匕首劫齊桓公」，所述略同。

管仲謂桓公曰：「君其許之。」桓公許之，曹劌請盟，桓公遂與之盟。已盟，標劍而去。

武井驥曰：「《公羊》『標』作『摽』。」

蒙傳銘曰：「陳用光本亦作『摽』。」

梁容茂曰：「《公羊傳》：標，作『摽』，去下有『之』字。」

蔡信發曰：「《公羊》『標』作『摽』。何〈注〉：『摽，辟也。』〈釋文〉：『辟，捐也。』案：標，摽之形近而訛。」

茂仁案：「已盟」，何良俊本奪，非是。「標劍而去」，文不辭，《群書集事淵海》四〇引「標」作「票」。《公羊傳・莊公十三年》何休〈解詁〉云：「摽，辟也。」〈釋文〉引劉兆云：「辟，捐也。」標、票，並「摽」之形訛也，《春秋繁露・楚莊王篇》凌〈注〉引莊公三十年《傳》、《春秋別典》二引並作「摽」，四庫全書薈要本、陳用光本、百子本並同，並其明證。《史記・刺客列傳》、《通志》八九「標劍」並作「投其匕首」，《資治通鑑》二〈注〉、《冊府元龜》二四二並作「去匕首」，並與此異。

左右曰：「要盟可倍。曹劌可讎，請倍盟而討曹劌。」

茂仁案）：何良俊本、白口十行本、程榮本、祕書本、陳用光本「讎」並作「讐」，下同。讎、讐，一字之異體也。

管仲曰：「要盟可負而君不負，曹劌可讎而君不讎，著信天下矣。」遂不倍，天下諸侯翕然而歸之。

　　武井驥曰：「《公羊》『著信』二字倒。」

　　梁容茂曰：「《公羊傳》：上負作『犯』；下負作『欺』。下讎作『怨』。」又曰：「百子本：作『信著天下矣』。文似略勝。」

　　茂仁案：陳用光本「著信」亦乙作「信著」。「要盟可負……著信天下矣」，《公羊傳》作「要盟可犯而桓公不欺，曹子可讎而桓公不怨，桓公之信著乎天下」。楚府本「著」作「箸」，著，古為端母、魚部；箸，古為定母、魚部，二者並音近之字，可通。

為鄄之會，幽之盟，諸侯莫不至焉。為陽穀之會，貫澤之盟，遠國皆來。南伐彊楚，以致菁茅之貢；北伐山戎，為燕開路；

　　茂仁案：《北堂書鈔》一一四引「菁」作「苞」，「戎」下有「使山戎奉朝覲」六字。審「南伐彊楚，以致菁茅之貢」與下句並列，故「北伐山戎」下有「使山戎奉朝覲」六字為長，當據補。元刊本、楚府本、何良俊本、楊美益本、白口十行本、程榮本、四庫本、陳用光本、百子本「彊」並作「強」，彊、強，古並為群母、陽部，音同可通。

三存亡國，一繼絕世，尊事周室，九合諸侯，一匡天下，功次三王，為五伯長，本信起乎柯之盟也。

　　茂仁案：九，為虛數，蓋言其多也，非實數，說見本卷「管仲言齊桓公」章，「所以九合諸侯」條校記。

（八）晉文公伐原

晉文公伐原，與大夫期五日，五日而原不降，文公令去之。

　　盧文弨曰：「僖二十五年《左傳》作『三日』，《呂氏·為欲篇》作『七日』，《韓非·外儲說左上》作『十日』。」

　　武井驥曰：「《左傳·僖二十五年》作『冬，晉侯圍原，命三日之糧』，〈晉語四〉、《淮南子·道應訓》並作『三日』，《呂覽·為欲篇》作『與士期七日』，《韓非子·外儲說左上》作『裹十日糧』。」

　　施珂曰：「〈晉語〉第十、《淮南·道應篇》皆作三日。」

梁容茂曰:「僖公二十五年《左傳》、《國語・晉語四》:五日,俱作『三日』,《淮南子・道應訓》亦作『三日』。《韓子・外儲說左上》:作『十日』。《呂氏・爲欲篇》:作『七日』。王叔岷師曰:『《韓非子・外儲說左上》‘三日’作‘十日’,下同。《呂氏春秋・爲欲篇》作‘七日’,下同(《韓非子》‘十日’疑‘七日’之誤。七,古文作十,與十相似,故誤爲十)。《新序・雜事四》作五日,下同。五,古文作乂,與十,七等字,亦易相亂。』案:此所言日數各不同,要之,皆喻時之短也,不可以實數解之。」

蔡信發曰:「『五日』,《左傳》、《國語》、《淮南》作『三日』,《呂覽》作『七日』,《韓子》、《晉史乘》作『十日』。」

茂仁案:上言《晉史乘》,見〈伐原篇〉。《通典》一五一、《白氏六帖》八〈注〉、又一五兩〈注〉、《白孔六帖》二六〈注〉、又五二〈注〉、又五六〈注〉、《冊府元龜》二四三「五日」亦並作「三日」,《晉文春秋・原人降第四》則作「十日」。

吏曰:「原不過三日將降矣,君不如待之。」

武井驥曰:「《左傳》作『諜出曰:‘諜出,曰:原將降矣。軍吏曰:請’云云,《韓非子》作‘十日而原不下,擊金而退,罷兵而去。士有從原中出者,曰:“原三日即下矣。”群臣左右諫曰:“夫原之食竭力盡矣。君姑待之。”’』」

梁容茂曰:「《淮南子》:吏上有『軍』字;『三』作『一二』;『一二』與『三』形近易混。《左傳》亦有『軍』字,當據補。」

蔡信發曰:「《左傳》作『諜出,曰:原將降矣。軍吏曰:請待之』,《國語》作『諜出,曰:原不過一、二日矣』,《韓子》、《晉史乘》作『左右群臣諫曰:夫原之食竭力盡矣。君姑待之』,《呂覽》作『謀士言曰:原將降下矣。師吏請待之』,《淮南》作『軍吏曰:原不過一、二日,將降矣』,可與此相參。」

茂仁案:劉文典《三餘札記》一〈淮南子校補〉「軍吏曰:『原不過一、二日將降矣』」曰:「一二當爲三字。《國語・晉語》作『諜出曰:‘原不過三日矣。’』」《韓非子・外儲說左上篇》作『士有從原中出者曰:‘原三日即下矣。’』《新序・雜事四篇》作『吏曰:‘原不過三日將降矣。’』字並作三,是其證也。」《通典》一五一、《白氏六帖》一五〈注〉、《白孔六帖》五二〈注〉、《冊府元龜》二四三並同上引《左傳》,唯無下「曰」字。《白氏六帖》一五、又一五〈注〉、《白孔六帖》五六〈注〉亦並同《左傳》,唯無「軍」字以下之文。《韓非子・外儲說左上篇》、《晉文春秋・原人降第四》並作「士有從原中出者曰:『原三日即下矣。』群臣左

右諫曰：『夫原之食竭力盡矣，君姑待之』」。《呂氏春秋》作「謀士曰：『原將下矣。』
師史請待之。」謀士，爲「諜出」之形訛，說見許維遹《呂氏春秋集釋・爲欲篇》。

君曰：「得原失信，吾不爲也。」

　　梁容茂曰：「《國語》、《韓非子》『君曰』並作『公曰』，與上文『晉文公伐原』、
『公命去之』一律。」

　　茂仁案：君，疑涉下文「有君義若此」而誤，當據改。《左傳・僖公二十五年》、
《國語・晉語四》、《韓非子・外儲說左上篇》、《呂氏春秋・爲欲篇》、《晉史乘・伐
原篇》、《通典》一五一、《白氏六帖》一五兩〈注〉、《白孔六帖》五二〈注〉、又五
六〈注〉、《冊府元龜》二四三亦並作「公曰」，即其證也。

原人聞之，曰：「有君義若此，不可不降也。」遂降。溫人聞之，亦請降。故
曰「伐原而溫降」，此之謂也。

　　蔡信發曰：「《左傳》、《國語》、《史記》不載；《呂覽》、《韓子》『溫』並作『衛』，
下同；《晉史乘》先記衛降，復記溫降，並與此異。據《左》僖公二十五年〈傳〉，
晉得溫，乃周天子所賜，未聞溫有請降之事，此仍《淮南》而誤。是年，衛未降晉，
且《左傳》明載魯、衛修好在晉文公分以趙衰、狐溱爲原、溫大夫之後，然則《呂
覽》、《韓子》之誤亦明矣。《晉史乘》衛、溫二記，顯涉《呂覽》、《韓子》、《淮南》、
本章而誤。」

　　茂仁案：劉正浩《周秦諸子述左傳考・僖公二十五年》云：「原降之後，《呂覽》、
《韓子》並述衛人聞而歸晉一事，考〈僖二十八年〉晉侯假道于衛以伐曹，衛人弗
許；晉侯、齊侯盟于斂盂，衛侯請盟，晉人弗許；證其傳聞之誤也。」是。審《左
傳・僖公二十五年》所載，晉文公以勤王之故，該年夏四月，王賜之以陽樊、溫、
原、攢茅之田。唯是月，陽樊不服，晉圍之。是年冬，晉侯又圍「原」，顯見「原」
亦不服而叛。該文又載，「原」降晉之後，晉乃以「趙衰爲原大夫，狐溱爲溫大夫。」
晉派任於「溫」者，非在受賜之夏四月，乃於是年冬，下「原」之後，方有派「溫
大夫」之舉，顯見「溫」當亦在不服之列，且該文未載有「伐溫」之事，顯見「溫」
乃不戰而降可知，是以「伐原而溫降」是也，檢《史記・十二諸侯年表》魯僖公二
十五年，適值晉文公二年，《史記・晉世家》載文公二年有「圍溫」事，或即指此言，
蔡先生云「據《左》僖二十五年《傳》，晉得溫，乃周天子所賜，未聞有請降之事，
此仍《淮南》而誤」，恐失之不審。

於是諸侯歸之，遂侵曹伐衛，

　　茂仁案：楚府本「侵」作「俊」，非是，形近而訛也。

為踐土之會、溫之盟，後南破強楚，尊事周室，遂成霸功，上次齊桓，本信由伐原也。

　　武井驥曰：「當作『踐土之盟』、『溫之會』。」

　　梁容茂曰：「此皆見僖二十八年《左傳》。作『踐土之盟，溫之會。』」又梁容茂曰：「百子本：強，作『彊』，誤。」

　　茂仁案：《左傳・僖公二十八年》，載踐土事為「盟」，載溫事為「會」，武井驥之說是；百子本作「彊」，不作「疆」，梁先生失檢。「為踐土之會、溫之盟，後南破強楚」，《左傳・僖公二十八年》《經》云：「夏四月己巳，晉侯、齊師、宋師、秦師及楚人戰于城濮，楚師敗績。……五月癸丑，公會晉侯、齊侯、宋公、蔡侯、鄭伯、衛子、莒子，盟于踐土。」因破楚國在踐土之會前，若有「後」字，則年代次序亂矣。故「後」為衍文，當據刪。祕書本、陳用光本、鐵華館本、百子本、龍溪本「強」並作「彊」，強、彊，古並為群母、陽部，音同可通。

（九）昔者趙之中牟叛

昔者趙之中牟叛，趙襄子率師伐之，

　　蔡信發曰：「《論衡・變動》『中牟』作『頓牟』。〈校釋〉：『案：〈儒增篇〉云：「并費與頓牟」，是「頓牟」即「中牟」。《淮南》許〈注〉云：「中牟自入臣於齊也。」』。」

　　茂仁案：《論衡・變動篇》「中牟」作「頓牟」，《春秋別典》一五引《淮南子》「叛」作「畔」。黃暉《論衡校釋・變動篇》云：「《淮南子・道應訓》、《韓詩外傳》六、《新序・雜事四》并作『中牟』。案：〈儒增篇〉云：『并費與頓牟。』是『頓牟』即『中牟』。」《說文》二篇上又部云：「叛，半反也。」又十三篇下田部云：「畔，田界也。」叛、畔，正、假字。

圍未合而城自壞者十堵，

　　武井驥曰：「《韓詩》卷六及《淮南子》『十堵』作『十丈』。《說文》曰：『一丈為板，五板為堵。』」

　　梁容茂曰：「《淮南》、《外傳》：十堵，俱作『十丈』。合，《淮南子》作『匝』。」

蔡信發曰：「《外傳》『合』作『匝』。匝，帀之俗字，《說文》釋帀爲周帀，則合、匝二義無別。」又曰：「『十堵』，《外傳》、《淮南》作『十丈』，《論衡》作『十餘丈』。案：《左傳‧隱公元年》〈注〉：『方丈曰堵。』是堵即丈義。」

茂仁案：上言《淮南子》，見該書〈道應篇〉。《太平御覽》二七九引《韓詩外傳》「合」亦作「匝」、「十堵」亦作「十丈」，《冊府元龜》三六八、《焦氏類林》六引《淮南子》「十堵」亦並作「十丈」，《春秋別典》一五引《淮南子》「合」作「帀」。《字彙‧寅集‧巾部》云：「帀，週也，遍也。《六書正譌》：『俗作匝。』」帀、匝，正、俗字。合、匝，義同。《說文》三篇上十部云：「丈，十尺也。」段〈注〉云：「夫部曰：『周制八寸爲尺，十尺爲丈。』」又十三篇下土部云：「堵，垣也。五版爲堵。」段〈注〉云：「〈儒行〉曰：『儒有一畝之宮，環堵之室。』〈注〉云：『宮謂牆垣也，堵，面一堵也。面一堵者，謂面各一堵也。依鄭說，堵與垣別，大氏散文則通，對文則別也。』」又曰：「《詩》毛〈傳〉曰：『一丈爲板，五板爲堵。』此《五經異義》所謂古《周禮》、古《春秋》說也。《異義》今《戴禮》及《韓詩》說八尺爲板，五板爲堵，五堵爲雉。板廣二尺，積高五板爲一丈。五堵爲雉，雉長二十丈。何休〈注〉《公羊》，取《韓詩》說古《周禮》及古《春秋左氏傳》，說一丈爲板，板廣二尺，五板爲堵，一堵之牆長丈、高丈，三堵爲雉，一雉之牆，長三丈、高一丈，以度長者用其長，以度高者用其高也，諸說不同。鄭辨之云：『《左氏傳》鄭莊公弟段居京城，祭仲曰：‘都城過百雉，國之害也。先王之制，大都不過三國之一，中五之一，小九之一，今京不度，非制也。’古之雉制，書傳各不得其詳，今以左氏說鄭伯之城方五里，積千五百步也，大都三國之一，則五百步也，五百步爲百雉，則知雉五步。五步於度，長三丈，則雉長三丈也，雉之度於是定可知矣。』玉裁按：鄭駁《異義》取古《周禮》、《春秋》說一丈爲板，計之適合，未嘗自立說六尺爲板也。迨〈箋〉《詩》則主用古說，參以《公羊傳》五板而堵，五堵而雉，而定爲板長六尺。鄭意《公羊》五板而堵者，高一丈也，五堵而雉者，廣三丈也。何〈注〉《公羊》取《韓詩》說八尺爲板，五板而堵，爲四十尺，五堵而雉，爲二百尺，說各乖異，似古《周禮》、《春秋》、《毛詩》說爲善。高一丈，廣三丈爲雉，不必板定六尺也。許君《異義》未詳其於古今孰從，此云五板爲堵，古今說所同也。蓋言板廣二尺，五板積高一丈爲堵而已，其長幾尺爲板，幾堵爲雉，皆於古今說未敢定。」據是，丈與堵之相應關係，推度上說，或以五丈爲堵，合四十尺；或以五堵爲雉，雉長二十丈，則一堵爲四丈；或以步爲度之，異說紛陳，頗難定其明則。如段玉裁所云，古今說並以五板爲堵，則同也，蓋板廣二尺，五板積高一丈爲堵，則與何休〈注〉說一丈爲板，板廣二尺，五板爲堵合，據此計之，一堵之牆，爲長一丈、高一丈也，適與上

言《左傳‧隱公元年》〈注〉：「方丈曰堵。」合，故「堵」爲長一丈、高一丈之牆也，與「丈」之長一丈，高（廣）二尺異也，蔡先生云「是堵即丈義」，恐失之。

襄子擊金而退士。

　　武井驥曰：「《韓詩》『士』作『之』。」

　　茂仁案：《淮南子‧道應篇》、《論衡‧變動篇》、《冊府元龜》三六八「士」亦並作「之」，《群書集事淵海》三九引《戰國策》作「士」與本文同。審此「士」亦可訓作「士兵」，卷四「管仲言齊桓公」章，「鼓之而三軍之士」；卷八「楚太子建以費無極之譖見逐」章，「陳士勒兵以示易甲」；卷十「酈生說漢王曰」章，「得賂即以與其士」；又「孝武皇帝時」章，「吾伏輕卒銳士」，並其比也。據是，之、士，並通。

軍吏曰：「君誅中牟之罪而城自壞，是天助也，君曷爲去之？」

　　武井驥曰：「《韓詩》『吏』下有『諫』字、『助』下有『之』字，《淮南子》『曷爲』作『何故』。」

　　茂仁案：《淮南子‧道應篇》「吏」下亦有「諫」字、「也」作「我」，《太平御覽》三一八及《焦氏類林》六並引《淮南子》同，《春秋別典》一五引《淮南子》「吏」下亦有「諫」字、「助」下亦有「之」字，且作「曷爲」，不作「何故」，與本文同。《冊府元龜》三六八「吏」下亦有「諫」字、「也」作「我」、「曷爲」亦作「何故」。

襄子曰：「吾聞之於叔向曰『君子不乘人於利，不迫人於險』，使之城而後攻。」中牟聞其義，乃請降。

　　武井驥曰：「《史》曰：『宋襄公曰："君子不困人於阸。"』」又曰：「《淮南子》作『使之治城，城治而後攻之』。」

　　梁容茂曰：「《外傳》：迫，作『阸』。」

　　蔡信發曰：「《外傳》『迫』作『阸』，末句作『使之治城，城治而後攻之』。迫、阸義同。末句當依《外傳》於『城』上補『治』，不然，義欠明確。」

　　茂仁案：「君子不乘人於利，不迫人於險」，《韓詩外傳》六「迫」作「阸」，《太平御覽》一九二、又二七九並引《韓詩外傳》「迫」作「阸」，《春秋別典》一五引《淮南子》「利」作「危」，「迫」作「阸」。賴炎元先生《韓詩外傳考徵》本「利」作「危」，云：「諸本危作利，《御覽》引同。案：危當作利，《淮南子‧道應訓》、《新序‧雜事四》同。」（卷該書卷六「君子不乘人於危」）。審《穀梁傳‧襄公二十二年》云：「襄公曰：『君子不推人危，不攻人阸。』」「利」作「危」，於義似較長，且「危」與下句「險」，似亦較對。阸，從「厄」得聲，阸、厄，可相通用，並與「迫」通。「使

之城而後攻」，蔡先生云「末句當依《外傳》於『城』上補『治』字，不然，義欠明確」，審此句「使之城而後攻」，以「而」字連接上「使之城」與下「後攻」句，「攻」爲動詞，此「城」亦爲動詞無疑，此「城」字，作動詞用，訓築城，與本書卷二「靖郭君欲城薛」章，「罷民弗城薛也」之「城」字義同，故此於義已足，「城」上非必補「治」字也。「中牟聞其義」，祕書本「義」作「議」，古通。

《詩》曰：「王猶允塞，徐方既來。」此之謂也。襄子遂滅知氏，并代，爲天下彊，本由伐中牟也。

蔡信發曰：「《史記・趙世家》：『襄子姊前爲代王夫人。簡子既葬，未除服。北登夏屋，請代王，使廚人操銅枓，以食代王及從者。行斟，陰令宰人各以枓擊殺代王及從官。遂興兵平代地。其姊聞之，泣而呼天，摩笄自殺。代人憐之，所死地，名之爲摩笄之山。遂以代封伯魯子周，爲代成君。伯魯者，襄子兄，故太子。太子蚤死，故封其子。襄子立四年，三國攻晉陽歲餘，引汾水灌其城，城不浸者三版，城中懸釜而炊，易子而食，群臣皆有外心，禮益慢，唯高共不敢失禮。襄子懼，乃夜使相張孟同私於韓、魏。韓、魏與合謀，以三月丙戌，三國反滅知氏，共分其地。』年表同。并代，在趙襄子元年；滅知氏，在五年，此倒置，誤。」

茂仁案：蔡先生說是。楚府本「彊」作「疆」，祕書本「知」作「智」。疆、彊，形近而訛也；知、智，古並爲端母、之部，音同可通。

（十）楚莊王伐鄭

楚莊王伐鄭，克之，鄭伯肉袒，左執旄旌，右執鸞刀，以迎莊王，

盧文弨曰：「（旄）宣十二年《公羊傳》作『茅』，《韓詩外傳》六同。」

武井驥曰：「《公羊》『旄』作『茅』，《韓詩》卷六同。」

蒙傳銘曰：「袒當爲袒之誤。宣公十二年《左傳》、《公羊傳》、《韓詩外傳》卷六並作『袒』，各本皆同。」

梁容茂曰：「宣十三年《公羊傳》：『鄭伯肉袒，左執茅旌，右執鸞刀，以迎莊王。』〈注〉：『茅旌，祀宗廟所用，迎導神，指護祭者，斷曰藉，不斷曰旌，用茅者取其心理順一，自本而暢乎末，所以通精誠副至意。』《外傳》六：旄旌，亦作『茅旌』，則作『茅旌』爲是。」

蔡信發曰：「《公羊傳》、《外傳》『旄』並作『茅』；《左傳》、《史記・楚世家》作『鄭伯肉袒牽羊以逆』，〈鄭世家〉作『鄭襄公肉袒擎羊以迎』，《新書》作『鄭伯肉

祖牽羊，奉簪而獻』，並與此異。何〈注〉：『茅旍，祀宗廟所用，迎導神，指護祭者，斷曰藉，不斷曰旍；用茅者，取其心理順一，自本而暢乎末，所以通精誠，副至意。』據此，旍，當為茅之同音假借，在聲，並為明紐；在韻，古音並在豪部。《說文》：『旍，幢也。茅，菅也，可縮酒為藉。』諸書各本《公羊》或《左氏》，不一其說，是乃傳聞使然。」

茂仁案：蒙先生以程榮本為底本，程榮本从示作「祖」，不从衣作「祖」，蒙先生云「祖當為祖之誤」，失檢；梁先生云「宣公十三年《公羊傳》」，「三」為「二」之誤，亦失檢。「鄭伯肉袒……以迎莊王」，《楚史檮杌‧克鄭第十三》亦作「鄭伯肉袒牽羊以逆」，《北堂書鈔》一一九、《藝文類聚》三三、《文選》潘安仁〈西征賦〉李善〈注〉、《太平御覽》三一七、又四八○、《群書集事淵海》六、《路史‧發揮篇》並引《左傳》同。《新書‧先醒篇》作「鄭伯肉袒牽羊，奉簪而獻國」，蓋傳聞異辭。《史記‧鄭世家》〈考證〉云：「挈，古牽字。」《說文》二篇下辵部云：「逆，迎也。」逆、迎義同。「左執旍旍」，梁先生引《公羊傳‧宣公十三年》〈注〉云作茅旍為是，是也，唯審此文為〈宣公十二年〉〈注〉，梁先生失檢矣。《太平御覽》三四○、《白虎通疏證》二〈注〉並引《公羊傳》、《楚史檮杌‧伐鄭第八》亦並作「茅旍」。茅，古為明母、幽部；旍，古為明母、宵部，二者音近可通，審之〈注〉文，知「旍」為「茅」之借字也，蔡先生說是。「右執鸞刀」，祕書本「鸞」作「鵉」，鸞、鵉，正、俗字。

曰：「寡人無良，邊陲之臣，以干天之禍，

茂仁案：《公羊傳‧宣公十二年》「陲」作「垂」，祕書本作「郵」。白口十行本「干」作「于」。陲為垂之後起本字，說見《說文》十四篇下阜部「陲」字段〈注〉。郵、陲；于、干，並形近而訛也。

是以使君王眛焉，辱到弊邑，君如憐此喪人，錫之不毛之地，唯君王之命。」

盧文弨曰：「《公羊》、《外傳》俱作『沛』。」

武井驥曰：「《公羊》『眛焉』作『沛焉』，《韓詩》同，『辱』上有『遠』字。」

梁容茂曰：「《公羊傳》、《外傳》：俱作『使大國之君沛然遠辱至此』。」

蔡信發曰：「《公羊傳》作『是以使君王沛焉，辱到敝邑』，《外傳》、《楚史檮杌》作『使大國之君沛然，遠辱至此』，並與此義同而文異。」

茂仁案：梁先生引《公羊傳》文，非是，蔡先生所引是也。「是以使君王眛焉」，作「眛」，文不辭，與下文「辱到弊邑」乖。《公羊傳‧宣公十二年》、《韓詩外傳》

六、《楚史檮杌・伐鄭第八》「眛焉」並作「沛焉」。何休〈解詁〉云：「沛焉者，怒有餘之貌。」蓋即《左傳・宣公十二年》所云之「使君懷怒以及敝邑」之謂。「眛」當爲「眜」之形訛。眜，从末得聲，古爲明母、月部；沛，古爲滂母、月部，二者音近可通，「眛」當據改作「眜」。「辱到弊邑」，《左傳・宣公十二年》、《公羊傳・宣公十二年》「弊」並作「敝」，《冊府元龜》二三九同，祕書本、四庫全書薈要本並同，白口十行本「弊」作「獘」。敝、弊，古、今字；獘，俗引申爲利弊字，說見《說文》十篇上犬部「獘」字段〈注〉。

莊王曰：「君之不令臣交易爲言，是以使寡人得見君之玉面也，而微至乎此。」莊王親自手旌，左右麾軍，還舍七里。

　　盧文弨曰：「（還）《公羊》、《外傳》作『退』。」

　　武井驥曰：「《左傳》作『退三十里而許之平』，《公羊》『麾』作『撝』，《韓詩》作『楚軍』。」

　　梁容茂曰：「《公羊傳》：還，作『退』。《外傳》作：『莊王受爵左右麾軍退舍七里』。」

　　茂仁案：《韓詩外傳》六作「莊王受節左右麾楚軍，退舍七里」，梁先生失檢。「莊王親自手旌」，楚府本「手」作「乎」，非是，形近致訛。「還舍七里」，《楚史檮杌・伐鄭第八》、《冊府元龜》二三九「還」亦並作「退」，還、退，並通。《左傳・宣公十二年》作「退三十里，而許之平」，《史記・楚世家》作「引兵去三十里而舍」，《史記・鄭世家》作「卻三十里而後舍」，《渚宮舊事》一引《公羊傳》作「退舍」，《楚史檮杌・克鄭第十三》作「引兵退三十里而舍」，《全三國文》虞松〈檄告公孫淵〉云：「昔楚、鄭列國，而鄭伯猶肉袒牽羊而迎之，孤爲王人，位則上公，而建等欲孤解圍退舍，豈楚、鄭之謂邪？」虞松亦以昔日楚之臨鄭，楚後「退舍」也，一舍三十里，上引並同，並與此作退七里者異也。楚府本「里」作「聖」，非是，形近致訛也。

將軍子重進諫曰：「夫南郢之與鄭，相去數千里，

　　茂仁案：祕書本「千」作「十」，非是，形近而訛也。

諸大夫死者數人，斯役死者數百人，

　　盧文弨曰：「（斯）《公羊》、《外傳》作『廝』。案：《易・旅・初六》：『斯其所取災。』〈注〉：『斯賤之役。』則作『斯』字爲古。」

　　武井驥曰：「《韓詩》『斯』作『廝』，《公羊》同，『役』下有『扈養』二字。」

梁容茂曰：「《公羊傳》、《外傳》：斯，俱作『廝』。」

茂仁案：《渚宮舊事》一引《公羊傳》、《冊府元龜》二三九「斯」亦並作「廝」。《公羊傳・宣公十二年》何休〈解詁〉云：「艾草爲防者曰廝，汲水漿者爲役，養馬者曰扈，炊亨者曰養。」《潛夫論・敘錄》〈箋〉云：「《新書・官人篇》云：『王者官人有六等，六曰廝役。』斯、廝，古、今字。哀二年《左傳》：『人臣隸圉免。』杜〈注〉云：『廝役。』〈釋文〉：『廝字又作斯。』引韋昭〈注〉《漢書》云：『析薪曰廝。』按《詩・墓門有棘》：『斧以斯之。』毛〈傳〉：『斯，析也。』《說文》無『廝』字，依義當作『斯』。」是。又依《公羊傳・宣公十二年》並何休〈解詁〉，「役」下有「扈養」，於義較長。

今尅而不有，

武井驥曰：「《韓詩》『尅』作『克』。」

施珂「尅」作「克」，曰：「《漢魏叢書》程本、陳本克並作『尅』。」

梁容茂曰：「《公羊傳》、《外傳》：尅，俱作『克』；不，俱作『弗』。」

茂仁案：《楚史檮杌・伐鄭第八》「尅」亦作「克」，龍溪本同；《冊府元龜》二三九亦作「尅」，元刊本、楚府本、何良俊本、楊美益本、白口十行本、祕書本、四庫本、百子本並同，《渚宮舊事》一引《公羊傳》作「勝」。克、尅，正、俗字，說見《說文》七篇上克部「克」段〈注〉；克、勝，義通。

無乃失民力乎？」

盧文弨曰：「（民）《公羊》、《外傳》下有『臣之』二。」

梁容茂曰：「《公羊傳》、《外傳》：民下俱有『臣之』二字。」

茂仁案：《楚史檮杌・伐鄭第八》「民」下亦有「臣之」二字，《渚宮舊事》一引《公羊傳》「民」作「人臣」，《白虎通疏證》二〈注〉引《公羊傳》作「無乃失臣民之力乎」，審此文義，有「臣之」二字爲長。

莊王曰：「吾聞之，古者盂不穿，皮不蠹，不出四方，以是見君子重禮而賤利也。

盧文弨曰：「（盂）《公羊》、《外傳》作『杅』。」

武井驥曰：「《韓詩》『盂』作『杅』，《公羊》同，『蠹』下有『則』字。何休曰：『杅，飲水器。穿，敗也。皮，裘也。蠹，壞也。言杅穿皮蠹，乃出四方，古者出四方朝聘征伐，皆當多少圖有所喪費，然後乃行爾。喻己出征伐，士卒死傷，固其宜也，不當以是故滅有鄭，恥不得早服也。岡井彪曰：『乃倒語，不出於四方，則盂

不穿，皮不蠹也。』」

　　梁容茂曰：「盂，《公羊傳》作『杅』；《外傳》作『杆』。」

　　蔡信發曰：「《公羊傳》、《外傳》『盂』作『杅』，《楚史檮杌》『盂不』作『杆木』。何〈注〉：『杅，飲水器。穿，敗也。皮，裘也。蠹，壞也。言杅穿皮蠹，乃出四方，古者出四方朝聘征伐，皆當多少圖有所喪費，然後乃行爾。喻己出征伐，士卒死傷，固其宜也。不當以是故滅有鄭，恥不能早服也。』案：杅、盂並從于得聲，同音通假，《說文》：『盂，飲器也。』《禮記·玉藻》〈注〉：『杅，浴器也。』《楚史檮杌》作『杆木』，乃『杅木』之形謁。」

　　茂仁案：上言《楚史檮杌》，見該書〈伐鄭第八〉。「古者盂不穿」，《春秋繁露·王道篇》「盂」亦作「杅」，阮元《公羊傳·宣公十二年》「古者杅不穿」〈校勘記〉云：「唐石經諸本同〈釋文〉。杅音于。〈解〉云：『其音于，若今馬盂矣。』（中略）《說文》有『盂，飯器也。』『杅，槾也，所以涂也。』然則古經皆假『杅』爲『盂』。」據是，盂、杅，正、假字也。「皮不蠹」，元刊本「蠹」作「蠧」，楚府本、楊美益本、白口十行本並作「蠧」，蠧、蠧，並蠹之俗字。

要其人，不要其土，人告從而不赦，不祥也。

　　武井驥曰：「《公羊》『祥』作『詳』，下同，無『也』字。」

　　梁容茂曰：「《外傳》：赦，作『舍』。舍、赦、古通用。」

　　蔡信發曰：「《公羊傳》『祥』作『詳』，下同；《外傳》『赦』作『舍』。舍、赦並始夜切，同音假借。《說文》：『捨，釋也。赦，置也。』捨，古作舍。對下文災言，當用祥。詳、祥同音假借，《說文》：『詳，審議也。祥，福也。』」

　　茂仁案：《楚史檮杌·伐鄭第八》「赦」亦作「舍」，《冊府元龜》二三九「赦」作「救」。蔡先生云舍、赦；詳、祥，並同音假借，且對下文「災」言，當用「祥」，蓋是也。舍，古爲書母、魚部；赦，古爲書母、鐸部，二者一聲之轉。作「救」，非是，赦之形訛字也。

吾以不祥立乎天下，菑之及吾身，何日之有矣。」

　　梁容茂曰：「（君以不祥立乎天下）《外傳》：君作『吾』；何本、程本、百子本同。作『吾』，是。下二句《外傳》作：『災及吾身，何取之有。』」

　　茂仁案：四庫《新序》版本有二，二本上「吾」字並作「吾」與本文同，不作「君」，梁先生以四庫本爲底本，失檢。又《公羊傳·宣公十二年》亦作「吾」，《楚史檮杌·伐鄭第八》、《冊府元龜》二三九並同，元刊本、楚府本、何良俊本、楊美

益本、白口十行本、祕書本、四庫本、鐵華館本、龍溪本亦並同。

既而晉人之救鄭者至，請戰，莊王許之。

武井驥曰：「《韓詩》『至』下有『曰』字，《公羊》同，『人』作『師』。」

茂仁案：《楚史檮杌・伐鄭第八》、《冊府元龜》二三九「請」上並有「曰」字。曰，為「曰」之形訛。審此文義，有「曰」字，則「請戰」為晉人之語；無「曰」字，則「請戰」為敘此事者之語，「曰」之有無，並通。

將軍子重進諫曰：「晉，彊國也，

茂仁案：《韓詩外傳》六「彊」作「強」，元刊本、楚府本、楊美益本、白口十行本、程榮本、祕書本、陳用光本、百子本並同，下同。彊、強，古並為群母、陽部，音同可通。《冊府元龜》二三九「彊」作「疆」，非是，形近而訛也。

道近力新，楚師疲勞，君請勿許。」

武井驥曰：「《韓詩》『力新』作『兵銳』、『疲勞』作『奄罷』。」

梁容茂曰：「《外傳》：力新，作『兵銳』；疲勞，作『奄罷』。」

蔡信發曰：「《公羊傳》作『王師淹病矣』；《外傳》『力新』作『兵銳』，『疲勞』作『奄罷』；《楚史檮杌》『力新』作『分解』，『疲勞』作『奄罷』。淹病、奄罷，謂淹留疲憊，可說此疲勞；分解於此，則不可解。」

茂仁案：蔡先生說是，唯審「疲勞」作「分解」，於義似亦通，唯不若「疲勞」之義明耳。《冊府元龜》二三九「疲勞」作「勞罷」。罷，讀如「疲」，《說文》七篇下：「疲，勞也。」段〈注〉：「經傳多假罷為之。」疲、罷，古並為並母、歌部，音同可通，疲、罷，正、假字。

莊王曰：「不可。彊者我避之，弱者我威之，是寡人無以立乎天下也。」

茂仁案：《公羊傳・宣公十二年》「是」下有「以使」二字，於義較明。

遂還師以逆晉寇，

茂仁案：《冊府元龜》「逆」作「迎」。逆、迎義同，說見上「以迎莊王」條校記。

莊王援枹而鼓之，晉師大敗。

武井驥曰：「《韓詩》『枹』作『桴』，通。」

茂仁案：《楚史檮杌・伐鄭第八》「枹」亦作「桴」。《太平御覽》五八二引《大周正樂》云：「枹，一作桴。」《永樂大典》二〈平・五模〉云：「枹，擊鼓杖，亦作

桴。」《十駕齋養新錄》五云：「《一切經音義》引詔定古文官書，枹、桴二字同體。扶鳩反，是桴與枹同音。」審枹，古爲幫母、幽部；桴，古爲並母、幽部，二者音近可通。元刊本、楊美益本、程榮本、祕書本、陳用光本、百子本「鼓」並作「皷」。鼓、皷，正、俗字，說見《永樂大典》八「上聲・五姥」。

晉人來，渡河而南，及敗犇走，

茂仁案：「及敗犇走」，《楚史檮杌・伐鄭第八》、《冊府元龜》二三九「犇」並作「奔」，四庫全書薈要本、陳用光本、百子本並同。《漢書・昭帝紀》「犇命擊益州」顏〈注〉云：「犇，古奔字。」

欲渡而北，卒爭舟而以刃擊引，舟中之指可掬也。

武井驥「渡」作「度」，曰：「吳本『度』作『渡』。」

施珂曰：「《漢魏叢書》程本渡作度。度、渡古今字。」

蒙傳銘曰：「宋本作『度』。原文云：『晉人來，渡河而南，及敗犇走，欲度而北。』細審文義，似當作『渡』。陳用光本、鐵華館本『度』並作『渡』。度、渡古通。」

梁容茂曰：「（欲度而北）何本、百子：度，俱作『渡』。」

茂仁案：「欲渡而北」，宋本《新序》（見藏北京圖書館）字作「渡」，不作「度」，蒙先生失檢；又四庫《新序》版本有二，二本並作「渡」，不作「度」，梁先生以四庫本爲底本，失檢。元刊本、楚府本、楊美益本「渡」亦並作「度」，《說文》三篇下广部云：「度，法制也。」又十一篇上水部云：「渡，濟也。」度、渡，古並爲定母、鐸部，音同可通，據是，渡、度，正、假字。「卒爭舟而以刃擊引」，《冊府元龜》二三九「舟」下有「舟重」二字，於義較明。「舟中之指可掬也」，楚府本「掬」作「掬」，非是，形近致訛也。

莊王曰：「嘻！吾兩君之不相能也，百姓何罪？」乃退師以軼晉寇。

武井驥曰：「《韓詩》『能』作『好』。」

梁容茂曰：「能，《公羊傳》，《外傳》俱作『好』。」

蔡信發曰：「《公羊傳》、《外傳》『能』作『好』。《穀梁・成公七年傳》〈釋文〉：『能，亦作耐。』《廣韻》：『耐，忍也。』此『不相能』，猶『不相忍』，以此說『不相好』，義亦相成。」

茂仁案：《楚史檮杌・伐鄭第八》「能」亦作「好」。《說文》十篇上「能」字云：「能，熊屬。（中略）能獸堅中故偁賢能。」賢能爲能字之假借義。賢能有善義，善即好，故能、好，並通。

《詩》曰：「柔亦不茹，剛亦不吐，不侮鰥寡，不畏彊禦。」莊王之謂也。

　　蔡信發曰：「《外傳》無後兩句。詩見〈大雅‧蒸民〉，原作『柔則茹之，剛則吐之。不侮矜寡，不畏彊禦』，此據彼而改作。」

　　茂仁案：《詩‧大雅‧蒸民》云：「人亦有言：柔則茹之，剛則吐之。維仲山甫柔亦不茹，剛亦不吐，不侮矜寡，不畏彊禦。」《左傳‧定公四年》引《詩》、《詩集傳》並與今本《詩經》（南昌本）同，《群書治要》三引《詩‧烝民》亦同今本，唯「矜」作「鰥」，蔡先生取原〈詩〉首尾合而書之，恐失之。矜，古爲群母、眞部；鰥，古爲見母、文部，音近可通。

（十一）晉人伐楚

晉人伐楚，三舍不止，大夫曰：「請擊之。」

　　茂仁案：「大夫曰」，《淮南子‧道應篇》、《楚史檮杌‧晉伐楚第七》並無「曰」字，《太平御覽》三〇五引《淮南子》、《太平御覽》四二三引並同，《春秋別典》六引、各本則並與本文同。審此文義，有「曰」字，則「請擊之」爲大夫之語；無「曰」字，則「請擊之」爲敍此事者之語，「曰」字之有無，並通。

莊王曰：「先君之時，晉不伐楚，及孤之身而晉伐楚，

　　武井驥曰：「《御覽》四百二十三引作『先君在時』。」

　　梁容茂曰：「《御覽》四二三引：之作『在』。」

　　茂仁案：「先君之時」，《淮南子‧道應篇》、《楚史檮杌‧晉伐楚第七》並與本文同，《春秋別典》六引、各本亦並同。《太平御覽》四二三引「之」作「在」者，並通。

是寡人之過也，如何其辱諸大夫也？」

　　盧文弨曰：「（是寡人）《御覽》四百二十三作『是孤』。」

　　武井驥曰：「《御覽》『寡人』作『孤』，《淮南子‧道應訓》同。」

　　梁容茂曰：「《淮南子‧道應訓》、《御覽》四二三引：寡人，俱作『孤』。」

　　茂仁案：《楚史檮杌‧晉伐楚第七》、《太平御覽》三〇五引《淮南子》「寡人」亦並作「孤」，義同。《春秋別典》六引作「寡人」，與此同，各本並同。

大夫曰：「先君之時，晉不伐楚，及臣之身而晉伐楚，是臣之罪也，請擊之。」

　　武井驥曰：「《淮南子》『先君』作『先臣』，是。」

施珂曰：「《淮南‧道應篇》君作臣。上文『先君之時，晉不伐楚，及孤之身，而晉伐楚。』彼當作君，此當作臣。」

梁容茂曰：「《淮南子》：先君，作『先臣』。」

蔡信發曰：「《淮南》『君』作『臣』，『及』作『今』。檢：《淮南》、《楚史檮杌》、本章上文並作『先君之時，晉不伐楚，及孤之身，而晉伐楚，是寡人之過也。如何其辱諸大夫也』。《淮南》以臣言『先臣』，與上文莊王言『先君』對，固較整齊，唯『先臣』一辭，不類，此改作『先君』，非無以也。又此以『今』作『及』，既與上文對，又其詞義亦視《淮南》爲長。」

茂仁案：上言《楚史檮杌》，見該書〈晉伐楚第七〉。「先君之時」，《太平御覽》三〇五引《淮南子》「先君」亦作「先臣」，「及」亦作「今」，《楚史檮杌》同。春秋時多世襲，臣承父爵，上文君言其「先君之時」，此臣言其「先臣之時」，相對爲言，是也。唯臣言「先君」亦通，未必誤也，本書卷七「公孫杵臼、程嬰者」章，韓厥謂景公，「事先君繆侯」云云，即其比也，《春秋別典》六引作「先君」，各本並同，即其明證也。至若作「今」、作「及」，並通。

莊王俛泣而起拜諸大夫，

武井驥曰：「《御覽》無『而』字。《淮南子》作『王俛而泣涕沾襟，起而拜群大夫』。」

茂仁案：《楚史檮杌‧晉伐楚第七》、《太平御覽》三〇五引《淮南子》「諸」亦並作「群」，並通。《春秋別典》六引、各本並與本文同。

晉人聞之曰：「君臣爭以過為在己，且君下其臣猶如此，所謂上下一心，三軍同力，未可攻也。」乃夜還師。

茂仁案：「且君下其臣猶如此」，《淮南子‧道應篇》、《楚史檮杌‧晉伐楚第七》「君」並作「輕」。審上文君、臣並舉，故此作「君」爲是。輕，蓋「君」之音訛。《春秋別典》六引亦作「君」，各本並同，是其證。「三軍同力」，祕書本「同」作「司」，非是，形近而訛也。「乃夜還師」，《淮南子‧道應篇》、《楚史檮杌‧晉伐楚第七》「師」下有「而歸」二字，《太平御覽》四二三引同。

孔子聞之曰：「楚莊王霸，其有方矣。下士以一言而敵還，以安社稷，其霸，不亦宜乎！」《詩》曰：「柔遠能邇，以定我王。」此之謂也。

茂仁案：《詩》，見《詩經‧大雅‧民勞》。

（十二）晉文公將伐鄴

晉文公將伐鄴，趙衰言所以勝鄴，文公用之而勝鄴，將賞趙衰。

盧文弨曰：「（『鄴』下）《呂氏·不苟篇》有『之術』二字。」

武井驥曰：「《呂覽·不苟篇》『勝鄴』下有『之術』二字。」

梁容茂曰：「《呂氏·不苟篇》：鄴下有『之術』二字，意更明。而，作『果』。」

蔡信發曰：「《呂覽》『鄴』下有『之術』。《校補》：『鄴下有「之術」二字，意更明。』是。」

茂仁案：《太平御覽》六三三引《呂氏春秋》、《晉文春秋·伐鄴問賞第十》「鄴」下亦並有「之術」二字，「而」亦並作「果」。

趙衰曰：「君將賞其末乎？賞其本乎？賞其末，則騎乘者存，賞其本，則臣聞之郤虎。」

盧文弨曰：「《呂》作『郤子虎』，案：韋昭〈注〉〈晉語一〉云：『叔虎，晉大夫郤芮之父郤豹也。』」

武井驥曰：「韋昭曰：『郤叔虎，晉大夫。郤芮之父。郤豹也。』」

梁容茂曰：「郤虎，《呂氏》作『郤之虎』。下同。韋昭〈注〉：『郤叔虎，晉大夫郤芮父，郤豹也。』。」

蔡信發曰：「《呂覽》『郤虎』作『郤子虎』，下同。《國語·晉語一》〈注〉：『郤叔虎，晉大夫郤芮之父，郤豹也。』案：郤，郤之形訛。《說文》：『郤，晉大夫叔虎邑也。』子，猶之，語詞無義。郤虎之作郤子虎，猶介推之作介之推，其理一也。韋〈注〉虎上加叔，乃長幼之稱，或其字號。」

茂仁案：《呂氏春秋·不苟篇》「郤虎」作「郤子虎」，《太平御覽》六三三、《春秋別典》四並引《呂氏春秋》作「郤虎」，《晉文春秋·伐鄴問賞第十》作「郤子虎」。蔡先生云「郤虎之作郤子虎，猶介推之作介之推，其理一也」，是，唯云「郤，郤之形訛」，則非。審《呂氏春秋·當染篇》「犯郤偃」〈集釋〉引畢沅云：「郤，乃郤之俗字。」王叔岷先生《史記斠證·張釋之馮唐列傳》「雖錮南山猶有郤」〈斠證〉云：「郤作隙。《漢書·張釋之傳》及〈劉向傳〉、《水經注》皆同（中略）。郤，俗郤字。隙、郤正假字。」《龍龕手鑑新編》編號03295載「郤」為「郤」之俗字，適與畢沅、王先生易地。《龍龕手鑑》為遼行均據當時通行之俗寫文字編輯而成，其所述正、俗字，似較可信，又《逸周書集訓校釋·大武》「二有人無郤」云：「郤與郤同讀為間隙之隙。」《三餘札記》二〈莊子瑣記〉「人生天地之間，若白駒之過卻」云：「《墨

子‧兼愛下篇》：『人之生乎地上之無幾何也，譬之猶馴馳而過隙也。』《文選》劉孝標〈重答劉秣陵沼書〉〈注〉引《墨子》，『隙』作『郤』，云：『郤，古隙字。』」異說紛陳，唯審「郤」、「郤」二字，隸定之異耳，一如「去」之作「厺」、「員」之作「貟」、「句」之作「勾」、「雖」之作「雝」然耳，究以「郤」爲俗字，抑「郤」爲俗字，則頗難定之。郤、郤，形近而訛也。

公召郤虎曰：「衰言所以勝鄴，遂勝，將賞之，曰：蓋聞之子，子當賞。」郤虎對曰：「言之易，行之難。臣言之者也。」公子曰：「子無辭。」郤虎不敢固辭，乃受賞。

　　施珂曰：「（公子曰）上子字涉下子字而衍。《漢魏叢書》程本、陳本並作『公曰』，《呂覽‧不苟篇》同。是也。」

　　茂仁案：「公子曰」，文不辭，「子」字顯爲衍文，施先生云「涉下子字而衍」，是也。《太平御覽》六三三與《春秋別典》四並引《呂氏春秋》、《晉文春秋‧伐鄴問賞第十》並無「子」字，元刊本、楚府本、何良俊本、楊美益本、白口十行本、程榮本、祕書本、四庫本、陳用光本、百子本並同，即其明證也。

（十三）梁大夫有宋就者爲邊縣令

梁大夫有宋就者為邊縣令，與楚鄰界。

　　梁容茂曰：「（嘗爲邊縣令）百子本：嘗，作『常』。常，借爲嘗。」

　　茂仁案：程榮本《新書‧退讓篇》「梁」上有「昔」字，祁玉章《賈子新書校釋》本則無之，《太平御覽》九七八引賈誼《新書》「梁」上亦有「昔」字，「鄰」作「隣」，引文文末〈注〉云：「《新序》同。」《喻林》三引賈誼《新書》「梁」上亦有「昔」字，程榮本、陳用光本「鄰」亦並作「隣」。元刊本、楚府本、何良俊本、楊美益本、白口十行本、程榮本、祕書本、四庫本、陳用光本「爲」上並有「嘗」字。今《新書‧退讓篇》「梁」上有「昔」字，與各本「爲」上有「嘗」字，並爲過去式，其文義同。審此事僅見載《新書‧退讓篇》，不見他書，則《新書》蓋此所本。今本文云「梁大夫有宋就者爲邊縣令」，以現在式爲之，與上引諸書以過去式爲之未符，故當從諸本，於「爲」上補「嘗」字，抑從《新書‧退讓篇》於「梁」上補「昔」字爲是也。鄰、隣，一字之異體。

梁之邊亭與楚之邊亭皆種瓜，各有數。梁之邊亭人劬力，數灌其瓜，瓜美；楚人窳而稀灌其瓜，瓜惡。

梁容茂曰：「賈誼《新書・退讓篇》：作『楚亭田窳而稀灌其瓜』窳上當補『田』字。」

茂仁案：祁玉章《賈子新書校釋・退讓篇》云：「『楚』下，子彙、程本妄增『田』字，非是。窳，懶也。《詩・召旻》：『皋皋訿訿。』毛傳：『窳，不供事也。』〈釋文〉引《說文》云：『窳，嬾也。』《一切經音義》引楊承慶《字說》云：『窳，嬾人不能自起，瓜瓠在地，不能自立，故字從瓜，又嬾人恆在室中，故從穴。』《漢書・地理志上》〈注〉：『窳，惰也。』楚窳者言楚亭懶惰，故希灌其瓜，非田窳也。」祁先生說甚是也。審此句與上文「梁之邊亭人劬力，數灌其瓜」對言，今上文言梁人之劬力灌瓜，則此句之「窳」，不當指「田」為言，亦當指人（楚人）而言，故「窳」上不當補「田」字，《群書治要》四○、《白氏六帖》三○〈注〉、《事類賦》二七〈注〉、《太平御覽》九七八（〈注〉云《新序》同）、《錦繡萬花谷》一四、《群書類編故事・鄰瓜惡美》、《類林雜說・果實九八》〈注〉並引賈子《新書》「窳」上並無「田」字，即其明證也。「瓜惡」，祕書本「惡」作「悪」，惡、悪，正、俗字。

楚令因以梁瓜之美怒其亭瓜之惡也，

茂仁案：《新書・退讓篇》無「因」字，《太平御覽》九七八引（〈注〉云《新序》同）《新書》同。

楚亭人心惡梁亭之賢己，因往夜竊搔梁亭之瓜，皆有死焦者矣。

茂仁案：「因往夜竊搔梁亭之瓜」，《事類賦》二七〈注〉、《錦繡萬花谷》一四、《類林雜說・果實九八》〈注〉並引《新書》「往夜」乙作「夜往」，於義為長。

梁亭覺之，因請其尉，亦欲竊往報搔楚亭之瓜，尉以請宋就。就曰：「惡！是何可，構怨禍之道也。人惡亦惡，何褊之甚也！

梁容茂曰：「（惡是何可【太上御名】怨禍之道也）《新書》作『是構怨召禍之道也』。何本、程本、百子本：怨上俱有『構』字。」

茂仁案：四庫《新序》版本有二，二本並作「搆」，不〈注〉作「太上御名」，梁先生以四庫本為底本，〈注〉作「太上御名」，又何允中本、百子本並作「搆」，不作「構」，梁先生並失檢。「是何可」，白口十行本「可」下有「以」字。「構怨禍之道也」，《新書・退讓篇》「構怨禍」並作「搆怨召禍」，《喻林》三引《新書》同，《事類賦》二七〈注〉、《太平御覽》九七八（〈注〉云《新序》同）、《類林雜說・果實九

八》〈注〉並引《新書》作「構怨分禍」。元刊本、楚府本、楊美益本「構」俱不書，注作「太上御名」，《白氏六帖》三○〈注〉引《新書》作「搆」，何良俊本、白口十行本、四庫本、陳用光本、百子本並同。分禍，爲「召禍」之形訛。〈注〉「太上御名」者，爲避南宋高宗趙構之名諱。《史記・黥布傳》「事已構」〈正義〉云：「構，結也。」〈斠證〉云：「景祐本、黃善夫本、殿本皆作「事以搆。」《漢書》構亦作搆。構、搆正、俗字。」是。《說文》六篇上木部：「構，蓋也。」段〈注〉：「此與菁音同義近。菁，交積材也。」是「構」有「結」義。

若我教子，必每暮令人往竊爲楚亭夜善灌其瓜，

蔡信發曰：「《新書》『每暮』作『誨莫』。〈校釋〉：『誨』當讀曰『每』，非誤字也。《說文》：『誨，曉教也，从言每聲』，故『誨』、『每』得通段，誨莫，即每暮也，《新序・雜事四》即作『每暮』。』案：暮，莫之後起重形俗字。」

茂仁案：莫、暮，古、今字。《劉先生遺書・賈子新書斠補・退讓》云：「『誨莫』，舊作『每暮』，《新序・雜事四》作『必每暮令人往』，當據訂。」「若我教子」，元刊本「若」作「君」，非是，形近而訛也。

勿令知也。」

盧文弨曰：「何作『弗』，兩本皆作『勿』。」

梁容茂曰：「《新書》作：『令勿知也』。勿，何本、百子本俱作『弗』。《拾補》云：『何作弗，兩本皆作勿。』」

茂仁案：祕書本、陳用光本「勿」亦並作「弗」，元刊本、楚府本、何良俊本、楊美益本、白口十行本、程榮本、四庫本、鐵華館本、龍溪本並作「勿」與本文同，弗、勿，義同。

於是梁亭乃每暮夜竊灌楚亭之瓜，楚亭旦而行瓜，則又皆以灌矣，

梁容茂曰：「《新書》：行，作『往』；以，作『已』。」

茂仁案：程榮本《新書・退讓篇》「行」作「往」、「以」作「已」，《事類賦》二七〈注〉、《太平御覽》九七八（〈注〉云《新序》同）、《群書類編故事》「鄰瓜美惡」並引《新書》同，《喻林》三引《新書》「行」亦作「往」，祁玉章《賈子新書校釋》本、《類林說・果實九八》〈注〉並作「行」，不作「往」而與本文同。行、往，義同；以、已，古並爲余母、之部，音同可通。

瓜日以美，楚亭怪而察之，則乃梁亭也。楚令聞之，大悅，因具以聞楚王，楚王聞之，愁然愧，以意自閔也。

　　梁容茂曰：「（則乃梁亭也）《新書》：亭下有『之爲』二字，當據補。」

　　茂仁案：「則乃梁亭也」，程榮本《新書・退讓篇》、《太平御覽》九七八（〈注〉云《新序》同）、《喻林》三並引《新書》「亭」下亦並有「之爲」二字，《事類賦》二七〈注〉、《群書類編故事・鄰瓜美惡》並引《新書》「亭」下並有「爲」字，祁玉章《賈子新書校釋》本、《群書治要》四〇、《類林雜說・果實九八》〈注〉並引《新書》則與本文同。審此有「之爲」二字，於義較明。

告吏曰：「徵搔瓜者，得無有他罪乎？此梁之陰讓也。」乃謝以重幣，而請交於梁王。

　　盧文弨曰：「（微）《賈》作『微』。」又曰：「（者）衍《賈》無。」

　　梁容茂曰：「《新書》：徵，作『微』；無『者』字；此，作『說』。」

　　蔡信發曰：「《新書》『徵』作『微』。〈校釋〉：『微，《新序・雜事四》作徵，當從之。『微』、『徵』形似致譌。徵，證驗也。』是。」

　　茂仁案：《類林雜說・果實九八》〈注〉引《新書》作「徵」，並有「者」字，與此同。此云「徵搔瓜者，得無有他罪乎」，意即證驗搔瓜之人，除搔瓜一事外，有否其他罪行之謂也，故有「者」字爲是，盧文弨云「（者）衍《賈》無」，非是，上引《類林雜說・果實九八》〈注〉引《新書》正有「者」字，即其明證。又梁先生引「此」作「說」者，審此句爲楚王告吏之語，作「此」爲是也。

楚王時稱則祝梁王以為信，故梁楚之歡由宋就始。

　　盧文弨曰：「（時則稱說）舊作『時稱則祝』，譌。今從《賈子》改正。」

　　蔡信發曰：「《新書》作『楚王時則稱說梁王以爲信』。」

　　茂仁案：盧文弨之說蓋是。《群書治要》四〇、《群書類編故事・鄰瓜美惡》、《類林雜說・果實九八》〈注〉並引《新書》「歡」作「驩」。驩，爲「歡」之借字。

語曰：「轉敗而為功，因禍而為福。」老子曰：「報怨以德。」此之謂也。夫人既不善，胡足効哉！

　　茂仁案：祕書本、四庫本、龍溪本「効」並作「效」。效、効，正、俗字，說見《說文》三篇下攴部「效」字段〈注〉。

（十四）梁嘗有疑獄

梁嘗有疑獄，群臣半以為當罪，半以為無罪，雖梁王亦疑。

武井驥曰：「《新書‧連語篇》『無罪』作『不當』。」

梁容茂曰：「《新書‧連語篇》：無『群臣』二字；無罪，作『不當罪』。」

蔡信發曰：「《新書》無『群臣』。《讀諸子札記》十以半（茂仁案：此當有『上』字）當有『吏』字。有『群臣』或『吏』，意較明。」

茂仁案：《群書治要》四〇引《賈子》與本文同，《太平御覽》六三九引《新書》，上「半」字上亦有「群臣」二字。《類說》三〇引「群臣半以爲當罪，半以爲無罪」作「群臣率以爲無罪」，《群書集事淵海》一五引與本文同。審下文「獄吏半以爲當罪，半以爲不當罪」，爲承上而言，故「無罪」，以作「不當罪」，於文例較長。

梁王曰：「陶之朱公以布衣富侔國，是必有奇智。」

武井驥曰：「《新書》『公』作『叟』。」

梁容茂曰：「《新書》：公，作『叟』。」

蔡信發曰：「《新書》『公』作『叟』。陶朱公，即春秋越賢大夫范蠡。《羊見《史記‧貨殖傳》。公、叟並尊老之稱，義無二歧。」

茂仁案：「陶之朱公以布衣富侔國」，《群書治要》四〇、《焦氏類林》三並引《新書》「公」亦並作「叟」，《太平御覽》六三九、又八〇六並引《新書》則作「公」而與本文同。

乃召朱公而問曰：「梁有疑獄，獄吏半以為當罪，半以為不當罪，雖寡人亦疑，吾子決是，奈何？」

茂仁案：「獄吏半以爲當罪」，《新書‧連語篇》無「獄」字，《太平御覽》六三九、《焦氏類林》三並引《新書》同。審「獄吏半以爲當罪，半以爲不當罪」爲承上文「群臣半以爲當罪，半以爲無罪」爲言，「吏」即「群臣」，獄字蓋涉上文「梁有疑獄」而衍，當刪。

朱公曰：「臣鄙民也，不知當獄。雖然，臣之家有二白璧，其色相如也，其徑相如也，其澤相如也，然其價，一者千金，一者五百金。」

茂仁案：龍溪本「澤」作「則」，非是，音誤也。

王曰：「徑與色澤相如也，一者千金，一者五百金，何也？」

茂仁案：「徑與色澤相如也」，《新書・連語篇》「澤」下有「皆」字，於義較長且明，當據補。

朱公曰：「側而視之，一者厚倍，是以千金。」梁王曰：「善！」故獄疑則從去，賞疑則從與，梁國大悅。

茂仁案：「賞疑則從與，梁國大悅」，《新書・連語篇》「與」作「予」，「悅」作「說」，《類說》三〇引「與」亦作「予」。予、與，古、今字，說見《說文》四篇下予部「予」字段〈注〉；說、悅，古、今字，說見《說文》三篇上言部「說」字段〈注〉。

由此觀之，墻薄則亟壞，繒薄則亟裂，器薄則亟毀，酒薄則亟酸。

盧文弨曰：「『壞』訛。」

蔡信發曰：「《新書》『則』作『咫』，下有『尺』，『壞』作『壞』。〈校釋〉：『「咫」字彙本及《新序・雜事四》並作「則」，下同。「咫」、「則」聲近，乃「則」之段字。「尺」字誤衍。』是。案：壞，當壞之形近而譌，與下文『裂』、『毀』、『酸』諸字對。」

茂仁案：「墻薄則亟壞」，《新書・連語篇》「則」作「咫」，《經傳釋詞》九云：「咫，詞之則也。」咫、則，義同，說又見《古書虛字集釋》九。《類說》三〇引「墻」作「牆」，四庫全書薈要本、鐵華館本、龍溪本並同，他本並四庫全書本則作「墻」，牆、墻，正、俗字。祕書本「壞」亦形訛作「壞」。

夫薄而可以曠日持久者，殆未有也。

施珂曰：「《記纂淵海》四三、七四引薄下並有物字。當據補。」

茂仁案：審此「薄」字爲承上文四「薄」字爲言，故「薄」下，不當有「物」也，《新書・連語篇》、《類說》三〇引並與本文同，「薄」下並無「物」字，是其明證。

故有國畜民施政教者，宜厚之而可耳。

梁容茂曰：「百子本：畜作『蓄』。畜、蓄，古通用。」

茂仁案：陳用光本亦作「蓄」。《新書・連語篇》「宜」上有「臣竊以爲」四字，於義較長。

（十五）楚惠王食寒菹而得蛭

楚惠王食寒菹而得蛭，因遂吞之，腹有疾而不能食。

　　蒙傳銘曰：「《新書・春秋篇》、《論衡・福虛篇》，皆以此爲楚惠王事，與《新序》同。《資治通鑑》卷二百一十一〈唐紀〉二十七載姚崇曰：『昔楚莊吞蛭而愈疾』云云（案：《新》、《舊唐書・姚崇傳》但云『楚王』。），則以此爲楚莊王事，疑《通鑑》誤記也。」

　　茂仁案：《事類賦》三〇載食寒菹者亦作「楚王」。《北堂書鈔》一四六、《兩山墨談》一二並作「惠王食寒菹」，《類說》三〇引、《群書集事淵海》一引、《春秋別典》一三引亦並以食寒菹者爲楚惠王，《冊府元龜》二四三同，則食寒菹者，當爲楚惠王也，蒙先生云《資治通鑑》二一一載爲楚莊王事，疑爲誤記，是。

令尹入問曰：「王安得此疾也？」王曰：「我食寒菹而得蛭，念譴之而不行其罪乎？是法廢而威不立也，非所以使國聞也；

　　武井驥曰：「《論衡・福虛篇》『國』下有『人』字。」

　　梁容茂曰：「《新書・春秋篇》：無『以使國』三字。《論衡・福虛篇》：聞下有『之』字。」

　　茂仁案：「非所以使國聞也」，《新書・春秋篇》作「非所聞也」，《論衡・福虛篇》作「非所以使國人聞之也」。《群書集事淵海》一引、《春秋別典》一三引並與本文同，《冊府元龜》二四三同。

譴而行其誅乎？則庖宰、食監，法皆當死，心又不忍也。

　　梁容茂曰：「《新書》：食監，作『監食者』。」

　　茂仁案：「則庖宰、食監，法皆當死」，《論衡・福虛篇》「食監」亦作「監食者」，《事類賦》三〇引《新書》、《冊府元龜》二四三「食監」並作「監食」，《太平御覽》八五六引《新書》作「監者」，《群書集事淵海》一引、《事類賦》三〇〈注〉與《太平御覽》八五六並引《新書》並無「法」字。《太平御覽》九五〇引《賈誼書》作「恐監食皆死」。

故吾恐蛭之見也，因吞之。」令尹避席再拜而賀，

　　茂仁案：《冊府元龜》二四三「避」作「辟」，辟、避，古、今字。

曰：「臣聞天道無親，惟德是輔，君有仁德，天之所奉也，病不為傷。」

　　武井驥曰：「〈蔡仲之命〉語，今《書》作『皇天無親』，《新書‧春秋篇》同。」

　　梁容茂曰：「（臣聞天道無視）《新書》作：『皇天無親』。《老子》七十九章：『天道無親，常與善人。』」

　　茂仁案：「天道無親，惟德是輔」，四庫《新序》版本有二，二本並作「親」，不作「視」，梁先生以四庫本為底本，失檢。《左傳‧僖公五年》引《周書》作「皇天無親，惟德是輔」，《國語‧晉語六》作「天道無親，唯德是授」，《淮南子‧銓言篇》作「天道無親，唯德是與」。祕書本「是」作「自」。

是夕也，

　　茂仁案：「是夕也」，《群書治要》四○、《太平御覽》八五六並引《賈子》「夕」作「昔」，《太平御覽》四○三、七四一並引《賈誼書》作「夜」。夕、夜，義同。昔，古為心母、鐸部；夕，古為邪母、鐸部，音近可通。昔，為「夕」之借字，說見《說文》七篇上日部「昔」字段〈注〉。

惠王之後蛭出，

　　武井驥曰：「《新書》『後』下有『而』字，《論衡》同。」

　　茂仁案：《太平御覽》四○三引《賈誼書》作「惠王之後溷而蛭出」，於義較明，又七四一引《賈誼書》作「惠王欬而蛭出」，則與此異。

故其久病心腹之疾皆愈。

　　武井驥曰：「《論衡》『病』作『患』、『疾』作『積』。」

　　梁容茂曰：「《新書》、《論衡》：疾，並作『積』。黃暉《論衡校釋》云：『《賈子》亦作‘積’，《新序》作‘疾’，後人不明其義而妄改也。下文云：‘惠王心腹之積，殆積血也。’正釋此‘積’字。《爾雅》邢〈疏〉：‘楚王食寒葅吞蛭，能去結積。’正得其義。《御覽》九五○、郝懿行《爾雅義疏》並引此文，改‘積’為‘疾’，失之。《北堂書鈔》百四十六引《賈子》作‘其久疾心腹之積疾皆愈也。’則知此文當作‘心腹之積’矣。」

　　蔡信發曰：「《新書》、《論衡》『疾』並作『積』。」

　　茂仁案：《群書治要》四○、《太平御覽》四○三、又八五六並引《賈誼書》、《冊府元龜》二四三「疾」亦並作「積」，《北堂書鈔》一四六〈注〉引《賈誼書》「疾」上有「積」字。上言黃暉《論衡校釋》是也，唯所引《北堂書鈔》一四六引《賈子》

文，爲見該卷〈注〉文，且所引上「疾」字作「病」不作「疾」，黃說失檢耳。

天之視聽，不可不察也。

盧文弨校「可」下有「謂」，曰：「舊脫，《賈子・春秋篇》有。」

梁容茂曰：「《新書》：可下有『謂』字。」

茂仁案：《冊府元龜》二四三「可」下亦有「謂」字，《論衡・福虛篇》作「可謂不察乎」，「不可不察也」，與上文意未接，此句「可」下據補「謂」字，於意合矣，陳鱣校同，云：「據《賈誼書・春秋篇》補。」

（十六）鄭人游于鄉校

鄭人游于鄉校，以議執政之善否。

梁容茂曰：「襄公三十一年《左傳》：議作『論』。無『之善否』三字。」

茂仁案：「鄭人游於鄉校」，《北堂書鈔》八三〈注〉、《藝文類聚》五二、《群書治要》五並引《左傳》「游」並作「遊」，祕書本、陳用光本、百子本並同，下同。遊，游之俗字，說見《說文》七篇上水部「游」字段〈注〉。「以議執政之善否」，《通志》九一「議」亦作「論」，亦無「之善否」三字。

然明謂子產曰：「何不毀鄉校？」

武井驥曰：「《家語・正論解》『然明』作『䳒明』。然明，姓䳒、明蔑，鄭平陰大夫。」

蔡信發曰：「《家語》『然明』作『䳒明』。《左傳・襄公二十四年》〈注〉：『然明，䳒蔑也。』〈會箋〉：『成十年有子然，子然生丹；丹，見襄十九年。丹生䳒蔑，昭二十年稱䳒明。』」

茂仁案：「然明」即「䳒蔑」，除見上引外，又見《經義述聞》述二二〈春秋名字解詁〉「鄭䳒蔑字明」，下文然明自稱「蔑」，亦其明證。

子產曰：「胡為？夫人朝夕游焉，以議執政之善否，

武井驥曰：「《左傳・襄三十一年》『朝夕』下有『退而』二字，《家語》同，『胡為』作『何以毀為也』。」

梁容茂曰：「《左傳》：夕下有『退而』二字。」

茂仁案：《孔子家語・正論解》、《通志》九一「夕」下亦並有「退而」二字。《藝文類聚》五二引《左傳》「夫人朝夕游焉」作「夫人朝進夕退而遊焉」，於義較明。

其所善者，吾將行之；其所惡者，吾將改之。是吾師也，如之何毀之？

梁容茂曰：「《左傳》：兩將字，俱作『則』。」

茂仁案：《孔子家語・正論解》兩「將」字亦並作「則」。「將」猶「則」也，說見《經詞衍釋》，又見《古書虛字集釋》八。

吾聞為國忠信以損怨，不聞作威以防怨，

武井驥曰：「《家語》『信』作『善』，《左傳》同，『防怨』下有『豈不遽止』四字。」

梁容茂曰：「（吾聞忠信以損怨）《左傳》：吾，作『我』；信，作『善』。」

蔡信發曰：「《左傳》『吾』作『我』，『忠』上無『為國』，『信』作『善』。前文道及善惡，則此當以《左傳》『信』作『善』為宜。」

茂仁案：四庫《新序》版本有二，二本「聞」下並有「為國」二字，梁先生以四庫本為底本，失檢。「吾聞為國忠信以損怨」，《孔子家語・正論解》作「我聞忠言以損怨」，《通志》九一作「我聞忠善以損怨」，《太平御覽》四八三引《左傳》作「我聞忠恕以積怨，不聞作威以防怨」。「言」，疑「信」之形訛。

譬之若防川也，大決所犯，傷人必多，吾不能救也。

梁容茂曰：「《左傳》：能，作『克』。克、能通用。」

茂仁案：《孔子家語・正論解》「能」亦作「克」，《喻林》一〇一引則與本文同。克、能義通，說見《說文》七篇上克部「克」字段〈注〉。

不如小決之使導，吾聞而藥之也。」

茂仁案：《左傳・襄公二十四年》「吾」上有「不如」二字，《通志》九一同，《孔子家語・正論解》作「不如小決使導之，不如吾所聞而藥之」，《白氏六帖》二〈注〉作「子產曰：『防人猶川，不如小決使導之。』」。《史記・周本紀》引召公曰：「防民之口，甚於防水，水雍而潰，傷人必多，民亦如之，是故為水者決之使導，為民者宣之使言。」《呂氏春秋・達鬱篇》文略異，《金樓子・箴戒篇》引召公曰：「防人之口，甚於防川，川潰傷人，人亦如之。」並與此文異而義同，而此為子產語，與二書之作召公語，異也。

然明曰：「蔑也乃今知吾子之信可事也，小人實不材。

武井驥曰：「《左傳》『今』下有『而後』二字。」

茂仁案：除上言外，《左傳・襄公二十四年》並無「乃」字、「材」作「才」，《通

志》九一同。才、材，古並爲從母、之部，音同可通，《說文》六篇上木部云：「材，木梃也。」段〈注〉云：「梃一枚也。材謂可用也，（中略）凡可用之具皆曰才。」又六篇上才部云：「才，艸木之初也。」據是，才、材音同通用也。

若果行此，其鄭國實頼之，豈唯二三臣！」

茂仁案：「其鄭國實頼之」，《左傳・襄公二十四年》「頼」作「賴」，《通志》九一同，四庫本、鐵華館本、百子本、龍溪本並同，元刊本、楚府本、何良俊本、楊美益本、白口十行本、程榮本、陳用光本則並與本文同，祕書本「之」作「此」。頼，未見於字書，唯版刻習見之，蓋「賴」之俗寫。「豈唯二三臣」，《通志》九一「唯」作「惟」，元刊本、楚府本、何良俊本、楊美益本、白口十行本、程榮本、四庫本、陳用光本、鐵華館本、百子本、龍溪本並同，唯、惟，古並爲余母、微部，音同可通。

仲尼聞是語也，曰：「由是觀之，人謂子產不仁，吾不信也。」

施珂曰：「《漢魏叢書》程本、陳本由皆作以。」

蒙傳銘曰：「『以』字，襄公三十一年《左傳》，《孔子家語・正論解》並如此作，鐵華館本作『由』，黃丕烈校同。以、由古通。」

茂仁案：百子本「由」亦作「以」，元刊本、楚府本、何良俊本、楊美益本、白口十行本、祕書本、四庫本、龍溪本則並作「由」與本文同。

（十七）桓公與管仲、鮑叔、甯戚飲酒

桓公與管仲、鮑叔、甯戚飲酒，

茂仁案：《管子・小稱篇》、《貞觀政要》三「鮑叔」並作「鮑叔牙」，下同，「戚」下並有「四人」二字。《呂氏春秋・直諫篇》、《後漢書・隗囂傳》引「甯」並作「甯」，四庫本、陳用光本、鐵華館本、百子本、龍溪本並同。鮑叔，即鮑叔牙，說見《漢書古今人表疏證》「鮑叔牙」條。甯，爲「甯」字篆文隸變所致之形訛，說見卷三「齊人鄒陽客游於梁」章，「甯戚飯牛車下」條校記。

桓公謂鮑叔：「姑爲寡人祝乎！」

武井驥曰：「《後漢書》〈註〉及《呂覽》『叔』下有『曰』字，《管子・小稱篇》、《政要》並『祝』作『壽』。」

施珂曰：「《後漢書・隗囂傳》〈注〉引叔下有曰字。《管子・小匡篇》、《呂覽・

直諫篇》同。當據補。」

梁容茂曰：「《呂氏‧眞諫篇》（茂仁案：眞，爲直之誤）：作『何不起爲壽』。」

茂仁案：「桓公謂鮑叔」，《管子‧小稱篇》「桓」上有「飲酣」二字，《呂氏春秋‧直諫篇》、《後漢書‧馮異傳》〈注〉引「桓」上並有「酣」字。「姑爲寡人祝乎」，《呂氏春秋》作「何不起爲壽」，《管子》作「盍不起爲寡人壽乎」，《貞觀政要》三同《管子》而無「不」字。

鮑叔奉酒而起曰：「祝吾君無忘其出而在莒也，

武井驥曰：「《後漢書》〈註〉作『祝曰：「吾君無忘出莒也。」』《管子》、《呂覽》『祝』作『使』、『酒』作『杯』，《政要》作『觴』、『莒』下有『時』字、無『也』字。」

施珂曰：「《後漢書》〈注〉引祝字在曰字上。《御覽》七三六引《尸子》同。今本『曰祝』二字疑誤倒。《管子》、《呂覽》『曰』下並無祝字，可爲旁證。『吾君』上疑本有使字，『使吾君無忘其出而在莒也。』與下文『使管仲無忘其束縛而從魯也，使甯子無忘其飯牛於車下也。』句法一律。《管子》作『使公毋忘出如莒時也。』《尸子》作『使公無忘在莒時。』《呂覽》作『使公毋忘出奔在於莒也。』皆有使字。」

梁容茂曰：「《呂氏》：酒，作『杯』；起，作『進』。」

茂仁案：「鮑叔奉酒而起曰」，《尸子》下，亦以爲桓公祝者爲「鮑叔」，《太平御覽》七三六引《尸子》同，《太平御覽》七七三、《事類賦》一六〈注〉並引《尸子》則作「甯戚」，《後漢書‧馮異傳》引則作「管仲」，《管子‧小稱篇》、《呂氏春秋‧直諫篇》、《貞觀政要》三則並作「鮑叔」與本文同，《後漢書‧隗囂傳》〈注〉引、《類說》三〇引並同，爲祝者或以爲鮑叔、或甯戚、或管仲，蓋傳聞異詞耳。上言「奉酒」，或作「奉杯」，或作「奉觴」，其義同也。《尸子》下、《後漢書‧隗囂傳》〈注〉引「曰」上亦並有「祝」字，《事類賦》一六〈注〉、《太平御覽》七三六、又七七三並引《尸子》同，審上文云「姑爲寡人祝乎」，此句「曰」上當有「祝」字爲是，此「祝」字蓋與「曰」字誤倒，今「祝」字連下讀耳，當據乙正。「祝吾君無忘其出而在莒也」，《管子‧小稱篇》、《呂氏春秋‧直諫篇》、《尸子》下「祝」並作「使」，《事類賦》一六〈注〉、《太平御覽》七三六、又七七三並引《尸子》同，《後漢書‧馮異傳》〈注〉引、《貞觀政要》三「祝」並作「願」，《後漢書‧隗囂傳》無「祝」字，「吾」上有「使」、「願」，義並較此爲長，唯審下文並列句「使管仲……」、「使甯子……」，並以「使」字起言，故「吾」上當據補「使」字，於文例爲優，施先生之說是也。又《管子‧小稱篇》、《尸子》下、《貞觀政要》三「莒」下並有「時」字，「時」爲

衍文，說見王念孫《讀書雜志》五之六《管子‧小稱》「出如莒時」條，《呂氏春秋‧直諫篇》「莒」下無「時」字，《藝文類聚》二三、《群書治要》三二、《太平御覽》四五九並引《管子》同，《太平御覽》七七三、《事類賦》一六〈注〉並引《尸子》亦同，並其證也。

使管仲無忘其束縛而從魯也，使甯子無忘其飯牛於車下也。」

　　茂仁案：陳用光本、龍溪本「束」並作「朿」，非是，形近而訛也。

桓公辟席再拜曰：「寡人與二大夫皆無忘夫子之言，齊之社稷必不廢矣。」

　　武井驥曰：「《呂覽》『言』下有『則』字、『廢』作『殆』，《政要》作『危』。」

　　梁容茂曰：「（桓公辟席再拜曰）程本、百子本：辟，俱作『避』。辟、避，古今字。何本：程本：夫子，俱作『天子』，誤。」

　　茂仁案：四庫《新序》版本有二，二本並作「避」，不作「辟」，梁先生以四庫本爲底本，失檢。何良俊本、祕書本、四庫本亦並作「避」。「齊之社稷必廢不矣」，《管子‧小稱篇》「廢」亦作「危」，《呂氏春秋‧直諫篇》「必不廢矣」作「幸於不殆矣」。

此言常思困隘之時，必不驕矣。

　　茂仁案：祕書本「隘」作「時」，並通，唯審文義，作「隘」爲長。

（十八）桓公田

桓公田，至於麥丘，

　　武井驥曰：「《晏子‧諫上篇》作『景公』，《韓詩》卷十作『齊桓公逐白鹿，至麥丘之邦』。」

　　梁容茂曰：「《韓詩外傳》十作：『桓公逐白鹿，至於麥丘之邦。』《晏子春秋‧諫上》：以爲景公事。案：此同爲一事，而三書所載，其文互有異同，蓋傳文之辭也。」

　　茂仁案：桓譚《新論‧袪蔽篇》作「齊桓公行見麥邱人」，亦以爲齊桓公事，《初學記》八引同，唯「邱」作「丘」，《春秋別典》二引「丘」作「邱」，下同，楚府本「田」作「曰」。此事或繫於桓公，或繫於景公，蓋傳聞異辭耳，梁先生說是。丘、邱，古並爲溪母、之部，音同可通，《說文》六篇下邑部云：「邱，地名。」又八篇上丘部云：「丘，土之高也。」審本文末「封之以麥丘而斷政焉」，知「麥丘」爲地名，故以作「邱」爲是，「丘」，爲「邱」之借字。

見麥丘邑人，

茂仁案：《晏子春秋·內篇·諫上篇》「麥丘邑人」作「封人」，《太平御覽》七三六引《韓詩外傳》同，《韓詩外傳》一〇作「邦人」，下同。《劉申叔先生遺書·晏子春秋補釋》「問其封人曰」云：「案《韓詩外傳》十，以此爲桓公事，其言曰：『齊桓公逐白鹿至麥邱之邦。遇人曰：「何謂者也？」對曰：「臣麥邱之邦人。」』《新序·雜事篇》作『臣麥邱之邑人。』雖所記與此殊，然足證此文之封即邦字之假。猶《書》『序邦諸侯』之假封爲邦也。邦人即邑人，非官名之封人也。」可備一說。審出土《散盤》數云「封」字，並爲起土封疆界義，《孟子·滕文公篇》云：「域民不以封疆之界。」即其比也，封人意即疆界內之人也，故「封人」即「邦人」即「邑人」，三者義並同也。

問之：「子何爲者也？」對曰：「麥丘邑人也。」公曰：「年幾何？」對曰：「八十有三矣。」

武井驥曰：「《御覽》八百十一引無『有三』二字，《韓詩》『年』上有『叟』字、『八十』上有『臣年』二字，《晏子》『三』作『五』。」

施珂曰：「《御覽》八一一引作『八十』《晏子春秋·諫上篇》作『八十五』。」

梁容茂曰：「《晏子》作：『八十五矣』。《御覽》八一一引作『八十矣』。」

蔡信發曰：「《晏子》作『景公遊于麥丘，問其封人曰：年幾何？對曰：鄙人之年八十五矣』，《外傳》作『齊桓公逐白鹿，至麥丘之邦，遇人曰：何謂者也？對曰：臣麥丘之邦人。桓公曰：叟年幾何？對曰：臣年八十有三矣』，並與此異，傳聞使然。」

茂仁案：《新論·祛蔽篇》、《群書集事淵海》一五引、《春秋別典》二引、《冊府元龜》二四一並與本文同作「八十三」，《劉申叔先生遺書·晏子春秋校補》云：「案《太平寰宇記》十二，以麥邱屬譙縣，引桓譚《新論》云：『齊桓公行見麥邱人』，問其年幾何？對曰：『八十三矣。』（中略）雖桓氏所據匪屬本書，然亦作『三』不作『五』。與《韓詩外傳》、《新序》同。或『五』爲訛字。」八十、八十三、八十五，蓋皆以略數爲言，難以實數定之也。

公曰：「美哉壽乎！子其以子壽祝寡人。」麥丘邑人曰：「祝主君，使主君甚壽！金玉是賤，人爲寶。」

武井驥曰：「《御覽》『人爲』上有『以』字，《韓詩》作『金玉之賤，人民是寶』。」

梁容茂曰：「《外傳》作：『使吾君固壽，金玉之賤，人民是寶。』百子本：玉，作『王』，誤。」

茂仁案：百子本作「玉」，不作「王」，梁先生失檢。「金玉是賤，人爲寶」，《新論・祛蔽篇》「人爲」上亦有「以」字，上言《韓詩外傳》一〇「是」作「之」，「人爲」作「人民是」。「之」，「是」也；「爲」，亦「是」也，說並見《古書虛字集釋》九。審「人民」與上文「金玉」對言，作「人民」，於文例爲長。

桓公曰：「善哉！至德不孤，善言必再，吾子其復之。」

盧文弨校「其」作「一」，曰：「本亦作『其』。」

武井驥曰：「《韓詩》作『叟盍優之』。」

蒙傳銘曰：「宋本作『其』，與程榮本同。陳鱣校『其』作『一』。」

梁容茂曰：「《外傳》作：『叟盍優之』。作『優』不可從。」

茂仁案：「善言必再」，龍溪本「善言」作「言言」，非是。「吾子其復之」，《冊府元龜》二四一作「吾子一復之」，《韓詩外傳》一〇作「叟盍優之」，下同，梁先生云「作『優』不可從」，是，檢《太平御覽》七三六引《韓詩外傳》「盍優之」作「叟盍復祝乎」，「優」爲「復」之形訛也。「其復之」、「一復之」、「盍復祝乎」，義並同。

麥丘邑人曰：「祝主君，使主君無羞學，無惡下問，

梁容茂曰：「《外傳》作：『使吾君好學士』。士字疑衍。」

茂仁案：上言《韓詩外傳》一〇作「使吾君好學士」，審此「無羞學」與「無惡下問」對言，若如《韓詩外傳》增益「士」字，則非對矣，「士」字衍，梁先生之疑，是也，《太平御覽》七三六引《韓詩外傳》正無「士」字，即其明證。

賢者在傍，諫者得人。」

武井驥曰：「《韓詩》（下）『人』作『入』，是。」

梁容茂曰：「《外傳》：傍，作『側』。」

茂仁案：《群書集事淵海》一五引、《冊府元龜》二四一「傍」並作「旁」，《春秋別典》二引「傍」作「旁」、「人」作「入」，祕書本「人」亦作「入」。旁，爲「傍」之借字，說見《說文》八篇上人部「傍」字段〈注〉，傍、側，義同。審此文義，「諫者得人」，不辭，「人」當爲「入」之形訛，作「入」，方與上文「賢者在傍」意接，當據改。

桓公曰：「善哉！至德不孤，善言必三，吾子一復之。」

盧文弨曰：「（一）本亦作『其』。」

武井驥曰：「吳本『一』作『其』，是。」

梁容茂曰：「（吾子一復之）百子本：一作『其』，與上文例一律。」

茂仁案：四庫《新序》版本有二，二本「一」並作「其」，梁先生以四庫本爲底本，失檢。《晏子春秋・內篇・諫上篇》、《春秋別典》二引「一」亦並作「其」，白口十行本、祕書本、四庫本、陳用光本並同，《群書集事淵海》一五引作「再」，「一復之」、「其復之」、「再復之」，義並同。

麥丘邑人曰：「祝主君，使主君無得罪於群臣百姓。」桓公怫然作色曰：「吾聞之，子得罪於父，臣得罪於君，未嘗聞君得罪於臣者也。此一言者，非夫二言者之匹也，子更之。」

武井驥曰：「《韓詩》作『桓公不說曰：‘此言者，非夫前二言之祝，叟其革之矣。’』」

梁容茂曰：「《外傳》：匹，作『祝』。」

茂仁案：「非夫二言者之匹也」，《韓詩外傳》一○「二」上有「前」字，審「夫二言」，已有前二言之意矣，故增益「前」字，義複，不當。上言「匹」之作「祝」，亦通，唯作「匹」，於義較明且長。

麥丘邑人坐拜而起曰：「此一言者，夫二言之長也。子得罪於父，可以因姑姊叔父而解之，父能赦之；

茂仁案：「可以因姑姊、叔父而解之」，《群書集事淵海》一五引、《冊府元龜》二四一、《春秋別典》二引、《喻林》六三引「姊」並作「姉」，楚府本、白口十行本、祕書本、四庫本、陳用光本、鐵華館本、百子本、龍溪本並同。《說文》有「姊」無「姉」，十二篇下女部云：「姊，女兄也。」《龍龕手鑑新編》編號01589以「姉」爲正字，並云：「女兄也。」則姊、姉，爲一字之異體矣，唯竊疑「姉」爲俗字。「父能赦之」，《韓詩外傳》一○「能」作「乃」，下同，能、乃義同，說見《古書虛字集釋》六。

臣得罪於君，可以因便辟左右而謝之，君能赦之。昔桀得罪於湯，紂得罪於武王，此則君之得罪於其臣者也，莫為謝，至今不赦。」

茂仁案：「可以因便辟左右而謝之」，《群書集事淵海》一五引「辟」作「嬖」，《太平御覽》七三六引《韓詩外傳》「辟」作「僻」。辟、嬖，古並爲幫母、錫部，音同可通；僻，古爲滂母、錫部，與辟、嬖，並音近之字也。《說文》八篇上人部云：「僻，辟也。」又九篇上辟部云：「辟，法也。」又十二篇下女部云：「嬖，便嬖，愛也。」據是，辟、僻並「嬖」之借字。

公曰：「善！賴國家之福，社稷之靈，使寡人得吾子於此。」扶而載之，自御以歸，禮之於朝，封之以麥丘而斷政焉。

茂仁案：四庫本、鐵華館本、百子本、龍溪本「賴」並作「賴」。賴，未見於字書，唯版刻習見，蓋「賴」之俗寫。

（十九）哀公問孔子

哀公問孔子，

蒙傳銘曰：「《荀子・哀公篇》、《孔子家語・五儀解》『問』下並有『於』字。」

茂仁案：《太平御覽》四五九引《荀子》「問」下有「政於」二字，《春秋典》一三引《荀子・哀公篇》「問」下無「於」字，與本文同。

曰：「寡人生乎深宮之中，

武井驥曰：「《家語・五儀解》『乎』作『於』、『中』作『內』。」

梁容茂曰：「《孔子家語・五儀解》：中，作『內』。」

茂仁案：《荀子・哀公篇》「乎」亦作「於」，四庫全書薈要本「乎」亦作「於」。乎、於；中、內，義並同。

長於婦人之手，寡人未嘗知哀也，未嘗知憂也，未嘗知勞也，未嘗知懼也，未嘗知危也。」

盧文弨曰：「（於）何訛『乎』。」

蒙傳銘曰：「宋本作『於』，與《荀子》、《家語》合。陳鱣校作『于』，陳用光本作『乎』。」

茂仁案：祕書本、百子本「於」亦並作「乎」。乎、於，義同，不誤也。

孔子辟席曰：「吾君之問，乃聖君之問也。丘，小人也，何足以言之？」

茂仁案：「孔子辟席曰」，《春秋別典》一三引《荀子》「辟」作「避」，祕書本同，辟、避，古、今字。

哀公曰：「否，吾子就席。微吾子，無所聞之矣。」

武井驥曰：「《家語》、《荀子》並『微』作『非』。」

梁容茂曰：「《荀子》：微作『非』。」

茂仁案：微、非，義同，說見《古書虛字集釋》十。《太平御覽》四五九引《荀

子》「微」作「無」，「無」與微、非，義並通。

孔子就席曰：「然。君入廟門，升自阼階，仰見榱棟，俯見几筵，

盧文弨曰：「『然』字衍。《荀子·哀公篇》、《家語·五儀解》皆無。」

武井驥曰：「《荀子》『門』下有『而右』二字。」

梁容茂曰：「《荀子》：無『然』字。《家語》作：『非吾子寡人無以啓其心』。亦無『然』字。《拾補》云：『然字衍。』」又曰：「《荀子》：門下有『而右』二字；升，作『登』；見，作『視』。《家語》：門作『如右』；升，作『登』；見，作『視』；棟，作『梲』；俯見，作『俯察』；几，作『机』。」

蔡信發曰：「《荀子》『門』下有『而右』，『升』作『登』，『阼』作『胙』。楊〈注〉：『胙，與阼同。』案：胙、阼並從乍得聲，同音假借。《說文》：『胙，祭福肉也。阼，主階也。』段氏〈注〉阼：『階之在東者。』據此，廟門下當依《荀子》補『而右』，意更明確。又《荀子》、《家語》無『然』。是。」

茂仁案：「然」字，非必爲衍也，《春秋別典》一三引《荀子·哀公篇》正有「然」字，即其明證。「君入廟門，升自阼階」，蔡先生以段〈注〉言阼爲「階之在東者」，而云「廟門下當依《荀子》補『而右』，意更明確」。審阼階，即東階，爲主人之階，與西階之爲客階對言，其例《儀禮》、《禮記》習見，爲其時之規制，今《荀子·哀公篇》、《孔子家語·五儀解》於「門」下補「而（如）右」，竊疑爲後人未審「阼階」已具方位而衍也，《春秋別典》一三引《荀子》「門」下無「而右」二字，即其明證，「而右」二字，不當補。

其器存，其人亡，君以此思哀，則哀將安不至矣。

梁容茂曰：「《荀子》：安，作『焉然』二字，下同。《家語》作：『則哀可知矣』。下同。」

蔡信發曰：「《荀子》『安』作『焉而』。〈集解〉：『盧文弨曰：「正文『將焉』下元刻有『而』字，下四句並同，『而』當訓爲『能』，若以爲衍，不應五句皆誤。」王念孫曰：「盧說是也。《文選》〈王文憲集序〉〈注〉引此有而字，其引此無而字者，皆後人不知古訓而刪之也。古書多以『而』爲『能』」』。」

茂仁案：《荀子·哀公篇》「安」作「焉而」，不作「焉然」，梁先生失檢。上言王念孫語，說見《讀書雜志》八之八《荀子·哀公》「焉不至」條。而訓能，說又見卷三「樂毅使人獻書燕王」章，「能當者處之」條校記。

君昧爽而櫛冠，平旦而聽朝，一物不應，亂之端也，君以此思憂，則憂將安不至矣。

　　武井驥曰：「《荀子》『旦』作『明』，下同，《家語》『聽』作『視』、下有『慮其危難』四字。」

　　施珂曰：「《家語》朝下有『慮其危難，』四字。」

　　梁容茂曰：「《荀子》：旦，作『明』；是平旦亦作『平明』。《家語》：上句作『昧爽夙興正其衣冠』；聽，作『視』。不應，作『失理』；亂下有『亡』字。」

　　茂仁案：《太平御覽》四五九引《荀子》「平旦」作「未明」，「不應」作「失所」。審《太平御覽》四五九引《荀子》，其下文「平旦」作「平明」，知本句《荀子》「未」字，爲「平」之形訛。龍溪本「之端」作「至端」，非。

君平旦而聽朝，日昃而退，

　　茂仁案：「日昃而退」，《荀子》「昃」作「昃」。楚府本「昃」原作「昃」，後又改寫爲「昃」，祕書本、四庫本並作「昃」，龍溪本作「昃」。昃、昃，正、俗字，說見《龍龕手鑑新編》編號 03869，昃、昃蓋亦「昃」之俗字也。

諸侯之子孫必有在君之門廷者，君以此思勞，則勞將安不至矣。

　　武井驥曰：「《荀子》『門』作『末』。」

　　梁容茂曰：「《荀子》：門廷，作『末庭』。」

　　茂仁案：「門庭」、「末庭」，義並通，唯作「末庭」，於義較長。祕書本「廷」作「庭」，廷、庭，古並爲定母、耕部，音同可通，《說文》九篇下广部云：「庭，宮中也。」又二篇下廴部云：「廷，朝中也。」段〈注〉云：「朝中者，中於朝也。古外朝、治朝、燕朝皆不屋，在廷，故雨霑服失容則廢。」據是，廷、庭，正、假字。

君出魯之四門，以望魯之四郊，亡國之墟，列必有數矣，君以此思懼，則懼將安不至矣。

　　武井驥曰：「《家語》『亡』上有『覩』字、『列必』作『必將』。」

　　施珂曰：「《荀子·哀公篇》列作則，列蓋則之訛。」

　　梁容茂曰：「《荀子》：墟，作『虛』，列，作『則』，矣，作『焉』。《家語》作：『睹亡國之墟必將有數焉。』案：虛、墟，古今字。列，作『則』是也。」

　　蔡信發曰：「《荀子》次『魯』下無『之』，『墟』作『虛』，『列』作『則』，『矣』作『蓋焉』。楊〈注〉：『虛，讀爲墟。有數蓋焉，猶言蓋有數焉，倒言之耳。』〈集解〉：『盧文弨曰：'數蓋，猶言數區也。'郝懿行曰：'虛、墟古今字。《新序四》

作虛列。此"虛則"即"虛列"之譌。蓋者，苫也。言故虛羅列其閒，必有聚盧而居者焉。觀此，易興亡國之盛。』案：虛、墟古通。列，則之形譌。有數，猶可數，狀其多。本章用《荀子》之文，唯省一蓋字，而語順句暢。楊〈注〉源自於此，是；盧以『蓋』訓『區』，郝以『蓋』釋『苫』，其說固通，然總不逮楊〈注〉暨本文之簡明易曉。」

茂仁案：上言郝懿行言《荀子・哀公篇》之「則」字，爲「列」之譌，蔡先生承之，云「列，則之形譌」，恐失之不審。《荀子・哀公篇》「數」下有「蓋」字，劉先生文起《荀子正補・哀公篇》云：「蓋字疑衍。『亡國之虛，必有數焉』，《御覽》四五九引作『則必有類焉』，類乃數字之訛，《家語・五儀解》作『睹亡國之墟，必將有數焉。』並無蓋字，可證。觀楊〈注〉，知唐人所見本已誤。」竊以爲《荀子・哀公篇》云「亡國之虛，則必有數蓋焉」，「蓋」爲屋蓋之謂，《劉申叔先生遺書・荀子斠補・哀公》云：「此作蓋字者，《管子・侈靡篇》云：『百蓋無築，千聚無社。』又《禮記・王制篇》鄭〈注〉云：『今時喪築蓋。』〈疏〉云：『蓋謂屋宇。』蓋字並與此同。數蓋猶言數盧也。」是。《詩經・小雅・甫田》「如茨如梁」〈箋〉云：「茨，屋蓋也。」即以其出國之四門，望之四郊，亡國廢墟中必有數個屋蓋存焉之謂也，即上言郝懿行所云「蓋者，苫也。言故虛羅列其閒，必有聚盧而居者焉。觀此，易興亡國之盛」，是也。又本文「列」，《荀子・哀公篇》作「則」，施先生、梁先生，並以「列」爲「則」字之訛，上言郝懿行，則以「則」爲「列」之訛。審《荀子・哀公篇》作「則必有數蓋焉」，於義已備，「則」字不誤，劉先生文起《荀子正補・哀公篇》云：「十行本、元本、覆宋本、元補本、六子全書本、樊川別集本並無則字，《家語・五儀解》亦無則字。」是知「則」爲連接詞耳，省之可也。以是觀之，本文「列必有數矣」，於義完足，非必如諸先生云「列」爲「則」字之誤也。

丘聞之，君者舟也，庶人者水也，水則載舟，水則覆舟，君以此思危，則危將安不至矣。

武井驥曰：「《家語》作『水所以載舟，亦所以覆舟』。」

梁容茂曰：「《家語》作：『水所以載舟，亦所以覆舟。』《意林》卷三引同，唯亦下之所字作『能』。」

茂仁案：「水則載舟，水則覆舟」，《杜氏體論》亦作「水所以載舟，亦所以覆舟」，《貞觀政要》一〈注〉引《孔子家語》、又三引《荀卿子》並同，《太平御覽》四五九引《荀子》、《貞觀政要》四並作「水能載舟，亦能覆舟」，則、能互訓，說見《古書虛字集釋》八。

夫執國之柄，履民之上，懍乎如以腐索御犇馬。

　　茂仁案：《尙書·五子之歌》、《貞觀政要》一〈注〉引《夏書》「犇馬」並作「六馬」，《白氏六帖》九〈注〉、《冊府元龜》九三八並同，《劉子·愼鹿篇》同，唯「六」作「陸」；《說苑·政理篇》、《淮南子·說林篇》、《古文尙書考·五子之歌》下〈注〉引「犇」並作「奔」，鐵華館本、龍溪本並同。《孔子家語·致思篇》「犇馬」作「扞馬」。犇，古「奔」字，說見本卷「楚莊王伐鄭」章，「及敗犇走」條校記。

《易》曰『履虎尾』，《詩》曰『如履薄冰』，不亦危乎！」

　　茂仁案：祕書本「尾」作「危」，非是，音誤也。

哀公再拜曰：「寡人雖不敏，請事此語矣。」

　　施珂曰：「《漢魏叢書》程本、陳本此並作斯。」

　　蒙傳銘曰：「鐵華館本『斯』作『此』，黃丕烈校同。」

　　茂仁案：元刊本、楚府本、何良俊本、楊美益本、白口十行本、程榮本、祕書本、四庫本、百子本「此」亦並作「斯」；龍溪本作「此」與此同。《春秋別典》一三引《荀子》「此」作「斯」，此、斯，義同。

（二十）昔者齊桓公出遊於野

昔者齊桓公出遊於野，見亡國故城郭氏之墟，問於野人曰：「是為何墟？」

　　茂仁案：《類說》三〇引、《群書集事淵海》一五引「遊」並作「游」。遊，游之俗字，說見《說文》七篇上水部「游」字段〈注〉。祕書本「城」音訛作「臣」，非。

野人曰：「是為郭氏之墟。」

　　武井驥曰：「《御覽》作『虢氏何爲亡』。」

　　施珂曰：「《御覽》五六引郭作虢，郭、虢古通。」

　　梁容茂曰：「《御覽》五六引：郭作『虢』，下同。」

　　茂仁案：《說文》六篇下邑部云：「郭，齊之郭氏虛。善善不能進，惡惡不能退，是以亡國也。」段〈注〉云：「《左傳》虢國字，《公羊》作郭。」郭、虢，古並爲見母、鐸部，音同可通，本卷「晉文公田於虢」章，作「虢」，即其比也。

桓公曰：「郭氏者曷為墟？」野人曰：「郭氏者善善而惡惡。」桓公曰：「善善而惡惡，人之善行也，其所以為墟者何也？」

梁容茂曰：「（相公曰：善善而惡惡，人之所善行也）相，當作『桓』。各本皆不誤。」

茂仁案：四庫《新序》版本有二，二本並作「桓」，不作「相」，且「之」下無「所」字，梁先生以四庫本爲底本，失檢。

野人曰：「善善而不能行，惡惡而不能去，是以為墟也。」

武井驥曰：「《政要》『行』作『用』，《風俗通》卷十同。」

梁容茂曰：「《御覽》五六引：『善』、『惡』兩字俱不重。下作『所以爲墟矣。』」

茂仁案：《說文》六篇下邑部「郭」載「行」作「進」、「去」作「退」，《群書治要》四四引《桓子新論》「行」作「用」，《類說》三○引、《群書集事淵海》一五引、《春秋別典》三引並與本文同。《風俗通義・山澤篇・墟》引《尙書》「舜生姚墟」〈傳〉云：「善善不能用，惡惡不能去，故善人怨焉，惡人存焉，是以敗爲丘墟也。」《群書治要》四四引《桓子新論》云：「善善而不能用，惡惡而不能去，彼善人知其貴己而不用則怨之，惡人見其賤己而不好則仇之，夫與善人爲怨，惡人爲仇，欲毋亡，得乎？」並較此爲詳且明。

桓公歸，以語管仲，曰：「其人為誰？」

盧文弨曰：「當疊『管仲』二字。」

武井驥曰：「上『管仲』下省『管仲』二字。」

梁容茂曰：「《拾補》云：『當疊管仲二字。』《拾補》是。」

蔡信發曰：「《拾補》：『當疊管仲。』是。」

茂仁案：漢語語法，常有省略主詞者，「曰」上之「管仲」，即其省略之例，非必補「管仲」二字也。《群書集事淵海》一五引、《春秋別典》三引，「管仲」並不重出，即其證也，又本書卷一「孫叔敖爲嬰兒之時」章，「其母曰：『蛇今安在？』曰：『恐他人又見，殺而埋之矣。』」此省略主詞「孫叔敖」；又同卷「禹之興也以塗山」章，「樊姬掩口而笑，王問其故，曰：『亡幸得執巾櫛以侍王。』」此省略主詞「樊姬」；又同卷「魏文侯與士大夫坐」章，「次至翟黃曰：『君，非仁君也。』曰：『子何以言之。』」此省略主詞「魏文侯」，並其比也。

桓公曰：「不知也。」管仲曰：「君亦一郭氏也。」於是桓公招野人而賞焉。

茂仁案：《類說》三○引「焉」作「之」，義通。

（二一）晉文公田於虢

晉文公田於虢，

　　武井驥曰：「《御覽》八百三十二引『田』作『畋』。」

　　梁容茂曰：「《御覽》八三二引：田，作『畋』，下同。」

　　茂仁案：鄒太華《晏子逸箋・內篇・諫上篇》「景公畋于署梁」云：「田、畋經籍互用，《書・無逸》：『文王不敢盤於遊田。』〈五子之歌〉則：『畋于有洛之表。』而《易・繫辭》又用『佃』字：『以佃以漁。』三字孰爲獵禽本字，字書無確然之說，《說文》：『佃，中也。』『畋，平田也。』義皆與獵無涉。惟田、陳也，而陳者，列也，蓋古皆列陣逐獵，故曰田獵。田、畋、佃同音，遂亦通用畋、佃矣。」

遇一田夫而問曰：「虢之爲虢久矣，子處此故矣，虢亡，其有說乎？」

　　盧文弨「曰」作「焉」，曰：「兩本作『曰』。」

　　施珂曰：「《漢魏叢書》程本、陳本田並作老。《治要》引同。」

　　蒙傳銘曰：「陳用光本作『焉』，宋本作『曰』。」

　　梁容茂曰：「《御覽》八三二引：遇，作『還』；無『夫而』兩字。程本、百子本：曰，俱作『焉』。《拾補》云：『兩本作曰。』」

　　茂仁案：程榮本作「曰」，不作「焉」，梁先生失檢。元刊本、楚府本、何良俊本、楊美益本、白口十行本、程榮本、祕書本、四庫本、百子本「田」亦並作「老」，《群書治要》四二引、《群書集事淵海》四引、《冊府元龜》二四二、《春秋別典》四引並同，《太平御覽》八三二引「田夫」作「老」。祕書本「曰」亦作「焉」。

對曰：「虢君斷則不能，諫則無與也。不能斷，又不能用人，此虢之所以亡。」

　　武井驥曰：「《治要》『無』作『不』。」

　　施珂曰：「（謀則無與也）《治要》引無作不。無猶不也。」

　　梁容茂曰：「《御覽》八三二引此三句作『虢君斷則不能用人也』，文意不明，蓋節引之文。《治要》引：諫，作『謀』。〈注〉云：『謀作諫。』」

　　茂仁案：施先生以鐵華館本爲底本，檢鐵華館本作「諫則無與也」，不作「謀則無與也」，失檢。「諫則無與也」，《群書治要》四二引「諫」作「謀」。天頭眉批云：「謀作諫」，《冊府元龜》二四二「無與」作「不聽」。審此文義，虢君之於政事，自力弗能決斷，人與之謀則又弗用，是以亡，與下文「不能斷，又不能用人」，合若符應，若作「諫」，則與下文乖異，「諫」爲「謀」之形訛，當據改。

文公以輟田而歸，遇趙衰而告之。

　　施珂曰：「《治要》、《御覽》八三二引，皆無以字。」

　　茂仁案：《春秋別典》四引亦無「以」字，《群書集事淵海》四引「以」作「乃」。《冊府元龜》二四二「趙衰」作「趙襄」，下作「襄」，審《左傳・僖公二十三年》載趙衰從重耳奔狄，職此，襄，爲「衰」之形訛也，下文「趙衰曰：『今其人安在？』」《太平御覽》八三二引「趙衰」作「趙襄子」，下作「襄子」，亦誤矣。

趙衰曰：「今其人安在？」君曰：「吾不與之來也。」

　　梁容茂曰：「（公曰吾不與之來也）《御覽》八三二引作『吾與來』，非是。」

　　茂仁案：四庫《新序》版本有二，二本並作「君曰」，不作「公曰」，梁先生以四庫本爲底本，失檢。

趙衰曰：「古之君子，聽其言而用其人，今之君子，聽其言而弃其身，哀哉！晉國之憂也。」文公乃召賞之。

　　梁容茂曰：「《治要》引：人，作『身』。〈注〉云：『身作人。』」

　　茂仁案：上言〈注〉，爲天頭眉批。《太平御覽》八三二引、《晉文春秋・問貌亡第二十六》「身」亦並作「人」，人、身，義通。《群書集事淵海》四引、《春秋別典》四引、《冊府元龜》二四二、《晉文春秋・問貌亡第二十六》「弃」並作「棄」，元刊本、楚府本、何良俊本、楊美益本、白口十行本、程榮本、祕書本、百子本並同，四庫本、陳用光本並作「棄」。弃、棄，古、今字；棄，爲棄字篆文「𡱧」之隸定。

於是晉國樂納善言，文公卒以霸。

　　茂仁案：祕書本「卒」形訛作「率」。

（二二）晉平公過九原而歎曰

晉平公過九原而歎曰：「嗟乎！此地之蘊吾良臣多矣。

　　茂仁案：「晉平公過九原而歎曰」，《春秋別典》七引「歎」作「嘆」。歎，謂情有所悅，吟歎而歌詠，與喜樂爲類；嘆，則吞嘆之意，與怒哀爲類，說見卷一「晉平公浮西河」章，「中流而歎」條校記，據是，「歎」當改作「嘆」。「九原」或作「九京」，其說紛紜，沈濤《銅熨斗齋隨筆》三「九京」云：「趙文子與叔向遊于九京。韋昭注云：『京當爲原。九原，晉墓地。天聖明道本正文作「原」。〈注〉云：「原當爲京也。京，晉墓地。」』濤案：《風俗通義・山澤篇》云：『謹案：《爾雅》邱之

絕高大者爲京。』謂非人力所能成，乃天地性自然也。《春秋左氏傳》：『莫之與京。』《國語》：『趙文子與叔向遊于九京。』今京兆、京師，其義取于此，則作京爲是。《禮記·檀弓》：『以從先大夫于九京也。』〈注〉云：『京，蓋字之誤，當作原。』是康成破京爲原，宏嗣破原爲京，與鄭不同。後人據鄭以改韋，遂致京、原互易，幸有明道本可證。京爲高邱，古人墓地皆在高皋，似不必破讀爲原。漢戚伯著碑，京字作泉，與原字形近。然則京之作原，隸變之誤也。《水經·汾水篇》〈注〉云：『京陵縣故城於春秋爲九原之地，其京尚存。漢興，增陵於其下，故曰京陵。』濤案：酈氏既云『其京尚存』，則九原必作九京。後人習聞九原，遂爾妄改耳。《郡國志》曰：『京陵，春秋時九京。』正酈氏所本。」是。《文選》傅季友〈爲宋公修張良廟教〉李善〈注〉引《禮記》、《白氏六帖》一九〈注〉、《古今合璧事類備要》六三、《天中記》一三引《十道志》、又二九引《晉語》「九原」並作「九京」，即其明證，當據改。

若使死者起也，吾將誰與歸乎！」

施珂曰：「《治要》引者下有可字。」

梁容茂曰：「《治要》引：者下有『可』字。」

茂仁案：上言《群書治要》，見該書卷四二引。《國語·晉語八》、《禮記·檀弓下篇》「起」並作「可作」。《國語·晉語八》、《禮記·檀弓下篇》並以此文爲趙文子與叔譽（即叔向，說見《漢書古今人表疏證》「晉叔向」，又見《周秦名字解詁彙釋》「宋公子肸字向父」）之問答，並與此異，文字亦有異同。

叔向對曰：「其趙武乎！」平公曰：「子黨於子之師也。」

梁容茂曰：「《治要》引，無『其』字。」

茂仁案：《韓非子·外儲說左下篇》亦無「其」字。其，揣度語氣詞，有「其」，於文氣較優。

對曰：「臣敢言趙武之爲人也，立若不勝衣，言若不出於口，

茂仁案：「言若不出於口」，《群書治要》四二引無「於」字，與上文「立若不勝衣」句法正一律，《韓非子·外儲說左下篇》、《禮記·檀弓下篇》、《子華子·虎會問篇》並無「於」字，即其明證，「於」字爲衍，當刪。

然其身舉士於白屋下者四十六人，皆得其意，而公家甚賴之。

施珂曰：「《治要》引舉上有所字。《韓子·外儲說左下》同。」

茂仁案：「然其身舉士於白屋下者四十六人」，《禮記·檀弓下篇》、《群書治要》

四二引「舉」上亦並有「所」字，於義較明。《韓非子・外儲說左下篇》「四十六人」作「數十人」，下文則又作「四十六人」；《禮記・檀弓下篇》「白屋」作「管庫」，「四十六人」作「七十有餘家」；《初學記》二〇引《韓非子》作「趙武以薦白屋之士管庫者六十家」，並與此異。愚疑「其」字為衍，審此句為承上文而來，上文己明言主詞「趙武」，故「其」字似可刪，《韓非子・外儲說左下篇》、《子華子・虎會問篇》正無「其」字，並其明證，《禮記・檀弓下篇》云：「文子其中退然，如不勝衣；其言呐呐然，如不出諸其口。所舉於晉國，管庫之士七十有餘家。」亦無「其」字，亦其證。「皆得其意」，《子華子・虎會問篇》作「皆能獲其赤心」。「而公家甚賴之」，《韓非子・外儲說左下篇》、《春秋別典》七引「賴」並作「賴」，四庫本、鐵華館本、百子本、龍溪本並同，賴，未見於字書，唯版刻習見之，蓋「賴」之俗寫。

及文子之死也，四十六人皆就賓位，是其無私德也，臣故以為賢也。」

盧文弨曰：「（其）何訛『以』。」

武井驥曰：「吳本、《治要》並『以』作『其』，《韓非子》同。」

蒙傳銘「其」作「以」，曰：「宋本『以』作『其』，崇本書院本、鐵華館本並同。《韓非子》無此句，武氏失檢。」

梁容茂曰：「（是其無私德也）《拾補》云：『其，何訛以』。」

茂仁案：「是其無私德也」，四庫《新序》版本有二，二本並作「以」，不作「其」，梁先生以四庫本為底本，失檢。《韓非子・外儲說左下篇》作「其無私德若此也」，蒙先生云「《韓非子》無此句，武氏失檢」，武井驥之說是，蒙先生失檢。何良俊本、程榮本、祕書本、四庫本、陳用光本、百子本「其」並作「以」，文不辭，非。以，古為余母、之部；其，古為見母、之部，以、其，蓋音近致誤也，《子華子・虎會問篇》、《群書治要》四二引、《春秋別典》七引並與本文同，元刊本、楚府本、楊美益本、白口十行本、鐵華館本、龍溪本亦並同，並不誤。

平公曰：「善。」夫趙武，賢臣也，相晉，天下無兵革者九年。《春秋》曰：「晉趙武之力，盡得人也。」

武井驥曰：「《春秋・襄三十年》云：『晉人、齊人、宋人、衛人、鄭人、曹人、莒人、邾人、滕人、薛人、杞人、小邾人，會于澶淵。宋災故。』《穀梁傳》曰：『其日人，何也？救災以眾，何救焉。更宋之所喪財也。澶淵之會，中國不侵伐夷狄，夷狄不入中國，無侵伐八年。善之也，晉趙武、楚屈建之力也。』驥按：此九年似當云八年。趙武以魯襄二十五年始為政，以昭元年卒。其間凡八年矣。」

梁容茂曰：「襄三十年《穀梁傳》：『澶淵之會，中國不侵伐夷狄，夷狄不入主中國（茂仁案：主字衍），無侵伐八年。善之也，晉趙武、楚屈建之力也。』」

茂仁案：《春秋別典》七引，亦作「九年」，各本並同。

（二三）葉公諸梁問樂王鮒曰

葉公諸梁問樂王鮒曰：「晉大夫趙文子為人何若？」

盧文弨曰：「（『諸』上）《北堂書鈔》九十七，有『沈』字。」

梁容茂曰：「《拾補》云：『《北堂書鈔》九十七引：公下有沈字。』」

茂仁案：《北堂書鈔》九七引「諸」上未有「沈」字，盧文弨、梁先生並失檢。《潛夫論・志氏姓篇》〈箋〉云：「《元和姓纂》引《風俗通》云：『楚沈尹戌，生諸梁，食采於葉，因氏焉。』（中略）〈哀十九年〉《傳》稱沈諸梁。」《左傳・定公五年》杜預〈注〉云：「諸梁，司馬沈尹戌之子，葉公子高也。」沈諸梁，即本書卷一「秦欲伐楚」章之葉公子高，葉為邑名。沈氏，名諸梁，字子高，說見《周秦名字解詁彙釋・補編》下「楚沈諸梁字子高」條。職此，「諸」上有「沈」字，於義較明。

對曰：「好學而受規諫。」葉公曰：「疑未盡之矣。」

茂仁案：《子華子・虎會問篇》「規」作「規」，《北堂書鈔》九七引、《類說》三〇引、《太平御覽》六一四引、《春秋別典》一五引、《天中記》九引《說苑》並同，各本亦並同，下文「人而好學受規諫」亦同。規、規，正、俗字。

對曰：「好學，智也，受規諫，仁也。江出汶山，其源若甕口，至楚國，其廣十里，無他故，其下流多也。人而好學受規諫，宜哉其立也。」

武井驥曰：「汶、泯音通。《荊州記》曰：『江出泯山，其源若甕口，可以濫觴，潛行地底數里，至楚都，遂廣十里，名曰南江。』《淮南子》曰：『江水之始，出於岷山也，可攘衣而越也，及至乎下洞庭，鶩石城，經丹徒，起波濤，舟杭一日，不能濟也。』《家語》曰：『夫江始出泯山，其源可以濫觴，及其至于江津，不舫舟，不避風，則不可以涉，非唯下流水多耶。』」

施珂曰：「《御覽》六一四引汶作岷。」

梁容茂曰：「《御覽》六一四引：汶，作『岷』。」

茂仁案：「江出汶山」，《子華子・虎會問篇》與本文同，《類說》三〇引、《春秋別典》一五引、《喻林》四〇引、《天中記》九引《說苑》並同，各本亦並同。《說文》

十一篇上水部云：「汶，汶水出琅邪朱虛東泰山，東入濰。」段〈注〉云：「（上略）
汶水在齊，漢人崏山、崏江字作汶山、汶江，以古音同讀如文之故，謂之假借可也。」
據是，汶山即岷山也。「其廣十里」，《子華子‧虎會問篇》作「廣袤數千里」，「千」
蓋「十」之訛也。

《詩》曰：「其惟哲人，告之話言，順德之行。」此之謂也。

　　茂仁案：《詩經‧大雅‧抑》「告之話言」孔穎達〈疏〉云：「話，當爲詁字之誤
也。《釋文》引《說文》作『告之詁言』云：『詁，故言也。』是陸所見《說文》據
《詩》作『詁言』，可據以訂正毛以古之善言釋詁。許以故言釋詁。古、故、詁三字
同義也。〈烝民〉：『古訓是式。』〈傳〉：『古，故也。』古訓即故訓，故訓猶詁言也。」
阮元「告之話言」〈校勘記〉云：「話言，古之善言也。【小字本、相臺本同。案：《釋
文》『告之話言』下云：『話言，古之善言。』段玉裁云：『當作詁話，古之善言也。
前「慎爾出話」，傳云：「話，善言也。」此云詁話，古之善言也。一篇之內，依
字分訓而相蒙如此。《釋文》云《說文》作『詁』，蓋《說文》稱《毛詩》『告之詁
話』，陸氏所據《說文》詁字未誤，而話字亦已誤爲言矣。』】」二說並是，以段玉
裁說最旳，當據改。

（二四）鍾子期夜聞擊磬聲者而悲

鍾子期夜聞擊磬聲者而悲，

　　武井驥曰：「《呂覽‧精通篇》無『聲』字。」

　　施珂曰：「聲字疑涉磬字而誤衍，《呂覽‧精通篇》無聲字。」

　　梁容茂曰：「（鍾子期夜聞擊磬聲而悲）《呂氏春秋‧精通篇》無『聲』字。聲字
當刪。」

　　茂仁案：四庫《新序》版本有二，二本「聲」下並有「者」字，梁先生以四庫
本爲底本，失檢。《說文》九篇下石部云：「磬，石樂也。」段〈注〉云：「石樂，各
本作樂石，誤。今正，樂下云：『五聲八音總名也。』瑟下云：『弦樂也。』簫籲下
皆云：『管樂也。』則此當云『石樂』信矣。《匡謬正俗》所引已作樂石，其誤已久。」
是。磬既爲「石樂」，一如弦樂之拉、管樂之吹擊，並有聲也，磬爲石樂，擊而有聲
也，今鍾子期之「夜聞」，所「聞」者，爲聞「擊磬之聲」也，又下文「悲於心而木
石應之」，所「應」者，亦聲之得聞也，故「聲」字不當刪也，《群書集事淵海》三
四引正有「聲」字，各本並同，即其證也。

旦召問之曰：「何哉，子之擊磬若此之悲也？」

　　武井驥曰：「《呂覽》作『使人召而問之』。」

　　蔡信發曰：「《呂覽》無『旦』。」

　　茂仁案：審下文「昨日爲舍市而賭之，意欲贖之，無財，身又公家之有也，是以悲也。」蓋擊磬爲以昨日賭其母而發，既「昨日」事，則今召之者，以有「旦」字爲長，《群書集事淵海》三四引亦有「旦」字，各本並同。

對曰：「臣之父殺人而不得，臣之母得而爲公家隸，臣得而爲公家擊磬，臣不賭臣之母，三年於此矣。

　　武井驥曰：「《呂覽》三『得』下並有『生』字、『公家隸』作『爲公家爲酒』、『父』下有『不幸』二字。」

　　施珂曰：「《呂覽》得下皆有生字。」

　　梁容茂曰：「（臣之父殺而不得）《呂氏》，兩得字下俱有『生』字；隸，作『爲酒』二字。案：此與下條當據《呂氏》補『生』字。」

　　蔡信發曰：「《呂覽》三『得』下並有『生』，『隸』作『爲酒』，末句作『不覩臣之母三年矣』。『得』下有『生』，義較明，當補。」

　　茂仁案：四庫《新序》版本有二，二本「殺」下並有「人」字，梁先生以四庫本爲底本，失檢。「得」下「生」字，於義較明，上言並是。《呂氏春秋·精通篇》「賭」作「覩」，《群書集事淵海》三四引「賭」作「睹」，元刊本、楚府本、何良俊本、楊美益本、白口十行本、程榮本、祕書本、四庫本、陳用光本、鐵華館本、百子本並同，下同。賭，蓋「覩」之形訛；覩、睹，古、今字，說見《說文》四篇上目部「睹」字。

昨日爲舍市而賭之，意欲贖之，無財，身又公家之有也，是以悲也。」鍾子期曰：「悲在心也，非在手也，非木非石也，悲於心而木石應之，以至誠故也。」

　　武井驥曰：「《呂覽》『舍市』作『舍氏』、『賭之』作『賭臣之母』。」又曰：「《呂覽》『財』、『有』易地。」

　　梁容茂曰：「《呂氏》作，『昔爲舍氏，賭臣之母，量所以贖之，則無有而身固公家之財也。』」

　　蔡信發曰：「《呂覽》作『昔爲舍市覩臣之母，量所以贖之，則無有，而身固公家之財也，是故悲也』，畢沅〈校〉：『孫云：「《新序》義較長。」』是。」

　　茂仁案：許維遹《呂氏春秋集釋·精通篇》云：「按：據《新序》此文當作『量

所以贖之，則無財，而身固公家之有也。』今本有、財二字互易，則文不成義。」
又《呂氏春秋‧精通篇》「市」作「氏」，非是。市，古為禪母、之部；氏，古為禪
母、支部。氏、市蓋形近而訛，抑聲轉而誤也。

人君苟能至誠動於內，萬民必應而感移。堯舜之誠，感於萬國，動於天地，
故荒外從風，鳳麟翔舞，下及微物，咸得其所。

　　茂仁案：祕書本「翔」作「祥」。翔、祥，古並為邪母、陽部，祥、翔，音同而
誤也。

《易》曰：「中孚豚魚，吉。」此之謂也。

　　茂仁案：見《周易‧中孚卦》。

（二五）勇士一呼

勇士一呼，三軍皆辟，士之誠也。

　　蒙傳銘曰：「《淮南子‧繆稱訓》作『其出之也誠』，《文子‧精誠篇》作『其出
之誠也』。」

　　茂仁案：上言二書下「士」字並作「出」，《淮南子‧繆稱篇》「誠也」乙作「也
誠」，非是，說見于大成先生《淮南子校釋》。《荀子‧王制篇》〈集解〉引俞樾曰：「古
書士、出二字每相混，《史記‧五帝紀》『稱以出』〈集解〉引徐廣曰：『出，一作士。』
《淮南子‧繆稱篇》：『其出之也誠。』《新序‧雜事篇》『出』作『士』，並其證也。」
是。審此文義，作「出」義較長。

昔者楚熊渠子夜行，

　　武井驥曰：「《呂覽‧勢通篇》（茂仁案：勢，當作精。）『熊渠子』作『養由基』。
熊渠，熊揚之子。」

　　蒙傳銘曰：「楚熊渠子，《史記‧龜策列傳》〈集解〉引《新序》，作『楚雄渠子』，
崇本書院本同。」

　　茂仁案：《史記‧龜策列傳》「熊渠子」作「雄渠」，〈集解〉引作「楚雄渠子」，
楚府本同，《韓詩外傳》六、《博物志》八、他本並與本文同。熊、雄，古並為匣母、
蒸部，音同可通，《左傳‧文公十八年》載高辛氏才子八人中之「仲熊」，《潛夫論‧
五德志篇》作「仲雄」，即其比。而或作「養由基」者，蓋傳聞異辭也，《史記‧李
廣傳》則繫此事於李廣。

見寢石，以為伏虎，關弓射之，滅矢飲羽。

武井驥曰：「《御覽》三百五十引『虎』作『獸』，一本作『知為石』。《韓詩》『滅矢』作『沒金』、『關』作『彎』，通。」

施珂曰：「《藝文類聚》六十引關作彎。《外傳》六同。關、彎古通。」

梁容茂曰：「《外傳》：無『見』字。關，作『彎』；滅矢，作『沒金』。《論衡・儒增篇》：關，作『將』；滅矢飲羽，作『矢沒其衛』。《釋名・釋兵》：『矢其旁曰羽，齊人曰衛，所以導衛矢也。』《御覽》三五〇引：以為伏虎，作『似伏獸』；下兩句作『射之飲羽』。卷三四七引：關，作『闞』非。」

蔡信發曰：「《淮南》、《文子》不載此事；《外傳》無『見』，『關』作『彎』，『滅矢』作『沒金』；《論衡》末句作『矢沒其衛』。有『見』，意較明；《孟子・告子》下：『關，與彎同。』關弓、彎弓意無別。《漢書・朱家傳》〈注〉：『飲，沒也。』《釋名・釋兵》：『矢其旁曰羽，齊人曰衛。』矢鏃金為之，滅矢與沒金、沒衛義亦同。」

茂仁案：「見寢石」，《史記・龜策列傳》〈集解〉引作「見伏石當道」，祕書本「寢」作「寑」，非是，形近而訛也。「以為伏虎」，《初學記》二二引亦作「似伏獸」，《錦繡萬花谷・續集》一一引無「伏」字。「關弓射之」，《搜神記》一一、《藝文類聚》六〇引、《能改齋漫錄》四引、《冊府元龜》八一五「關」亦並作「彎」，《論衡・儒增篇》「關」作「將」，關、彎、將，並通。「滅矢飲羽」，《冊府元龜》八一五亦作「沒金飲羽」，《論衡・儒增篇》作「矢沒其衛」，《搜神記》一一作「沒金鏃羽」，《路史・發揮篇》〈注〉引作「沒衛」，《釋名・釋兵篇》云：「矢其旁曰羽，齊人曰衛，所以導衛矢也。」職此，飲羽、鏃羽、沒衛，義並同。梁玉繩《史記志疑》三三「廣出獵，見草中石，以為虎而射之，中石沒鏃，視之石也」云：「案：射石一事，《呂氏春秋・精通篇》謂『養由基』，《韓詩外傳》六、《新序・雜事四》謂『楚熊渠子』與李廣為三。《論衡・儒增篇》以為『主名不審，無實也。』《黃氏日鈔》亦云：『此事每載不同，要皆相承之妄言爾。』余考《荀子・解蔽篇》云：『冥冥而行者，見寢石以為伏虎。』《淮南子・氾論訓》云：『怯者夜見寢石，以為虎。』《文選》鮑照〈擬古詩〉〈注〉引《闞子》曰：『宋景公使工人為弓，九年乃成。援弓而射之，其餘力猶飲羽于石梁。』或世傳其語，遂取善射之人以實之歟？《周書》載李遠獵於莎柵，見石於叢薄中，以為伏兔。射之，鏃入寸餘。恐不可信，亦如李廣之沒矢飲羽矣。」是。黃生《義府》下「飲羽」條，文略而意同，顧炎武《日知錄集釋・李廣射石》二五亦有辯。

下視，知石也，卻復射之，矢摧無跡。

　　武井驥曰：「《後漢書・光武十王傳》〈註〉引《韓詩》『摧』作『躍』。」

　　茂仁案：「卻復射之」，《藝文類聚》六引、又七四、《白氏六帖》二、《群書類編故事・射虎乃石篇》並引《韓詩外傳》、《冊府元龜》八一五「卻」並作「因」。「矢摧無跡」，《北堂書鈔》一六一引《韓詩外傳》、《能改齋漫錄》四引「摧」亦並作「躍」，《白氏六帖》二引《韓詩外傳》無「矢摧」二字，《藝文類聚》六、《太平御覽》五一、又七四四並引《韓詩外傳》則與本文同。《說文》十二篇上手部云：「摧，擠也。」段〈註〉云：「〈釋詁〉、〈毛傳〉皆曰：『摧，至也。』即抵之義也。」職此，摧、躍，並通。

熊渠子見其誠心，而金石為之開，況人心乎！

　　梁容茂曰：「《外傳》：無『金』字。」

　　茂仁案：《藝文類聚》七四、《群書類編故事・射虎乃石篇》並引《韓詩外傳》則與本文同。

唱而不和，動而不隨，中必有不全者矣。

　　武井驥曰：「《韓詩》『隨』作『僨』、『中必』作『中心』。」

　　施珂曰：「《外傳》必作心。」

　　梁容茂曰：「《外傳》：唱，作『倡』；隨，作『僨』；必，作『心』。作『心』是。」

　　蔡信發曰：「《外傳》『唱』作『倡』，『隨』作『僨』；《淮南》『唱』作『倡』，『動而不隨』作『意而不戴』，『中』下有『心』，『全』作『合』，『矣』作『也』；《文子》『動而不隨』作『意而不載』，『全』作『合』。《淮南》高〈註〉：『意，恚聲，戴，嗟也。』案：倡、唱並從昌得聲，同音假借，《說文》：『唱，導也。倡，樂也。』『倡而不和』，猶唱而不和，謂唱而不應和。僨、奮同音假借，在聲，僨為滂紐，奮為非紐，並為脣音；在韻，古音並收痕部，《說文》：『僨，僵也。奮，翬也。』『動而不僨』，猶動而不奮，《呂覽・具備》〈註〉：『動，感也。』謂感動而不奮發，義與此『動而不隨』相成。戴、載分為嗞之同音或疊韻假借，在聲，載、嗞並為精紐；在韻，戴、載、嗞古音並收咍部，《說文》：『戴，分也。載，乘也。嗞，嗟也。』『意而不戴』、『意而不載』，猶『意而不嗞』，謂恚怒而嗞嗟。『中』下有『心』，則中作內解；無『心』，則中作心解，無損文義。中作內解，見《後漢・列女傳》〈註〉；中作心解，見《史記・樂書》〈正義〉、《淮南・原道》〈註〉。『全』、『合』於此並達。」

　　茂仁案：《淮南子》高誘〈註〉云：「意，恚聲；戴，嗟也。」嗟，古為精母、

歌部；載，古爲精母、之部；戴，古爲端母、之部。嗟、載，一聲之轉；載、戴，音近之字，並可通。「意而不戴」蓋即其人雖怒，然亦不爲之嗟，與「動而不隨」異曲同工。

夫不降席而匡天下者，求之己也。孔子曰：「其身正，不令而行；其身不正，雖令不從。」

　　茂仁案：《淮南子‧繆稱篇》上「不」字作「舜」、「匡」作「王」。王，「匡」之誤也。匡，正也，正己則天下自正，故云『不降席而匡天下者，求之己也』，故下文「其身正，不令而行」，上、下文正相呼應。

先王之所以拱揖指揮而四海賓者，誠德之至，已形於外。故《詩》曰：「王猶允塞，徐方既來。」此之謂也。

　　茂仁案：「王猶允塞」，《韓詩外傳》六「猶」作「猷」，王先謙《荀子‧議兵篇》〈集解〉引王念孫曰：「謀猷字，《詩》皆作猶。《說文》有猶無猷。作猷者，隸變耳。俗以猶爲猶若字；猷爲謀猷字，非也。」《說文》十篇上「猶」字段〈注〉云：「今字分猷謀字，犬在右；語助字，犬在左。經典絕無此例。」王說恐非，段說蓋得其實。審《三家詩遺說考》四引《韓詩》、又五引《魯詩》「猶」並作「猷」，《毛詩‧大雅‧常武》則與本文同。猶、猷，實一字之異體。猶、猷之分，蓋後代之事也。「徐方既來」，陳壽祺《三家詩遺說考‧齊詩》三「徐方既倈」，陳喬樅云：「倈，《毛詩》作「來」，顏師古云：『倈，古來字。』」

（二六）齊有彗星

齊有彗星，齊侯使祝禳之。

　　盧文弨曰：「宋本作『禳』，乃『攘』之訛，下竝同。」

　　武井驥曰：「《晏子‧外篇》『齊侯』作『景公』，《論衡‧變虛篇》『齊』下有『景公時』三字。」

　　施珂曰：「禳當作攘。《漢魏叢書》程本、陳本並作攘。《左傳‧昭公廿六年》同。」

　　梁容茂曰：「事見昭公二十六年《左傳》。《拾補》云：『宋本作禳，乃攘之訛，下並同。』杜〈注〉：『祭以攘除之。』作攘爲正。」

　　蔡信發曰：「《左傳》無『祝』，《晏子》『齊侯』作『景公』，《論衡》『齊侯』作『齊景公』，『祝』作『人』，文義並與此同；《史記》作『三十二年，彗星見，景公

坐寢歎曰：堂堂，誰有此乎？群臣皆泣，晏子笑，公怒。晏子曰：臣笑群臣諛甚。景公曰：彗星出東北，當齊分野，寡人以爲憂』，與此異。《晏子》與此『使』下有『祝』，《論衡》『祝』之作『人』，有『祝』或『人』，義較明。」

　　茂仁案：「齊侯使祝穰之」，《左傳・昭公二十六年》無「祝」字，「穰」作「禳」，《晏子春秋・外篇七》「齊侯」作「景公」，「穰」亦作「禳」，《冊府元龜》二四二並同，無「祝」字。《論衡・變虛篇》「齊侯」作「齊景公」，「祝」作「人」。《史記・齊世家》載彗星之見，繫於景公三十二年，文與此異。盧文弨曰：「宋本作穰，乃禳之訛，下竝同。」盧說非。審《爾雅・釋訓篇》云：「穰穰，福也。」《經籍纂詁》五二云：「穰，（中略）《禮記・月令》：『九門磔穰。』〈釋文〉：『穰，本作禳。』」又云：「〈李翊碑〉：『時益都擾穰。』〈樊敏碑〉：『京師擾穰。』禳作穰。」是穰、禳通用之證。又攘、穰、禳，古並爲日母、陽部，音同可通，亦並其證也。《說文》一篇上示部云：「禳，磔禳，祀除癘殃也。」又七篇上禾部云：「穰，黍䅌已治者。」又十二篇上手部云：「攘，推也。」職此，攘、穰並爲禳之借字也，《白氏六帖》一「穰」作「禳」，元刊本、楚府本、何良俊本、楊美益本、白口十行本、程榮本、祕書本、四庫本、陳用光本、百子本並同，下同。有「祝」，於義較明。

晏子曰：「無益也，祇取誣焉。

　　茂仁案：「祇取誣焉」，《左傳・昭公二十六年》「祇」作「祇」，《晏子春秋・外篇七》作「祇」，《論衡・變虛篇》作「秖」，祇、祇，並爲「祇」之形訛；秖，爲「祇」之形訛。祇、祇，正、俗字，說見卷三「齊人鄒陽客游於梁」章，「祇足以結怨而不見得」條校記。職此，「祇」，當據改作「祇」。

天道不謟，不貳其命，若之何禳之也？

　　武井驥曰：「《論衡》『謟』作『闇』。杜預曰：『誣，欺也。謟，疑也。』」

　　蔡信發曰：「《論衡》『謟』作『闇』。杜〈注〉：『謟，疑也。』《論衡》〈校釋〉：『陳樹華曰：「依《論衡》，則『闇』與『謟媚』字同韻，或《左傳》古本作『謟』。」暉按：《新序・雜事篇》正作『謟』。』《晏子》云云，《史記》作『君高臺深池，賦斂如弗得，刑罰恐弗勝，茀星將出，彗星何懼乎』，與此迥異。」

　　茂仁案：龍溪本、百子本「謟」並作「諂」，《太平御覽》七引《左傳》作「慆」。《左傳・昭公二十六年》、《晏子春秋・外篇七》、《冊府元龜》二四二並與本文同。謟，不見《說文》。《左傳》杜預〈注〉云：「謟，疑也。謟本又作慆。」《爾雅・釋詁下篇》云：「謟，疑也。」王觀國《學林》九云：「謟、諂二字皆從言。謟，音洮，

疑也；諂，音丑琰切，諛也。」《說文》十篇上心部云：「慆，說也。」審此文義，作「諂」是，諂、謟，形近致訛也；諂、慆，正、假字。《說文》十二篇上門部云：「闇，閉門也。」「天道不謟」、「天道不闇」，義通。

且天之有彗，以除穢也。君無穢德，又何禳焉？

武井驥曰：「《左傳・昭二十六年》『彗』下有『也』字，《晏子》『穢』下有『德』字。」

梁容茂曰：「《左傳》：彗下有『也』字。《左傳》、《晏子・外篇》：穢下有『德』字。下文：『君無穢德，又何禳焉。』有『德』字是也。」

茂仁案：《左傳・昭公二十六年》、《晏子春秋・外篇七》上「穢」字下並無「德」字，武井驥、梁先生並失檢。

若德之穢，禳之何損？

盧文弨曰：「宋本作『損』，與昭二十六年《左傳》同，何作『益』，訛。」

武井驥「損」作「益」，曰：「《左傳》、《晏子》『益』作『損』，舊校曰：『一作損。』正合。」

蒙傳銘「損」作「益」，曰：「涵芬樓本、鐵華館本『益』並作『損』，陳鱣校同。」

梁容茂曰：「（若德之穢禳之何損）《論衡・變虛篇》、何本、程本、百子本：損，並作『益』。〈注〉云：『一作損』。《拾補》云：『宋本作損，與昭廿六年《左傳》同，何作益訛，下彗訛慧。』案：《晏子・外篇》亦作『損』。」

蔡信發「損」作「益」，曰：「《左傳》、《晏子》『益』作『損』。杜〈注〉：『損，滅也。』『益』就景公言，『損』就彗星言，二說並通，唯作損，義較長。」

茂仁案：四庫《新序》版本有二，二本並作「禳之何益【一作損】」，不作「禳之何損」，梁先生以四庫本為底本，失檢。「禳之何損」，《論衡・變虛篇》、《白氏六帖》一〈注〉並作「禳之何益」，何良俊本、祕書本並同，程榮本、四庫本並作「禳之何益【一作損】」。審上文「君無穢德，又何禳焉？若德之穢，禳之何損」，又下文「君無違德，方國將至」，顯就除景公之「穢德」而言，職此，作「益」為是，盧文弨之說非也。「益」之作「損」，蓋涉連類而致誤。

《詩》云：『惟此文王，小心翼翼。昭事上帝，聿懷多福。厥德不回，以受方國。』

茂仁案：「惟此文王」，《詩經・大雅・大明》（毛詩）、《晏子春秋》「惟」並作「維」，《魯詩》、《齊詩》則並與本文同。《齊詩》、《春秋繁露・郊祭》「聿」並作「允」。《魯

詩》、《齊詩》說並見《三家詩補遺》。惟、維，並爲發語詞，無義。古並爲余母、微部，音同可通。聿，允，義通。說見《古書虛字集釋》二。

君無違德，

武井驥曰：「《論衡》『違』作『回』。」

梁容茂曰：「《論衡》：違，作『回』。黃暉《論衡校釋》云：『回、違古通，邪也。但作「回」與（《論衡》）上文「不回」，下文「回亂」合。李賡芸曰：此必本之古本《左傳》。』」

蔡信發曰：「《論衡》『違』作『回』。〈校釋〉：『回、違古通，邪也。』是。」

茂仁案：杜預〈注〉上文引《詩》「厥德不回」曰：「回，違也。」知回、違，義通。又回、違，古並爲匣母、微部，音同可通。

方國將至，何患於彗？

盧文弨曰：「（何本）『彗』訛『慧』。」

蒙傳銘「彗」作「慧」，曰：「陳用光本亦誤作『慧』。宋本作『彗』，何良俊本、崇本書院本、涵芬樓本、鐵華館本並同。」

蔡信發「彗」作「慧」，曰：「慧，彗之誤刻。」

茂仁案：元刊本、楊美益本、白口十行本、四庫本、百子本、龍溪本亦並作「彗」，與本文同，程榮本、祕書本「彗」則並作「慧」。慧、彗，形近致訛。

《詩》曰：『我無所監，夏后及商。用亂之故，民卒流亡。』

茂仁案：《詩》，爲佚詩。程榮本、祕書本、陳用光本、四庫本、鐵華館本、百子本、龍溪本「商」並作「啇」，商、啇，形近而訛，當據改。「夏后及商，用亂之故」，何良俊本作「自夏及商，用亂以故」。《左傳・昭公二十六年》、《晏子春秋・外篇七》並與本文同，他本亦並同。

若德之回亂，民將流亡，祝史之爲，無能補也。」公說乃止。

茂仁案：「若德之回亂」，《左傳・昭公二十六年》、《晏子春秋・外篇七》、《論衡・變虛篇》並無「之」字，張純一《晏子春秋校注・外篇》云：「舊德下衍之字，據《左傳》刪。」是。審上文自「我無所監」以下九句，並以四字爲句，此作五字句，不類，「之」字，當據刪。

（二七）宋景公時

宋景公時，熒惑在心，

　　武井驥曰：「《論衡・變虛篇》『公』下有『之』字、『在』作『守』。」

　　茂仁案：「熒惑在心」，《史記・宋世家》「在」亦作「守」，《群書治要》四四引《桓子新論》、《白氏六帖》一〈注〉、《文選》張平子〈思玄賦〉李善〈注〉與《事類賦》二〈注〉與《天中記》二並引《呂氏春秋》、《錦繡萬花谷・後集》一〈注〉並同，審下文作「熒惑在心」，此不當獨作「守」，《呂氏春秋・制樂篇》、《淮南子・道應篇》作「在」與本文同，《北堂書鈔》一五〇〈注〉、並《藝文類聚》一、又二一、《群書治要》三九、《太平御覽》七、又四〇三、《群書類編故事・熒惑守心》、《春秋別典》一五並引《呂氏春秋》、《初學記》一〈注〉、《冊府元龜》二四三並同，即其明證。

懼，

　　武井驥曰：「《呂覽・制樂篇》、《淮南子・道應訓》、《論衡》並『懼』上有『公』字。」

　　梁容茂曰：「《呂覽・制樂篇》、《淮南子・道應訓》、《論衡・變虛篇》：懼上並有『公』字。當據補。」

　　茂仁案：《群書治要》三九引《呂氏春秋》「懼」上亦有「公」字，《初學記》一〈注〉「懼」作「公」，《太平御覽》七、《藝文類聚》一、又二一、《事類賦》二〈注〉並引《呂氏春秋》同。

召子韋而問曰：「熒惑在心，何也？」

　　武井驥曰：「《史・宋世家》『召』下有『司星』二字。」

　　茂仁案：下文「子韋曰」，《史記・宋微子世家》亦作「司星子韋」，《文選》張平子〈思玄賦〉李善〈注〉、《天中記》二並引《呂氏春秋》同。楚府本「在」作「亦」，非是。

子韋曰：「熒惑，天罰也；心，宋分野也。禍當君身。雖然，可移於宰相。」

　　武井驥曰：「《呂覽》、《淮南子》、《論衡》並無『身』字。」

　　梁容茂曰：「《呂氏》作：『禍當於君。』《淮南子》作：『禍且當君。』」

　　茂仁案：「心」，楚府本挖改空一格不書，他本並有之。「禍當君身」，《論衡・變虛篇》作「禍當君」，《白氏六帖》一〈注〉、《初學記》一〈注〉、《錦繡萬花谷・後

集》一〈注〉、《冊府元龜》二四三並同，《藝文類聚》一、《群書治要》三九、《事類賦》二〈注〉、《太平御覽》七、《群書類編故事・熒惑守心》並引《呂氏春秋》同，《藝文類聚》二一、《太平御覽》四○三並引《呂氏春秋》作「禍在君」，《春秋別典》一五引《呂氏春秋》則與本文同。

公曰：「宰相，所使治國也，而移死焉，不祥，寡人請自當也。」

　　武井驥曰：「《論衡》『國』下有『家』字，《史》作『相吾之股肱』。」

　　梁容茂曰：「《呂氏》：使，作『與』。《淮南子》、《論衡》：國下並有『家』字。」

　　茂仁案：《呂氏春秋・制樂篇》「國」下亦有「家」字，《白氏六帖》一〈注〉、《初學記》一〈注〉、《錦繡萬花谷・續集》一〈注〉並同。「寡人請自當也」，《呂氏春秋・制樂篇》、《淮南子・道應篇》、《論衡・變虛篇》並無此句，《春秋別典》一五引《呂氏春秋》作「寡人當自請也」，何良俊本作「寡人請自上者死」，元刊本、楚府本、楊美益本、白口十行本、程榮本、祕書本、陳用光本、四庫本、鐵華館本、百子本、龍溪本並與本文同。

子韋曰：「可移於民。」

　　茂仁案：何良俊本無「子」字，審此本上、下文並作「子韋」，此獨作「韋」，不類，「子」字奪也。

公曰：「民死，將誰君乎？寧獨死耳。」

　　武井驥曰：「《呂覽》『君』上有『為』字。」

　　梁容茂曰：「《呂氏》、《淮南子》：君上俱有『為』字。《論衡》亦有『為』字，然脫『君』字。」

　　蔡信發曰：「《呂覽》『死』下有『寡人』，『誰』下有『為』，無『耳』；《淮南》『死』下有『寡人』，無『將』，『誰』下有『為』；《論衡》『死』下有『寡人』，無『君』。此當依諸書補『寡人』、『為』；《論衡》無『君』，乃脫。」

　　茂仁案：「將誰君乎」，《呂氏春秋・制樂篇》作「寡人將誰為君乎」，《白氏六帖》一〈注〉、《初學記》一〈注〉、《錦繡萬花谷・續集》一〈注〉、《冊府元龜》二四三並同，《淮南子・道應篇》作「寡人誰為君乎」，《史記・宋世家》作「吾誰為君」，《論衡・變虛篇》作「寡人將誰為也」，審下文「其誰以我為君乎？是寡人之命固盡矣」，據是，此當據《呂氏春秋・制樂篇》等校補作「寡人將誰為君乎」。

子韋曰：「可移於歲。」公曰：「歲饑，民餓必死。為人君欲殺其民以自活，

　　武井驥曰：「《呂覽》作『歲害則民饑，民饑必死』，《淮南子》『公曰』下有『歲民之命』四字。」

　　梁容茂曰：「《呂氏》：上句作『歲害則民饑，民饑必死』。欲，作『而』。《淮南子》：歲上有『歲民之命』四字，下作『歲饑民必死矣』。欲，作『而』。《論衡》：欲上有『而』字。」

　　茂仁案：「歲饑……以自活」《淮南子·道應篇》作「歲，民之命。歲饑，民必死矣，為人君而欲殺其民以自活也」，「欲」上有「而」字，梁先生云《淮南子》「欲，作而」，失檢。《春秋別典》一五引《呂氏春秋》則與本文同，且「欲」上有「而」字，「欲」上有「而」，於文意較順。何良俊本「君欲殺」作「當之子」，誤。

其誰以我為君乎？是寡人之命固盡矣，子無復言矣。」子韋還走，北面再拜，

　　梁容茂曰：「（是寡人之命，國盡矣。子無復言。子韋還走北面再拜）《呂氏》：國，作『固』；再，作『載』。何本、程本、百子本同。《淮南子》、《論衡》並作『固己』。作『固』，是也。」

　　蔡信發曰：「《呂覽》『再』作『載』。《論衡》『還』作『退』。〈校釋〉：『「退走」當作「還走」。「退」一作「迌」，與「還」形近而誤。《說苑·復恩篇》云：「將軍還走北面而再拜曰」，句法正同。』案：黃說是。載，再之音訛。」

　　茂仁案：四庫《新序》版本有二，二本並作「固」，不作「國」，且「言」下並有「矣」字，梁先生以四庫本為底本，失檢，又程榮本、百子本並作「再」，不作「載」，又失檢。「還走」、「退走」，義並同，《史記·扁鵲傳》云：「望桓侯而退走」，本書卷二「扁鵲見齊桓侯」章，「退走」作「還走」；又本書卷五「子張見魯哀公」章，「弃而還走」，《文選》任彥昇〈天監三年策秀才文〉李善〈注〉引「還走」亦作「退走」，並其比也，「退走」，非必改作「還走」也。何良俊本「再拜」作「而拜」，非是，而、再，形近而訛也，他本並不誤。

曰：「臣敢賀君！天之處高而聽卑，

　　茂仁案：楚府本「卑」作「畢」，非是，畢、卑，形近致訛也。

君有仁人之言三，天必三賞君，今夕星必徙舍，君延壽二十一歲。」

　　武井驥曰：「《呂覽》『星』作『熒惑』、『必』下有『其』字、『舍』上有『三』字，《淮南子》『壽』作『年』，《論衡》作『命』。」

　　梁容茂曰：「《呂氏》作：『今夕熒惑其徙三舍。』《淮南子》、《論衡》：舍上並有

『三』字。《論衡》：延壽，作『延命』；歲，作『年』。」

　　蔡信發曰：「《呂覽》、《淮南》、《論衡》『舍』上並有『三』。是。此脫，當補。」

　　茂仁案：「今夕星必徙舍」，審下文「星必三舍」，職此，有「三」字，是。《初學記》一〈注〉、《白氏六帖》一〈注〉、《錦繡萬花谷・後集》一〈注〉「舍」上亦並有「三」字，即其明證。「君延壽二十一歲」，《呂氏春秋・制樂篇》、《淮南子・道應篇》並作「君延年二十一歲」，《論衡・變虛篇》作「君延命二十一年」，審上文「歲饑，民餓必死」，「歲」指「年歲」，指穀蔬收成之良窳而言，故此「君延壽」句，不當以「歲」爲稱，而當從《論衡・變虛篇》校改「歲」作「年」，下文「星當一年」、「延壽二十一年」，並其比也，《論衡・變虛篇》作「君延命二十一年」、又〈無形篇〉作「延年二十一載」，並其證也，《藝文類聚》一、《群書類編故事・熒惑守心》並引《呂氏春秋》作「君延年二十一矣」，亦並其證也。

公曰：「子何以知之？」對曰：「君有三善，故三賞，

　　梁容茂曰：「《呂氏》作：『有三善言，必有三賞。熒惑有（茂仁案：有，爲「必」之誤）三徙舍。』《淮南》作：『君有君人之言三，故有三賞。』必下有『徙』字。《論衡・無形篇》：『傳言宋景公出三善言，熒惑卻三舍，延年二十一載。』《意林》引作『宋景公有三善言，獲二十一年。』即節引此文，善下當有『言』字。」

　　茂仁案：「君有三善」，與此文未符，黃暉《論衡校釋・變虛篇》云：「『善』下當有『言』字。景公只有三善言，非有三善也。《呂氏春秋》正作『有三善言，必有三賞。』《淮南》云：『君有君人之言三，故有三賞。』亦只謂有言三也。《意林》引作『宋景公有三善言，獲二十一年。』即節引此文，『善』下有『言』字。足資借證。下文正辯卻熒惑宜以行，不以言，若無『言』字，則所論失據矣。更其確證。」是。《論衡・無形篇》云：「傳言宋景公出三善言，熒惑卻三舍，延年二十一載。」《全後漢文》七○蔡邕〈對詔問災異八事云：「昔宋景公小國諸侯，三有德言而熒惑爲之退舍。」《初學記》一〈注〉、《白氏六帖》一〈注〉、《錦繡萬花谷・後集》一〈注〉並云宋景公有「至德之言三」，《容齋隨筆》六云：「宋景公出人君之言三。」並其明證也，「善」下當據補「言」字。

星必三舍，舍行七星，星當一年，三七二十一，

　　武井驥曰：「《論衡》作『星必三徙，三徙行七星』，《呂覽》作『星一徙當七年』。」

　　梁容茂曰：「《呂氏》：當上有『一徙』二字。《淮南子》：七星作『七里』。」

　　蔡信發曰：「《呂覽》作『熒惑必三徙舍，舍行七星，星一徙，當七年，三七二

十一』，《淮南》作『星必三徙舍，舍行七里，三七二十一』，《論衡》作『星必三徙，三徙行七星，星當一年，三七二十一』。《論衡》〈校釋〉：『孫曰：「當作『徙行七星』，『三』字涉上句『三徙』而衍。一星當一年，七星則七年矣；若三徙行七星，則僅得七年，不得二十一年矣。《呂氏春秋》、《淮南》、《新序》並作『舍行七星』。（《淮南》『星』誤『里』，從王念孫說校改）」高〈注〉：「星，宿也。」王念孫曰：「古謂二十八宿爲二十八星，七星，七宿也。」』」

茂仁案：上言黃暉〈校釋〉引王念孫語，見《讀書雜志》九之一二《淮南子·道應》「七里」條。「星必三舍」，《呂氏春秋·制樂篇》、《淮南子·道應篇》「三」下並有「徙」字，與下文「星三徙舍」合，《論衡·變虛篇》同，唯無「舍」字。祕書本「三舍」作「二舍」，非是，形近致訛也。「舍行七星」，《論衡·變虛篇》「舍」作「三徙」，《藝文類聚》一與《群書類編故事·熒惑守心》並引《呂氏春秋》無「舍」字。「星當一年」，《呂氏春秋·制樂篇》「星」上有「一徙」二字，於義較明，楚府本「一年」作「七年」，非是，形近致訛也，他本並不誤。

故曰延壽二十一年。

武井驥曰：「《呂覽》『故曰』下有『君』字。」

梁容茂曰：「《呂氏》：延上有『君』字，壽，作『國』；年，作『歲』。《淮南子》、《論衡》：年並作『歲』；曰，作『君』。」

茂仁案：《呂氏春秋》作「故曰君延年二十一歲矣」，「壽」作「年」，不作「國」，梁先生失檢。「故曰延壽二十一年」，《呂氏春秋·制樂篇》作「故曰君延年二十一歲矣」，《淮南子·道應篇》作「故君延年二十一歲」，《論衡·變虛篇》作「故君命延二十一歲」，作「年」爲是，說已見上。

臣請伏於陛下以司之，星不徙，臣請死之。」

盧文弨曰：「『司』古『伺』字，各本皆同。何作『伺』，非。」

武井驥曰：「《論衡》『陛』作『殿』。陛，升高階也。」

梁容茂曰：「（臣請伏於陛下以司之）《呂氏》：司，作『伺侯』。《淮南子》、《論衡》：司，作『伺』。何本、程本、百子本：亦並作『伺』。《拾補》云：『司古伺字。各本皆同，何作伺，非。』」

茂仁案：「臣請伏於陛下以司之」，四庫《新序》版本有二，二本並作「伺」，不作「司」，梁先生以四庫本爲底本，失檢。《冊府元龜》二四三「陛」作「階」，「司」亦作「伺」，祕書本、陳用光本、四庫本「司」亦並作「伺」，盧文弨云「各本皆同

（茂仁再案：指皆作『司』）」，失檢。《說文》九篇上司部「司」字段〈注〉云：「凡主其事必司察，恐後。故古別無伺字。司即伺字。」司，本已有「候」義，是以《呂氏春秋‧制樂篇》「伺候」之「候」字，當爲衍文。司、伺，古、今字。《說文》十四篇下阜部云：「陛，升高陛也。」又「階，陛也。」是「陛下」，即「階下」，並與「殿下」義通。「星不徙」，《論衡‧變虛篇》「星」下有「必」字，黃暉《論衡校釋‧變虛篇》云：「必，猶若也。」

公曰：「可。」是夕也，星三徙舍，如子韋言。

　　武井驥曰：「《呂覽》『三徙』上有『果』字，《淮南子》同。」

　　梁容茂曰：「《呂氏》作：『是夕熒惑果三徙』。《淮南子》：星下有『果』字。《論衡》作：『火星果徒（茂仁案：當作徙）三舍。』『果』字當據補。」

　　茂仁案：《白氏六帖》一〈注〉、《初學記》一〈注〉、《錦繡萬花谷‧後集》一〈注〉「三」上亦並有「果」字，《冊府元龜》二四三、《春秋別典》一五引《呂氏春秋》則並與本文同。

老子曰：「能受國之不祥，是謂天下之王」也。

　　武井驥曰：「七十八章。」

　　茂仁案：上言七十八章者，爲指文見《老子》者。白口十行本「王」作「正」，非是，形近而訛也。

（二八）宋康王時

宋康王時，有爵生鷃於城之阿，使史占之，

　　盧文弨曰：「（鷃）〈宋策〉作『鷑』。」

　　武井驥曰：「《說苑》及《家語》所載殷王帝辛之事略似。〈宋策〉『鷃』作『鷑』。」

　　梁容茂曰：「《國策‧宋策》：顴，作『鷑』。」

　　蔡信發曰：「《說苑》、《家語》並以爲殷王帝辛事。孫志祖《家語疏證》引吳師道：『宋，殷後；疑即此一事，而記者不同。』」

　　茂仁案：上言《說苑》，見〈敬愼篇〉；《孔子家語》，見〈五儀解〉，又所引吳師道語，見孫志祖《家語疏證‧五儀解第七》「昔者殷王帝辛之世」條。「有爵生鷃於城之阿」，《戰國策‧宋策》「爵」作「雀」、「鷃」作「鷑」，《資治通鑑》四同，《說苑‧敬愼篇》「鷃」作「烏」，《孔子家語‧五儀解》「爵」作「雀」、「鷃」作「大鳥」，

《天中記》五九引賈誼《新書》「爵」作「雀」、「鸇」作「鷻」。黃丕烈《戰國策·宋策》〈札記〉云：「吳氏正曰：『《新序》作鸇，所載比〈策〉文爲詳，今《通鑑》作鷻。』丕烈案：《新序》云：『鸇，黑色，大於爵害。』爵也爲鸇明甚，此必本作鷻，鷻、鸇爲同字，作鷻者，形近之譌。」雀、爵，正、假字。

曰：「小而生巨，必霸天下。」

　　武井驥曰：「《新書·春秋篇》『巨』作『大』。」

　　梁容茂曰：「《新書·春秋篇》：巨，作『大』；霸，作『伯』。」

　　茂仁案：祁玉章《新書·春秋篇》〈校釋〉引俞樾曰：「古占驗之辭必有韻，巨與下爲韻，大與小則非韻矣。」說又見《劉申叔先生遺書·賈子新書斠補·春秋》「小而生大」條。據是，作「巨」爲長。霸、伯，古並爲幫母、鐸部，音同可通，《說文》七篇上月部云：「霸，月始生魄然也。」又八篇上人部云：「伯，長也。」據是，伯、霸，正、假字。

康王大喜，於是滅滕伐薛，取淮北之地，乃愈自信，欲霸之亟成，

　　武井驥曰：「《新書》『薛』作『諸侯』。」

　　梁容茂曰：「《新書》：薛，作『諸侯』。」

　　茂仁案：《劉申叔先生遺書·賈子新書斠補·春秋》云：「《新序·雜事四》作『伐薛』，此作『諸侯』，疑誤。」審「滅滕伐薛」爲正對，故《新書·春秋篇》「薛」作「諸侯」，非是，《戰國策·宋策》、《資治通鑑》四並作「薛」，即其證。

故射天笞地，斬社稷而焚之，

　　梁容茂曰：「《新書》：斬，作『伐』。」

　　茂仁案：《穀梁傳·隱公五年》云：「斬樹木、壞宮室曰伐。」是「斬」、「伐」義同。

曰：「威嚴伏天地鬼神。」

　　盧文弨曰：「（威）下『嚴』字衍。〈策〉及《賈子·春秋篇》俱無。」

　　武井驥曰：「〈宋策〉『威』下無『嚴』字。」

　　梁容茂曰：「《新書》：嚴伏，作『服』。《拾補》云：『嚴字衍，〈策〉及《賈子·春秋篇》俱無。』」

　　茂仁案：《戰國策·宋策》「嚴伏」亦作「服」。伏、服，義通，說見《說文》八

篇上人部「伏」字段〈注〉。伏、服，古並爲並母、職部，亦音同可通。

罵國老之諫者，爲無頭之棺，

盧文弨曰：「《賈》同〈策〉，作『無顏之冠』。」

武井驥曰：「《新書》作『無頭之冠』，〈宋策〉作『無顏』。」

梁容茂曰：「《新書》：棺，作『冠』。」

茂仁案：程榮本《新書・春秋篇》作「無頭之冠」，《群書治要》四○引《賈子》、《太平御覽》四六六、又四九二並引《戰國策》，又六八四引《桓子新論》並同。「爲無頭之棺」，與下文「以示有勇」，義未接，棺、冠，古並爲見母、元部。棺、冠，蓋音同而誤也。

以示有勇，剖傴者之背，鍥朝涉之脛，而國人大駭。

武井驥曰：「《新書》『鍥』作『斮』。」

梁容茂曰：「（以視有勇）〈宋策〉：無『有』字。《新書》：視，作『示』；背，作『脊』；鍥，作『斬』。《拾補》云：『《賈》同〈策〉作無顏之冠。』案：視、示通用。」

茂仁案：四庫《新序》版本有二，二本並作「示」，不作「視」，梁先生以四庫本爲底本，失檢。又《新書・春秋篇》「示」作「視」，不作「示」；「鍥」作「斮」，不作「斬」，梁先生又恐失之審。《尚書・泰誓篇》「斬」亦作「斮」。《詩經・小雅・鹿鳴》云：「視民不恌。」鄭〈箋〉云：「視，古示字。」《說文》十四篇上云：「鍥，鎌也。」段〈注〉云：「刈鉤也。」又「斮，斬也。」據是，鍥、斮，義同。

齊聞而伐之，民散城不守，王乃逃兒侯之館，

盧文弨曰：「〈策〉作『倪』，《賈》作『郳』，竝同。」

武井驥曰：「〈宋策〉『兒』作『倪』，《新書》作『郳』，並通。」

梁容茂曰：「〈宋策〉：兒，作『倪』。《新書》：逃下有『於』字；兒，作『郳』。」

茂仁案：兒、倪、郳，古並爲疑母、之部，音同可通。《說文》六篇下邑部云：「郳，齊地。」職此，兒、倪，並「郳」之借字。《資治通鑑》四作「宋王奔魏」，與此異。

遂得病而死。

盧文弨曰：「〈策〉及《賈》無『病』字。」

梁容茂曰：「〈宋策〉：無『病』字。《新書》：無『病』字。」

茂仁案：祁玉章《賈子新書校釋・春秋篇》云：「程本及《新序・雜事四》『得』

下有『病』字，誤。《廣雅・釋詁三》：『獲，得也。』《韻會》：『凡求而獲皆曰得。』遂得病而死者，言被俘獲而死也。《史記・田敬仲完世家》云：『（齊湣王三十八年）齊遂伐宋，宋王出亡，死於溫。』又〈宋世家〉云：『齊湣王與魏、楚伐宋，殺王偃，遂滅宋而三分其地。』」是。《資治通鑑》四云：「湣王起兵伐之，民散城不守，宋王奔魏，死於溫。」不言「得病」事，亦其證也。

故見祥而為不可，祥反為禍。臣向愚以〈鴻範傳〉推之，宋史之占非也。

　　施珂曰：「《漢魏叢書》陳本傳誤傳。」

　　茂仁案：陳用光本正作「傳」，不作「傅」，施先生失檢。

此黑祥，傳所謂黑眚者也，猶魯之有属鴝為黑祥也，属於不謀，其咎急也。

　　茂仁案：何良俊本上下兩「属」並作「屬」，程榮本、祕書本、陳用光本、四庫本、鐵華館本、百子本、龍溪本並同，屬、属，正、俗字。

鸜者黑色，食爵，大於爵害，爵也攫擊之物，貪叨之類，爵而生鸜者，是宋君且行急暴，擊伐貪叨之行，

　　茂仁案：元刊本「且」作「耳」，祕書本下「叨」字作「功」，並非是，並形近致訛也。

距諫以生大禍，以自害也。故爵生鸜於城陬者，以亡國也，明禍且害國也。康王不悟，遂以滅亡，此其効也。

　　茂仁案：距，應作拒。距、拒疑形近或音近致訛也。龍溪本「効」作「效」，效、効，正、俗字，說見《說文》三篇下「效」字段〈注〉。

《新序》卷第五

陽朔元年二月癸卯護左都水使者光祿大夫臣劉向上
　　雜　事

（一）魯哀公問子夏曰

魯哀公問子夏曰：「必學而後可以安國保民乎？」子夏曰：「不學而能安國保民者，未嘗聞也。」哀公曰：「然則五帝有師乎？」子夏曰：「有。臣聞黃帝學乎太真，

　　盧文弨曰：「（大真）《荀子・大略篇》楊倞〈注〉引此作『大墳』，與〈古今人表〉同。」

　　武井驥曰：「《韓詩》作『大墳』，《荀子・大略篇》楊倞〈註〉引作『大墳』。」

　　施珂曰：「《外傳》五真作墳。」

　　梁容茂曰：「《外傳》五：大真，作『大墳』。案：墳，當作『墳』。《荀子・大略篇》楊倞〈注〉作『大墳』。《潛夫論・讚學篇》云：『黃帝師風后。』《拾補》云：『（大墳）與〈古今人表〉同。』」

　　蔡信發曰：「『大真』，《呂覽》作『大撓』，《外傳》作『大墳』，《潛夫論》作『風后』，《荀子・大略》〈注〉作『大墳』。案：真、墳、墳古音並在痕部，字得相通。故大真、大墳、大墳，當是一人。撓與真、墳、墳聲韻乖隔，殆墳之形訛，或別為一人，不可得知。」

　　茂仁案：「臣聞黃帝學乎太真」，《論語緯比考讖》二五「太真」作「力牧」，《貞觀政要》四作「大顛」。各本「太」並作「大」，本卷下「呂子曰」章並同。大、太，

古通。眞，古爲章母、眞部；塡，古爲並母、文部；塡，古爲定母、眞部；顚，端母、眞部，眞、塡、顚並音近可通，竊疑「塡」爲「塡」之形訛。蔡先生曰：「撓與眞、塡、塡聲韻乖隔，殆塡之形訛，或別爲一人，不可得知。」審《冊府元龜》三八云：「黃帝師大撓，一云學乎太眞。」〈注〉云：「大撓，作甲子者」，《群書治要》三九引《呂氏春秋》〈注〉並同，檢古籍，未有載太眞作甲子者，據是，「大撓」當別爲一人，又「力牧」，音義與上引乖，蓋又別是一人矣。

顓頊學乎綠圖，

盧文弨曰：「《荀》作『錄』。」

武井驥曰：「《韓詩》作『祿圖』，《荀子》〈註〉作『錄圖』，《路史》作『淥圖』，《新序》、〈晉紀〉又作『錄圖』，《列仙傳》曰：『老子名耳，字伯陽，帝嚳時爲錄圖子。』《字彙補》曰：『錄，借作綠。』《史》曰：『帝顓頊高陽者，黃帝之孫，而昌意之子也。』驥按：綠圖，字面見《呂覽》及《新書》、《淮南子》皆書名，蓋似取爲號。」

施珂曰：「《外傳》五綠作線。作線者誤。《畿輔本外傳》作錄。綠、錄古通。」

梁容茂曰：「《荀子》〈注〉：綠圖，作『錄圖』。《潛夫論·讚學篇》云：『顓頊師老彭。』」

蔡信發曰：「『綠圖』，《呂覽》、本書同卷下章作『伯夷父』，《潛夫論》作『老彭』，《外傳》、《白虎通》、《荀子·大略》〈注〉作『錄圖』。案：綠、錄同音，並從彔得聲，故相通作。」

茂仁案：本卷下「呂子曰」章「綠圖」亦作「伯夷父」，《貞觀政要》四亦作「錄圖」，《論語緯比考讖》二五作「籙圖」，《冊府元龜》三八云：「顓頊師伯夷父，一云學乎太眞。」籙亦从彔得聲，可與綠、祿、錄、淥等相通用。

帝嚳學乎赤松子，

蔡信發曰：「『赤松子』，《呂覽》、本書同卷下章作『伯招』，《潛夫論》作『祝融』。」

茂仁案：《冊府元龜》三八云：「帝嚳師伯招，一云學乎赤松子。」

堯學乎尹壽，

盧文弨曰：「（尹）《荀》作『君』。」

武井驥曰：「《韓詩》作『堯學乎務成子附』，《荀子》作『君疇』，楊倞〈註〉作『尹壽』。」

梁容茂曰：「《荀子·大略篇》：尹壽，作『君壽』。《外傳》：尹壽，作『務成子

附』。《潛夫論‧贊學篇》作：『堯師務成。』」

　　蔡信發曰：「『尹壽』，《荀子‧大略》作『君疇』，《呂覽》作『子州支父』，《外傳》作『務成子附』，《潛夫論》作『務成』，本書同卷下章作『州文父』。案：君、尹疊韻，並收痕部。壽、疇古同音。故君疇通作尹壽。州文父，當子州支父之譌。」

　　茂仁案：本卷下「呂子曰」章「尹壽」作「州支父」，《白虎通‧辟雍篇》、《論語緯比考讖》二五並作「務成子」，《類說》三〇引亦作「君疇」，王先謙《荀子集解‧大略篇》引吳祕〈注〉《法言》引《新序》並同。《冊府元龜》三八云：「帝堯師子州支父，一云學乎尹壽。」《貞觀政要》四亦作「尹壽」，〈注〉云：「一作君疇。」《漢書‧藝文志‧小說家》載《務成子》十一篇，則「子」，蓋尊稱；「附」，蓋其名。「子州支父」，有「子」字，是，《莊子‧讓王篇》「州」上亦有「子」字，《莊子集釋》引〈疏〉云：「姓子，名州，字支父。」

舜學乎務成跗，

　　盧文弨曰：「（跗）《荀》作『昭』。」

　　武井驥曰：「《韓詩》作『舜學乎尹壽』，《荀子》作『務成昭』，楊倞〈註〉作『務成』。」

　　梁容茂曰：「《荀子‧大略篇》：務成跗，作『務成昭』。《外傳》：務成跗，作『尹壽』。《潛夫論‧贊學篇》作：『舜師紀后。』」

　　蔡信發曰：「『務成跗』，《荀子‧大略》作『務成昭』，《呂覽》、本書同卷下章作『許由』，《外傳》作『尹壽』，《潛夫論》作『紀后』。」

　　茂仁案：《白虎通‧辟雍篇》、《論語緯比考讖》二五「務成跗」亦並作「尹壽」，《貞觀政要》四亦作「務成昭」。《冊府元龜》三八云：「帝舜師許由，一云學乎務成跗。」《荀子‧大略篇》楊倞〈注〉引《尸子》曰：「務成昭之教舜曰：『避天下之逆，從天下之順，天下不足取也；避天下之順，從天下之逆，天下不足失也。』」則舜所學者，似以「務成昭」為是。「堯學乎尹壽，舜學乎務成跗」，《韓詩外傳》五與《白虎通‧辟雍篇》及《論語緯比考讖》二五所載，與本書互易。《潛夫論‧讚學篇》作「堯師務成，舜師紀后」，並與此異。軺，古為禪母、宵部；昭，古為章母、宵部，音近可通。祕書本「跗」作「跎」，非是，形近而訛也。

禹學乎西王國，

　　武井驥曰：「《路史》作『西王悝』，羅苹曰：『西王楓也。』」

　　梁容茂曰：「《潛夫論‧贊學篇》作：『禹師墨如。』」

蔡信發曰：「『西王國』，《呂覽》作『大成贄』，《潛夫論》作『墨如』，本書同卷下章作『大成執』。」

茂仁案：《群書治要》引《呂氏春秋》「西王國」作「大成摯」，《白虎通・辟雍篇》、《論語緯比考讖》二五並作「國先生」，《冊府元龜》三八云：「夏禹師大成摯，一云學乎西王國。」《荀子・大略篇》〈注〉引或曰：「大禹生於西羌。西王國，西羌之賢人也。」則國先生當即西王國。汪繼培《潛夫論》〈箋〉云：「盧學士文弨云：『墨如疑是墨台。』繼培按：《路史・後紀》四云：『禹有天下，封怡以紹烈山，是爲默台。』〈國名紀〉一云：『怡，一曰默怡，即墨台。禹師墨如，或云墨台。』」則「墨如」當是「墨台」之訛。贄、摯、執，並從執得聲，故相通用。

湯學乎威子伯，

盧文弨曰：「（威）《荀》作『成』。」

武井驥曰：「《韓詩》作『貸子相』，楊倞〈註〉作『成子伯』。」

施珂曰：「《外傳》作『貸子相』。」

梁容茂曰：「《外傳》：威子伯，作『貸子相』。《荀子》楊倞〈注〉：威子伯，作『成子伯』。《潛夫論》作『湯師伊尹。』」

蔡信發曰：「『威子伯』，《孟子》、《潛夫論》作『伊尹』，《呂覽》、本書同卷下章作『小臣』，《外傳》作『貸子相』。《呂覽》高〈注〉：『小臣，謂伊尹。』」

茂仁案：《韓詩外傳》五「威子伯」作「貧乎相」，《太平御覽》四〇四、《春秋別典》一四並引《韓詩外傳》作「貧子相」，《焦氏類林》一引《韓詩外傳》作「貸乎相」，《三家詩遺說考》引《韓詩外傳》作「貸子相」，《白虎通・辟雍篇》、《論語緯比考讖》二五亦並作「伊尹」。《類說》三〇引、王先謙《荀子集解》引吳祕〈注〉《法言》引《新序》並與本文同。《冊府元龜》三八云：「商湯師小臣，一云學乎威子伯。」〈注〉云：「（小臣）即伊尹。」「貸乎相」、「貧乎相」當作「貧子相」，作「乎」，爲涉上文「乎」字而致誤，說見《韓詩外傳考徵》五。成、威，形近致訛。

文王學乎鉸時子斯，

武井驥曰：「《荀子》〈註〉『鉸時子斯』作『時子思』，《韓詩》作『錫疇子期』。」

施珂曰：「《外傳》作『錫疇子斯』。」

梁容茂曰：「《外傳》：鉸時子斯，作『錫疇子斯』。《荀子》楊倞〈注〉：鉸時子斯，作『時子斯』。《潛夫論》作『文武師姜尚。』」

蔡信發曰：「『鉸時子斯』，《呂覽》『呂望』、『周公旦』，《外傳》作『錫疇子斯』，

《潛夫論》作『姜尚』，《渚宮舊事》作『鬻熊』，本書同卷下章作『太公望、周公旦』。」

　　茂仁案：《白虎通・辟雍篇》亦作「呂望」，《貞觀政要》四作「子期」。《史記・齊太公世家》云：「太公望呂尚者，東海上人（中略），本姓姜氏，從其封姓，故曰呂尚。呂尚蓋嘗窮困，年老矣，以漁釣奸西伯。（中略）（西伯）與語大說曰：『自吾先君太公曰：‘當有聖人適周，周以興。’子真是邪！吾太公望子久矣。故號之曰：‘太公望。’載與俱歸，立為師。」職此，呂望即呂尚即姜尚也。《冊府元龜》三八云：「周文王既為西伯，師呂尚。（中略）一云學乎錫疇子斯。」

武王學乎郭叔，周公學乎太公，仲尼學乎老聃，

　　武井驥曰：「《韓詩》『郭叔』作『周公』。」又曰：「《韓詩》『太公』作『虢叔』。」

　　施珂曰：「《外傳》作『武王學乎太公。周公學乎虢叔。』」

　　梁容茂曰：「《外傳》：郭叔，作『太公』；太公，作『虢叔』。《潛夫論》作：『周公師庶秀。』」

　　蔡信發曰：「『郭叔』，《呂覽》作『呂望、周公旦』，《外傳》作『太公』，《潛夫論》作『姜尚』，本書同卷下章作『太公望、周公旦』。」又曰：「『太公』，《外傳》作『虢叔』，《潛夫論》作『庶秀』。」

　　茂仁案：《白虎通・辟雍篇》、《論語緯比考讖》二五並作「武王師尚父，周公師虢叔」。尚父，「父」蓋尊稱，一如齊桓公之稱管仲為仲父然（卷四「有司請吏於齊桓公」章中屢言及，本卷「管仲傅齊公子糾」章，亦言及）。尚父即呂尚、呂望、太公望，姜太公也，說已見上。虢、郭，古並為見母、鐸部，音同可通。

此十一聖人未遭此師，則功業不著乎天下，名號不傳乎千世。

　　茂仁案：龍溪本「天下」作「天地」。祕書本「千」作「干」，非是，形近而訛也。

《詩》曰：『不愆不忘，率由舊章』，此之謂也。

　　茂仁案：《齊詩》「愆」作「騫」，《魯詩》作「僁」，《三家詩遺說考・齊詩》三云：「喬樅謹案：騫與愆通，見《文選》劉越石〈扶風歌〉李善〈注〉《毛詩》作『愆』。劉向《說苑》引《詩》又作『僁』。玄釋元應《眾經音義》云：『僁，古文寒、愆二形，籀文作謇，今作愆。』又《列子・黃帝篇》：『旡愆。』〈釋文〉云：『愆，本又作騫。』是愆、騫通用之證。」說又見該書卷五〈魯詩〉，略見《詩四家異文考・假樂》四。楊美益本「率」作「桼」，非是，形近而訛也。

夫不學不明古道，而能安國家者，未之有也。」

茂仁案：《類說》三〇引「家」作「保民」，是。上文「魯哀公問子夏曰：『必學而後可以安國保民乎？』子夏曰：『不學而能安國保民者，未嘗聞也。』」哀公之問、子夏之答，並云「安國保民者」，此承上文爲言，亦當如是，以符文例也，當據《類說》三〇引而改。

（二）呂子曰

呂子曰：「神農學悉老，

盧文弨曰：「（老）《呂》作『諸』。」

武井驥曰：「此章見《呂覽·尊師篇》，『學』作『師』，下同。『悉老』作『悉諸』，《漢書·古今人表》同。鄧姓辨作『悉清』。」

梁容茂曰：「《呂氏春秋·尊師篇》：學，作『師』，下同。悉老，作『悉諸』。韋昭〈注〉：『悉諸，諸名也。』」

蔡信發曰：「『悉老』，《呂覽》作『悉諸』。悉，姓。諸，名。老，尊稱。悉老，即悉諸。」

茂仁案：《冊府元龜》三八「神農學悉老」作「神農師悉謂」，〈注〉云：「悉，姓；謂，名。」《呂氏春秋》高誘〈注〉云：「悉，姓；諸，名也」。謂、諸，形近致訛。

黃帝學大真，顓頊學伯夷父，帝嚳學伯招，

盧文弨曰：「（眞）《呂》作『撓』。」

武井驥曰：「《呂覽》作『大撓』，〈人表〉作『大塡』。」

蒙傳銘曰：「宋本作『大』，各本同，何良俊本作『太』。大、太古通。」

梁容茂曰：「韋昭〈注〉：大眞，作『大撓』。」

茂仁案：「黃帝學大眞」，見本卷上章「魯哀公問子夏曰」章，「黃帝學乎太眞」條校記。何良俊本作「大」，不作「太」，蒙先生失檢。又白口十行本、祕書本「大」亦並作「太」，蒙先生云各本同，恐失之不審。「顓頊學伯夷父」，見上章「顓頊學乎綠圖」條校記。「帝嚳學伯招」，見上章「帝嚳學乎赤松子」條校記。

帝堯學州支父，帝舜學許由，禹學大成執，湯學小臣，

盧文弨曰：「（支）『文』訛。」又曰：「《呂》作『子州父』，其〈貴生篇〉作『子州支父，與〈表〉同』。」

武井驥曰：「（州文父）吳本『文』作『丈』，一本作『子州支父』，經訓堂本《呂覽》同。畢〈校〉曰：『《御覽》四百四所引，及《莊子》、〈人表〉、皇甫謐《高士傳》皆合。《呂覽・貴生篇》作‘支州友父’，嵇康《高士傳》並《御覽》五百九引，又同。』岡井鼎曰：『子姓，州名，支父字也。即支伯。』」

蒙傳銘曰：「『州文父』，宋本『文』作『支』，鐵華館本同，是也。崇本書院本亦誤作『丈』。」

梁容茂曰：「《呂覽》：州文父，作『子州支父』。（〈注〉云：一作友）〈貴生篇〉作『子州支』。執，作『贄』。《拾補》：『文作支，文訛。父，與〈表〉同。』」

茂仁案：「帝堯學州支父」，見上章「堯學乎尹壽」條校記，又《呂氏春秋・貴生篇》作「子州友父」，元刊本、楚府本、白口十行本「支」亦並作「丈」，何良俊本、楊美益本、程榮本、祕書本、四庫本則並作「文」，鐵華館本、龍溪本則並作「支」與本文同，《莊子校詮・讓王篇》、又〈寓言篇〉、《全三國文》嵇康〈高士傳・子州支父〉並同，友、丈、文，並「支」之形訛。「帝舜學許由」，說見上章「舜學乎務成跗」條校記。「禹學大成執」，說見上章「禹學乎西王國」條校記。「湯學小臣」，說見上章「湯學乎威子伯」條校記。

文王、武王學太公望、周公旦，

茂仁案：說見上章「文王學乎銨時子斯」及「武王學乎郭叔」條校記。

齊桓公學管夷吾、隰朋，

梁容茂曰：「《呂覽》：無『隰朋』。」

蔡信發曰：「《孟子・公丑下》、《呂覽》無『隰朋』。」

茂仁案：《漢書古今人表疏證》引梁玉繩曰：「隰朋始見《左》僖九、〈齊語〉、〈管子・大匡〉諸篇。朋又作崩，（《史・齊世家》〈集解〉。敀本書〈五行志〉中上引《易・復卦》朋來作崩。〈釋文〉云京作崩。疑古通。）齊莊公之曾孫，戴仲之子成子也。（〈齊語〉〈注〉。）莊公子廖事桓公，封于隰陰，故以爲氏。（《通志・氏族略》三。）（中略）案：莊公至桓公百有餘年、廖安得逮事之？《通志》『桓公』字必誤。」是。據是，無「隰朋」二字，是也。

晉文公學咎犯、隨會，秦穆公學百里奚、公孫支，

蔡信發曰：「《呂覽》高〈注〉：『隨會，范武子。』畢沅〈校〉：『案：隨會，在文公後，此與《說苑・尊賢篇》：‘晉文侯行地登隧，隨會不扶’。皆記者之誤也。梁伯子云：‘《列子・說符》，又以隨會與趙文子並時，亦非。’」《說苑・尊賢》

〈拾補〉：『隨會，靈、景之時，此與《呂氏・當染篇》謂在文侯時俱誤。』隨會，即晉大夫士季，名會，字季，食邑於隨，故又稱隨會、隨季，後封邑於范，又稱范季。卒諡武子，又稱隨武子或范武子。《左・宣公十七年傳》：『范武子將老。』時當晉景公八年，與諸說合。左松超《說苑集證》：『盧氏謂〈當染〉云云，＇〈當染〉＇乃＇〈尊師〉＇之誤。』是。」

茂仁案：「晉文公學咎犯、隨會」，《墨子・所染篇》、《禮記・檀弓下篇》「咎」並作「舅」。咎、舅，古並爲群母、幽部，音同可通。《禮記》鄭〈注〉云：「舅犯，重耳之舅，狐偃也，字子犯。」職此，則以作「舅」爲是，舅、咎，正、假字。「秦穆公學百里奚、公孫支」，《呂氏春秋・尊師篇》「支」作「枝」，枝從支得聲，可相通作。

楚莊王學孫叔敖、沈尹竺，吳王闔閭學伍子胥、文之儀，

盧文弨曰：「《呂・尊師篇》作『沈申巫』，〈察傳篇〉作『沈尹筮』，〈贊能篇〉作『沈尹莖』，〈當染篇〉作『沈尹蒸』。」

武井驥曰：「《呂覽》『竺』作『巫』。」

梁容茂曰：「《呂覽》：作沈中巫。〈注〉云：『沈縣大夫』。〈察傳篇〉作『沈尹筮』。〈贊能篇〉作『沈尹莖』。〈當染篇〉》作『沈尹蒸』。同爲一書，所言不一，未詳孰是。」

茂仁案：筮、莖、竺、蒸、巫，並以音形相鄰致訛，沈尹竺，蓋即虞丘子，說見卷一「禹之興也以塗山」章，「虞丘子」條校記。

越王句踐學范蠡、大夫種，此皆聖人之所學也。

武井驥曰：「（此皆聖王之所學也）吳本『王』作『人』。」

施珂曰：「《漢魏叢書》程本、陳本人皆作王。」

茂仁案：武井驥《纂註本》、元刊本、楚府本、何良俊本、楊美益本、程榮本、祕書本、四庫本、百子本「聖人」亦並作「聖王」，白口十行本、鐵華館本、龍溪本則並與本文同。

且夫天生人，而使其耳可以聞，不學，其聞則不若聾；使其目可以見，不學，其見則不若盲；使其口可以言，不學，其言則不若暗；

盧文弨曰：「（暗）《呂》作『爽』。」

武井驥曰：「《呂覽》『暗』作『爽』。」

梁容茂曰：「（不學其言則不若暗）《呂覽》：暗，作『爽』。」

茂仁案：「其言則不若喑」，四庫《新序》版本有二，二本並作「喑」，不作「暗」，梁先生以四庫本爲底本，失檢。《呂氏春秋》高誘〈注〉云：「爽、病，無所別也。」祕書本「喑」作「音」。音，蓋喑之音誤。

使其心可以智，不學，其智則不若狂。故凡學，非能益之也，達天性也。能全天之所生而勿敗之，可謂善學者矣。」

茂仁案：《呂氏春秋・尊師篇》「智」作「知」，知、智，古、今字。

（三）湯見祝網者置四面

湯見祝網者置四面，其祝曰：「從天墜者，從地出者，

武井驥曰：「《史・殷本紀》作『湯出，見野張網四面』，《新書・輸誠篇》『祝』作『設』。」

梁容茂曰：「《新書・輸誠篇》作：『湯見設網者四面張。』從，作『自』；以下二處同。墜，作『下』。《史記・殷本紀》作：『湯出，見野張網四面，自天下四方皆入吾網。』」

茂仁案：「湯見祝網者置四面」，「祝網」，文不辭。且與下文「其祝曰」義複，《新書・諭誠篇》作「湯見設網者四面張」，「祝」作「設」，是，《史記・殷本紀》云：「湯出，見野張網四面」，無「祝」字，亦其證也。《新書・禮篇》作「祝」，則與本文同。

從四方來者，皆離吾網。」

盧文弨曰：「（離）俗作『罹』，此從宋本。」

武井驥曰：「《新書》『離』作『罹』。」

梁容茂曰：「（從四方來者，皆吾網）《新書》：離；作『羅』；吾，作『我』。百子本：離，作『罹』。離、罹，古通。《拾補》云：『俗作罹，此從宋本。』」

茂仁案：「皆離吾網」，四庫《新序》版本有二，二本「皆」下並有「離」字，梁先生以四庫本爲底本，失檢。祕書本、陳用光本「離」亦並作「罹」，《新書・禮篇》同，《史記・殷本紀》作「入」，《金樓子・興王篇》、《藝文類聚》一一引《帝王世紀》、《通典》一七〇、《通志》三下、《貞觀政要》四〈注〉、《冊府元龜》四二並同。離、罹、羅、入，義並通。

湯曰：「嘻！盡之矣，非桀其孰為此？」

　　茂仁案：《新書·諭誠篇》「為此」作「能如此」，《藝文類聚》一一引《帝王世紀》「孰」下有「能」字。元刊本無「其」字，楚府本、何良俊本、楊美益本、白口十行本並同。程榮本、祕書本、陳用光本、四庫本、鐵華館本、百子本、龍溪本並與本文同。

湯乃解其三面，置其一面，

　　武井驥曰：「《新書》『解』作『去』，《呂覽》作『收』。」

　　梁容茂曰：「《呂氏·異用篇》作：『湯收其三面。』〈注〉云：『收一作放。』《新書》作：『令去三面，舍一面。』《史記》作：『乃去其三面。』」

　　茂仁案：《大戴禮·保傅篇》並〈注〉「解」作「去」，《史記·殷本紀》、《說苑·尊賢篇》、《金樓子·興王篇》、《通志》三下、《貞觀政要》四〈注〉、《冊府元龜》四二並同。《新書·諭誠篇》「解」作「去」，「置」作「舍」，又〈胎教篇〉「解」亦作「去」，〈禮篇〉所載則與本文同，《文選》楊子雲〈羽獵賦〉李善〈注〉引《呂氏春秋》「解」作「拔」。解、去、拔；置、舍，義並通。祕書本「三」作「二」，非是，形近致訛也。

更教之祝曰：「昔蛛蝥作網，今之人循序，欲左者左，欲右者右，

　　盧文弨曰：「（循序）《賈子·諭誠篇》作『循緒』，《呂氏·異用篇》作『學紓』。」

　　武井驥曰：「《呂覽》『蝥』作『蟊』、『網』下有『罟』字、『循序』作『學紓』，《新書》作『修緒』，〈禮篇〉又同。」

　　梁容茂曰：「《呂氏》：蛛蝥，作『蛛蟊』，網下有『罟』字。循序，作『學紓』。《新書》：循序，作『脩緒』。《史記》作：『欲左左，欲右右。』」

　　茂仁案：「昔蛛蝥作網」，上言「蛛蝥」作「蛛蟊」。「蟊」蓋「蝥」之形訛字，俗或作「蛛蝥」，亦誤，說見《法言·淵騫篇》〈義疏〉。「網」下有「罟」字，網、罟義同，略去其一，無害於義。「今之人循序」，《呂氏春秋·異用篇》「循序」作「學紓」，《新書·禮篇》「序」作「緒」，又〈諭誠篇〉「循序」作「修緒」。循、修，義通；序、緒，古並為邪母、魚部；紓，古為書母、魚部，序、緒同音，並與紓為音近之字也。

欲高者高，欲下者下，吾取其犯命者。」

　　梁容茂曰：「《新書》作：『吾請受其犯命者。』《史記》作：『不用命乃入吾網。』」

　　茂仁案：《史記·殷本紀》「犯命」作「不用命」，《金樓子·興王篇》、《通典》

一七〇、《通志》三下、《貞觀政要》四〈注〉、《冊府元龜》四二並同,「犯命」、「不用命」,義同。《新書‧禮篇》末句下有「其憚害物也,如是」七字。

漢南之國聞之,

武井驥曰:「《新書》『漢南之國』作『士民』。」

梁容茂曰:「《新書》作:『士民聞之。』《史記》作:『諸侯聞之。』」

茂仁案:《新書‧禮篇》與本文同,《金樓子‧興王篇》亦作「諸侯聞之」,《通典》一七〇、《冊府元龜》四二、《貞觀政要》四〈注〉並同,《藝文類聚》一一引《帝王世紀》作「漢南諸侯聞之」,《通志》三下同,《太平御覽》七三六引《賈誼新書》作「民聞之」。

曰:「湯之德及鳥禽矣。」

施珂曰:「(湯之德及鳥獸矣)《漢魏叢書》程本、陳本鳥皆作禽。《大戴禮‧保傅篇》〈注〉引同。《呂覽》‧異用篇》、《賈子‧諭誠篇》、《史記‧殷本紀》皆作禽。」

茂仁案:《新書‧禮篇》、《尸子》下「鳥禽」並作「鳥獸」,《新書‧諭誠篇》作「禽獸」,《史記‧殷本紀》、《金樓子‧興王篇》、《藝文類聚》一一引《帝王世紀》、《通典》一七〇、《通志》三下、《貞觀政要》四〈注〉、《冊府元龜》四二並同,武井驥《纂註本》、元刊本、楚府本、何良俊本、楊美益本、白口十行本、程榮本、祕書本、四庫本、百子本亦並同。鐵華館本、龍溪本「鳥禽」並作「鳥獸」。審本文主言網鳥,故作「鳥禽」為上,餘作「禽獸」、「鳥獸」者,蓋涉連類而及者,於義亦通,未必誤也。

四十國歸之。

蔡信發曰:「《呂覽》畢沅〈校〉:『梁仲子云:"李善〈注〉〈東京賦〉作三十國。"』據〈殷本紀〉,諸侯之服湯,在右事之後,且不記國數,並與此異。」

茂仁案:《大戴禮‧保傅篇》作「而二垂至」,〈注〉引盧〈注〉云:「朝商者三十國。」《新書‧胎教篇》亦作「而二垂至」,《新書‧輸誠篇》作「於是下親其上」,《說苑‧尊賢篇》作「而夏民從」,《藝文類聚》一一引《帝王世紀》作「一時歸者,三十六國」,《通典》一七〇作「(諸侯)乃叛桀而歸湯」,《通志》三下作「一時歸商者,三十六國。或言四十國」,《太平御覽》一五八引《詩》、《小學集註‧明倫篇》並作「四十餘國」。《大戴禮‧保傅篇》〈注〉引盧曰、《文選》張平子〈東京賦〉李善〈注〉引《呂氏春秋》並作「三十國歸之」,所言歸湯之國數並與此異。《大戴禮‧保傅篇》〈注〉引盧〈注〉云:「二垂,謂天地之際,言通感處遠。《淮南子》云:『文

王砥德修政，二垂至。』」祁玉章《賈子新書校釋》云：「『垂』者，三分之一也。《韓非子・八說篇》：『死傷者軍之乘。』高亨〈補箋〉云：『王先愼謂‘乘’當作‘垂’，是也，古者謂三分之一爲垂。《淮南・道應訓》云：‘文王砥德脩政，三年而天下二垂歸之。’高〈注〉：‘文王三分天下有其二。’是其證。』盧文弨說非，祁先生說是也。《呂氏春秋・異用篇》、《新書・禮篇》、《淮南子・人間篇》、《太平御覽》七七引《傅子》（又見《全晉文》傅玄《傅子・補遺上》）載歸湯之數並爲「四十國」，則與此同。

人置四面未必得鳥，湯去三面，置其一面，以網四十國，非徒網鳥也。

茂仁案：《呂氏春秋・異用篇》「網」下有「其」字。其，爲語助詞，說見《古書虛字集釋》五。

（四）周文王作靈臺

周文王作靈臺，及為池沼，掘地得死人之骨，吏以聞於文王。

梁容茂曰：「《呂氏・異用篇》作：『周文王拘池，得死人之骸。』《新書・諭誠篇》作：『文王晝臥，夢人登城而呼己曰：我東北陬之槁骨也，速以王禮葬我。』」

蔡信發曰：「《呂覽》作『周文王使人拘池，得死人之骸。吏以聞文王』，《新書》作『文王晝臥，夢人登城而呼己，曰：我東北陬之槁骨也。速以王禮葬我。文王曰：諾』，與此異。」

茂仁案：四庫《新序》版本有二，二本並作「臺」，不作「台」；作「沼」，不作「沿」，梁先生以四庫本爲底本，失檢。《呂氏春秋・異用篇》作「周文王使人拘池，得死人之骸。吏以聞於文王」，《太平御覽》八四引《呂氏春秋》「拘池」作「扣地」。《通志》三下作「文王行於野，見枯骨」，《太平御覽》七七引《傅子》云：「文王葬城隅之枯骨。」又見《全晉文》傅玄《傅子・補遺上》，《類說》三〇引作「周文王作靈臺，掘地得死人一骨」，亦並與此異。《後漢書・張奐傳》〈注〉引、《太平御覽》五三四引、《緯略・靈台篇》引、《三輔黃圖・臺榭篇》引並無「地」字，《群書治要》四二引、《群書集事淵海》一引、《類說》三〇引，則並與本文同。

文王曰：「更葬之。」

梁容茂曰：「《新書》作：『速以人君葬之。』」

茂仁案：《後漢書・張奐傳》〈注〉引無「更」字，《通志》三下「更葬之」作「命

吏瘞之」。

吏曰：「此無主矣。」文王曰：「有天下者，天下之主也；有一國者，一國之主也。寡人固其主，又安求主？」

施珂曰：「《事文類聚・前集》五六引求下有之字。」

梁容茂曰：「（寡人固其主）《呂氏》作：『今我非其主也。』案：也同邪。」

茂仁案：「寡人固其主，又安求主」，《後漢書・張奐傳》〈注〉引作「寡人固其主焉」，《三輔黃圖・臺榭篇》引作「寡人者，死人之主，又何求主」，《類說》三〇引作「寡人固為主，又安求主」，《冊府元龜》四二作「我非其主耶」，《通志》三下作「吾即其主也」。也、邪、耶古通。

遂令吏以衣棺更葬之。

施珂曰：「《呂氏》棺作冠。」

茂仁案：集釋本《呂氏春秋・異用篇》作「棺」。《冊府元龜》四二「棺」作「冠」。審此文義，作「棺」義較長。

天下聞之，皆曰：「文王賢矣。澤及朽骨，又況於人乎！」

武井驥曰：「（澤及枯骨）《新書・諭誠篇》『枯』作『槁』，《呂覽》作『髊』，吳本、《治要》作『朽』，《後漢書・張奐傳》〈註〉同。」

施珂曰：「《漢魏叢書》程本、陳本朽皆作枯，《呂覽》作髊。」

蒙傳銘曰：「《意林》、《御覽》八四引並作『枯』，崇本書院本、涵芬樓本、鐵華館本並作『朽』。」

梁容茂曰：「《呂氏》：朽骨作髊骨。〈注〉云：『骨有肉曰髊，無曰枯。』何本、程本、百子本：朽，俱作『枯』。《新書》：人上有『生』字。」

茂仁案：「文王賢矣」，《緯略・靈臺篇》引、《通志》三下「文王」並作「西伯」，文異而實一人。「澤及朽骨」，《緯略・靈臺篇》引作「枯」，《太平御覽》三七五引、《群書集事淵海》一引、《通志》三下、《冊府元龜》四二、《天中記》二三引、《三輔黃圖・臺榭篇》引、《三家詩遺說考》五引並同，陳用光本亦同。《呂氏春秋・異用篇》高誘〈注〉云：「骨有肉曰髊；無曰枯。」職此，朽、枯、髊，義通。何良俊本「王」作「曰」，誤。

或得寶以□國，文王得朽骨以喻其意，而天下歸心焉。

茂仁案：□，殘渺不清，《呂氏春秋・異用篇》「□」作「危」，是。《群書治要》

四二引、《太平御覽》八四引、《三家詩遺說考》五引並同，各本亦並同，當據補。祕書本「喻」作「文」，文訓文飾，並通。《淮南子‧人間篇》「而天下歸心焉」作「而九夷歸之」。《太平御覽》三七五引、《天中記》二三引並云：「文王之葬枯骨，無益眾庶，眾庶悅之，恩義動人也。」未見於此，蓋佚耳。

（五）管仲傅齊公子糾

管仲傅齊公子糾，鮑叔傅公子小白。

施珂曰：「《漢魏叢書》程本、陳本糾並作斜。斜即糾之誤。」

茂仁案：陳用光本「糾」作「紏」，不作「斜」，施先生失檢。《史記‧管晏列傳》「糾」亦作「紏」，武井驥《纂註本》、四庫全書本、百子本並同，《群書集事淵海》三引「糾」作「斜」，白口十行本並同，下同，元刊本、楚府本、何良俊本、楊美益本、程榮本、祕書本並同，四庫全書薈要本、鐵華館本、龍溪本則並與本文同。紏、糾，為一字之異體，說見《龍龕手鑑新編》編號 02085「紏」字條，糾、斜，正、俗字。

齊公孫無知殺襄公，公子糾奔魯，小白奔莒。齊人誅無知，迎公子糾於魯。

盧文弨曰：「當一例作『糾』，何本『紏』、『糾』雜出，不可從。」

梁容茂曰：「（公子糾奔魯）百子本：紏，作『糾』，下同。《拾補》云：『當一例作糾，何本紏糾雜出，不可從。』」又曰：「百子本：迎，作『逆』。逆，亦迎也。」

茂仁案：百子本「迎」作「逆」，逆、迎義同，說見卷四「楚莊王伐鄭」章，「以迎莊王」條校記。

公子糾與小白爭入，管仲射小白，中其帶鉤，小白佯死，遂先入，是為齊桓公。公子糾死，管仲奔魯。

蔡信發曰：「《左‧莊公九年傳》：『鮑父牙帥師來言，曰：「子糾，親也，請君討之；管仲，讎也，請受而甘心焉。」乃殺子糾于生竇，召忽死之，管仲請囚。』《史記‧齊世家》：『齊遺魯書曰：「子糾，兄弟，弗忍誅，請魯自殺之；召忽、管仲，讎也，請得而甘心醢之；不然，將圍魯。」魯人患之，遂殺子糾于笙瀆。召忽自殺，管仲請囚。』〈管晏列傳〉：『及小白立為桓公，公子糾死，管仲囚焉。』斯時，子糾與管仲並居魯，非子糾死，管仲始奔魯，此與之異，誤。」

茂仁案：《左傳‧莊公九年》云：「夏，公伐齊，納子糾，桓公自莒先入。」蓋

此所指，又其下云：「鮑叔帥師來言，曰：『子糾，親也，請君討之；管仲，讎也，請受而甘心焉。』乃殺子糾于生竇，召忽死之，管仲請囚。鮑子受之及堂阜而稅之，歸而以告曰：『管夷吾治於高傒，使相可也。』公從之。」知蔡先生云「斯時，子糾與管仲並居魯，非子糾死，管仲始奔魯，此與之異，誤」，是也。審此文，公子糾、管仲原以公孫無知殺襄公之故，已避居於魯，後以齊人迎公子糾於魯，乃有管仲之射小白帶鉤事，以小白佯死，遂先入而為齊桓公，公子糾、管仲懼，遂又俱奔於魯，而後方有《左傳·莊公九年》鮑叔帥師來言云云，是本文「公子糾死」與「管仲奔魯」二句，蓋誤乙耳，當據乙正，則序次順而不誤矣。

桓公立，國定，使人迎管仲於魯，遂立以為仲父，委國而聽之，九合諸侯，一匡天下，為五伯長。

　　茂仁案：《群書集事淵海》引「九」上有「故能」二字，下句「為」上有「卒」字、「伯」下有「之」字。審此文意，《群書集事淵海》九引較順。「九合諸侯」，「九」為虛數，蓋寓次數之多也，說見卷四「管仲言齊桓公曰」章，「所以九合諸侯」條校記。

（六）里鳧須

里鳧須，晉公子重耳之守府者也。

　　武井驥曰：「《左傳》『里鳧須』作『豎頭須』，〈晉語四〉同。」

　　梁容茂曰：「里鳧須，僖二十四年《左傳》作『頭須』。〈注〉：『頭須，一曰里鳧須。』《外傳》、《史記》並作『里鳧須』。」

　　茂仁案：《韓詩外傳》十、《晉文春秋·里鳧須第三十七》並作「里鳧須」。《左傳·僖公二十四年》、《國語·晉語四》「府」並作「藏」。

公子重耳出亡於晉，里鳧須竊其寶貨而逃。

　　武井驥曰：「《韓詩》卷十作『亡過曹』。」

　　蔡信發曰：「《國語》作『文公之出也，豎頭須守藏者也，不從』，《左傳》作『初，晉侯之豎頭須守藏者也，其出也，竊藏以逃』，《外傳》作『晉文公重耳亡，過曹，里鳧須從，因盜重耳資而亡』，《渚宮舊事》同之。《左傳》與此合；《國語》不記其竊寶，與此稍異；《外傳》、《渚宮舊事》謂其盜重耳資，亦與此異。」

　　茂仁案：《晉文春秋·里鳧須第三十七》作「文公出亡，過曹，里鳧須從，因盜

文公資而亡」。

公子重耳反國，立為君，里鳧須造門願見，文公方沐，其謁者復，文公握髮而應之曰：「吾鳧須邪？」曰：「然。」「謂鳧須曰：『若猶有以面目而復見我乎？』」謁者謂里鳧須，

> 梁容茂曰：「（吾鳧須邪）一本作里鳧須邪。」

> 蔡信發曰：「《國語》：『公入，乃求見，公辭焉以沐。』《左傳》：『及入，求見，公辭以沐。』《外傳》：『及重耳反國，國中多不附重耳者。於是，里鳧須造見曰：「臣能安晉國。」文公使人應之曰：「子尚何面目來見寡人？欲安晉也？」里鳧須曰：「君沐邪？」使者曰：「否。」』《國語》、《左傳》並以沐為藉辭，《外傳》之載，稍異二書，然以文公未嘗為沐，則與二書同，而本文涉藉辭而以文公方沐，與上書異，誤。』里鳧須之求文公，三書皆以文公不願見之，而本文則用周公握髮吐餐之典以狀之，以表殷切，嗣又出以『謂里鳧須曰：「若猶有以面目而復見我乎？」』之句，前後不諧，亦欠妥貼。」

> 茂仁案：《國語・晉語四》作「公入，乃求見，公辭焉以沐」，《左傳・僖公二十四年》作「及入，求見，公辭焉以沐」，二書並以「以沐」為辭見之理，此「以沐」，非必為虛辭空造，亦可能其時之真情狀，適以此為推辭耳。《韓詩外傳》一〇之作「里鳧須曰：『君沐邪？』使者曰：『否』」者，蓋承二書之以「公辭以沐」為虛造而加以敷演耳，《晉文春秋・里鳧須第三十七》同。「吾鳧須邪」，陳用光本、百子本並作「里鳧須邪」。鐵華館本、龍溪本「邪」並作「耶」，古通，下同。

鳧須對曰：「臣聞之，沐者其心覆，心覆者言悖，君意沐邪？何悖也？」謁者復，文公見之。

> 武井驥曰：「《韓詩》『覆』作『倒』、無『意』字，《左傳》『言悖』作『圖反』，〈晉語〉同。」

> 梁容茂曰：「僖二十四年《左傳》：沐者，作『沐則』；『者言悖』作『則圖及（茂仁案：當作反）』。《外傳》十：兩『心覆』，俱作『心倒』。」

> 茂仁案：《國語・晉語四》作「謂謁者曰：『沐則心覆，心覆則圖反，宜吾不得見也。從者為羈絏之僕，居者為社稷之守，何必罪居者！國君而讎匹夫，懼者眾矣。』謁者以告，公遽見之」。《左傳・僖公二十四年》作「謂僕人曰：『沐則心覆，心覆則圖反，宜吾不得見也。居者為社稷之守，行者為羈絏之僕，其亦可也，何必罪居者！國君而讎匹夫，懼者甚眾矣。』僕人以告，公遽見之」。《韓詩外傳》一〇作「鳧須

曰：『臣聞沐者其心倒，心倒者其言悖。今君不沐，何言之悖也？』使者以聞，文公見之」，《晉文春秋・里鳧須第三十七》同，所載與此略異。《左傳》孔穎達〈疏〉引韋昭云：「沐則低頭，故心反覆也。」職此，心覆、心倒，義同。楚府本無「須」字，未必誤也，無「須」字蓋古漢語姓名割裂語法也，說詳本書卷三「樂毅爲昭王謀」章，「柳下季曰」條校記。祕書本、鐵華館本、龍溪本「邪」並作「耶」，古通，下同。

曰：「若竊我貨寶而逃，我謂汝『猶有面目而見我邪』，汝曰『君何悖也』，是何也？」鳧須曰：「然。君反國，國之半不自安也。

　茂仁案：《韓詩外傳》一○作「里鳧須仰首曰：『離國外，臣民多過君。君反國，而民皆自危』」，《晉文春秋・里鳧須第三十七》同。

君寧棄國之半乎？其寧有全晉乎？」文公曰：「何謂也？」

　茂仁案：元刊本「棄」作「弃」，楚府本、楊美益本、鐵華館本、龍溪本並同，陳用光本、四庫本並作「棄」，何良俊本、白口十行本、程榮本、祕書本、百子本則並與本文同。弃、棄，古、今字；棄，爲棄字篆文「𣋎」之隸定。

鳧須曰：「得罪於君者，莫大於鳧須矣，君謂赦鳧須，顯出以爲右。如鳧須之罪重也，君猶赦之，況有輕於鳧須者乎？」

　武井驥曰：「《韓詩》作『然君誠赦之罪，與驂乘遊於國中，百姓見之，必知不念舊惡，人自安矣』。」

　梁容茂曰：「《外傳》作：『然君誠赦之罪，與驂乘遊於國中，百姓見之，必知不念舊惡，人自安矣。』」

　茂仁案：《韓詩外傳》一○作「里鳧須又襲竭君之資，避於深山，而君以餒，介子推割股，天下莫不聞。臣之爲賊，亦大矣。罪至十族，未足塞責。然君誠赦之罪，與驂乘遊於國中，百姓見之，必知不念舊惡，人自安矣。」《晉文春秋・里鳧須第三十七》同，唯「必」下有「君」字，並較此爲詳。「莫大於鳧須矣」，楚府本無「於」字，他本並有之。

文公曰：「聞命矣。」遂赦之，明日出行國，使爲右，翕然晉國皆安。

　茂仁案：《韓詩外傳》一○作「文公大悅，從其計。使驂乘於國中，百姓見之，皆曰：『夫里鳧須且不誅而驂乘，吾何懼也。』是以晉國大寧。」《晉文春秋・里鳧

須第三十七》略異，並較此爲詳。

語曰：「桓公任其賊，而文公用其盜。」

    茂仁案：《荀子‧哀公篇》「任」作「用」，任、用互文。

故曰：明主任計不任怒，闇主任怒不任計。計勝怒者彊，怒勝計者亡。此之謂也。

    茂仁案：《荀子‧哀公篇》第二、三「任」字，並作「信」；二「者」字，並作「則」。楊倞〈注〉云：「信，亦任也。」者，猶「則」也，說見《古書虛字集釋》九。元刊本，楚府本、何良俊本、楊美益本、白口十行本、程榮本、祕書本、陳用光本、四庫本、百子本「彊」並作「強」，彊、強，古並爲群母、陽部，音同可通。楚府本下「計」字作「訃」，非是，形近致訛也。《太平御覽》六三八引《慎子》云：「聖君任法而不任智，任數而不任說。」《全上古三代文》申不害（未書篇名）同，《六韜‧明傳篇》云：「義勝欲則昌，欲勝義則亡；敬勝怠者吉，怠勝敬者滅。」《荀子‧議兵篇》：「敬勝怠則吉，怠勝敬則滅；計勝欲則從，欲勝計則凶。」《資治通鑑》六同，《大戴禮記‧武王踐阼篇》云：「敬勝怠者吉，怠勝敬者滅；義勝欲者從，欲勝義者凶。」《貞觀政要》五引太公述《丹書》同。《全上古三代文》顓頊《丹書》云：「敬勝怠者強，怠勝敬者忘；義勝欲者從，欲勝義者凶。」知「某任甲不任乙」、「甲勝乙者（則）如何，乙勝甲者（則）又如何」爲古時常用語法。

（七）甯戚欲干齊桓公

甯戚欲干齊桓公，窮困無以自進，於是爲商旅，

    武井驥曰：「《淮南子‧道應訓》『進』作『達』。」又曰：「《御覽》四百八十六引『旅』作『歌』。」

    梁容茂曰：「（甯戚欲干齊桓公，困窮無以自進，於是爲商旅）《淮南子‧道應篇》：進，作『達』。《御覽》四八六引：旅，作『歌』。」

    茂仁案：「甯戚欲干齊桓公」，四庫《新序》版本有二，二本並作「甯」，不作「寧」，梁先生以四庫本爲底本，失檢。《淮南子‧道應篇》「戚」作「越」。《類林雜說‧貧達篇》「甯」作「甯」，《春秋別典》一引《呂氏春秋》、許維遹集釋本《呂氏春秋‧舉難篇》，洪興祖補注本《楚辭》並〈注〉引《淮南子》，陳用光本、百子本、龍溪本並同。越，爲「戚」之訛，說見于大成先生《淮南子校釋》。「甯」，未見於字書，

爲「甯」字篆文隸變所致誤，當據改，下同，說見卷三「齊人鄒陽客游於梁」章，「甯戚飯牛車下」條校記。又甯、寗，古通，說見《學林》一〇「甯寗」及《甕牖閒評》一。「窮困無以自進」，四庫《新序》版本有二，二本並作「窮困」，不乙作「困窮」，梁先生以四庫本爲底本，失檢。《淮南子·道應篇》「窮困」乙作「困窮」、「進」作「達」，《群書集事淵海》三引「窮困」作「窮乏」。困、乏；進、達，義並通。「於是爲商旅」，《呂氏春秋·舉難篇》、《淮南子·道應篇》「商」並作「商」，《群書治要》四二引、《群書集事淵海》三引、《錦繡萬花谷·續集》三二引、《冊府元龜》二四一並同，武井驥《纂註本》、各本亦並同，下同，商、商，形近而訛也，當據改，下同。《太平御覽》四八六引「旅」作「歌」，歌，蓋涉下文「疾商歌」而誤。

賃車以適齊，暮宿於郭門之外。

盧文弨曰：「（賃車）《淮南·道應訓》作『將任車』。」

武井驥曰：「《呂覽·舉難篇》『賃』作『任』，《淮南子》同。」

施珂曰：「《呂覽·舉難篇》亦作『任』。任、賃古今字。」

梁容茂曰：「《呂氏·舉難篇》：賃車，作『將任車』。〈注〉云：『任亦將也。』下『賃』亦作『任』。適，作『至』。《淮南子》作『將任車以商旅於齊』。下『賃』亦作『任』。《御覽》四八六引：無『暮』字。」

茂仁案：「賃車以適齊」，《冊府元龜》二四一「賃車」亦作「將任車」，下「賃」字亦作「任」。《呂氏春秋·舉難篇》高誘〈注〉云：「任，載也。《詩》曰：『我任我輦。』」任，古爲日母、侵部；賃，古爲泥母、侵母。古日母歸泥母，故任、賃，音同可通。《說文》六篇下貝部云：「賃，庸也。」段〈注〉云：「傭，賃也。凡倩儌皆曰庸、曰賃。」《太平御覽》四八四引《史記》（今佚）云：「甯戚，衛人也。欲仕齊，家貧無以自資，乃賃爲人推車至齊國。」略見《類林雜說·貧達篇》〈注〉、《冊府元龜》九〇二。職此，作「賃」爲是，賃、任，正、假字也。《北史·魏長賢傳》云：「或有釋賃車以匡霸業。」蓋指此言，字亦正作「賃」。

桓公郊迎客，夜開門，辟賃車者，執火甚盛，從者甚眾。

盧文弨曰：「《淮南》作『辟任車爝火甚盛』。」

武井驥曰：「《淮南子》『執火』作『爝火』，《呂覽》同。」

施珂曰：「《呂覽》與《淮南》同。」

梁容茂曰：「執，《呂氏》、《淮南子》俱作『爝』。《淮南子》無『者』字。」

茂仁案：《呂氏春秋·舉難篇》、《群書治要》四二引亦無上「者」字。執火、爝

火，義通。

甯戚飯牛於車下，望桓公而悲，擊牛角，疾商歌。

武井驥曰：「（甯戚飼牛於車下）吳本『飼』作『飯』，同。《蒙求集註》引《三齊略記》『商』作『高』，《呂覽》無『商』字。」

梁容茂曰：「（寧戚飯牛於車下）《呂氏》：於，作『居』，無『商』字。《淮南子》：無『於』字，角下有『而』字。」

茂仁案：四庫《新序》版本有二，二本並作「甯」，不作「寧」；作「飼」，不作「飯」，梁先生以四庫本爲底本，失檢。《群書集事淵海》三引「飯」作「飼」，元刊本、楚府本、何良俊本、程榮本、四庫本並同，《呂氏春秋・舉難篇》「於」作「居」。飯、飼，正、俗字。

桓公聞之，撫其僕之手曰：「異哉！此歌者，非常人也。」命後車載之。

盧文弨曰：「宋本作『撫』，《淮南》及《呂氏・舉難篇》皆同，何作『執』，非。」

武井驥曰：「（執其僕之手）吳本『執』作『撫』，《呂覽》同。」

梁容茂曰：「（撫其僕之手）何本、程本、百子本：撫，並作『執』。《拾補》云：『宋本作撫，《淮南》及《呂氏・舉難篇》皆同，何作『執』，非。』《御覽》四八六引：此，作『之』，無『者』字。《記纂淵海》七八引《淮南子》作『其歌者』，『其』、『此』互文。」

茂仁案：「撫其僕之手曰」，四庫《新序》版本有二，二本並作「執」，不作「撫」，梁先生以四庫本爲底本，失檢。盧文弨云「宋本作撫，《淮南》及《呂氏・舉難篇》皆同。何作執，非」，審此文義，撫、執並通，作「執」，非必誤也，武井驥《纂註本》、何良俊本、程榮本、祕書本、陳用光本、四庫本、百子本「撫」並作「執」，元刊本、楚府本、楊美益本、白口十行本、鐵華館本、龍溪本則並作「撫」，與本文同。「此歌者」，《呂氏春秋・舉難篇》「此」作「之」，《太平御覽》四八六引並同，《群書治要》四二引、《群書集事淵海》三引則並與本文同。之、此，並「是」之義，爲代詞。

桓公反至，從者以請。桓公曰：「賜之衣冠，將見之。」

武井驥曰：「《淮南子》『賜』作『贛』。」

梁容茂曰：「《淮南子》作『桓公贛之衣冠而見』。」

茂仁案：《冊府元龜》二四一「賜」亦作「贛」。《說文》六篇下貝部云：「贛，賜也。」《北堂書鈔》三〇「賜衣冠見」〈注〉云：「《淮南子》。」《太平御覽》四四

四、《永樂大典》二九八○並引《淮南子》亦並作「賜」，並賜、贛義通之證也。

甯戚見，說桓公以合境內。明日復見，說桓公以為天下。桓公大悅，將任之。

　　茂仁案：《呂氏春秋・舉難篇》、《淮南子・道應篇》「悅」並作「說」，《群書集事淵海》三引同，元刊本、楚府本、何良俊本、楊美益本、白口十行本、程榮本、祕書本、陳用光本、四庫本、百子本並同。說、悅，古、今字。

群臣爭之曰：「客，衛人，去齊五百里，不遠，

　　武井驥曰：「《呂覽》『人』下有『也，衛之』三字、無『五百里』三字，《淮南子》同。」

　　施珂曰：「（客衛人，去齊五百里不遠）《呂覽》、《淮南》人下皆有『也，衛之』三。此文『去齊』上有脫文。」

　　梁容茂曰：「《呂氏》：去上有『衛之』二字。《淮南子》作：『衛之去齊不遠』。」

　　茂仁案：《群書治要》四二引、《焦氏類林》一引劉晝《新論》亦並無「五百里」三字，《冊府元龜》二三九則與本文同。「去」上有「衛之」，於文義較明。

不若使人問之，固賢人也，任之未晚也。」

　　武井驥曰：「《治要》無下『人』字、『任』作『用』，《呂覽》『不』上有『君』字、『固』上有『而』字，作『賢者』。」

　　施珂曰：「《治要》引固作而，用作任。」

　　梁容茂曰：「《呂氏》、《淮南》：不上俱有『君』字。《淮南》下作『而故賢人也』；任，作『用』。《治要》：固，作『而』；無『人』字；任，作『用』。〈注〉云：『而作固，賢下有人字。』」

　　茂仁案：《春秋別典》一引《呂氏春秋・舉難篇》「不」上則無「君」字，與本文同，且「任」作「用」，《冊府元龜》二三九「任」亦作「用」。《焦氏類林》一引劉晝《新論》「不若」作「君可」、「固」上有「問之而」三字、「任」亦作「用」。

桓公曰：「不然，問之恐其有小惡。以其小惡，忘人之大美，此人主所以失天下之士也。

　　武井驥曰：「吳本無『以其小惡』四字。」

　　蒙傳銘曰：「崇本書院本亦無此四字。」

　　梁容茂曰：「（不然，問之恐其有小惡，忘人之大美）《呂氏》：恐，作『患』，小惡下有『以人之小惡』五字；《淮南》亦有『以人之小惡』五字。《呂氏》：忘，作『亡』。

何本、程本、百子本：小惡下俱有『以其小惡』四字。《治要》引：無『其』字；小惡下有『以其小惡』四字。何本等蓋據此而補，是也。」

　　茂仁案：四庫《新序》版本有二，二本並有「以其小惡」四字，梁先生以四庫本爲底本，失檢。元刊本、楚府本、何良俊本、楊美益本、白口十行本亦並無「以其小惡」四字，祕書本、陳用光本、鐵華館本、龍溪本則並有此四字，與本文同，《焦氏類林》一引劉晝《新論》亦同。《呂氏春秋・舉難篇》、《淮南子・道應篇》「恐」並作「患」，《焦氏類林》一引劉晝《新論》同、且「人主」作「世」。恐、患，義通。

且人固難全，權用其長者。」

　　茂仁案：《呂氏春秋・舉難篇》「且」上有「凡聽必有以矣，今聽而不復問，合其所以也」十七字，《淮南子・道應篇》「且」上有「凡聽必有驗，一聽而弗復問，合其所以也」十六字。二書所增，並較此義爲長。楚府本「權」作「攉」，非是，形近而訛也。

遂舉，大用之，而授之以爲卿。當此舉也，桓公得之矣，所以霸也。

　　茂仁案：《劉子・妄瑕篇》云：「乃夜舉火而爵之，以爲卿相。」較此爲詳。又《晏子春秋・內篇・問下篇》以桓公授之者爲「大田」之官，《琴操・補遺》以爲「相」，《劉子・妄瑕篇》以爲「卿相」，《蒙求集註》上、《冊府元龜》九〇二、《三齊記佚文》並以爲「大夫」（別見《後漢書・蔡邕傳》〈注〉引《三齊記》），《太平御覽》四八四引《史記》（今佚）以爲「上卿」，並與此異。《群書治要》四二引、《群書集事淵海》三引、《冊府元龜》二三九、《類林雜說・貧達篇》〈注〉、《焦氏類林》一引劉晝《新論》則並作「卿」，與本文同。

（八）齊桓公見小臣稷

齊桓公見小臣稷，

　　梁容茂曰：「（齊桓公見十臣稷）《韓子・難一》作『齊桓公之時，有處士曰小臣稷，桓公三往而弗得見，桓公曰吾聞布衣之士，不輕爵祿，無以易萬乘之主；萬乘之主，不好仁義，亦無以下布衣之士，於是五往，乃得見之。』《呂氏・下賢篇》：十，作『小』，是也。《外傳》、《治要》引、何本、程本、百子本：亦俱作『小』。」

　　蔡信發曰：「《呂覽》、《韓子》、《高士傳》皆以小臣稷爲布衣之士，據此，則小爲姓，臣稷爲名，與此同；《外傳》臣下無稷，則以小臣爲賤臣，與此異。桓公，一

國之主，三見賢士，而不得見，通；設以《外傳》說之，一國之主，三見小臣，而不得見，則不達。蓋其乃涉《韓子》下文申論『而小臣不行見，小臣之忘民也』而誤。」

　　茂仁案：四庫《新序》版本有二，二本並作「小」，不作「十」，梁先生以四庫本為底本，失檢。《冊府元龜》二四一亦作「小臣」，無「稷」字，亦以之為賤臣。審「小臣稷」，小臣其氏，稷其名也，陳奇猷《韓非子集釋》云：「書傳皆以伊尹稱小臣，見《墨子・尚賢下篇》、《楚辭・天問篇》、《呂氏春秋・尊師篇》、〈知度篇〉、《新序・雜事五》，〈齊侯鎛鐘〉亦云：『伊小臣者，伊尹也。』〈叔弓鎛〉云：『伊少臣唯補。』『少臣』即『小臣』，則伊尹蓋姓伊，名摯，字尹（本梁玉繩《漢書人表考》），其氏則小臣也。此小臣稷疑是伊尹之後，故以小臣為氏。或讀小為大小之小，臣為臣民之臣，則此文不可通。蓋既是小臣，則非處世，其不可通者一。既是桓公之小臣，則桓公自可召見，不勞三往五往矣，此不可通者二也。」陳說得之。《群書集事淵海》三引「小」作「卜」，元刊本、何良俊本、白口十行本並同，楚府本、楊美益本並作「十」，並非是，形近而訛也。

一日三至不得見也。

　　蔡信發曰：「《呂覽》與此同；《韓子》、《外傳》、《高士傳》並無『一日』，與此異。」

　　茂仁案：《冊府元龜》二四一亦無「一日」二字，且「至」作「往」，《呂氏春秋・下賢篇》、《韓詩外傳》六、《聖賢高士傳・小臣稷》「至」亦並作「往」，至、往義通，下文「五往而後得見」，作「往」，即其證也。唯「一日」之有無，異耳。

從者曰：「萬乘之主，布衣之士，

　　盧文弨曰：「（主下補見字）舊脫，據《呂氏・下賢篇》補。」

　　武井驥曰：「《呂覽》『布』上有『見』字。」

　　施珂曰：「《治要》引此正有見字。」

　　蒙傳銘曰：「盧、武說是。《治要》『主』下亦有『見』字。」

　　梁容茂曰：「《拾補》於主下補『見』字。云：『舊脫，據《呂氏・下賢篇》補。』案：《治要》引亦有『見』字。今本脫。」

　　茂仁案：「萬乘之主，布衣之士」，意未接。審上文「齊桓公見小臣稷」、「不得見也」，下文「而不得見」、「五往而後得見」，並以桓公往「見」小臣稷，故此「主」下顯奪「見」字，當據補，《群書治要》四二引正有「見」字，即其明證，陳鱣校同，

盧說是也。《春秋別典》二引《呂氏春秋》則與本文同，無「見」字。

一日三至而不得見，亦可以止矣。」

　　盧文弨曰：「（一日三至不得見）何有『而』字，兩本無。」

　　武井驥曰：「吳本、嘉靖本皆無『而』字。」

　　施珂曰：「《漢魏叢書》程本、陳本至下有而字。《治要》引同。《呂覽》亦同。」

　　梁容茂曰：「一日三至，不得見）《拾補》云：『何（至下）有而字，兩本無。』案：《治要》引此有『而』字。」

　　茂仁案：「而不得見」，四庫《新序》版本有二，二本「不」上並有「而」字，梁先生以四庫本為底本，失檢。《群書集事淵海》三引、《春秋別典》二引《呂氏春秋》並無「而」字，元刊本、楚府本、何良俊本、楊美益本、白口十行本、鐵華館本、龍溪本並同，《呂氏春秋·下賢篇》、《韓詩外傳》六、《聖賢高士傳·小臣稷》、《冊府元龜》二四一、《焦氏類林》一引《呂覽》並有「而」字，與本文同，程榮本、祕書本、陳用光本、四庫本、百子本亦並同。審「萬乘之主，（見）布衣之士，一日三至，而不得見」，即承上文「齊桓公見小臣稷，一日三至，不得見也」而言，故「不」下，不當有「而」字。依文例當刪，唯由文義言之則並通也。「亦可以止矣」，《韓詩外傳》六作「其可已矣」，其、亦並通，說見《古書虛字集釋》三。

桓公曰：「不然。士之傲爵祿者，固輕其主；

　　武井驥曰：「《呂覽》『傲』作『驁』。」

　　施珂曰：「《漢魏叢書》程本、陳本憿並作傲。下同。」

　　梁容茂曰：「《呂氏》：傲，作『驁』。下同。」

　　蔡信發曰：「（桓公曰：不然……吾庸敢傲霸王乎）《呂覽》同，唯『士』下無『之』，『傲』作『驁』。（中略）驁、傲並從敖得聲，同音假借。《說文：『驁，駿馬，以壬申日死，乘馬忌之。傲，倨也。』」

　　茂仁案：《焦氏類林》一引《呂覽》「傲」亦作「驁」、且「爵祿」乙作「祿爵」，下同，鐵華館本、龍溪本則並作「憿」。傲、憿，正、俗字。《說文》八篇上人部云：「傲，倨也。」又十篇上馬部云：「驁，駿馬。」職此，傲、驁，正、假字。

其主憿霸王者，亦輕其士。

　　茂仁案：《群書治要》四二引、《群書集事淵海》三引「憿」並作「傲」，下同，元刊本、楚府本、何良俊本、楊美益本、白口十行本、程榮本、祕書本、陳用光本、四庫本、百子本並同，下同。傲、憿，正、俗字。

縱夫子慠爵祿，吾庸敢慠霸王乎？」五往而後得見。

蔡信發曰：「《呂覽》作『遂見之，不可止。』與此異；《韓子》、《外傳》、《高士傳》文義並與此同。」

茂仁案：《春秋別典》二引《呂氏春秋》則與本文同。《冊府元龜》二四一「五」作「吾」，非是，音誤也。楚府本、何良俊本、白口十行本、程榮本、祕書本、陳用光本、四庫本、百子本「慠」並作「傲」，傲、慠，正俗字。

天下聞之，皆曰：「桓公猶下布衣之士，而況國君乎？」於是相率而朝，靡有不至。

茂仁案：「天下聞之」，《韓詩外傳》六「下」下有「諸侯」二字，於義爲長且順。《群書集事淵海》三引無「而朝」二字。

桓公之所以九合諸侯，一匡天下者，遇士於是也。

施珂曰：「《漢魏叢書》程本、陳本並無之字。」

蒙傳銘曰：「崇本書院本此句作『遇布衣之士』。」

茂仁案：「九」爲虛數，蓋寓其多之意，說見卷四「管仲言齊桓公曰」章，「所以九合諸侯」條校記。元刊本、楚府本、何良俊本、楊美益本、白口十行本、祕書本、四庫本、百子本亦並無「之」字。「遇士於是也」，楚府本作「遇布衣之士」。

《詩》云：「有覺德行，四國順之。」桓公其以之矣。

盧文弨曰：「（以），各本俱作『恤』。」

武井驥曰：「吳本『以』作『恤』，嘉靖本、朝鮮本同。或曰：『以，用也。』驥按：『以』恐『似』誤。」

蒙傳銘曰：「宋本作『以』，鐵華館本同。以、似古通（案：《周易‧明夷象傳》：『文王以之。』〈釋文〉：『鄭荀向作似之。』《漢書‧高帝紀》：『鄉者夫人兒子皆以君。』如淳曰：『以或作似。』並是其證），似、恤音近，故誤作恤。」

梁容茂曰：「（桓公其恤之矣）何本、程本、百子本：恤，俱作『以』。《拾補》云：『各本俱作恤。』」

茂仁案：「桓公其以之矣」，四庫《新序》版本有二，二本並作「以」，不作「恤」，梁先生以四庫本爲底本，失檢。，似，古爲邪母、之部；以，古爲余母、之部，音近之字也。恤，古爲心母、質部。似、恤，古音未涉，竊疑作「恤」者，非以「音」之故，乃因「義」以出之。恤，訓體恤而有所經驗，即對行德而得眾心之事有所體驗之意。卷四「昔者齊桓公與魯莊公爲柯之盟」章，載曹劌手劍行劫要盟，桓公終

不背盟、不討曹劌，因得眾諸侯歸心。該章末云：「三存亡國，一繼絕世，尊事周室，九合諸侯，一匡天下，功次三王，爲五伯長，本信起乎柯之盟也」。即其始驗。是以本文《詩經》所述「有覺德行，四國順之」一義，桓公早已有其體會矣，竊謂作「恤」不誤也，陳鱣亦校作「恤」。元刊本、楚府本、何良俊本、楊美益本、白口十行本「以」並作「恤」。程榮本、祕書本、四庫本、鐵華館本、龍溪本則並與本文同。

（九）魏文侯過叚干木之閭而軾

魏文侯過叚干木之閭而軾，其僕曰：「君何爲軾？」

　　武井驥曰：「（軾下）一本及《呂覽・期賢篇》有『之』字。」

　　蒙傳銘曰：「《治要》引『軾』下無『之』字，《淮南子・脩務訓》，《文選》〈魏都賦〉李善〈注〉引，『軾』下並有『之』字。」

　　茂仁案：「魏文侯過叚干木之閭而軾」，《呂氏春秋・期賢篇》、《史記・魏世家》、《淮南子・脩務篇》「叚」並作「段」，《群書治要》四二引、四庫本、鐵華館本、百子本並同，下同。段，版刻習見，《說文》有段，無叚。叚、段，形近而訛也，當據改。《新語・本行篇》、《後漢書・郭太傳》李賢〈注〉引「軾」下亦並有「之」字，《白氏六帖》三並〈注〉、《白孔六帖》九、《全三國文》五二嵇康〈段干木〉「軾」並作「式」。軾、式，古並爲書母、職部，音同可通，《說文》十四篇上車部云：「軾，車前也。」又五篇上工部云：「式，法也。」職此，軾、式，正、假字。

曰：「此非叚干木之閭乎？叚干木蓋賢者也，吾安敢不軾？且吾聞叚干木，未嘗肯以己易寡人也，吾安敢高之？

　　盧文弨曰：「（高）《呂氏・期賢篇》作『驕』。」

　　武井驥曰：「《呂覽》『高』作『驕』。」

　　梁容茂曰：「《呂氏・期賢篇》：高，作『驕』。」

　　茂仁案：《冊府元龜》二四一「高」亦作「驕」。《呂氏春秋》高誘〈注〉云：「驕，慢之也。」高、驕，義通，《群書集事淵海》三引並與本文同。

叚干木光乎德，寡人光乎地；叚干木富乎義，寡人富乎財。

　　武井驥曰：「《淮南子・脩務訓》『地』作『勢』。《高士傳》作『干木先乎德，寡人先乎勢』。」

蒙傳銘曰：「《文選》〈注〉『地』亦作『勢』。」

梁容茂曰：「《淮南子・脩務訓》：地，作『勢』。《治要》引：乎，作『于』，下亦作『于』。」

茂仁案：《群書治要》四二引、《太平御覽》四七四引、《群書集事淵海》三引、《冊府元龜》二四一並與本文同。審此四句之德、地；義、財。德、義對言；地，財亦須對言，唯地、財之對，未若勢、財之對爲佳，是以「地」作「勢」，於義較長。皇甫謐《高士傳・段干木》、《文選》左太沖〈魏都賦〉李善〈注〉引《呂氏春秋》「地」亦並作「勢」，下同。

地不如德，財不如義，寡人當事之者也。」遂致祿百萬，而時往問之。

武井驥曰：「《呂覽》『問』作『館』。」

茂仁案：《冊府元龜》二四一「問」亦作「館」，《呂氏春秋》高誘〈注〉云：「時往詣其館也。」職此，館、問，義同。

國人皆喜，相與誦之曰：「吾君好正，段干木之敬；吾君好忠，段干木之隆。」居無幾何，秦興兵欲攻魏，司馬唐且諫秦君曰：「段干木，賢者也，而魏禮之，天下莫不聞，無乃不可加兵乎！」

盧文弨曰：「（司馬唐且）《呂氏》無『且』字，《淮南・脩務訓》〈注〉云：『庾，秦大夫也，或作唐，然則且字後人誤加也。唐且是魏人，此在秦者，非其人也，〈古今人表〉有司馬庾。』」

武井驥曰：「《淮南子》『唐且』作『庾』，《呂覽》無『且』字。」

梁容茂曰：「《呂氏》無『且』字。《淮南子》作『司馬庾』。〈注〉云：『庾，秦大夫也，或作唐。』《拾補》云：『《呂氏》無且字，《淮南・脩務訓》〈注〉云：庾，秦大夫也。或作唐。然則且字後人誤加也。唐且是魏人，此在秦者，非其人也，〈古今人表〉有司馬庾。』」

蔡信發曰：「『司馬唐且』，《呂覽》作『司馬唐』，《淮南》作『司馬庾』。《呂覽》畢沅〈校〉：『〈古今人表〉有司馬庾，與魏文侯相接。《淮南》正作庾，〈注〉云：'秦大夫。或作唐。'』《拾補》：『且字後人誤加也。唐且是魏人，此在秦者，非其人也。〈古今人表〉有司馬庾。』〈魏策四〉吳師道〈注〉：『唐且之名，見於策者不一。〈秦策〉應侯使遣唐且，載金之武安，散天下之士。魏安釐王十一年，唐雎說秦，是時，應侯始相，雎老於魏，不應復爲秦用，又一唐且也。且爲魏說秦時，九十餘，至與信陵君語，相去十年，已百歲；爲安陵君使秦有'滅韓、亡魏'之言，魏亡在始皇

廿二年，上去說秦凡四十二年，決不存矣；又一唐且也。〈楚策〉唐且見春申君，又一唐且也。《新序》秦攻魏，司馬唐且諫曰段干木云云，當文侯時，又一唐且也。』《說苑集證》下：『竊疑唐且爲戰國末年魏之有名策士，嘗使於秦，爲人所稱，好事者多造其說以附會之耳，其人其事，非可一一實考，吳氏必謂有五唐且，說亦鑿矣。』盧氏據魏有唐且，秦無唐且，而以且字爲後人誤加，取證甚孤，又安知且字非此所妄增？吳、左二氏並以本文唐且爲姓名，亦誤。因本文據《呂覽》，《呂覽》本無且；又此事別載《淮南》，亦無且字，則此誤以司馬爲官名，又緣《國策》諸文益以且字明矣。此所以誤加且字，左氏之見，可爲解說。〈人表〉作司馬庚，乃據《淮南》而錄。唐、庚二字，形近易混，致使一人而有二名，究以何者爲是，以乏有力之佐證，殊難定之。」

　　茂仁案：《後漢書・郭太傳》〈注〉引作「司馬唐」，亦無「且」字。許維遹《呂氏春秋集釋》引梁玉繩曰：「《新序五》作唐且，誤加且字。〈魏都賦〉〈注〉作司馬康，亦誤。攷《戰國・魏策》、《史・魏世家》，康亦作庚，在秦昭、魏襄之世，乃別一人。」梁說蓋是也。梁氏引〈魏都賦〉，指《文選》〈魏都賦〉李善〈注〉引《呂氏春秋》而言。「庚」字與「唐」字篆文形頗近似，唐、庚，究以何者爲是，如蔡先生言「殊難定之」，今並存傳疑也。

秦君以爲然，乃案兵而輟不攻魏。文侯可謂善用兵矣。

　　武井驥曰：「《呂覽》『不』下有『敢』字。」

　　梁容茂曰：「《淮南子》：案：作『偃』。案：此魏字當疊。」

　　茂仁案：《冊府元龜》二四一「不」下亦有「敢」字，「敢」，衍也，說詳許維遹《呂氏春秋・期賢篇》〈集釋〉。《呂氏春秋・期賢篇》「案」作「按」，《冊府元龜》二四一同，祕書本、四庫全書薈要本並同。按、案、偃，古並爲影母、元部，三者音同可通。《說文》六篇上木部云：「案，几屬。」又八篇上人部云：「偃，僵也。」又十二篇上手部云：「按，下也。」段〈注〉云：「以手抑之使下也。印部曰：『抑者，按也。』」職此，案、偃並「按」之借字也。

夫君子善用兵也，不見其形而攻已成，其此之謂也。

　　施珂曰：「（莫見其形而攻已成，其此之謂也）《治要》引無（下）其字。疑涉上文『不見其形』而衍。」

　　茂仁案：鐵華館本作「不」，不作「莫」，施先生以鐵華館本爲底本，失檢。「其此之謂也」之「其」字，爲揣測語氣詞，審此有「其」字，於文義、文氣俱較優，

故「其」字，不當爲衍文也。

野人之用兵，鼓聲則似雷，號呼則動地，

施珂曰：「《書鈔》、《治要》引兵下皆有也字。」

茂仁案：「野人之用兵」，《呂氏春秋・期賢篇》「兵」下亦有「也」字。審「野人之用兵也」與上文「君子善用兵也」句法一律。武井驥《纂註本》、元刊本、楚府本、何良俊本、楊美益本、程榮本、祕書本、陳用光本「鼓」並作「皷」。鼓、皷，正、俗字。

塵氣充天，流失如雨，

盧文弨曰：「（充）各本同，與《呂氏》合，何作『沖』，非。」

蒙傳銘曰：「宋本作『充』。陳用光本作『沖』。」

梁容茂曰：「何本、百子本：充，作『沖』。《拾補》云：『各本同，與《呂氏》合，何作沖，非。』。」

茂仁案：「塵氣充天」，陳用光本、四庫全書本「充」亦並作「沖」，百子本作「沖」。充，古爲昌母、冬部；沖，古爲定母、冬部，音近之字也。《說文》八篇下儿部云：「充，長也，高也。」段〈注〉引《廣韻》曰：「塞也，滿也。」又十一篇上水部云：「沖，涌繇也。」職此，充、沖，正、假字。「流失如雨」，《呂氏春秋・期賢篇》「失」作「矢」，《北堂書鈔》一一三引、《群書治要》四二引並同，武井驥《纂註本》、各本亦並同，失、矢，形近而訛也，當據改。

扶傷舉死，

盧文弨曰：「（舉）當從《呂氏》作『輿』。」又曰：「（死）與『屍』同。」

武井驥曰：「《呂覽》『舉』作『輿』。驥按：舉當作轝。」

施珂曰：「盧說是也。《淮南・兵略篇》亦作『輿死扶傷。』是其證。輿又作轝，故誤爲舉耳。」

梁容茂曰：「《呂氏》：舉，作『輿』。《拾補》云：『當從《呂氏》作輿。死與屍同。』」

蔡信發曰：「《呂覽》『舉』作『輿』。《拾補》：『當從《呂氏》作輿。』是。」

茂仁案：「扶傷舉死」，輿訓舉也，非訓車之輿解也。盧文弨云「當從《呂氏》作『輿』」，非也。審《管子・輕重甲篇》、《淮南子・兵略篇》並有「輿死扶傷」句。舉，古爲見母、魚部；輿，古爲余母、魚部，二者音近之字也。《說文》十二篇上手部云：「舉，對舉也，从手，與聲。一曰輿也。」段〈注〉云：「按輿即舁轉寫改之。

《左傳》：『使五人輿豭從己。』舁之叚借也。舁者，共舉也。共者，非一人之辭也。舉之義，亦或訓為舁，俗別作舉。」又十四篇上車部云：「輿，車輿也。从車，舁聲。」檢三篇上舁云：「舁，共舉也。」是輿有舉意。是知「扶傷舉死」、「扶傷輿死」者，蓋謂傷者則扶之，死者則舉之之意耳。據是，此作「舉」為正字，「輿」為借字。作「舉」、「舉」者，並不誤也，《北堂書鈔》一一三引作「舉」，《群書治要》四二引作「舉」，並其明證也。

履腸涉血，無罪之民，其死者已量於澤矣，而國之存亡，主之死生，猶未可知也，其離仁義亦遠矣。

　　武井驥曰：「《治要》無『可』字，《呂覽》『未』作『不』。」

　　茂仁案：《北堂書鈔》一一三引「其死者已量於澤矣」作「已死者量於澤矣」、無「主之」二字。

（十）秦昭王問孫卿曰

秦昭王問孫卿曰：「儒無益於人之國。」

　　施珂曰：「《冊府元龜》八三三引儒下有者字。」

　　茂仁案：《荀子·儒效篇》與本文同，各本亦並同。本文「儒」、「儒者」並舉，「者」之有無，其義一也。

孫卿曰：「儒者法先王，隆禮義，謹乎臣子，而能致貴其上者也。人主用之，則進在本朝；

　　盧文弨曰：「（則進在本朝）《荀子·儒效篇》作『埶在本朝而宜』。」

　　武井驥曰：「《荀子·儒效篇》作『則埶在本朝而宜』。」

　　梁容茂曰：「《荀子·儒效篇》作：『埶在本朝而宜』。」

　　茂仁案：王先謙《荀子集解》引王念孫曰：「埶者，位也。言位在本朝也。〈禮運〉：『在埶者去。』鄭〈注〉曰：『埶，埶位也。』下文曰：『埶在人上。』〈仲尼篇〉曰：『埶不在人上，而羞為人下。』〈正論篇〉曰：「埶位至尊。」是埶與位同義。」職此，「進在本朝」與「埶在本朝」，義同。又「朝」下有「而宜」二字，審「則進在本朝而宜」與下文「則退編百姓而敵」句法正一律，是也。

置而不用，則退編百姓而敵，必為順下矣。

　　盧文弨曰：「（敵）《荀》作『愨』。」

武井驥曰：「《荀子》『敵』作『愨』，屬上句。」

梁容茂曰：「《荀子》：敵，作『愨』。」

蔡信發曰：「《荀子》『敵』作『愨』。敵，愨之誤刻。愨，愨之俗字。《說文》：『愨，謹也。』《正字通》：『愨，俗愨字。』」

茂仁案：劉先生文起《荀子正補》曰：「愨，愨之俗，《正字通》：『愨，俗愨字。』《新序·雜事》愨作敵，彼以形近而致誤。」是。

雖窮困凍餧，

茂仁案：「雖窮困凍餧」，《群書治要》三八引《孫卿子》「餧」作「餒」，元刊本、楚府本、何良俊本、楊美益本、白口十行本、程榮本、祕書本、陳用光本、四庫本、百子本、龍溪本並同。《說文》五篇下食部云：「餧，飢也。从食，妥聲。」段〈注〉云：「各本篆作餧，解作委聲，非也。（中略）餧爲餧餒俗字。」《龍龕手鑑新編》編號 13712，亦列「餒」爲正字，唯未見「餧」字。餧，俗字。

必不以邪道為食；

武井驥曰：「《荀子》『食』作『貪』。」

施珂曰：「《荀子·儒效篇》食作貪。」

梁容茂曰：「《荀子》：食，作『貪』。」

茂仁案：審上下文義，作「食」，於義較長。

無置錐之地，而明於持社稷之大計；叫呼而莫之能應，然而通乎裁萬物，養百姓之經紀；

盧文弨曰：「（叫）《荀》作『鳴』。」

武井驥曰：「《荀子》『叫』作『鳴』。」

梁容茂曰：「《荀子》：叫，作『鳴』。王先謙〈集解〉據《新序》改鳴爲嚆，謂嚆與『叫』同。」

茂仁案：王念孫《讀書雜志》八之二《荀子·儒效》曰：「楊〈注〉曰：『鳴呼，歎辭也。』念孫案：鳴當爲嚆字之誤也。嚆與叫同，《爾雅》：『祈，叫也。』《周官·大祝》〈注〉：『叫作嚆。』〈小雅·北山〉〈傳〉曰：『叫，呼也。』《周官·銜枚氏》曰：『禁嘂呼歎，鳴於國中者。』《淮南·原道篇》曰：『叫呼仿佛。』《漢書·息夫躬傳》曰：『狂夫嚆譟於東崖。』竝字異而義同，上言『嚆呼』，故下言『莫之能應』，若作『鳴呼』，則與下文不相屬矣。《新序·雜事篇》作『叫呼而莫之能應』，是其明證也。」是。武井驥《纂註本》、元刊本、楚府本、何良俊本、楊美益本、白口十行

本、程榮本、祕書本、陳用光本、百子本「叫」並作「呌」，叫、呌，正、俗字。祕書本「姓」作「性」，非是，形近而訛也。

勢在人上，則王公之才也；在人下，則社稷之臣，國君之寶也。雖隱於窮閭漏屋，人莫不貴之，道誠存也。

武井驥曰：「《荀子》『閭』作『閻』。」

茂仁案：「雖隱於窮閭漏屋」，《韓詩外傳》五「閭」作「巷」、「漏」作「陋」。《荀子》楊倞〈注〉云：「閭，里門也。」〈集解〉引王念孫曰：「《廣雅》曰：『閭，謂之術（與巷同）。』窮閭，即《論語》所云陋巷，非謂里門也。《新序‧雜事篇》作窮閭，閭亦巷也。故〈祭義〉：『弟達乎州巷。』鄭〈注〉曰：『巷，猶閭也。』漏讀為陋巷之陋。（中略）陋屋與窮閭同意。」王念孫說甚是。職是，閭、閻、巷，義通。漏、陋，古並為來母、侯部，音同可通，《說文》十一篇上水部云：「漏，以銅受水刻節畫夜百節。」十四篇下阜部云：「陋，阸陝也。」段〈注〉云：「阸者，塞也；陝者，隘也。（中略）引申為凡鄙小之稱。」據是，陋、漏，正、假字。

仲尼為魯司寇，沈猶氏不敢朝飲其羊，

茂仁案：「仲尼為魯司寇」，卷一「昔者舜自耕稼陶漁而躬孝友」章，「尼」下有「將」字，說見該卷「孔子將為魯司寇」條校記。

公慎氏出其妻，

茂仁案：楚府本「妻」作「淒」，誤。

慎潰氏踰境而走，

武井驥曰：「舊本『踰』作『喻』，非。」

施珂曰：「《冊府元龜》引喻作踰。《荀子》同。喻、踰古通。」

蒙傳銘曰：「武說甚的。《荀子‧儒效篇》、本書〈雜事一〉『喻』並作『踰』。」

梁容茂曰：「《荀子》：喻，作『踰』，當從之。走，作『徙』。」

茂仁案：「慎潰氏踰境而走」，上言「走」作「徙」，參見卷一「昔者舜自耕稼陶漁而躬孝友」章該條校記。元刊本、楚府本、何良俊本、楊美益本、白口十行本、程榮本、祕書本、鐵華館本、龍溪本「踰」並作「喻」，陳用光本、四庫本、鐵華館本、百子本、龍溪本則並與此同。踰、喻，古並為余母、侯部，音同可通，《說文》二篇下足部云：「踰，越也。」三篇上言部云：「諭，告也。」段〈注〉云：「諭或作

喻。」職此，踰、喻，正、假字。

魯之鬻牛馬不豫賈，

　　武井驥曰：「《荀子》『馬』下有『者』字。」

　　茂仁案：「馬」下當有「者」字，說見卷一「昔者舜自耕稼陶漁而躬孝友」章，「魯之鬻馬牛不豫賈」條校記。

布正以待之也。

　　盧文弨曰：「（布）《荀》作『必蚤』。」

　　武井驥曰：「《荀子》『布』作『必蚤』二字。」

　　梁容茂曰：「《荀子》：布，作『必蚤』二字。」

　　茂仁案：參見卷一「昔者舜自耕稼陶漁而躬孝友」章，該條校記。

居於闕黨，闕黨之子弟罔罟，分有親者取多，孝悌以化之也。

　　盧文弨曰：「（罔罟分）《荀》作『罔不必分』，『必』與『畢』同，前卷一『罔罟』作『畋漁』。」

　　武井驥曰：「《荀子》『罟』作『不』。」

　　梁容茂曰：「《荀子》作：『罔不必分有親者取多』。案：罔、網，古今字。《拾補》云：『《荀》作罔不必分。必與畢同，前卷一罔罟作畋漁。』」

　　茂仁案：卷一「昔者舜自耕稼陶漁而躬孝友」章作「畋漁，分有親者取多」，《荀子・儒效篇》作「罔不必分」，不，即罜，說見王念孫《讀書志》八之二《荀子・儒效》「罔不分」條。據是，「必」字顯為衍文。王先謙《荀子集解》云：「盧文弨曰：『宋本無必字，元刻有。案：必與畢古通用。《新序》五作『罔罟分有親者取多』，其卷一作『畋漁分有親者得多』，與此不同。』郝懿行曰：『必字誤衍，應依《新序》五作『罔罟分』，《說苑》七云：『羅門之羅有親者取多，無親者取少。』正與《新序》同為一事。』劉台拱曰：『『罔不分』當作『罔罜分』，罜，兔罟也。一曰麋鹿罟也。《新序》卷一作『畋漁分有親者取多』，其卷五作『罔罟分有親者取多』，與此文大同。元刻作『罔不必分』，妄增『必』字，不可從。』王念孫曰：『『罔不分』，宋、呂、錢本並如是，不即罜字（《晏子春秋・內篇》曰：『結罜罔。』）』先謙案：宋本是，今依諸說刪『必』字。」是。「分有親者取多」，卷一「昔者舜自耕稼陶漁而躬孝友」章，「取」作「得」，義同。

儒者在本朝則美政，在下位則美俗，儒之為人下如是矣。」王曰：「然則其為
人上何如？」孫卿對曰：

蒙傳銘曰：「『對』字疑衍。上文但作『孫卿曰』，無『對』字，則此文亦當無『對』
字，以與上文句法一律。且此節文字，本《荀子・儒效篇》，《荀子》或作『孫卿子
曰』，或作『孫卿曰』，均無『對』字，尤為確證。」

茂仁案：「對」字未必衍也，有「對」字亦通也。審本書於一章中，人臣回君王
之問，常「曰」、「對曰」互用，如卷一「孫叔敖為嬰兒之時」章，孫叔敖對其母之
問；又「趙簡子上羊腸之坂」章，虎會對趙簡子之問；又「魏文侯與士大夫坐」章，
翟黃對魏文侯之問；又「秦欲伐楚」章，昭奚恤對楚王之問，並「曰」、「對曰」互
用，其例不勝枚舉，故此二者互用，於義一，並可也，非必以本文為承《荀子》而
來，即一以《荀子》之文準之，且《荀子》無「對」字，又焉知非後世治《荀子》
者刪之以求工整耳？據是，「對」字，不當刪也。

「其為人也，廣大矣，志意定乎內，禮節脩乎朝，法則度量正乎官，忠信愛
利形乎下，行一不義，殺一無罪，而得天下，不為也。

盧文弨曰：「（人下）《荀》有『上』字，當補入。」

武井驥曰：「《荀子》『人』下有『上』字。」

梁容茂曰：「《荀子》：人下有『上』字。」

茂仁案：「其為人也」，審此句為承上文「其為人上何如」而言，故「人」下當
據補「上」字，以與上文「人下」對也，且下文「其為人下也如彼」、「為人上也如
此」，亦「人下」、「人上」對言，是知此「上」字舊奪，當據補，陳鱣校同。「禮節
脩乎朝」，元刊本、楚府本、何良俊本、楊美益本、白口十行本、祕書本、陳用光本、
四庫本、百子本「脩」並作「修」。修、脩，正、假字。

若義信乎人矣，通於四海，

盧文弨曰：「（若）《荀》作『此君』。」

武井驥曰：「《荀子》『若』作『此君』。」

梁容茂曰：「《荀子》：若，作『此君』。」

蔡信發曰：「《荀子》『若』作『君』，上有『此』。〈集解〉引王念孫：『君，當為
若字之誤也。此若義，猶云：此義若亦此也。』是。」

茂仁案：「若義信乎人矣」，《荀子・儒效篇》「若」作「此君」，王念孫《讀書雜
志》八之二《荀子・儒效》云：「『君』當為『若』字之誤也。此『若』義，猶云『此』

義。『若』亦『此』也。(《論語・公治長篇》曰：『君子哉若人』)連言『此若』者，古人自有複語耳。」是。《經傳釋詞》云：「若，猶此也。」「此若」爲合成詞，略去其一，無害其義，《管子・山國軌篇》云：「此若言何謂也。」又〈地數篇〉云：「此若言可得聞乎？」《墨子・尚賢篇》云：「此若言之謂也。」並其比也。

則天下之外，應之而懷之，是何也？

盧文弨曰：「『之外』二字衍，《荀子》無。」

武井驥曰：「《荀子》作『應之如讙』。」

梁容茂曰：「《荀子》作：『則天下應之如讙』。《拾補》云：『之外二字衍，《荀子》無。』」

茂仁案：「之外」二字未必爲衍，「天下」，訓國家，《論語・泰伯篇》云：「三以天下讓。」《呂氏春秋・不苟篇》云：「天下有不勝千乘者。」高誘〈注〉云：「天下，海內也。」一如卷二「昔者唐虞崇舉九賢」章，云：「昔者唐虞崇舉九賢，布之於位，而海內大康，要荒來賓，麟鳳在郊。」又如卷四「勇士一呼」章，云：「先王所以拱揖指揮而四海賓者。」來賓者，並此「國家」之外之荒夷也，即此「天下之外」之比也，是知「之外」二字非必衍也。

則貴名白而天下治也。

施珂曰：「《漢魏叢書》陳本白誤曰。」

梁容茂曰：「何本：白，作『曰』。案：《荀子》作『白』。作曰，誤。」

茂仁案：陳用光本作「白」，不作「曰」，施先生失檢。

故近者謳謳而樂之，遠者竭走而趨之，

盧文弨曰：「(走)《荀》作『蹶』。」

武井驥曰：「《荀子》『走』作『蹶』，楊倞曰：『竭蹶，顛倒也。遠者顛倒，趨之如不及然。』」

梁容茂曰：「《荀子》：走，作『蹶』。」

蔡信發曰：「《荀子》『謳』作『歌』，『走』作『蹶』。楊〈注〉：『竭蹶，顛倒也。遠者顛倒，趨之如不及然。』《正字通》：『謳、歌通。』」

茂仁案：《龍龕手鑑新編》編號14558，列「謳」爲古文。是謳、歌，古、今字。審此二句並列，謳、謳義近，則竭、走義亦當相近，唯竭、走義乖也。且走，與該句末之「趨」義複，是以「走」作「蹶」爲是。楊倞〈注〉云：「竭蹶，顛倒也。遠者顛倒，趨之如不及也。」是。竭、蹶，義正相近。《荀子・議兵篇》有「竭蹶」，

亦其比也。祕書本「竭」作「謂」，誤。

四海之內若一家，通達之屬莫不從服，夫是之謂人師。

　　茂仁案：元刊本、楚府本、楊美益本「屬」並作「属」。屬、属，正、俗字。

《詩》曰：『自西自東，自南自北，無思不服。』此之謂也。夫其為人下也如彼，為人上如此，何為其無益人之國乎！」昭王曰：「善。」

　　盧文弨曰：「（益下）《荀》有『於』字。」

　　蒙傳銘曰：「《荀子》『益』下有『於』字，盧校是也，當據補。」

　　梁容茂曰：「《荀子》：益下有『於』字。」

　　茂仁案：「為人上如此」，《荀子・儒效篇》「上」下有「也」字，元刊本、楚府本、楊美益本、白口十行本、程榮本、祕書本、陳用光本、四庫本、鐵華館本、百子本、龍溪本並同。審「為人上也如此」與上文「為人下也如彼」句法一律，是。「何為其無益人之國乎」，乃承上文「儒無益於人之國」而來，故「益」下有「於」字，是，當據《荀子》補。

（十一）田贊衣儒衣而見荊王

田贊衣儒衣而見荊王，荊王曰：「先生之衣，何其惡也？」

　　盧文弨曰：「（儒）《呂氏・順說篇》作『補』。」

　　武井驥曰：「《呂覽・順說篇》『儒』作『補』。」

　　梁容茂曰：「《呂氏・順說篇》：儒，作『補』。」

　　蔡信發曰：「《呂覽》『儒』作『補』。高〈注〉：『田贊，齊人也。補衣，弊衣也。』……《呂覽》作補衣，與下文惡字相應，是。」

　　茂仁案：審下文「夫儒服」為承此而來，故作「儒」，於文例為長。《群書集事淵海》一五引作「田贊儒衣而見荊王，王曰：『儒衣何其惡也！』」

贊對曰：「衣又有惡此者。」荊王曰：「可得而聞邪？」對曰：「甲惡於此。」王曰：「何謂也？」對曰：「冬日則寒，夏日則熱，衣無惡於甲者矣。贊貧，故衣惡也；

　　武井驥曰：「《呂覽》『熱』作『暑』。」

　　梁容茂曰：「《呂氏》：熱，作『暑』。」

　　茂仁案：「夏日則熱」，《說文》七篇上日部「暑」字段〈注〉云：「暑與熱，渾

言之則一，故許以熱訓暑；析言則二，故〈大雅〉：『溫隆蟲蟲。』毛云：『溫溫而暑，隆隆而雷，蟲蟲而熱也。』暑之義，主謂溼；熱之義，主謂燥。故溽暑謂溼暑也。《釋名》曰：『暑，煮也，如水煮物也。熱，爇也，如火所燒爇也。』」此作熱、作暑，義同。「贊貧」，《太平御覽》三五六引《呂氏春秋》「貧」字重出，其一屬下連讀。

今大王，萬乘之主也，富厚無敵，而好衣人以甲，臣竊為大王不取也。

茂仁案：《群書集事淵海》一五引無「大」、「萬乘之主也」、「為大王」等九字。

意者為其義耶？甲兵之事，折人之首，

施珂曰：「《漢魏叢書》程本、陳本折並誤析。」

武井驥曰：「《呂覽》作『甲之事，兵之事也，刈人之頸』云云。」

梁容茂曰：「《呂氏》作：『甲之事，兵之事也，刈人之頸』。」

茂仁案：「意者為其義耶」，《呂氏春秋・順說篇》「耶」作「邪」，白口十行本、祕書本並同，耶、邪，古通，下同。「甲兵之事，折人之首」，《呂氏春秋・順說篇》作「甲之事，兵之事也，刈人之頸」。許維遹〈集釋〉云：「荊王好衣民以甲，田贊以為衣甲之事，即兵之事也，意本相因。」是。下文「兵者，國之凶器也」亦未連言及「甲」，今此句當從《呂氏春秋》補改。《群書集事淵海》一五引「折」亦作「析」，元刊本、何良俊本、楊美益本、白口十行本、四庫本、百子本亦並同，祕書本作「柝」。折、析，義同，說見卷三「齊人鄒陽客游於梁」章，「剖心折肝相信」條校記。《說文》六篇上木部云：「柝，判也。」是柝並與析、折義同也。

刳人之腹，墮人城郭，係人子女，其名尤甚不榮。

武井驥曰：「吳本『尤』作『人』。」

茂仁案：白口十行本「尤」亦作「人」。

意者為其貴邪？苟慮害人，人亦必慮害之；苟慮危人，人亦必慮危之；其貴，人甚不安。之二者，為大王無取焉。」

武井驥曰：「《呂覽》『貴』作『實』，下同。」

梁容茂曰：「《呂氏》：貴，作『實』。」

茂仁案：「意者為其貴邪」，《呂氏春秋》〈集釋〉引孫鏘鳴曰：「謂國有闢土安疆之實也，不得專以財寶言。」審下文「之二者為大王無取焉」，為對荊王言，則此作「貴」，於義未足，作「實」，於義較長，孫鏘鳴之說是。四庫本「邪」作「耶」，古通。「人亦必慮害之」，楚府本無「亦」字，奪也。

荊王無以應也。

施珂曰：「《漢魏叢書》陳本荊誤封。」

梁容茂曰：「何本：荊，作『封』，誤。」

茂仁案：陳用光本作「荊」，不作「封」，施先生失檢。《群書集事淵海》一五引「應」下有「而屈於田贊」五字。

昔衛靈公問陣，孔子言俎豆，賤兵而貴禮也。夫儒服，先王之服也，而荊王惡之；兵者，國之凶器也，而荊王喜之；所以屈於田贊而危其國也。故《春秋》曰：「善為國者不師。」此之謂也。

（十二）哀公問於孔子曰

哀公問於孔子曰：「寡人聞之，東益宅不祥，信有之乎？」

武井驥曰：「《淮南子・人間訓》作『欲西益宅』、『孔子』作『宰折睢』。太宰純曰：『益猶廣也。謂東廣其宅也。《風俗通》曰：「宅不西益。俗說西者為上，上益宅者，妨家長也。」』」

梁容茂曰：「《論衡・四諱篇》作：『問其傳宰質睢曰：吾欲西益宅，史以為不祥，何如？』《淮南子・人聞（茂仁案：間之誤）訓》：孔子，作『宰析睢』。〈注〉云：『傳名姓。』東益宅，作『西益宅』。事又見《家語・正論解》。案：《論衡》所引蓋出自《淮南子・人間篇》，其說西益宅不祥，與《家語・正論解》、《新序》說異。」

茂仁案：「哀公問於孔子曰」，《論衡・四諱篇》「孔子」作「宰質睢」，與此異。《孔子家語・正論解》、《群書集事淵海》一五引、《春秋別典》一四引並與本文同。「東益宅不祥」，《論衡・四諱篇》「東」亦作「西」，下同。《癸巳存稿》一一「益宅」云：「蟲蛇在地，有象在天。東蒼龍，西白虎。相宅法忌白虎，而古人有白虎觀。《淮南・人間訓》云：『西益宅不祥。』《論衡》云：『俗有大諱四。』西益宅居其一。《藝文類聚》引《風俗通》亦有西益宅不祥。」《家語疏證・正論解第四十一》云：「西益宅不祥，今形家猶忌之。」據是，疑作「西益宅」為是，作「東」，或涉「西」字連類而誤，下同。

孔子曰：「不祥有五，而東益不與焉。夫損人而益己，身之不祥也；棄老取幼，家之不祥也；釋賢用不肖，國之不祥也；老者不教，幼者不學，俗之不祥也；

茂仁案：《淮南子》作「宰折睢曰：『天下有三不祥，西益宅不與焉。』哀公大

悅而喜。頃復問曰：『何謂三不祥？』對曰：『不行禮義，一不祥也；嗜慾無止，二不祥也；不聽強諫，三不祥也。』哀公默然深念，憤然自反，遂不西益宅。」《論衡·四諱篇》文略異，並與此異。「夫損人而益己」，《群書集事淵海》一五引無「而」字，「棄老取幼」、「釋賢用不肖」，《孔子家語·正論解》「老」、「賢」下並有「而」字，審此三句並列，若從下二句，則「損人而益己」，當從《群書集事淵海》一五引，校刪「而」字；若不從之校刪，則「老」、「賢」下並當從《孔子家語·正論解》補「而」字爲是也。

聖人伏匿，天下之不祥也。故不祥有五，而東益不與焉。《詩》曰：『各敬爾儀，天命不又。』未聞東益之與為命也。」

　　盧文弨曰：「（聖人伏匿）《家語·正論解》此下有『愚者擅權』四字，當補入。」

　　武井驥曰：「《家語》『匿』下有『愚者擅權』四字。」

　　梁容茂曰：「《家語》此下有『愚者擅權』四字。《拾補》云：『當補入。』」

　　茂仁案：「聖人伏匿，愚者擅權，天下之不祥也」與上文「老者不教，幼者不學，俗之不祥也」句法正一律，是，《群書治要》一〇、《太平御覽》一八〇、《天中記》一四、《喻林》九並引《孔子家語》同。元刊本、楚府本、何良俊本「棄」並作「弃」，陳用光本、四庫本作「棄」，弃、棄，古、今字；棄，爲棄字篆文「𠭖」之隸定。

（十三）顏淵侍魯定公於臺

顏淵侍魯定公於臺，東野畢御馬于臺下。

　　武井驥曰：「《呂覽·適威篇》及《莊子·達生篇》作『顏闔』、『定公』作『莊公』、『畢』作『稷』。」

　　梁容茂曰：「（顏淵侍魯定公于台，東野畢御馬于台下）《莊子·達生篇》作：『束（茂仁案：當作東）野稷以御見莊公』。顏淵，作『顏闔』。《呂氏·適威篇》：顏淵作『顏闔』；定公，作『莊公』。《家語·顏回篇》亦載此事。各書所載人名互有異同。」

　　蔡信發曰：「《莊子》：『東野稷以御見莊公。』《荀子》：『定公問於顏淵曰：「東野之子善馭乎？」顏淵對曰：「善則善矣，雖然，其馬將失。」』《呂覽》：『東野稷以御見莊公。』《外傳》：『顏淵侍坐魯定公于臺，東野畢御馬于臺下。』《家語》：『魯定公問於顏回曰：「子亦聞東野畢之善御乎？」對曰：「善則善矣，雖然，其馬將佚。」』《荀子》、《外傳》、《家語》與本章同，《莊子》、《呂覽》與本章異。《莊子》〈釋文〉：『李云：「魯莊公也。」』或云：『內篇曰：「顏闔將傅衛靈公太子，問於

蘧伯玉。"』則不與魯莊同時，當是衛莊公。』檢〈年表〉，衛莊公在位二十三年，計自其第二十三年訖衛靈公元年，凡二百零二年，則此顏闔，斷非將靈公太子之顏闔，明矣。〈釋文〉所引或曰云云，誤。殆魯莊公時，別一顏闔。崔述《考信錄》：『此事本出《呂覽》，乃顏闔對莊公語，年顏淵與定公也。定公之時，顏子尚少，安能自達於君？馬之佚不佚，小事耳，顏子亦非以此見長者，因其氏之同也，遂移之於顏淵，誤矣。《新序》又載此事，蓋又緣《外傳》而誤者。然觀覽》之文，亦非實事，乃爲黃老言者，假設此事，借治馬以喻其意，欲爲政者之安靜無爲耳。故曰：禮煩則不莊，令苟則不聽也。傳乃以爲實事，且欲借此事增美顏子之美，而不知其視賢太小也。』是《外傳考徵》下：『惟《呂覽》之文，本於莊子；《外傳》之文，本於《荀子》，非同出一源。崔云：事出《呂覽》，蓋考之未審也。』詳校文字異同，賴說是。斯事首見《莊子》，《荀子》不察，擅改莊公爲定公，顏闔爲顏淵，《外傳》因之，而本文又據《外傳》，故有是誤。《家語》同。」

茂仁案：四庫《新序》版本有二，二本並作「臺」，不作「台」，梁先生以四庫本爲底本，失檢。《莊子・達生篇》、《呂氏春秋・適威篇》並繫此事於莊公之與顏闔語東野稷之御。《荀子・哀公篇》以爲定公之與顏淵語東野子之御。《韓詩外傳》二以爲定公之與顏淵語東野畢之御。《孔子家語・顏回篇》則以爲魯定公之與顏回語東野畢之御，《天中記》四一同，《冊府元龜》八四五則以爲魯定公之與顏闔語東野畢之御。《荀子》之東野子，其下文以「東野畢」出之，知即是人，與《韓詩外傳》二、《孔子家語・顏回篇》同。《莊子・達生篇》、《呂氏春秋・適威篇》並作東野稷，高誘〈注〉云：「東野姓，稷其名。」稷，古爲精母、職部；畢，古爲幫母、質部，二者音近之字。《莊子》〈釋文〉云：「李云：『魯莊公也。』或云：『內篇曰：'顏闔將傅衛靈公太子，問於蘧伯玉。'則不與魯莊同時，當是衛莊公。』」蔡先生曰：「檢〈年表〉，衛莊公在位二十三年，計自其第二十三年訖衛靈公元年，凡二百零二年，則此顏闔，斷非將傅靈公太子之顏闔，明矣。釋文所引或曰云云，誤。殆魯莊公時，別一顏闔。」是。元刊本、楚府本、何良俊本、楊美益本、白口十行本、程榮本、陳用光本、四庫本、鐵華館本、百子本、龍溪本「於」並作「于」。

定公曰：「善哉，東野畢之御！」顏淵曰：「善則善矣，雖然，其馬將失。」

盧文弨曰：「（失）『佚』同。」

武井驥曰：「《家語・顏回篇》『將』下有『必』字、『失』作『佚』。」

施珂曰：「盧說是也。《冊府元龜》七四三引正作佚。下同。《家語・顏回篇》失亦作佚。」

蒙傳銘曰：「《莊子・達生篇》作『稷之馬將敗。』《呂覽・適威篇》作『其馬必敗。』《治要》卷三九引，『必』作『將』。《韓詩外傳》卷二作『其馬將佚矣。』《孔子家語・顏回篇》作『其馬將必佚。』《荀子・哀公篇》作『其馬將失。』與《新序》同。」

梁容茂曰：「《荀子》楊倞〈注〉云：『失讀爲逸，奔也。』《拾補》云：『失，佚同。』案：《外傳》失作『佚』，下同。」

茂仁案：「其馬將失」，《呂氏春秋・適威篇》作「其馬必敗」，《群書治要》三九引《呂氏春秋》「必」作「將」。《天中記》四一亦作「其馬將必佚」，《冊府元龜》八四五作「將爲佚」。失，古爲書母、質部；逸、佚，古並爲余母、質部，二者音近之字。失、佚與敗，義通。

定公不悅，以告左右曰：「吾聞之，君子不讒人。君子亦讒人乎？」

武井驥曰：「《韓詩》『讒』作『譖』，《家語》作『誣』。」

茂仁案：《冊府元龜》八四五「悅」作「說」、「讒」亦作「誣」。說、悅，古、今字；讒、誣，義通。

顏淵不悅，歷階而去。須臾，馬敗聞矣。

武井驥曰：「《家語》作『後三日馬佚』。」

茂仁案：「須臾」，《荀子・哀公篇》、《冊府元龜》八四五並作「三日」，《呂氏春秋・適威篇》作「少頃」，《韓詩外傳》二作「俄而」，《孔子家語・顏回篇》作「後三日」。作三日、後三日者，不符於情，豈有連駕三日之理，必不然矣。須臾、少頃、俄而，義並同。「馬敗聞矣」，《荀子・哀公篇》「敗」作「失」，《韓詩外傳》二、《孔子家語・顏回篇》並作「佚」。失、佚、敗，義通，說見上。

定公蹴席而起，

武井驥曰：「《韓詩外傳》『蹴』作『揭』、《家語》作『越』，《荀子・哀公篇》同。」

梁容茂曰：「《外傳》：蹴，作『揭』。」

茂仁案：「定公蹴席而起」，《荀子・哀公篇》、《孔子家語・顏回篇》、《冊府元龜》八四五「蹴」並作「越」，《韓詩外傳》二作「揭」。《說文》十二篇上手部云：「揭，高舉也。」作「揭」，文不辭。《韓詩外傳考徵》二云：「疑此揭當作蹻，《楚辭・九歌篇》〈注〉：『蹻、踐也，一作蹋。』蹋蓋蹴之俗字。《禮記・玉藻篇》：『登席不由前曰蹴席。』蹴與越意同。」是。

曰：「趨駕請顏淵。」

　　盧文弨曰：「《荀子・哀公篇》、《外傳》二、《家語・顏回篇》『請』俱作『召』。」

　　梁容茂曰：「《外傳》：趨，作『輟』。請，作『召』。《荀子》、《呂氏》、《家語》：請，並作『召』。」

　　茂仁案：《韓詩外傳》二「趨」作「趣」，梁先生恐失檢。《孔子家語・顏回篇》「趨」作「促」。《荀子・哀公篇》楊倞〈注〉云：「趨，讀爲促，速也。」趨、趣、促，義並同。《說文》二篇上口部云：「召，評也。」審此文義，作「請」爲長。

顏淵至，定公曰：「向寡人曰『善哉，東野畢御也』，

　　盧文弨曰：「（畢下補之字）舊脫，《外傳》有。」

　　武井驥曰：「《韓詩》『畢』下有『之』字。」

　　梁容茂曰：「《外傳》：向，作『鄉』；御上有『之』字。鄉、嚮、向，通用。」

　　茂仁案：「向寡人曰」，《荀子・哀公篇》、《孔子家語・顏回篇》「向」並作「前日」。《說文》六篇下邑部云：「鄉，國離邑，民所封鄉也。」段〈注〉云：「鄉者，今之向字。漢字多作鄉，今作向。所封，謂民域其中；所鄉，謂歸往也。《釋名》曰：『鄉，向也。』」職是，鄉、向，古、今字；鄉、嚮，正、假字也。

吾子曰『善則善矣，雖然，其馬將失矣』。不識君子何以知之也？」

　　盧文弨曰：「（君）《荀》作『吾』，《家語》同。」

　　武井驥曰：「舊本下『吾』作『君』，今據吳本及《荀子》、《家語》、《韓詩》改。」

　　梁容茂曰：「君，當作『吾』。上文作『吾子曰』，此當同一例。《荀子》、《外傳》、《家語》、百子本：正俱作『吾』。」

　　茂仁案：《韓詩外傳》二「何以」作「以何」，於義較長。四庫全書薈要本「君識」作「知吾」，武井驥《纂註本》、陳用光本「君」亦並作「吾」。

顏淵曰：「臣以政知之。昔者舜工於使人，造父工於使馬。

　　武井驥曰：「《家語》『工』作『巧』，《荀子》同，『人』作『民』。」

　　梁容茂曰：「《荀子》：工，俱作『巧』。」

　　茂仁案：「昔者舜工於使人」，《冊府元龜》八四五、《天中記》四一「工」亦並作「巧」，下同，「人」亦並作「民」。《廣雅・釋詁三》云：「工，巧也。」

舜不窮於其民，造父不盡其馬。是以舜無失民，造父無失馬。

　　盧文弨曰：「『於』字衍。」

武井驥曰：「《荀子》無『於』字，《家語》同。『民』、『馬』下並有『力』字。」

施珂曰：「盧說是也。《冊府元龜》引此正無於字。《荀子・哀公篇》、《外傳》二、《家語》，亦皆無於字。」

梁容茂曰：「《拾補》云：『於字衍。』案：《荀子》、《外傳》，正無『於』字。盡，《荀子》作『窮』，《外傳》作『極』。兩失字俱作『佚』。」

茂仁案：「舜不窮於其民」，《天中記》四一亦無「於」字。審「舜不窮其民」與下文「造父不盡其馬」句法一律，是。「造父不盡其馬」，《孔子家語・顏回篇》「盡」亦作「窮」。「其民」、「其馬」，《孔子家語》「民」、「馬」下並有「力」字，於義較明，《群書集事淵海》一五引「馬」下亦有「力」字。盡、窮、極，義並同。

今東野畢之御也，上車執轡，御體正矣；

盧文弨曰：「（御）《荀子》、《家語》作『銜』。」

武井驥曰：「《荀子》『御』作『銜』，《韓詩》同。」

梁容茂曰：「《荀子》、《外傳》、《家語》：御，作『銜』。」

茂仁案：「上車執轡」，楚府本「上」作「二」，非是，形近而訛也。「御體正矣」，《韓詩外傳》二、《孔子家語・顏回篇》並作「御」與此同。《說文》十四篇上金部云：「銜，馬勒口中也。」審此文義，作「御」為長。

周旋步驟，朝禮畢矣；

武井驥曰：「《家語》、《荀子》作『步驟馳騁』。」

梁容茂曰：「《荀子》作『步驟馳騁』。」

茂仁案：《冊府元龜》八四五、《天中記》四一「周旋步驟」亦並作「步驟馳騁」。

歷險致遠，而馬力殫矣。然求不已，

武井驥曰：「《莊子》『殫』作『竭』，《家語》作『盡』，《荀子》同。」又曰：「《荀子》作『然猶求馬不已』，《韓詩》『求』作『猶策之』三字。」

施珂曰：「《莊子・達生篇》作『而猶求焉。』《荀子》作『然猶求馬不已。』《外傳》作『然猶策之不已。』《家語》作『然而猶乃求馬不已。』此文然下疑脫猶字。」

梁容茂曰：「（而馬力殫矣，然求之不已）《荀子》作：『其馬力竭矣，而猶求焉。』《外傳》作『然猶策之不已。』《家語》：殫，作『盡』。」

茂仁案：「而馬力殫矣」，《荀子・哀公篇》、《冊府元龜》八四五「殫」亦並作「盡」，義同。「然求不已」，四庫《新序》版本有二，二本「求」下並無「之」字，梁先生以四庫本為底本，失檢。《太平御覽》八九六、《事類賦》二一並引《家語》作「然

而其心猶乃求馬不已」，《冊府元龜》八四五作「然而求馬不已」，《天中記》四一亦作「然而猶乃求馬不已」，並較此爲明。

是以知其失也。」

武井驥曰：「吳本『也』作『矣』。」

茂仁案：「是以知其失也」，元刊本、楚府本、何良俊本、楊美益本、白口十行本「也」亦並作「矣」。

定公曰：「善！可少進與？」

茂仁案：「可少進與」，《春秋別典》一二引「與」作「歟」。歟、與，正、假字。

顏淵曰：「獸窮則觸，鳥窮則啄，人窮則詐，

盧文弨曰：「（鳥窮則啄）『喙』訛。」

武井驥曰：「《荀子》、《家語》並『觸』作『攫』，《韓詩》作『齧』。」又曰：「《荀子》『喙』作『啄』。」又曰：「《家語》有『馬窮則佚』四字。」

施珂曰：「《荀子》、《家語》觸並作攫，《外傳》作齧。」又曰：「《漢魏叢書》程本、陳本並作喙。《外傳》亦作喙。」又曰：「《家語》詐下有『馬窮則佚。』四字。」

梁容茂曰：「觸，《荀子》作『攫』；《外傳》作『齧』。《拾補》云：『啄，訛。』」案：《外傳》作『喙』。」

茂仁案：「獸窮則觸」，觸、攫、齧，義並通。「鳥窮則啄」，四庫《新序》版本有二，二本並作「鳥」，不作「烏」；作「喙」，不作「啄」，梁先生以四庫本爲底本，失檢。武井驥《纂註本》、程榮本、祕書本、陳用光本、四庫本、百子本「啄」亦並作「喙」，作「啄」是。喙、啄，形近而訛。「人窮則詐」，《孔子家語‧顏回篇》「詐」下有「馬窮則佚」四字，審此通篇人、馬對言，故有此四字，於義爲長也。

自古及今，有窮其下能無危者，未之有也。

施珂曰：「《外傳》今下無有字。蓋涉下有字而衍。」

梁容茂曰：「《外傳》：無上『有』字。」

茂仁案：「有」字非衍也。訓「如或」，《禮記‧檀弓篇》云：「有直情而徑行者，戎狄之道也。」《史記‧孟嘗君傳》云：「有用齊，秦必輕君。」即其比也，參見《古書虛字集釋》二。《群書集事淵海》一五引、《春秋別典》一二引並與此同，各本亦並同，《孔子家語‧顏回篇》作「未有窮其下而能無危者也」，有「有」字，亦其證也。

《詩》曰：『執轡如組，兩驂如舞。』善御之謂也。」定公曰：「善哉！寡人之過也。」

（十四）孔子北之崀氏

孔子北之崀氏，有婦人哭於路者，其哭甚哀。

　　武井驥曰：「《禮記·檀弓下》作『過泰山側，有婦人哭於墓者而哀』，《論衡·遭虎篇》作『孔子行魯林中，婦人哭甚哀』。」

　　梁容茂曰：「《禮記·檀弓下》：『孔子過泰山側，有婦人哭於墓者而哀。』《論衡·遭虎篇》作：『孔子行魯林中。』〈定賢篇〉同……。《家語·正論解》作：『孔子適齊，過泰山之側，有婦人哭於野者而哀。』」

　　蔡信發曰：「《禮記》作『孔子過泰山側』，《論衡》作『孔子行魯林中』，《家語》作『孔子適齊，過泰山之側』。」

　　茂仁案：「孔子北之崀氏」，《白氏六帖》一九、又二九〈注〉並作「孔子過太山」。各本「崀」並作「山戎」，是，本文誤合書之，當據改。「有婦人哭於路者」，《禮記·檀弓下篇》「崀」作「泰山側」、「路」作「墓」，《論衡·遭虎篇》「崀」作「魯林中」，《孔子家語·正論解》「崀」作「泰山之側」、「崀」作「野」，並異此。

孔子立輿而問曰：「曷為哭哀至於此也？」

　　武井驥曰：「《禮記》作『夫子式而聽之，使子路問之。曰：「子之哭也，壹似重有憂者。」』」

　　梁容茂曰：「《禮記》作：『夫子式而聽之，使子路問之。子之哭也，壹似重有憂者。』《論衡》作：『使子貢問之。』《家語》作：『夫子式而聽之，此哀一似重有憂者，使子貢往問之。』案：子路，今本〈檀弓〉誤也。阮元〈校勘記〉云：『「使子路問之」。閩監毛本同，嘉靖本同，衛氏〈集說〉同，惠棟按宋本路作貢。石經宋監本岳本同。石經考文提要云：案《九經三傳沿革例》云：實使子貢，而興國本及建諸本皆作子路，〈疏〉亦不明言何人；及考石本舊監本蜀大字本越上注疏本皆作子貢。以《文選》李善〈注〉及《藝文類聚》、《白孔六帖》、《太平御覽》、《孔子家語》所引證之，作子貢是也。』」

　　蔡信發曰：「《禮記》：『夫子式而聽之，使子路問之曰：「子之哭也，壹似重有憂者。」』《論衡》：『使子貢問之，何以哭之哀也？』《家語》：『夫子式而聽之，曰：「此哀一似重有憂者。」，使子貢往問之。』《校補》：『子路，今本〈檀弓〉誤也。

阮元〈校勘記〉云：‘“使子路問之”。閩、監、毛本同，嘉靖本同，衛氏〈集說〉同，惠棟校宋本，路作貢。石經宋監本、岳本同。石經考文提要云：“案九經三傳沿革例云：實使子貢，而興國本及建諸本皆作子路，疏亦不明言何人；及考石本、舊監本、蜀大字本、越上注疏本皆作子貢。以《文選》李善〈注〉及《藝文類聚》、《白孔六帖》、《太平御覽》、《孔子家語》所引證之，作子貢是也。”’』斯事首見《禮記》，見《論衡》、《家語》，前者作子路問之，後二者並作子貢問之，均與此異。經阮元校勘，以當作子貢爲是。又檢本章下文有孔子顧子貢云云，可證伊說甚允。據此，則本文作孔子問，當誤。」

　　茂仁案：《白氏六帖》一九〈注〉作「使子貢問曰：『子之哭，壹似重有憂者』」，又二九〈注〉爲孔子自問，與此同。梁先生曰：「子路，今本〈檀弓〉誤也。阮元校勘記云：『〔使子路問之〕。閩監毛本同，衛氏集說同，惠棟挍宋本路作貢。石經宋監本、岳本同。《石經考文提要》云：‘案九經三傳沿革例云：“實使子貢，而興國本及建諸本皆作子路，疏亦不明言何人；及考石本舊監本、蜀大字本、越上注疏本皆作子貢。以《文選》李善注及《藝文類聚》，《白孔六帖》、《太平御覽》、《孔子家語》所引證之，作子貢是也。”’』是。唯「子貢」當作「子贛」，說見卷二「昔者鄒忌以鼓琴見齊宣王」章，「子貢」條校記。

婦人對曰：「往年虎食我夫，今虎食我子，是以哀也。」

　　武井驥曰：「《家語・正論解》作『昔舅死於虎，吾夫又死焉，今吾子又死焉』。」

　　梁容茂曰：「《禮記》作：『昔者吾舅死於虎，吾夫又死焉，今吾子又死焉。』《論衡》：往，作『去』。今下有『年』字。又哀字上有『哭』字。《家語》作：『昔舅死於虎，吾夫又死焉，今吾子又死焉。』《家語》當係據《禮記》之文。」

　　蔡信發曰：「婦人云云，《禮記》作『而曰：‘然。昔者吾舅死於虎，吾夫又死焉，今吾子又死焉’』，《家語・正論解》文義同上，合計三人，並異於此。」

　　茂仁案：《論衡・遭虎篇》云：「去年虎食吾夫，今年食吾子。」死者二人，與此同；《白氏六帖》一九〈注〉云：「然，吾舅死於虎，吾夫又死，今吾子又死於虎也。」又二九〈注〉云：「吾舅與夫及子俱死於虎。」死者並爲三人，亦與此異。

孔子曰：「嘻！若是則曷爲不去也？」

　　梁容茂曰：「（孔子曰：嘻！是則曷爲不去也）《論衡》、《家語》：孔子，並作『子貢』。」

蔡信發曰：「《論衡》、《孔子家語》並以爲子貢語。」

茂仁案：四庫《新序》版本有二，二本「是」上並有「若」字，梁先生以四庫本爲底本，失檢。

曰：「其政平，其吏不苛，吾以是不能去也。」

梁容茂曰：「《禮記》、《家語》：俱作『無芳政』。」

茂仁案：《禮記》並作「曰：『無苛政』」，《孔子家語》同，且「曰」上有「婦人」二字，二書並不作「無芳政」，梁先生恐失檢。

孔子顧子貢曰：「弟子記之，夫政之不平而吏苛，乃甚於虎狼矣。」

武井驥曰：「《家語》作『苛政猛於暴虎』，《禮記》作『猛於虎也』，《論衡》作『苛政暴吏，甚於虎也』。」

梁容茂曰：「子貢，《禮記》作『子路』；《論衡》作『子貢』，是。《禮記》作：『小子識之，苛政猛於虎也。』《論衡》作：『弟子識諸！苛政暴吏，甚於虎也。』並無『狼』字。」

蔡信發曰：「《校補》：『子貢，《禮記》作子路，《論衡》作子貢。』《禮記》無子路，《校補》失檢。《禮記》：『夫子曰：＂小子識之，苛政猛於虎也。＂』《論衡》：『子貢還報孔子，孔子曰：＂弟子識諸！苛政暴吏，甚於虎也。＂』《家語》：『子曰：＂小子識之，苛政猛於暴虎。＂』苛政猛於虎，乃一成語，上書『虎』下並無『狼』字，本文有，乃妄增。」

茂仁案：《禮記・檀弓下篇》作「夫子曰：『小子識之，苛政猛於虎也』」。梁先生云「子貢，《禮記》作『子路』」，審《禮記》直謂「夫子曰」，無「子路」二字，梁氏失檢，蔡先生糾之是也。蔡先生云「苛政猛於虎，乃一成語，上書『虎』下並無『狼』字，本文有，乃妄增」，竊以爲「狼」字非衍也，虎、狼俱爲凶殘猛獸，「狼」字蓋涉「虎」字連類而及耳，說詳卷二「楚莊王問於孫叔敖曰」章，「寡人豈敢以褊國驕士民哉」條校記。

《詩》曰：「降喪飢饉，斬伐四國。」

茂仁案：「降喪飢饉」，何良俊本、白口十行本、程榮本、祕書本、陳用光本、四庫本、百子本「飢」並作「饑」。《說文》五篇下食部云：「饑，穀不孰爲饑。」又「飢，餓也。」職此，作「饑」是，當據改。

夫政不平也，乃斬伐四國，而況二人乎？其不去宜哉！

（十五）魏文侯問李克曰

魏文侯問李克曰：「吳之所以亡者何也？」

武井驥曰：「《淮南子·道應訓》『文侯』作『武侯』，《韓詩》卷十『李克』作『里克』。」

施珂曰：「《文選》鍾會〈檄蜀文〉〈注〉、《書鈔》一一三、《冊府元龜》七三五引此皆作魏武侯。《呂覽·適威篇》、《淮南·道應篇》同。」

梁容茂曰：「《淮南·道應訓》：文侯，作『武侯』。《外傳》十：李克，作『里克』。案：《國策·魏策》、《史記·魏世家》、《漢書·藝文志·儒家類》〈注〉並謂李克相魏文侯，不及魏武侯，故作『魏武侯』者誤。」

蔡信發曰：「『李克』，《外傳》作里克。里、李同音，並爲來紐止韻，故相通作。《外傳考徵》下：『《外傳》卷三「魏文侯欲置相，召李克問曰」；又卷八「魏文侯問李克」，作李克。知里克、李克同爲一人。』是。又《呂覽》：『魏武侯之居中山也，問於李克：「吳之所以亡者，何也？」』《淮子》：『魏武侯問於李克曰：「吳之所以亡者，何也？」』《外傳》：『魏文侯問里克曰：「吳之所以亡者，何也？」』《呂覽》、《淮子》並作魏武侯，下同，與本文異。；《外傳》作魏文侯，下同，與本文同。許維遹《呂氏春秋集釋》：『攻中山爲文侯之事，〈樂成篇〉、〈魏策〉、《史記·魏世家》皆有明文，《外傳》，《新序》作文侯，是也。《淮南》蓋沿此而誤，不足爲據。』《校補》：『《國策》、《史記·魏世家》、《漢書·藝文志·儒家類》〈注〉並謂李克相魏文侯，不及魏武侯，故作魏武侯者，誤。』《韓詩外傳考徵》下：『《呂覽》言魏文居中山，非言攻中山，許氏據攻中山爲文侯之事，然未足以證《呂覽》之誤也。』考〈魏世家〉：『魏文侯十七年，伐中山，使子擊守之。』本章所言，首見《呂覽》，其時即在武侯之守中山之際，至其所以不言太子擊而言魏武侯者，乃出追記，賴說是。《淮南》本諸《呂覽》，刪『之居中山』四字，致使人時混淆，《外傳》又據《淮南》，不明究竟，擅改武侯爲文侯，本文取《外傳》，於焉有此謬誤，許說非是。武侯守中山，李克隨之，此段問答，與李克爲武侯相與否？本不相涉，梁氏以李克爲文侯之相，不及武侯，遂以其誤，亦屬非是，況《淮南·道應》〈注〉有云：『李克，武侯之相。』梁氏失考。」

茂仁案：《韓詩外傳考徵》一〇「魏文侯問李克」云：「《呂覽·離俗》、《新序·雜事》里皆作李。周廷寀曰：『里、李古通，然當從《序》爲李，以別於晉之里克也。』」是。《呂氏春秋·適威篇》作「魏武侯之居中山也，問於李克：『吳之所以亡者，何也？』」《淮南子·道應篇》作「魏武侯問於李克曰：『吳之所以亡者，何

也？』」，《韓詩外傳》一○作「魏文侯問里克曰：『吳之所以亡者，何也？』」。《呂氏春秋》、《淮南子》並繫此事於「魏武侯」，《韓詩外傳》一○與本文同繫於「魏文侯」，《貞觀政要》八同。許維遹《呂氏春秋集釋》云：「攻中山爲文侯之事，〈樂成篇〉、〈魏策〉、《史記‧魏世家》皆有明文，《外傳》、《新序》作『文侯』，是也。」于大成先生《淮南子校釋》引鄭良樹云：「《戰國策‧魏策》、《史記‧魏世家》、《漢書‧藝文志‧儒家類》〈注〉皆載李克相魏文侯，不及魏武侯，則作『魏文侯』者是也。《呂氏春秋‧適威篇》作『魏武侯』，許維遹改之，是也。」于大成先生又云：「《韓詩外傳》二：『晉文侯使李離爲大理，過聽殺人，自拘於廷，請死於君。遂伏劍而死。』離亦作悝，悝、克，一聲之轉，此晉文侯即魏文侯也。是李克卒于文侯時，不能下相武侯。《呂氏春秋》偶誤，《淮南》承其誤，許〈注〉又誤據誤文，皆誤也。《通鑑‧外紀》十有此文，亦作『魏文侯』。」于先生以李克不得下相魏武侯，而定作武侯者非，蔡先生云：「《韓詩外傳考徵》下：『《呂覽》言魏文（茂仁再案：文當作武）侯居中山，非言攻中山，許氏據攻中山爲文侯之事，然未足以證《呂覽》之誤也。』考〈魏世家〉：『魏文侯十七年，伐中山，使子擊守之。』本章所言，首見《呂覽》，其時即在武侯之守中山之際，至其所以不言太子擊而言魏武侯者，乃出追記，賴說是。《淮南》本諸《呂覽》，刪『之居中山』四字，致使人時混淆，《外傳》又據《淮南》，不明究竟，擅改武侯爲文侯，本文取自《外傳》，於焉有此謬誤，許說非是。武侯守中山，李克隨之，此段問答，與李克爲武侯相與否？本不相涉，梁氏以李克爲文侯之相，不及武侯，遂以其誤，亦屬非是，況《淮南‧道應》注有云：『李克，武侯之相。』梁氏失考。」蔡先生說是。審本書卷二「甘茂」章，亦言及魏文侯攻中山事，其云：「魏文侯令樂羊將而攻中山，三年而拔之，樂羊反而語功，文侯示之謗書一篋」。樂羊攻中山，拔之，反，語功於魏文侯。顯見魏文侯未親至中山，既如此，勢必使人止守。此正與上引〈魏世家〉云：「伐中山，使子擊守之」合。故「文侯」當是「武侯」之誤，下同，當據改。《北堂書鈔》一一三引正作「魏武侯」，即其明證也。「吳之所以亡者何也」，元刊本「吳」作「具」，非是，形近而訛也。

李克對曰：「數戰數勝。」文侯曰：「數戰數勝，國之福也，其所以亡，何也？」

　　茂仁案：元刊本、楚府本、楊美益本、白口十行本「文侯曰」並作「則民疲」，非是，蓋涉下文「數戰則民疲」而誤。

李克曰：「數戰則民疲，數勝則主驕。以驕主治疲民，此其所以亡也。」

武井驥曰：「《呂覽》『治』作『使』。」

施珂曰：「《書鈔》、《冊府元龜》七四三引治皆作使。《淮南》、《外傳》十並同。」

梁容茂曰：「《呂氏》、《淮南》：疲，俱作『罷』。下同。驕，《淮南》作憍，下同。《呂氏》、《淮南》：治，俱作『使』。」

茂仁案：《北堂書鈔》一一三引「疲」亦作「罷」、「治」亦作「使」。《說文》七篇下疒部云：「疲，勞也。」段〈注〉云：「經傳多假罷爲之。」疲、罷，古並爲並母、歌部，音同可通，疲、罷，正、假字。《廣韻》云：「憍，本亦作驕。」《集韻・平聲三・宵韻》云：「憍，逸也，矜也，通作驕。」知憍、驕，古通。

是故好戰窮兵，未有不亡者也。

梁容茂曰：「《文選》卷四四引：兵，作『武』。」

茂仁案：《北堂書鈔》一一三引「兵」亦作「武」。檢《文選》四四未有引《新序》此文，梁先生恐失檢。

（十六）趙襄子問於王子維曰

趙襄子問於王子維曰：「吳之所以亡者何也？」

茂仁案：《太平御覽》六三三引《說苑》（今佚）「王子維」作「王離」。

對曰：「吳君忝而不忍。」

盧文弨曰：「（忝）吝之俗體，《御覽》六百二十作『悋』，亦俗字。」

武井驥曰：「《廣韻》曰：『「吝」，俗作忝。』」

梁容茂曰：「《拾補》云：『忝，吝之俗體，《御覽》六百二十作悋，亦俗字。』」

蔡信發曰：「《拾補》：『忝，吝之俗體，《御覽》六百二十作悋，亦俗字。』」

茂仁案：盧文弨說是，參見《龍龕手鑑新編》編號00889。《春秋別典》一五引「忝」亦作「悋」，下同。《太平御覽》六三三引《說苑》（今佚）「不」作「能」，審此「忝」、「忍」對言，作「忍」，義較「不忍」爲長，疑作「忝而能忍」爲是。

襄子曰：「宜哉，吳之亡也！忝則【一作而】不能賞賢，不忍則不能罰姦。

施珂曰：「《漢魏叢書》程本、陳本皆無〈注〉。」

茂仁案：「【一作而】」，元刊本、楚府本、何良俊本、楊美益本、白口十行本、祕書本、四庫本、百子本亦並無此注，《太平御覽》六二○引、《春秋別典》一五引亦並同。「不忍則不能罰姦」，《太平御覽》六三三引《說苑》（今佚）無上「不」字，

審上文「柔則不能賞賢」與此「忍則不能罰姦」句法正一律，且無「不」字，於義
較長，疑此「不」字為衍也。

賢者不賞，有罪不能罰，不亡何待？」

盧文弨曰：「『能』字衍。」

武井驥曰：「《御覽》六百二十引無下『能』字，六百三十三引同。」

梁容茂曰：「《拾補》云：『能字衍。』案：《御覽》六二○引正無『能』字。」

茂仁案：「賢者不賞，有罪不能罰」，為承上文「柔則不能賞賢，不忍則不能罰
姦」而來，故「能」字非必衍也，抑或首句「不」下奪「能」字亦未可知，盧文弨
校刪「能」字，作「有罪不罰」，與上文「賢者不賞」句法一律，亦通也，唯不增、
不刪「能」字，於文氣、文義並通，亦未必為非也。又此二句，既承上文為言，上
文作「不能賞賢」、「不能罰姦」，此作「賢者不賞」，則下句「有罪不能罰」當作「姦
者不罰」，於文例、句法方得一律，《太平御覽》六三三引《說苑》云：「恡則不能賞
賢，忍則不能罰罪。賢者不賞，罪者不罰，不亡何待？」即其比也。楚府本「不能
罰」重出，蓋衍。

（十七）孔子侍坐於季孫

孔子侍坐於季孫，季孫之宰通曰：「君使人假馬，其與之乎？」

武井驥曰：「《家語·正論解》作『孔子適季孫，季孫之宰謁曰："君使求假於
田。"將與之乎？』驥按：《韓詩》卷五，蓋通為名，非。」

梁容茂曰：「《家語·正論解》作：『孔子適季孫，季孫之宰謁曰：君使求假於田，
將與之乎？』」

茂仁案：《韓詩外傳》五與此同，並云「季孫之宰通曰」，且下文云「告宰通曰」，
則《韓詩外傳》五以「通」為宰名，《孔子家語·正論解》「通」作「謁」，為請見語，
非宰名，與之異。今此上文作「季孫之宰通曰」，下文作「告宰曰」，則「通」之為
宰名與否並可也，又異二書矣。

孔子曰：「吾聞取於臣，謂之取，不曰假。」季孫悟，告宰曰：「自今以來，
君有取，謂之取，無曰假。」

武井驥曰：「《韓詩》『宰』下有『通』字、『來』作『往』，《家語》作『君有取

之,一切不得復言假也』。」

梁容茂曰:「《家語》:宰下有『通』字。」

茂仁案:《韓詩外傳》五「宰」下有「通」字,無「自」字,「來」作「往」,《孔子家語・正論解》作「季孫色然悟曰:『吾誠未達此義』,遂命其宰曰:『自今已往,君有取之,一切不得復言假也』」,較此為詳。

故孔子正假馬之名,而君臣之義定矣。

梁容茂曰:「《外傳》五:無『故』字;孔子下有『曰』字。」

蔡信發曰:「《外傳》作『孔子曰:正假馬之言,而君臣之義定矣』,與此異。」

茂仁案:審《韓詩外傳》五之文,以此為孔子語,並云「正假馬之言,而君臣之義定矣」,於上、下意並未接,「曰」字,疑後人涉「孔子」而衍,此以敘述語句出之,上、下意正合。《韓詩外傳考徵》五引趙懷玉曰:「皇侃《論語疏》引作『故孔子正假馬之名』。」即其明證也。

《論語》曰:「必也正名。」《詩》曰:「無易由言,無曰苟矣。」可不慎乎!

蔡信發曰:「《外傳》作『詩曰:君子無易由言』,與此異。《外傳》引詩,見〈小雅・小弁〉;本章引詩,見〈大雅・抑〉。」

茂仁案:陳壽祺撰、陳喬樅述《三家詩遺說考・韓詩》四「無易由言,無曰苟矣」條引《韓詩外傳》五、六,並作「《詩》曰:『無易由言,無曰苟矣。』」今《韓詩外傳》五記《詩》無「無曰苟矣」四字,蓋奪耳,非異也。

(十八)君子曰

君子曰:「天子居闈闥之中,帷帳之內,廣廈之下,旃茵之上,不出襜幄而知天下者,以有賢左右也。故獨視不如與眾視之明也,獨聽不如與眾聽之聰也。」

茂仁案:《喻林》六三引同。旃茵之上,元刊本、楚府本、楊美益本、白口十行本「旃」並作「旆」,非是,形近而訛也。

(十九)晉平公問於叔向曰

晉平公問於叔向曰:「國家之患孰為大?」

茂仁案：《說苑・善說篇》無「於」字，《類說》三〇引、《類林雜說・納諫十五》〈注〉、《臣軌・匡諫篇》引並同，《群書治要》四二引、《冊府元龜》二四二並與本文同，各本亦並同。《全後漢文》陳忠〈上疏豫通帝意〉「於」作「于」，祕書本同。

對曰：「大臣重祿而不極諫，近臣畏罰而不敢言，

　　盧文弨曰：「（罰）《說苑篇》作『罪』，是。」

　　武井驥曰：「《治要》『畏罰』作『畏罪』，《說苑》同。」

　　施珂曰：「盧說是也。《治要》引罰正作罪。」

　　蒙傳銘曰：「《後漢書・陳寵傳》無『而』字，下句同。」又曰：「宋本作『罰』，與今本同。《後漢書》作『罪』，陳鱣校同。」

　　梁容茂曰：「《說苑・善說篇》：罰，作罪。《治要》引亦作『罪』。」

　　茂仁案：《說苑・善說篇》作：「大臣重祿而不極諫，近臣畏罪而不敢言」，《北史・魏長賢傳》云：「大臣持祿而莫諫，小臣畏罪而不言。」《帝範・納諫篇》云：「大臣惜祿而莫諫，小臣畏誅而不言。」《類說》三〇引與本文同。《冊府元龜》二四二、《臣軌・匡諫篇》引「罰」亦並作「罪」。《全後漢文》陳忠〈上疏豫通帝意〉無上下兩「而」字、「近」作「小」、「罰」亦作「罪」。《類林雜說・納諫十五》〈注〉「極」作「盡」、「近」作「小」、「罰」亦作「罪」。罰、罪，並通，唯此句與「大臣重祿而不極諫」對言，作「罪」，於義較長也。「近臣」作「小臣」，「小臣」正與「大臣」對，於文例爲佳。

下情不上通，此患之大者也。」

　　梁容茂曰：「《說苑》作：『左右顧寵於小官而君不知』。」

　　茂仁案：「下情不上通」，《類林雜說・納諫十五》〈注〉作「諂佞在朝，賢者不進」，較此爲長。

公曰：「善。」於是令國曰：

　　蒙傳銘曰：「《後漢書》『令國』作『下令』。」

　　茂仁案：《說苑・善說篇》「於是令國曰」作「於是令國中曰」，《全後漢文》陳忠〈上疏豫通帝意〉作「于是下令曰」，《類說》三〇引作「下令曰」，《類林雜說・納諫十五》〈注〉作「於是下令」，《臣軌・匡諫篇》引作「乃令曰」。

「欲進善言，謁者不通，罪當死。」

　　蒙傳銘曰：「《說苑》作『欲有諫者爲隱，左右言及國，吏罪。』《後漢書》作『吾

欲進善，有謁而不說者，罪至死。』」

　　梁容茂曰：「《說苑》作：『欲有諫者爲隱左右言及國吏罪。』」

　　茂仁案：《全後漢文》陳忠〈上疏豫通帝意〉作「吾欲進善，有謁而不通，罪至死」，《類說》三〇引作「欲進善言，有謁者不通者死」，《類林雜說·納諫十五》〈注〉作「有進善言，謁者不通，罪無赦」，《臣軌·匡諫篇》引作「臣有欲進善言，而謁者不通，罪至死」。

（二十）楚人有善相人

楚人有善相人，所言無遺策，聞於國。

　　盧文弨曰：「（下人下）《呂氏·貴當篇》、《外傳》九，俱有『者』字。」

　　武井驥曰：「《韓詩外傳》無上『人』字，『相人』下有『者』字。《呂覽·貴當篇》『楚』作『荊』。」

　　蒙傳銘曰：「《諸（茂仁案：當作渚）宮舊事》卷一作『郢人有善相者』。」

　　梁容茂曰：「《呂氏·貴當篇》：楚，作『荊』；人下有『者』字。《外傳》九：人下亦有『者』字，無『策』字。」

　　茂仁案：「楚人有善相人」，《呂氏春秋·貴當篇》作「荊有善相人者」，《韓詩外傳》九作「楚有善相人者」，《春秋別典》五引同，並無上「人」字，且下「人」下並有「者」字，於文氣較完。《渚宮舊事》一引作「郢人有善相人者」，亦有「者」字。楚、荊、郢，文異而義同。「所言無遺策，聞於國」，《韓詩外傳》九「策」作「美」、「國」下有「中」字，《太平御覽》四〇六引《呂氏春秋》「國」上有「楚」字，《春秋別典》五引「策」作「筴」。孫詒讓《札迻》二《韓詩外傳》云：「『美』當作『筴』，與『策』字同。漢隸策字多作『莢』，與美形近而誤。」是。

莊王見而問於情，

　　梁容茂曰：「百子本：於，作『其』。」

　　茂仁案：陳用光本「於」亦作「其」。

對曰：「臣非能相人，能觀人之交也。

　　武井驥曰：「《呂覽》、《韓詩》『交』作『友』，下並同。」

　　施珂曰：「《呂覽·貴當篇》、《外傳》九，交皆作友。下同。」

　　蒙傳銘曰：「《渚宮舊事》『交』亦作『友』，下並同。」

梁容茂曰：「《呂氏》：交，作『友』，下同。《外傳》：交亦作『友』，下同。」

茂仁案：審下文「其交皆孝悌」，故此作「交」較長也，《春秋別典》五引與此同，各本亦並同。《韓詩外傳》九「觀」作「相」。

布衣也，其交皆孝悌，篤謹畏令，

武井驥曰：「《韓詩》『布』上有『觀』字，《呂覽》同，『篤』作『純』。」

梁容茂曰：「《呂氏》：布上有『觀』字。篤，作『純』。《外傳》：布上有『觀』字，也作『者』。」

茂仁案：「布衣也」，《楚史檮杌・相人篇》「布」上亦有「觀」字、「也」亦作「者」，審下文「官（爲觀之誤）事君者也」，並有「觀」、「者」二字，故此不當奪，當據補也，《春秋別典》五引「布」上正有「觀」字、「也」亦作「者」，即其明證也。「篤謹畏令」，《春秋別典》五引「篤」亦作「純」，《墨子・所染篇》則作「淳」。

如此者，其家必日益，身必日安，此所謂吉人也。

茂仁案：《春秋別典》五引「人」下有「者」字。

官事君者也，

盧文弨曰：「（官）《呂氏》、《外傳》作『觀』。」

武井驥曰：「《呂覽》、《韓詩》並『官』作『觀』。或曰：『官字疑似衍。』驥按：觀、官，蓋音訛。」

梁容茂曰：「《呂氏》、《外傳》：官，俱作『觀』，是也。」

蔡信發曰：「《呂覽》、《外傳》、《楚史檮杌》『官』，並作『觀』。官，觀之音訛。」

茂仁案：上言官爲觀之音誤，是也。《春秋別典》五引「官」正作「觀」，即其明證。

其交皆誠信，有好善，如此者，事君日益，

盧文弨曰：「（有下）《呂氏》、《外傳》有『行』字。」

武井驥曰：「《呂覽》、《韓詩》『有』下有『行』字。」又曰：「《韓詩》作『措事』云云。」

蒙傳銘曰：「《渚宮舊事》作『其友皆誠信好善。』」

梁容茂曰：「《呂氏》、《外傳》：好上俱有『行』字。」又曰：「《外傳》：事君，作『措事』。」

蔡信發曰：「《呂覽》、《外傳》、《楚史檮杌》『有』下有『行』，《渚宮舊事》無『有』。

有行，謂有善行，當據三書而補。《渚宮舊事》錄自《新序》，見其無『行』，於焉刪『有』。」

　　茂仁案：《春秋別典》五引「有」下亦有「行」字、「事君」亦作「措事」。

官職日進，

　　盧文弨曰：「『益』字訛，據《呂氏》、《外傳》改。」

　　武井驥曰：「（官職日益）《呂覽》『益』作『進』。」

　　施珂曰：「《漢魏叢書》程本、陳本進並作益。涉上益字而誤。」

　　蒙傳銘曰：「《渚宮舊事》作『功業日借』。宋本『益』作『進』，涵芬樓本、鐵華館本並同。」

　　梁容茂曰：「（官職日進）程本、百子本：進，俱作『益』。《拾補》云：『益字訛。據《呂氏》、《外傳》改。』案：四庫本作『進』，不誤。」

　　茂仁案：四庫《新序》版本有二，二本並作「益」，不作「進」，梁先生以四庫本爲底本，失檢。《渚宮舊事》一引作「功業自修」。武井驥《纂註本》、元刊本、楚府本、何良俊本、楊美益本、白口十行本、程榮本、祕書本、陳用光本、四庫本「進」亦並作「益」，蓋涉上文「事君日益」而誤，作「進」，是。龍溪本亦作「進」，《春秋別典》五引同，並不誤也。

此所謂吉人也。

　　武井驥曰：「（此所謂吉士也）《韓詩》、《呂覽》並『士』作『臣』。」

　　梁容茂曰：「（此所謂吉士也）《呂氏》、《外傳》：士，俱作『臣』。」

　　蔡信發曰：「（此所謂吉士也）《呂覽》、《外傳》、《渚宮舊事》、《楚史檮杌》『士』並作『臣』。此節所論，純屬臣之事君，又上文作『吉士』，下文作『吉主』，則此當作『吉臣』，始能承上啓下，脈絡一致。『士』，『臣』之誤，當據諸書而改。」

　　茂仁案：《春秋別典》五引「吉人」亦作「吉臣」，且下有「者」字。武井驥《纂註本》、各本則並作「吉士」。「吉人」，蓋涉上文「此所謂吉人也」而誤。《說文》一篇上士部云：「士，事也。」段〈注〉云：「〈豳風〉、〈周頌〉《傳》凡三見，〈大雅·武王〉：『豈不仕。』〈傳〉亦云：『仕，事也。』鄭〈注〉〈表記〉申之曰：『仕之言事也。士、事疊韻，引伸之，凡能事其事者偁士。』《白虎通》曰：『士者，事也，任事之稱也。』」審此爲承上文「官（觀之誤）事君者也」而言，事即士也，據是「吉臣」、「吉士」並通，非必改之也。

主明臣賢，左右多忠，

　　武井驥曰：「《呂覽》作『觀人主也，其朝臣多賢』，《韓詩》作『人主朝臣多賢』云云。」

　　梁容茂曰：「《呂氏》作：『觀人主也，其朝臣多賢，左右多忠。』《外傳》作：『人主朝臣多賢，左右多忠。』」

　　茂仁案：《群書治要》三九、《太平御覽》四〇六並引《呂氏春秋》作「人主也，朝臣多賢，左右多忠」，《渚宮舊事》一引作「人主則朝臣多賢，左右多忠」，《春秋別典》五引作「人主朝臣皆多賢，左右皆忠」。審上文「（觀）布衣也」以言布衣，「官（觀之誤）事君者也」以言人臣，則言人主者，自當以《呂氏春秋》所載，於文例爲優也。

主有失，皆敢分爭正諫，如此者，國日安，主日尊，天下日富，

　　盧文弨曰：「（富）《呂氏》作『服』。」

　　武井驥曰：「《呂覽》『富』作『服』，《韓詩》『天下日富』作『名聲日顯』。」

　　梁容茂曰：「《呂氏》：富，作『服』。《外傳》作：『名聲日顯』。」

　　茂仁案：「天下日富」，《渚宮舊事》一引「富」亦作「服」，《春秋別典》五引亦作「名聲日顯。」《呂氏春秋》高誘〈注〉云：「服其德也。」「服」較「富」義爲長。

此之謂吉主也。臣非能相人，能觀人之交也。」莊王曰：「善。」

　　武井驥曰：「《呂覽》、《韓詩》並『之謂』作『所謂』，是。」

　　茂仁案：審上文「此所謂吉人也」、「此所謂吉士也」，並作「所謂」，此獨作「此之謂吉主也」，作「之謂」，不類也，當據改，武井驥說是也。《渚宮舊事》一引作「此所謂吉主」，《春秋別典》五引作「此所謂吉主者也」，並其明證也。

於是乃招聘四方之士，夙夜不懈，遂得孫叔敖、將軍子重之屬，以備卿相，遂成霸功。

　　梁容茂曰：「《呂氏》：上句作『於是疾收士』；夙，作『日』。」

　　茂仁案：《大平御覽》四〇六引《呂氏春秋》「於是取士不解，乃大霸」，《群書治要》三九、《天中記》二〇並引《呂氏春秋》則與上言同。《渚宮舊事》一引無「遂得孫叔敖、將軍子重之屬，以備卿相」十五字，《春秋別典》五引無「夙夜不懈」四字。《楚史檮杌・相人篇》「卿相」作「將相」。元刊本、楚府本、楊美益本「屬」並

作「屬」。屬,蓋屬之俗寫。

《詩》曰:「濟濟多士,文王以寧。」此之謂也。

(二一)齊閔王亡居衛

齊閔王亡居衛,晝日步走,

  武井驥曰:「《呂覽・審己篇》『走』作『足』。」

  蒙傳銘曰:「『閔』字,《戰國策・齊策》亦如此作,《呂覽・審己篇》、〈過理篇〉、《史記・田敬仲完世家》、〈六國年表〉、《鹽鐵論・論儒篇》並作『湣』。」

  茂仁案:「齊閔王亡居衛」,《呂氏春秋・審己篇》、又〈過理篇〉「閔」並作「湣」,下同。湣即湣也,錢大昕《十駕齋養新錄・餘錄卷上》「昏當从唐本說文作昬」云:「《說文》:『昏,日冥也。从日,氏省。氏者,下也。一曰民聲。』案氏與民音義俱別,依許祭酒例,當重出昬,云『或作昬,民聲』。今附于昏下,疑非許氏本文。頃讀戴侗《六書故》云:『唐本《說文》从民省,徐本从氏省。』又引黿說之,云因唐諱,民改爲氏也。然則《說文》元是昬字从日,民聲。唐本以避諱減一筆,故云从民省。徐氏誤仞爲氏省,氏下之訓,亦徐所附益,又不敢輒增昬字,仍附民聲于下,其非許元文信矣。案漢隸字,原昬皆从民,婚亦从昬。民者,冥也,與日冥之訓相協。唐石經遇民字皆作𣱁,而偏傍从民者,盡易爲氏。如岷作㟭、泯作㳳、緡作緍、痻作痻、碈作碈、瞀作瞀、愍作愍、蟊作蟊之類,不一而足,則昬之爲避諱省筆無疑。謂从氏省者,淺人穿鑿傅會之說耳」,錢大昕所言甚盻。閔,古爲明母、文部;湣,古爲明母、眞部,音近可通。「晝日步走」,上言「走」作「足」。許維遹《呂氏春秋集釋》引孫鏘鳴曰:「疑走字是。」《說文》二篇上走部云:「走,趨。从夭、止,夭者屈也。」又同篇止部云:「止,下基也。象艸木出有阯,故以止爲足。」職此,走、足,其義同。

謂公玉丹曰:「我已亡矣,而不知其故,吾所以亡者,其何哉?」

  武井驥曰:「《呂覽》作『果何故哉』。」

  茂仁案:四庫本「吾」作「我」。《永樂大典》一二一四八引「其何哉」作「其故何哉」。

公玉丹對曰:「臣以王爲已知之矣,王故尚未之知邪?

  盧文弨曰:「(之知)舊誤倒。」

蒙傳銘曰：「『之知』，陳用光本作『知之』，宋本作『之知』。」

梁容茂曰：「之知，《拾補》云：『舊誤倒。』案：四庫本不誤。」

茂仁案：「王故尚未之知邪」，祕書本、百子本「之知」亦並乙作「知之」，非是，蓋涉上文「臣以王爲已知之矣」而誤，武井驥《纂註本》、元刊本、楚府本、何良俊本、楊美益本、白口十行本、程榮本、四庫本、鐵華館本、龍溪本並作「之知」與此同，並不誤。《永樂大典》一二一四八引無下「王」字。

王之所以亡者，以賢也，以天下之主皆不肖，而惡王之賢也，

茂仁案：「以天下之主皆不肖」，《呂氏春秋・審己篇》「主」作「王」。「而惡王之賢也」，《永樂大典》一二一四八引「王」作「主」，非，審上下文稱閔王俱作「王」，此獨作「主」，不類，主、王，形近而訛也。

因相與合兵而攻王，此王之所以亡也。」

盧文弨曰：「（相）兩本無。」

武井驥曰：「吳本、嘉靖本、朝鮮本無『相』字。」

蒙傳銘曰：「宋本有『相』字。陳鱣校刪。」

梁容茂曰：「（因與合兵而攻王）《拾補》因下補『相』字，云：『兩本俱無。』」

茂仁案：四庫《新序》版本有二，二本「與」上並有「相」字，梁先生以四庫本爲底本，失檢。《永樂大典》一二一四八引亦無「相」字，元刊本、楚府本、何良俊本、楊美益本、白口十行本並同。有「相」字，於義爲明，程榮本、祕書本、陳用光本、四庫本、鐵華館本、百子本、龍溪本並有「相」字，與此同。

閔王慨然太息曰：「賢固若是其苦邪？」

茂仁案：祕書本、陳用光本、百子本「邪」並作「耶」，古通。

丹又謂閔王曰：「古人有辭天下無憂色者，臣聞其聲，於王見其實。

茂仁案：《呂氏春秋・過理篇》「憂色」作「恨色」。

王名稱東帝，實有天下，去國居衛，容貌充盈，顏色發揚，無重國之意。」

武井驥曰：「《呂覽》『有』作『辨』。」又曰：「《呂覽》『盈』作『滿』。」

茂仁案：《呂氏春秋・過理篇》高誘〈注〉云：「辨，治也。」故有、辨，義通。盈、滿，義同。

王曰：「甚善！丹知寡人，自去國而居衛也，帶三益矣。」遂以自賢，驕盈不止。

　　盧文弨曰：「《呂氏》『寡人』重。」

　　武井驥曰：「《呂覽》疊『寡人』二字、作『帶益三副矣』。」

　　茂仁案：「寡人」重出，於義較明。《呂氏春秋・過理篇》高誘〈注〉云：「副，或作倍。」

閔王亡走衛，衛君避宮舍之，稱臣而供具。閔王不遜，衛人侵之。閔王去走鄒魯，有驕色，鄒魯不納，遂走莒。楚使淖齒將兵救齊，因相閔王。

　　蔡信發曰：「『淖齒』，別見《國策》、《韓子》、《淮南》、《史記》、《漢書・古今人表》、《長短經》、《通鑑》；一作『卓齒』，見《漢書・古今人表》顏〈注〉；一作『踔齒』，見《潛夫論・明闇》；一作『悼齒』，見《史記・田單傳》徐廣〈注〉。淖、踔、悼並從卓得聲，故相通作。」

　　茂仁案：《韓非子・奸劫弑臣篇》「淖」亦作「卓」，《史記・田單列傳》〈集解〉引徐廣曰亦作「悼」。淖、踔、悼並从卓得聲，可通，《漢書古今人表疏證》云：「晉之卓子，《史・晉世家》作『悼子』，趙悼襄王，《鶡冠子・世賢》作『卓襄』，〈楚策四〉有卓滑，《莊子・秋水篇》趻踔，〈釋文〉本作『卓』。」即其比也。

淖齒擢閔王之筋，而懸之廟梁，宿昔而殺之，

　　武井驥曰：「秦昭襄王〈策〉『擢』作『縮』。」

　　茂仁案：「淖齒擢閔王之筋」，《戰國策・秦策三》「擢」作「縮」，《小爾雅・廣言》云：「縮，抽也。」據是，擢、縮義同。「宿昔而殺之」，《韓非子・奸劫弑臣篇》、《戰國策・秦策三》又〈楚策四〉、《全三代文》荀卿〈為書謝春申君〉「殺之」並作「死」，《資治通鑑》五同，並與此異；清武進莊逵吉校本《淮南子・氾論篇》〈注〉云：「『懸廟門之梁，三日而死。』見《戰國策》。」〈注〉作三日，與此異。《戰國策・秦策三》、又〈楚策四〉並作「宿昔而死」，並不作「三日而死」，其所據蓋異本也。

而與之共分齊地。

　　施珂曰：「《漢魏叢書》程本、陳本之皆作燕。」

　　蒙傳銘曰：「（而與燕共分齊地）鐵華館本『燕』作『之』，黃丕烈校同。」

　　茂仁案：《史記・田敬仲完世家》作「而與燕共分齊之侵地鹵器」，「之」亦作「燕」，《資治通鑑》四「之」亦作「燕」，元刊本、楚府本、何良俊本、楊美益本、白口十行本、祕書本、四庫本、百子本亦並同。之、燕，文異而實同。

悲夫！閔公臨大齊之國，地方數千里，然而兵敗於諸侯，地奪於燕昭，宗廟喪亡，社稷不祀，宮室空虛，身亡逃竄，甚於徒隸，尚不知所以亡，甚可痛也！猶自以為賢，豈不哀哉！

盧文弨曰：「（閔王）『公』訛。」

梁容茂曰：「《拾補》云：『公訛。』改為『王』。」

蔡信發曰：「《拾補》：『公，訛。』是。當作王。」

茂仁案：「閔公臨大齊之國」，審此文言齊閔王，並以「王」稱之，無作「公」者，此獨作「公」，不類，當作「王」，四庫全書薈要本「公」正作「王」，即其明證。

公玉丹徒隸之中，而道之謟佞，甚矣！閔王不覺，追而善之，以辱為榮，以憂為樂，其亡晚矣，而卒見殺。

茂仁案：「而道之謟佞」，四庫本、鐵華館本、百子本、龍溪本「謟」並作「諂」，是。謟、諂，形近而訛，當據改，說見卷四「齊有彗星」章，「天道不謟」條校記。

先是，靖郭君殘賊其百姓，害傷其群臣，國人將背叛共逐之，

盧文弨曰：「案《賈子‧先醒篇》載虢君事，與此略同，郭與虢通用，若靖郭君乃齊孟嘗君之父田嬰也，不聞明死亡事，疑靖字乃後人妄加之。」

蔡信發曰：「本文之靖郭君，《新書》作虢君，《外傳》作郭君，並與此異。考靖郭君，乃戰國齊田嬰之號，威王因齊之少子，宣王辟彊之庶弟，孟嘗君田文之，相齊十餘年，未嘗見逐，不聞出亡，伊事詳見〈齊策一〉暨《史記‧孟嘗君傳》，《外傳考徵》下亦略有辯說。又《新書》明言為春秋有晉所滅之虢君，顯與國有齊之靖郭君無涉。是以本文之靖郭君，當為虢君之誤。虢、郭同音，故相通作。訓國名之郭，乃虢之後起本字。蔡邕《蔡中郎集》卷二〈郭有道碑〉：『其先生出自有周王季之穆，有虢叔者，實有懿德，文王咨焉。建國命氏，或謂之郭，即其後也。』虢滅於晉，見《僖公五年傳》，《史記‧年表》暨〈世家〉同之，《外傳考徵》下以在僖公二年，乃涉《公羊傳》晉取虢之夏陽而誤。」

茂仁案：《新書‧先醒篇》「靖郭君」作「虢君」，下同，《韓詩外傳》六作「郭君」。二書所載，與此略同。審靖郭君，事詳《戰國策‧齊策一》、《史記‧孟嘗君傳》，並無言及靖郭君逐於國人或國人背叛之事。虢為晉獻公所滅，說見本書卷九「虞、虢皆小國」章，載晉獻公以屈產之乘與垂棘之璧，假道於虞以伐虢，並順利滅之，是事略見《左傳‧僖公五年》。又本書卷四「晉文公田於虢」章，載晉文公田於虢，遇一田夫而問之，虢亡久矣，其亡何故？田夫曰：「虢君斷則不能，諫則無與也。不

能斷，又不能用人，此虢之所以亡。」是春秋有「虢國」，且其末代虢君，由本書卷四該章所載，顯非良君，本文蓋指此而言。本文「靖郭君」，爲戰國時人，與上述不類，虢、郭，古並爲見母、鐸部，音同可通，「靖」字顯爲衍文，「靖郭君」當從《新書・先醒篇》作「虢君」，下同。盧文弨云「疑『靖』字乃後人妄加之」，是也。

其御知之，豫裝齎食，及亂作，靖郭君出亡，至於野而飢，

蒙傳銘曰：「崇本書院本、涵芬樓本、鐵華館本『饑』並作『飢』，黃丕烈校同。《說文》五下食部曰：『饑，穀不孰爲饑。』又曰：『飢，餓也。』作飢是也。」

茂仁案：蒙先生說是。元刊本、楚府本、何良俊本、楊美益本、龍溪本亦並作「飢」，與此同，白口十行本、程榮本、祕書本、陳用光本、四庫本、百子本「飢」則並作「饑」，非是。

其御出所裝食進之，靖郭君曰：「何以知之而齎食？」對曰：「君之暴虐，其臣下之謀久矣。」靖郭君怒不食，曰：「以吾賢至聞也，何謂暴虐？」其御懼，曰：「臣言過也，君實賢，唯群臣不肖，共害賢。」然後靖郭君悅，然後食。故齊閔王、靖郭君雖至死亡，終身不諭者也，悲夫！

（二二）宋昭公出亡

宋昭公出亡，

盧文弨曰：「『王』訛。」

武井驥曰：「（宋昭王出亡）吳本『王』作『公』，嘉靖本、朝鮮本及《韓詩》卷六同。」

蒙傳銘曰：「作『公』是也。宋本正作『公』，鐵華館本同。」

梁容茂曰：「（宋昭公出亡至於鄙）程本、百子本：公作『王』。《拾補》云：『王訛。當提行。』案：四庫本已提行。」

蔡信發曰：「（宋昭王出亡）《新書》、《外傳》『王』並作『公』。檢《史記・年表》既《宋世家》，宋自釐公訖辟公，凡二十二世，無一稱王，僅宋君偃十一年，自立爲王；四十三年，爲齊湣王所滅。據是，則本文之『王』，當依《新書》、《外傳》作『公』。」

茂仁案：「宋昭公出亡」，四庫《新序》版本有二，二本並作「王」，不作「公」，梁先生以四庫本爲底本，失檢。程榮本、祕書本、陳用光本、百子本「公」並作「王」，《類說》三〇引、《新書・先醒篇》、《韓詩外傳》六、《冊府元龜》二四二、《帝範・

去讒篇》〈注〉引《左傳》並作「公」，與此同，元刊本、楚府本、何良俊本、楊美益本、白口十行本、四庫本、龍溪本亦並同。

至於鄙，喟然嘆，

武井驥曰：「《新書·先醒篇》『鄙』作『境』。」

茂仁案：「至於鄙」，《說文》六篇下邑部云「鄙」字段〈注〉云：「《春秋經》、《傳》鄙字多訓爲邊者，蓋《周禮》都鄙距國五百里，在王畿之邊，故鄙可釋爲邊。」據是，鄙、境，義同。「喟然嘆曰」，《類說》三〇引、《冊府元龜》二四四「嘆」並作「歎」，元刊本、楚府本、何良俊本、楊美益本、白口十行本、鐵華館本、龍溪本並同。歎，謂情有所悅，吟歎而歌詠，與喜樂爲類；嘆，則吞嘆之意，與怒哀爲類，說見卷一「晉平公浮西河」章，「中流而歎」條校記。故此作「嘆」，是。

曰：「吾知所以亡矣。吾朝臣千人，發政舉吏，無不曰『吾君聖』者。」

盧文弨曰：「（吏）古事字，俗訛『吏』，《賈子》作『事』。」

武井驥曰：「《韓詩》作『吾發言動事，朝臣數百人，無不曰吾君聖者也』，《路史》作『發言舉事』，驥按：『吏』蓋『吏』誤。」

施珂曰：「盧改吏爲吏，是也。惟《賈子（先醒篇）》無此句。盧氏失檢。《外傳》六作『發言動事。』可證此文吏字之誤。」

梁容茂曰：「《拾補》云：『古事字，俗訛吏，《賈子》作事。』《拾補》是也。」

蔡信發曰：「《外傳》作『朝臣數百人。』」又曰：「諸書『吏』並作『事』。《拾補》：『古事字，俗訛吏，《賈子》作事。』是。」

茂仁案：「吾朝臣千人」，《帝範·去讒篇》〈注〉引《左傳》與此同，上言《韓詩外傳》六作「朝臣數百人」。千人，蓋大數也；數百人，蓋其略數。「發政舉吏」，施先生云「《賈子（先醒篇）》無此句。盧氏失檢」，檢《新書·先醒篇》有此句，施先生失檢。《帝範·去讒篇》〈注〉引《左傳》作「發政舉事」，「吏」亦作「事」，盧文弨校「吏」作「事」，是。

侍御數百人，被服以立，無不曰『吾君麗』者。內外不聞吾過，是以至此。

蔡信發曰：「（侍御者數百人）《外傳》作『待御者數十人』。」

茂仁案：「侍御數百人」，《漢魏叢書》程榮本「御」下無「者」字，蔡先生恐失檢。「內外不聞吾過」，《新書·先醒篇》、《韓詩外傳》六「內外」並作「吾外內」。

由宋君觀之，人主之所以離國家，失社稷者，諂諛者眾也。

　　茂仁案：「諂諛者眾也」，武井驥《纂註本》、四庫本、鐵華館本、百子本、龍溪本「諂」並作「諂」，他本並作「諂」，與此同。諂、諂，形近而訛，說見卷四「齊有彗星」章，「天道不諂」條校記。

故宋昭亡而能悟，蓋得反國云。

　　盧文弨曰：「（蓋）俗本脫，宋本、程本有。」

　　蒙傳銘曰：「陳用光本『蓋』作『卒』。」

　　梁容茂曰：「何本：無『蓋』字；百子本：蓋，作『卒』。《拾補》云：『蓋，俗本脫。宋本、程本有。』」

　　茂仁案：「故宋昭亡而能悟」，《類說》三○引「亡」作「王」，祕書本同。王，亡之音誤。「蓋得反國云」，元刊本、楚府本、何良俊本、楊美益本、白口十行本、四庫本、鐵華館本、龍溪本亦並有「蓋」，祕書本「蓋」作「以」。

（二三）秦二世胡亥之為公子也

秦二世胡亥之為公子也，昆弟數人。詔置酒饗群臣，召諸子。

　　茂仁案：《新書・春秋篇》無「召諸子」三字。

諸子賜食，先罷，胡亥下堦，視群臣陳履狀善者，因行踐敗而去。

　　武井驥曰：「《新書》『狀』作『杖』、『踐』作『殘』。」

　　梁容茂曰：「《新書・春秋篇》：堦，作『陛』；狀，作『杖』；踐，作『殘』。」

　　茂仁案：《說文》十四篇下阜部云：「陛，升高陛也。」段〈注〉云：「自卑而可以登高者，謂之陛。」《說文》又云：「階，陛也。」是「陛」即「階」也。阜、土義通，堦、階，蓋一字之異體。杖、狀；殘、踐，並形近而訛。祕書本「因」作「囚」，非是，亦形近而訛也。

諸子聞見之者，莫不太息。

　　武井驥曰：「《新書》『諸子』作『諸侯』。」

　　梁容茂曰：「《新書》：諸子，作『諸侯』，無『見』字。」

　　蔡信發曰：「《新書》『諸子』作『諸侯』。秦始皇二十六年，統一天下，廢封建，行郡縣，何諸侯之有？《新書》作『諸侯』，誤。」

　　茂仁案：審上文秦始皇之置酒以饗者，為群臣及諸子，並不及「諸侯」，故《新

書・先醒篇》「諸子」作「諸侯」，蓋誤矣，蔡先生之說是也。

及二世即位，皆知天下必弃之也，

　　茂仁案：《新書・先醒篇》「弃」作「棄」，武井驥《纂註本》、何良俊本、白口十行本、程榮本、祕書本、百子本並同，陳用光本、四庫本並作「棄」。弃、棄，古、今字；棄，為棄字篆文「𣞤」之隸定。

故二世惑於趙高，輕大臣，不顧下民，是以陳勝奮臂於關東，閻樂作亂於望夷。閻樂，趙高之壻也，

　　茂仁案：武井驥《纂註本》、元刊本、楚府本、何良俊本、楊美益本、程榮本、祕書本、陳用光本、百子本「壻」並作「婿」。《說文》一篇上士部云：「壻，夫也。」又云：「婿，壻或从女。」是知婿，為「壻」之或體。

為咸陽令，詐為逐賊，將吏卒入望夷宮，攻射二世，就數二世，欲加刃。二世懼，入將自殺，有一宦者從之。

　　茂仁案：元刊本、楚府本「宦」並作「宭」，非是，形近而訛也。

二世謂曰：「何謂至於此也？」

　　盧文弨曰：「（何為至於此也）『謂』訛。」

　　蒙傳銘曰：「（何謂至此）宋本作謂，各本皆同。陳鱣校作『為』。為、謂古通。」

　　梁容茂曰：「《拾補》：謂，作『為』。云：『謂，訛。』案：謂、為古通。」

　　茂仁案：程榮本作「何謂至於此也」，不作「何謂至此」，蒙先生以程榮本為底本，失檢。四庫全書薈要本「謂」作「為」。謂、為古通。《說苑・臣術篇》云：「從命利君為之順，從命病君謂之諛。」即其比。

宦者曰：「如此久矣。」二世曰：「子何不早言？」對曰：「臣以不言，故得至於此。使臣言，死久矣。」

　　施珂曰：「《漢魏叢書》程本、陳本如並作知。如即知之誤。」

　　茂仁案：「宦者曰」，元刊本、楚府本、何良俊本、楊美益本「宦」並作「宭」，非是，形近而訛也。「如此久矣」，元刊本、楚府本、何良俊本、楊美益本、白口十行本、祕書本、四庫本、百子本「如」亦並作「知」，審下文云「子何不早言」，知作「知」是，如、知，形近而訛，當據改，施先生說是。

然後二世喟然悔之，遂自殺。

蔡信發曰：「《史記‧秦始皇本紀》同此；〈李斯傳〉作『高因劫令自殺』，《論衡》作『秦失天下，閻樂斬胡亥』，並異於此。〈紀〉、〈傳〉迥異，至為矛盾，度以情理，〈紀〉得其實。至《論衡》出以『斬』字，則誤。」

茂仁案：《史記‧秦始皇本紀》所載閻樂之攻二世，較此為詳，亦以二世自殺而亡。二世之亡，上言異說，難定其是非，並存傳疑可也。

（二四）齊侯問於晏子曰

齊侯問於晏子曰：「忠臣之事君也何若？」對曰：「有難不死，出亡不送。」

武井驥曰：「《晏子‧問上篇》『齊侯』作『景公』，《政要‧君臣鑒戒篇》亦作『齊景公』。《論衡‧定賢篇》作『齊詹』。」

蒙傳銘曰：「《說苑‧臣術篇》作『齊侯』，與《新序》同。《治要》三三、《御覽》六二一引，並作『景公』。是『齊侯』即『景公』也。《論衡》作『齊詹』，『詹』疑為『侯』字之誤。」

蔡信發曰：「《晏子》『齊侯』作『景公』，《論衡》作『齊詹』。『齊侯』作『齊詹』，乃形近而譌。」

茂仁案：《資治通鑑‧外紀》八、《路史‧發揮篇》、《貞觀政要》三、《兩山墨談》九「齊侯」亦並作「景公」。黃暉《論衡校釋‧定賢篇》云「詹」為「侯」之形近而誤。是也。

君曰：「列地而與之，疏爵而貴之，

武井驥曰：「朝鮮本『列』作『裂』，《晏子》、《說苑‧臣術篇》同、『與』作『封』，《治要》作『富』，《政要》上『而』作『以』、『貴』作『待』。」

梁容茂曰：「《晏子‧問上篇》：列，作『裂』；與，作『封』。」

茂仁案：「列地而與之」，《墨子‧尚賢中篇》作「列地以封之」，晏子春秋‧問上篇》作「君裂地而封之」，《說苑‧臣術篇》作「裂地而封之」，《春秋別典》八引作「裂地而封」，《路史‧發揮篇》作「列地以處之」，《貞觀政要》三作「裂地以封之」。列、裂，古、今字。「疏爵而貴之」，《墨子‧尚賢中篇》作「般爵以貴之」，《路史‧發揮篇》作「疏爵以榮之」，《貞觀政要》三作「疏爵而待之」，貴、榮，並較「待」字為長。

君有難不死，出亡不送，可謂忠乎？」

　　茂仁案：《晏子春秋・內篇・問上篇》「可謂忠乎」作「其有說乎」，《群書治要》三三、《太平御覽》六二一並引《晏子》作「其說何也」，《論衡・定賢篇》、《說苑・臣術篇》、《春秋別典》八引、《路史・發揮篇》、《貞觀政要》三、《兩山墨談》九則並與本文同。張純一《晏子春秋校注》引王云：「可謂忠乎，本作『其說何也』。下文《晏子》對詞，正申明不死不送之說。今本作可謂忠乎者，後人依《說苑・臣術篇》、《論衡・定賢篇》改之。《群書治要》及《太平御覽・治道部二》引此，並作『其說何也』。」是，當據改。

對曰：「言而見用，終身無難，臣奚死焉？諫而見從，終身不亡，臣奚送焉？

　　武井驥曰：「《晏子》『諫』作『謀』，下同。」

　　梁容茂曰：「《晏子》：作『謀而不從』。」

　　茂仁案：「諫而見從」，《群書治要》三三引《晏子》作「謀而不從」，《太平御覽》六二一引《晏子》則作「諫而見從」，與此同。劉文典《說苑斠補・臣術篇》云：「諫當為謀字之誤，此承上『謀而見從』而言，《晏子春秋・問上篇》字正作謀，是其證。」《路史・發揮篇》「從」作「聽」，《貞觀政要》三作「納」，下並同。

若言不見用，有難而死，是妄死也；諫不見從，出亡而送，是詐為也。

　　武井驥曰：「《晏子》『為』作『偽』，《政要》作『忠』。」

　　蒙傳銘曰：「《論衡》、《治要》『為』並作『偽』，《說苑》作『為』。為、偽古通。」

　　梁容茂曰：「《晏子》：為，作『偽』。案：為、偽古通。」

　　茂仁案：《論衡・定賢篇》、《路史・發揮篇》「為」亦並作「偽」。

故忠臣也者，能盡善與君，而不能與陷於難。」

　　梁容茂曰：「《晏子》作：『能納善於君』，陷上有『君』字，是也。」

　　茂仁案：「能盡善與君」，《說苑・臣術篇》亦作「能納善於君」，《春秋別典》八引同。《論衡・定賢篇》、《路史・發揮篇》「與」並作「於」。「而不能與陷於難」，《說苑・臣術篇》、《春秋別典》八引「與」下亦並有「君」字。上諸書「陷」並作「陷」，四庫本、鐵華館本、百子本、龍溪本並同。陷、陷，形近而訛，當據改。

（二五）宋玉因其友以見於楚襄王

宋玉因其友以見於楚襄王，襄王待之無以異，宋玉讓其友。

蒙傳銘曰：「《韓詩外傳》卷七作『宋玉因其友見楚襄王』，《御覽》四七七引同，四〇九引作『宋玉因其友事楚襄王』，《渚宮舊事》卷三作『玉之見王因其友』，《北堂書鈔》三三引〈宋玉集序〉，作『宋玉事楚懷王，友人言之宋玉，玉以爲小臣，王（茂仁案：王，爲玉之誤）議友人。』」

茂仁案：《說苑‧善說篇》云：「孟嘗君寄客於齊王」云云，下文義與此稍略，《太平御覽》六三二引《呂氏春秋》略同，並與此異。「宋玉因其友以見於楚襄王」，《類說》三〇引亦作「宋玉因其友見楚襄王」，《全三代文》宋玉〈宋玉集序（附）〉亦作「宋玉事楚懷王，友人言之宋玉，玉以爲小臣，玉議友人」，《白氏六帖》一〇〈注〉引《韓詩外傳》作「宋玉因其友事襄王」。玉之與楚襄王，《韓詩外傳》七、《渚宮舊事》三引並以爲「見」，與此同；《白氏六帖》一〇〈注〉、《太平御覽》四〇九並引《韓詩外傳》以爲「事」，《北堂書鈔》三三〈注〉引〈宋玉集序〉及《全三代文》宋玉〈宋玉集序（附）〉亦並以爲「事」，唯所事者爲「楚懷王」，審下文「子之事王未耳」乃承此而言，故作「事」，於文例較長。至若宋玉之事楚襄王，抑楚懷王，以宋玉年壽及於二者，並有可能，本書卷一「楚威王」章，「楚威王問於宋玉曰」條校記已申辯之，可相參稽也。

其友曰：「夫薑桂因地而生，不因地而辛；婦人因媒而嫁，不因媒而親。子之事王未耳，何怨於我？」

武井驥曰：「《韓詩》卷七『婦人』作『女』。」

梁容茂曰：「《外傳》七：婦人，作『女』。」

茂仁案：「婦人因媒而嫁，不因媒而親」，《北堂書鈔》三三〈注〉引〈宋玉集序〉「婦人」亦作「女」。《淮南子‧說山篇》「親」作「成」，《說苑‧善說篇》、《渚宮舊事》三引「嫁」並作「成」。《類說》三〇引、《喻林》五六引並與本文同。《淮南子‧說山篇》云：「因媒而嫁，而不因媒而成；因人而交，不因而親。」于大成先生《淮南子校釋‧說山篇》云：「鄭良樹云：『《記纂淵海》引成作親，蓋涉下句‘不因人而親’而誤耳。』大成案：《記纂淵海》引成作親，乃沿《御覽》之誤，《御覽》乃涉下句而誤耳。」是。「子之事王未耳」，《北堂書鈔》三三〈注〉引〈宋玉集序〉「王」作「主」，審本文俱言「王」，無言「主」者，主、王，形近而訛也。

宋玉曰：「不然。昔者齊有良兔曰東郭㕙，蓋一旦而走五百里。

武井驥曰：《韓詩》『良』作『狡』、『蓋』作『盡』。」

施珂曰：「蓋疑盡之誤，《外傳》七作『齊有狡兔，盡一日而走五百里。』」

梁容茂曰：「《外傳》：良兔，作『狡兔』，無兔下四字。下句作『盡一日而走五百里』。無以下良狗事。」

蔡信發曰：「《外傳》作『齊有狡兔』，《渚宮舊事》作『昔齊有良兔東郭狻』。又『東郭狻』一詞，《國策・齊策三》、四，分作『東郭逡』、『東郭俊』。蓋『狻』、『逡』、『俊』、『狻』並從『夋』得聲，故相通作。是寓言，其來有自，今之所見，《國策》最早。〈齊策三〉：『東郭逡者，海內之狡兔也。』四：『世無東郭俊、盧氏之狗。』東郭之上，均未冠以國名。《外傳》益簡，但言狡兔，既不著國，亦不標地。迄此據《外傳》而載該事，始上增『齊』字。《通志・氏族略》：『東郭氏，齊公族桓公之後也。』《姓譜》：『齊公族大夫居東郭、南郭、西郭、北郭者，以地為氏。』東郭，古齊屬地，故此著以國名，而視《國策》、《外傳》為詳。至〈齊策三〉以東郭俊為犬則誤。」

茂仁案：「昔者齊有良兔曰東郭狻」，《類說》三〇引「良兔」亦作「狡兔」。程榮本、祕書本「兔」並作「兔」，陳用光本、四庫本、百子本、龍溪本並作「兔」，下同。《太平御覽》九〇七引《春秋後語》、《初學記》二九引《戰國策》「狻」亦並作「俊」。《渚宮舊事》三引「狻」亦作「狻」。《永樂大典》一一「去聲・八震」以「狻」、「狻」並為狡兔名，則以作「狻」、「狻」為長，逡、俊或其借字也。「蓋一旦而走五百里」，《韓詩外傳》七「蓋」作「盡」，審下文「亦一旦而走五百里」，則此作蓋、作盡，並通。

於是齊有良狗曰韓盧，亦一旦而走五百里，

蔡信發曰：「《外傳》無此句，下『韓盧』並作『良狗』，《渚宮舊事》作『有良狗韓子盧』。又『韓子盧』，別見〈齊策三〉；一作『盧氏之狗』，見〈齊策四〉。《廣雅・釋獸》：『韓盧、宋猲，犬屬。』《故事成語考・鳥獸》：『韓盧、楚獷，皆犬之名。』《漢書・王莽傳下》〈注〉：『韓盧，古韓國之名犬也。黑色曰盧。』檢：前二書並不言韓盧為何國之犬，顏〈注〉則明言為韓國之犬。又諸書所引眾犬之上，並分冠宋、楚之字，以為該國之犬，而此韓盧，自以顏〈注〉得之，而此屬之於齊誤。〈齊策三〉、《渚宮舊事》於『盧』下益以『子』字，〈齊策四〉於『盧』下益以『氏』字，無非狀是犬之貴重而已。」

茂仁案：「韓盧」，《戰國策・齊策三》作「韓子盧」，《古文苑》王粲〈為劉表與袁尚書〉〈注〉引《戰國策》並同，《說苑・善說篇》作「韓氏之盧」，《太平御覽》九〇七引《春秋後語》作「韓子獹」，〈注〉云：「黑犬也，獹，讀如盧也。」又其下

作「韓獹」。獹爲黑犬，又見《孔叢子・執節篇》，《初學記》二九引呂忱《字林》曰：「獹，韓良犬也；猲，宋良犬也。」《天中記》五四引《字林》同，《錦繡萬花谷》三七「韓盧宋猲」云：「〈毛穎傳〉云：『東郭㕙與韓盧爭能，盧不及，怒。宋猲謀而殺之。』〈注〉：『猲，音鵲，宋國之良犬也。』」《永樂大典》二「平・五模・獹」〈注〉云：「韓獹，犬也。通作盧。」《全晉文》傅玄〈走狗賦〉云：「韓盧其不抗，豈晉獒之能禦。」是知「盧」爲黑色犬，屬「韓」有，此屬之於齊，誤矣，當據改。蔡先生之說是也。

使之遙見而指屬，則雖韓盧不及眾兔之塵；

盧文弨曰：「『屬』，讀曰注，《外傳》七作『注』。」

武井驥曰：「《韓詩》『遙』作『瞻』、『屬』作『注』、『眾』作『狡』。」

梁容茂曰：「（則雖韓盧不及眾兔之塵）《外傳》：見，作『瞻』；屬，作『注』。韓盧，作『良狗』。眾兔，作『狡兔』。《拾補》云：『屬讀曰注。』」

蔡信發曰：「《外傳》作『指注』。《說苑纂註》：『指屬，言執縲連屬于手指而引也。』《說苑集證》：『指屬，謂指示使之屬目也。』後說得之。」

茂仁案：四庫《新序》版本有二，二本並作「盧」，不作「獹」，梁先生以四庫本爲底本，失檢。《渚宮舊事》三引「屬」下有「之」字，「眾兔」作「良兔」。審上文但云「良兔曰東郭㕙」，至此則言「眾兔」，上下不接，意有未合，則以《渚宮舊事》三引作「良兔」爲長，當據改。元刊本、楚府本、楊美益本「屬」並作「属」，下同。属，未見於字書，唯版刻習見，疑即「屬」字俗寫。

若躡迹而縱縲緤，則雖東郭㕙亦不能離，今子之屬臣也，躡迹而縱縲緤與？遙見而指屬與？《詩》曰：『將安將樂，弃我如遺。』此之謂也。」

茂仁案：何良俊本、白口十行本、程榮本、祕書本、百子本「弃」並作「棄」，陳用光本、四庫本並作「棄」。《毛詩・小雅・谷風》「我」作「予」。弃、棄，古、今字；棄，爲棄字篆文「𣸣」之隸定。

其友人曰：「僕人有過！僕人有過！」

茂仁案：「其友人曰」，審本文言及「其友」，或「其友曰」，「友」下並無「人」字，獨此有之，不類，「人」爲衍文，當據刪。《渚宮舊事》三引作「其友曰」，無「人」字，即其明證。「僕人有過」，《渚宮舊事》三引「僕」作「鄙」，且此句不重出。楚府本於下「過」下有「人」字，非是，蓋衍也。

（二六）宋玉事楚襄王而不見察

宋玉事楚襄王而不見察，意氣不得，形於顏色。或謂曰：「先生何談說之不揚，計畫之疑也？」

　　茂仁案：《渚宮舊事》三引無「談」字。

宋玉曰：「不然。子獨不見夫玄蝯乎？

　　蔡信發曰：「《渚宮舊事》『玄蝯』作『元猿』。元，與玄通，清聖祖諱玄燁，『玄』用『元』代之。《說文》：『蝯，善援，禺屬。』《集韻》：『蝯，或作猨、猿、𤢖、狨。』玄蝯，即元猿。玄蝯，黑色長手猿。」

　　茂仁案：《白氏六帖》二九〈注〉引《後語》「蝯」作「猿」。《說文》十三篇上虫部云：「蝯，善援。禺屬。」段〈注〉云：「禺，母猴屬，蝯即其屬，屬而別也。郭氏《山海經》傳曰：『蝯似獼猴，而大臂腳長便捷，色有黑、有黃，其鳴聲哀。柳子厚言猴性躁而蝯性緩，二者迴異。』知蝯即猿也。王叔岷先生《莊子校詮・外篇・山木篇》以猨、猿並爲蝯之俗字。

當其居桂林之中，峻葉之上，從容游戲，超騰往來，龍興而鳥集，悲嘯長吟。

　　蔡信發曰：「《渚宮舊事》『峻葉』作『芳華』。」

　　茂仁案：居，當改作「尻」，說見本書卷一「昔者舜自耕稼陶漁而躬孝友」章，「居於闕黨」條校記。《渚宮舊事》三引「超騰」作「倏忽」，無下二句。《白氏六帖》二九〈注〉引《後語》「超騰」亦作「倏忽」。祕書本「游」作「遊」。遊，游之俗字，說見《說文》七篇上「游」字段〈注〉。

當此之時，雖羿、逢蒙不得正目而視也。

　　茂仁案：「雖羿、逢蒙不得正目而視也」，《法言・學行篇》、《貞觀政要》一〇、《炳燭篇》四「逢」並作「逄」，元刊本、楊美益本、白口十行本並同。《春秋繁露・竹林篇》載「逢丑父」作「逄丑父」，《貞觀政要》一載「關龍逢」作「關龍逄」。《永樂大典》五「平聲・十七陽」並以逄、蠭、逢爲「『逄』蒙」。「逄」、「逢」究以何者爲是？宋袁文《甕牖閒評》一云：「《左氏傳》載逢丑父，逢字，陸德明無音，《千姓編》乃歸在逢字門下，與逄蒙同，如此當讀作龐字，德明失音也。而《孟子》逄蒙，逢字亦與《左氏傳》同，〈孟子音〉又云：『逄從夆，下江切。』以此知不獨德明失音，而二經皆當從夆，皆誤從夅矣。」錢大昕《十駕齋養新錄》五云：「古音逢如蓬。《詩》：『鼉鼓逢逢。』〈釋文〉：『逢，薄紅反。』徐仙民音豐亦讀豐，重脣也。《爾

雅》：『歲在甲曰閼逢。』《淮南‧天文訓》作『閼蓬』，《莊子‧山木篇》：『雖羿、蓬蒙不能眄睨。』即《孟子》之逢蒙也，後世聲韻之學行，妄生分別，以鼓逢逢讀重脣，入東韻；相逢字讀輕脣，入鍾韻。又別造一逢字，轉爲薄江切，訓人姓，改逢蒙、逢丑父之逢爲逢以實之，則眞大謬矣。洪氏《隸釋》引司馬相如云：『「烏獲、逢蒙之巧。」王褒云：「逢門子彎烏號。」《藝文志》亦作逢門，即逢蒙也。〈古今人表〉有逢於何數人，陽朔中有太僕逢信。《左傳》有逢伯陵、逢丑父矣。《漢》有逢萌，《莊子》：「羿、逢不能睥睨。」《淮南子》：「重以逢門子之巧。」皆作逢迎之逢。石刻有漢〈故博士趙傅逢府君神道逢童子碑〉，其篆文皆從夆。魏〈元丕碑〉有逢牧〈孔宙碑〉陰有逢祈，〈逢盛碑〉陰有逢信，亦不書作逢。又謂漢儒尚借戠爲逢，則恐諸逢當讀爲「鼉鼓逢逢」之逢。』洪說是也。漢魏以前未有逢字，其爲六朝人妄造無疑。」阮元《孟子‧離婁篇》「學射於羿之逢蒙」〈校勘記〉亦云：「逢字从夆，宋人《廣韻》改作逢，殊謬。」錢大昕、阮元說蓋是也。竊以爲逢之作逢，疑爲六朝俗寫所致。

及其在枳棘之中也，恐懼而掉慄，危視而蹐行，眾人皆得意焉。

武井驥曰：「（恐懼而悼慄）楊子《方言》曰：『陳楚謂懼曰悼。』慄亦懼也。」

施珂曰：「《漢魏叢書》程本、陳本悼並誤掉。」

蒙傳銘曰：「掉、悼二字，形近致誤。《渚宮（茂仁案：奪舊字）事》卷三『掉』作『悼』，無『而』字。鐵華館本，武井驥本亦作『悼』，黃丕烈校同。」

梁容茂曰：「百子本：慄，作『慓』，非。」

蔡信發曰：「《渚宮舊事》『掉』作『悼』。」

茂仁案：「恐懼而掉慄」，《白氏六帖》二九〈注〉引《後語》「掉」亦作「悼」，鐵華館本、龍溪本並同。掉、悼；慓、慄，並形近致訛也，說見本書卷二「莊辛諫楚襄王曰」章，「形體悼栗」條校記。「危視而蹐行」，孫詒讓《札迻》八云：「案蹐當作蹐。《說文》足部云：『蹐，小步也。』」是。蹐行即小步地走，與「危視」意合。蹐、蹐，古並爲精母、錫部，音同可通，據是，蹐、蹐，正、假字也。

此皮筋非加急而體益短也，處勢不便故也。

盧文弨曰：「（勢）『世』訛。」

梁容茂曰：「何本、百子本：勢，作『世』。《拾補》云：『世訛。』」

茂仁案：陳鱣亦校作「勢」。祕書本、陳用光本「勢」亦並作「世」。他本並作「勢」，與此同，《喻林》二二引亦同，並不誤也。

夫處勢不便，豈可以量功校能哉？

　　茂仁案：白口十行本、祕書本「勢」並作「世」，非是，說見上。

《詩》不云乎：『駕彼四牡，四牡項領。』夫久駕而長不得行，項領，不亦宜乎！《易》曰：『臀無膚，其行趑趄。』此之謂也。」

　　武井驥曰：「〈夬・爻辭〉，『趑趄』作『次且』。」

　　施珂曰：「《漢魏叢書》陳本趑作趀。趀、趑皆赼之訛。」

　　蒙傳銘曰：「崇本書院本、涵芬樓本、鐵華館本『趑』並作『趄』。趄、趑並赼之俗，《周易》作『次且』，次則赼之假也。」

　　蔡信發曰：「《易》見〈夬〉。原文『趑趄』作『次且』。次且、趑趄同音假借。《說文》：『赼，赼趄，行不進也。趄，赼趄也。』」

　　茂仁案：「其行趑趄」，崇本書院本（楚府本）、涵芬樓本（楊美益本）、鐵華館本「趑」並作「趑」與此同，不作「趄」，蒙先生失檢。何良俊本、白口十行本、程榮本、祕書本、四庫本「趑」並作「趀」。《易經・姤卦》並同〈夬卦〉「趑趄」作「次且」，《太平御覽》二一五引《唐新語》云：「趑趄失步。」又三五三引張載〈劍閣銘〉云：「萬夫趑趄。」〈注〉云：「難行皃也。」《說文》二篇上走部云：「赼，赼趄，行不進也。從走，次聲。」又云：「趄，赼趄也。從走，且聲。」《永樂大典》一「平聲・二支」云：「赼，赼趄，趨不進也，亦作次。」又云：「次，易其行次。」又卷二「平聲・四魚」云：「趄，赼趄，趨不進貌，古作且。」又云：「且，易其行次。」是則次、赼；趄、且，古並可通。次，爲「赼」之借字；且，爲「趄」之借字。趀、趑，正、俗字，說見《龍龕手鑑新編》編號 05957。《說文》有「赼」無「趑」，竊疑「趑」又爲「赼」之俗字也。

（二七）田饒事魯哀公而不見察

田饒事魯哀公而不見察，田饒謂魯哀公曰：

　　茂仁案：「田饒謂魯哀公曰」，審上句已言「魯哀公」，此不當重出「魯」字，「魯」顯爲衍文。本卷「子張見魯哀公」章，云「子張見魯哀公，七日而哀公不禮」，即其比也。《韓詩外傳》二無「魯」字，《春秋別典》一三引同，並其明證也，當據刪。

「臣將去君而鴻鵠舉矣。」

　　武井驥曰：「《韓詩》卷二『鴻』作『黃』，下同。」

梁容茂曰：「《外傳》二：鴻，作『黃』，下同。」

蔡信發曰：「《外傳》『鴻』作『黃』，下同。《說文》：『鴻，鴻鵠也。鵠，鴻鵠也。』《玉篇》下：『鵠，黃鵠，仙人所乘。』鴻鵠，即黃鵠。」

茂仁案：「臣將去君而鴻鵠舉矣」，《春秋別典》一三引、《天中記》五八「鴻」亦並作「黃」，下同。黃，古爲匣母、陽部；鴻，古爲匣母、東部，黃、鴻一聲之轉也。

哀公曰：「何謂也？」田饒曰：「君獨不見夫雞乎？頭戴冠者，文也；足傅距者，武也；敵在前敢鬥者，勇也；

茂仁案：「足傅距者」，《韓詩外傳》二「傅」作「搏」，《春秋別典》一三引同，《白氏六帖》二九〈注〉作「持」。《說文》八篇上人部「傅」字段〈注〉云：「亦爲今之附近字。」是則傅，即今「附」字。職此，作「傅」是，與「持」義通。搏、傅，形近而訛也。《群書治要》八、《事類賦》一八、《太平御覽》九一八、《群書類編故事·雞有五德》並引《韓詩外傳》則並與本文同，並不誤也。

見食相呼，仁也；守夜不失時，信也，

茂仁案：審此與上文「頭戴冠者，文也」、「足傅距者，武也」、「敵在前敢鬥者，勇也」爲並列句，其上句末並有「者」字，且下文「雞雖有此五者」、「無此五者」，亦並有「者」字，故此「呼」、「時」下蓋奪「者」字也，當據補。

雞雖有此五者，君猶日瀹而食之。何則？以其所從來近也。

武井驥曰：「《韓詩》作『雞有此五德，君猶日瀹而食之者何也』。」

施珂曰：「《外傳》二者作德。」

梁容茂曰：「（君猶日瀹而食之）《外傳》、程本、百子本：日，俱作『日』，是也。」

茂仁案：四庫《新序》版本有二，二本並作「日」，不作「曰」，梁先生以四庫本爲底本，失檢。「雞雖有此五者」，《春秋別典》一三引「者」亦作「德」，義通。「君猶日瀹而食之」，《群書治要》八引《韓詩外傳》作「君猶烹而食之者」，《白氏六帖》二九〈注〉作「君猶烹而食之」，《類說》三〇引「瀹」作「爚」。《玉篇》云：「瀹，煮也。」《說文》十篇下火部云：「爚，火光也。」職此，瀹、爚、烹，義並通。

夫鴻鵠一舉千里，止君園地，食君魚鼈，啄君菽粟，無此五者，君猶貴之，以其所從來遠也。臣請鴻鵠舉矣。」

　　茂仁案:「止君園地」,《韓詩外傳》二「地」作「池」,《白氏六帖》二九〈注〉、《類說》三〇引、《春秋別典》一三引、《天中記》五八並同,各本亦並同。審下文「食君魚鼈,啄君菽粟」,園以長菽粟,池以生魚鼈,故作「池」是也,地、池,形近而訛,當據改。「食君魚鼈」,《類說》三〇引「鼈」作「鱉」,百子本同。《龍龕手鑑新編》編號18937,列「鼈」為正字,則鱉或其俗字也。

哀公曰:「止,吾書子之言也。」田饒曰:「臣聞食其食者,不毀其器,蔭其樹者,不折其枝。

　　茂仁案:「蔭其樹者」,《韓詩外傳》二「蔭」作「陰」,古通。

有士不用,何書其言為?」遂去之燕,燕立以為相。

　　武井驥曰:「《韓詩》『士』作『臣』。」

　　梁容茂曰:「《外傳》:士,作『臣』。」

　　茂仁案:士、臣,義通,參見本卷「楚人有善相人」章,「此所謂吉人也」條校記。「遂去之燕」,《類說》三〇引「燕」作「吳」,非是,下文云「燕立以為相」、「燕之政大平」,知作「吳」非也,各本並作「燕」,是其明證。

三年,燕之政大平,國無盜賊。

　　茂仁案:「燕之政大平」,楚府本、何良俊本、程榮本、祕書本、陳用光本、四庫本、百子本、龍溪本「大」並作「太」。大、太,古通。

哀公聞之,慨然太息,為之避寢三月,抽損上服,曰:「不慎其前,而悔其後,何可復得。」

　　武井驥曰:「《韓詩》『慨』作『喟』。」又曰:「《韓詩》『抽』作『減』。」

　　梁容茂曰:「《外傳》:慨,作『喟』。」又曰:「《外傳》作:『減損止(茂仁案:上字之誤)服』。何本:後,作『從』,誤。」

　　茂仁案:慨、喟;抽、減,義並通。《韓詩外傳》二「避」作「辟」。辟、避,古、今字。祕書本「寢」作「寑」,非是,形近而訛也。

《詩》曰:「逝將去汝,適彼樂土。樂土樂土,爰得我所。」

　　盧文弨曰:「(適彼樂土)疊一句,《外傳》二同。」

　　武井驥曰:「《詩·魏風·碩鼠篇》。今詩三句作『樂土樂土』。」

　　蒙傳銘曰:「詩第三句,鐵華館本作『樂土樂土』,黃丕烈校同。」

蔡信發曰:「《外傳》作『《詩》云:逝將去汝,適彼樂國;適彼樂國,爰得我直』,與此異。蓋此引《詩·魏風·碩鼠》首章,而《外傳》引該〈詩〉次章。原詩『汝』並作『女』。汝、女古通。《禮記·仲尼燕居》〈釋文〉:『女,本作汝。』」

茂仁案:「逝將去汝」,《公羊傳·昭公十五年》疏引《詩經》「逝」作「誓」,於義為長。《毛詩·魏風·碩鼠》「汝」作「女」。汝、女古通,餘並同本文。《三家詩遺說考·韓詩》、《三家詩補遺·魯詩》「樂土樂土」並作「適彼樂土」,武井驥《纂註本》、元刊本、何良俊本、楊美益本、白口十行本、程榮本、陳用光本、四庫本、百子本並同。祕書本作「適彼樂上」,「上」為「土」之形訛,楚府本無此句。《韓詩外傳》二作「《詩》云:『逝將去汝,適彼樂國,樂國樂國,爰得我直』」。並與上引諸《詩》異。俞樾《諸子平議》九《毛詩·碩鼠》「樂土樂土」云:「《韓詩外傳》兩引此文,並作『逝將去女,適彼樂土,適彼樂土,爰得我所』,又次章亦云:『逝將去女,適彼樂國,適彼樂國,爰得我直』。當以《韓詩》為正。詩中疊句成文者甚多,如〈中谷有蓷篇〉疊『嘅其歎矣,嘅其歎矣』兩句,〈丘中有麻篇〉疊『彼留子嗟,彼留子嗟』兩句,〈東方之日篇〉疊『在我室矣,在我室矣』兩句,〈汾沮洳篇〉疊『美無度矣,美無度矣』兩句,皆是也。《毛》與《韓》本當不異,因古人遇疊句皆省不書,止於字下加二畫以識之。《宋書·禮樂志》所載樂府詞皆如是,如〈秋胡行〉疊『願登泰華山,神人共遨游』二句,則書作『願二登二泰二華二山二,神二人二共二遨二游二』是其例也。此詩亦當作『適二彼二樂二土二』傳寫誤作『樂土樂土』耳。」俞樾說甚是也。

《春秋》曰:「少長於君,則君輕之。」此之謂也。

（二八）子張見魯哀公

子張見魯哀公,七日而哀公不禮,託僕夫而去,

　　武井驥曰:「《治要》七上有『見』,下同。」

　　施珂曰:「《治要》引七上有見字。下同。」

　　梁容茂曰:「《治要》引:公下有『見』字。」

　　茂仁案:《藝文類聚》九六引《莊子》作「子張見魯哀公不禮焉,去」,《文選》任彥升〈天監三年策秀才文〉李善注引《莊子》作「子張見魯哀公,哀公不禮,去」,《困學紀聞》一○引《莊子》作「子張見魯哀公不禮士也,託僕夫而去」,《太平御覽》四七五引《莊子》同,《太平御覽》三八九引《莊子》作「子張見魯哀公,哀公

不禮」，又九二九引《莊子》作「子張見魯哀公，哀公不禮，託僕大夫而去」，《莊子》
文今佚，諸書所引，並無「七日」二字，《太平御覽》九二九所引「僕大夫」，「大」
字，蓋涉「夫」字聯想而誤衍。《群書治要》四二引「七」上有「見」字，審下文「故
不遠千里之外以見君，七日不禮」，爲承此而來，「七」上無「見」字，故此不當有
「見」字也，《後漢書·崔駰傳》〈注〉引、《群書集事淵海》一五引、《錦繡萬花谷·
續集三五》引、《春秋別典》一四引、《天中記》五六引「七」上並無「見」字，各
本亦並無，下同，並其明證也。

曰：「臣聞君好士，故不遠千里之外，犯霜露，冒塵垢，百舍重趼，不敢休息
以見君，七日而君不禮，君之好士也，有似葉公子高之好龍也。

　　茂仁案：「臣聞君好士」，祕書本「聞」作「謂」，「謂」訓以爲，於義亦通，唯
審下文「今臣聞君好士」，故作「聞」爲長，他本並與此同。「七日而君不禮」，《群
書治要》四二引「七」上有「見」字。

葉公子高好龍，鉤以寫龍，鑿以寫龍，屋室雕文以寫龍，

　　武井驥曰：「《御覽》七百五十引作『門亭軒牖皆畫龍形，一旦』云云，一本作
『室雕文畫寫似龍』，《論衡·亂龍篇》作『牆壁盂樽，皆畫龍象』。」

　　施珂曰：「（居室雕文以寫龍）《文選》任彥昇〈天監三年策秀才文〉〈注〉、《記
纂淵海》九九引以上並有畫字。」

　　梁容茂曰：「《論衡·亂龍篇》：『牆壁盂樽，皆畫龍。』《御覽》七五○引作：『門
亭軒牖皆畫龍形，一旦眞龍垂頭於窗……。』一本作：『室雕文畫寫似龍』。百子本：
室，作『宇』。」

　　茂仁案：「屋室雕文以寫龍」，鐵華館本作「屋」，不作「居」，施先生以鐵華館
本爲底本，失檢。百子本作「室」，不作「宇」，梁先生失檢。又檢《新序》各本，
並未有作「室雕文畫寫似龍」者，未詳武井驥及梁先生之「一本」何所指？《文選》
任彥昇〈天監三年策秀才文〉李善〈注〉、《事類賦》二八〈注〉、《太平御覽》三八
三、又九二九並引《莊子》「文」下並有「盡」字。《困學紀聞》一○、《太平御覽》
四七五並引《莊子》「以寫龍」作「盡寫以龍」，亦有「盡」字，《論衡·亂龍篇》作
「牆壁盂樽，皆畫龍象」，《白氏六帖》二九「畫」〈注〉、《古今合璧事類備要·別集》
六三〈注〉並引《莊子》作「室屋皆畫龍」，《白氏六帖》九「葉公好龍」〈注〉作「居
室皆雕畫以寫龍」，「皆」亦「盡」之意。職此，本句「文」下當據以補「盡」或「皆」
字爲是，《太平御覽》七五○引作「門亭軒牖皆畫龍」，亦有「皆」字，即其明證。「寫」，

《史記・秦始皇本紀》〈考證〉引葉昌熾曰：「（上略）《新序》：『葉公子高好龍，鉤以寫龍，鑿以寫龍，屋室雕文以寫龍。』（中略）顧氏《日知錄》舉以為寫字訓書之證，不知此非寫字，乃象字之駁文也。」瀧川龜太郎〈考證〉從之。審「寫」，於古代除「書寫」義外，尚有作「仿製、描摹」義者，如《韓非子・外儲說左上篇》云：「卜子妻寫弊褲。」其「寫」，即指按弊褲之形以仿製之義，非必盡釋為書寫義也，《新序》此文之「寫」字，當如是觀。葉昌熾、瀧川龜太郎並以「寫」為「象」之誤字，非矣。

於是夫龍聞而下之，

盧文弨曰：「（天）『夫』訛。」又曰：「（降）兩本同，何作『下』。」

武井驥曰：「舊本『天』作『夫』，非。今據吳本、《治要》並〈崔駰傳〉及〈襄楷傳〉〈註〉、《御覽》四百七十五及九百二十九所引《莊子》改，七百五十作『眞』，一百五十九引《家語》及《論衡》亦同。」

施珂曰：「盧說是也。《文選》〈注〉、《治要》、《記纂淵海》、《天中記》五六引夫皆作天。」

梁容茂曰：「《治要》引：夫，作『天』。《拾補》夫作天，云：『夫訛。』下作降，云：『兩本同，何作下。』案：四庫本作『下』。」

蔡信發曰：「《拾補》『夫』作『天』，《治要》引『夫』作『天』。是。夫，天之形誤。《論衡》作『楚葉公好龍，牆壁盂樽皆畫龍象，眞龍聞而下之』，可與此相參。」

茂仁案：「於是夫龍聞而下之」，盧文弨云「夫訛」，並改「夫」作「天」，是也。《文選》任彥升〈天監三年策秀才文〉李善〈注〉、《藝文類聚》九六、《白氏六帖》二九〈注〉、《事類賦》二八〈注〉、《太平御覽》三八九、又四七五、又九二九、《困學紀聞》一○、《古今古璧事類備要・別集》六三〈注〉並引《莊子》「夫」並作「天」，《白氏六帖》九〈注〉、《群書治要》四二引、《後漢書・崔駰傳》〈注〉引、《喻林》七一引、《天中記》五六引、《兩山墨談》五並同，白口十行本、祕書本亦並同。審本句各本有「聞而下之」語，故作「天龍」為是，夫、天，形近而訛。《太平御覽》七五○引云：「一旦眞龍垂頭於窗。」作「垂頭」，益證龍為由天而降，是其明證也，武井驥《纂註本》、陳鱣亦並校作「天」，是也。

窺頭於牖，拖尾於堂，

武井驥曰：「《御覽》作『垂頭於窗，掉尾於戶』。」

梁容茂曰：「（施尾於堂）《治要》引：施，作『拖』。《御覽》七五〇引作：『垂頭於窗，棹尾於戶。』何、程、百子本：施，俱作『拖』。」

茂仁案：「拖尾於堂」，四庫《新序》版本有二，二本並作「拖」，不作「施」，梁先生以四庫本爲底本，失檢。元刊本、楚府本、何良俊本、楊美益本、白口十行本、祕書本、鐵華館本、龍溪本亦並作「拖」，與此同，《春秋別典》一四引、《喻林》七一引「拖」則並作「施」，《太平御覽》七五〇作「棹尾於戶」。《說文》七篇上方部「施」字段〈注〉云：「〈毛傳〉曰：『施，移也。』此謂施即延之假借。〈大雅〉：『施于條枚。』《呂氏春秋》、《韓詩外傳》、《新序》【見〈黃琬傳〉〈注〉】皆引作『延』。」職此，作「施」，於義較長。

葉公見之，弃而還走，失其魂魄，五色無主，

施珂曰：「《記纂淵海》引弃作遠。」

梁容茂曰：「（葉公見之弃而還走）《御覽》七五〇引作：『葉公驚走失措焉。』」

茂仁案：「弃而還走」，四庫《新序》版本有二，四庫全書本作「棄」，四庫全書薈要本作「棄」，二本並不作「弃」，梁先生以四庫本爲底本，失檢。《類說》三〇引、《群書集事淵海》一五引、《春秋別典》一四引、《喻林》七一引、《天中記》五六引「弃」並作「棄」，白口十行本、程榮本、祕書本、百子本並同，陳用光本、四庫本並作「棄」，弃、棄，古、今字；棄，爲棄字篆文「𣾷」之隸定。

是葉公非好龍也，好夫似龍而非龍者也。

武井驥曰：「（是葉公非好龍也）《御覽》四百七十五『非』下有『不』字，《文選》任彥升〈策秀才文〉〈註〉引《莊子》『好』下有『眞』字。」

施珂曰：「《文選》〈注〉引好下有眞字。」

茂仁案：「是葉公非好龍也」，爲否定句，與此意乖。葉公爲好龍之人，是以有雕寫龍文之舉，故此當爲雙重否定句式，爲肯定語氣，《太平御覽》四七五、《困學紀聞》一〇並引《莊子》作「葉公非不好龍也」，「非」下有「不」字，即其明證，當據補。

今臣聞君好士，故不遠千里之外以見君，七日不禮，君非好士也，好夫似士而非士者也。《詩》曰：『中心藏之，何日忘之？』敢託而去。」

茂仁案：「君非好士也」，亦當爲雙重否定句式，爲肯定語氣，《太平御覽》四七五、《困學紀聞》一〇並引《莊子》作「今君非不好士也」，「非」下有「不」字，即其明證，當據補。

（二九）昔者楚丘先生

昔者楚丘先生，行年七十，披裘帶索，往見孟嘗君，欲趨不能進。

　　武井驥曰：「《韓詩》卷十『裘』作『蓑』，無『欲趨不能進』五字。」

　　施珂曰：「《冊府元龜》八三三引裘作簑，《外傳》十同。」

　　梁容茂曰：「《外傳》十：丘，作『邱』，下同。裘，作『蓑』。《意林》引作『被裘』，無『帶索』二字。被、披，古通。」

　　蔡信發曰：「《外傳》無『行年七十』。」

　　茂仁案：《太平御覽》三八三引《鬻子》云：「鬻子年九十，見文王，文王曰：『嘻，老矣！』鬻子曰：『若使臣捕虎、逐鹿，則老矣，使臣策國事，則臣年尚少。』因立為師。」與此類似，《全上古三代文》九鬻熊（未書篇名）略同。《意林》三引亦無「行年七十」、「欲趨不能進」等九字，《喻林》一七引《韓詩外傳》同。《群書類編故事・楚邱何老》引「丘」作「邱」，下同。邱從丘得聲，二者可相通用。披，古為滂母、歌部；被，古為並母、歌部，二者音近之字也。

孟嘗君曰：「先生老矣，春秋高矣，何以教之？」

　　武井驥曰：「《韓詩》『高矣』下有『多遺忘矣』四字、『之』作『文』，驥按：字形相似，蓋作『文』為是。」

　　施珂曰：「《冊府元龜》、《事文類聚》四四、《天中記》三九引『春秋高矣』下皆有『多遺忘矣』四字。又《冊府元龜》、《天中記》引之作文、《外傳》十同。文、孟嘗君之名也。」

　　梁容茂曰：「《外傳》：矣下有『多遺（茂仁案：遺字之誤）忘矣』四字。之，作『文』。《意林》引作『寡人』。」

　　蔡信發曰：「《外傳》『之』作『文』，《意林》引『之』作『寡人』。孟嘗君名文，未嘗封侯，何得稱寡人？通考《國策・齊策》、《史記・孟嘗君傳》，凡伊與人對言，皆自稱文，則此當以《外傳》為準。」

　　茂仁案：「何以教之」，《白孔六帖》六○此句上亦有「多遺忘矣」四字、「之」亦作「文」，《群書類編故事・楚邱何老》引此句上亦有「多遺忘矣」四字。有此四字，且「之」作「文」，於義並為長也。

楚丘先生曰：「噫！將我而老乎？噫！將使我追車而赴馬乎？投石而超距乎？

　　施珂曰：「《意林》引赴作趁。」

　　梁容茂曰：「《意林》引：赴，作『趁』。」

茂仁案：「噫！將我而老乎」，《韓詩外傳》一○作「惡，君謂我老！惡，君謂我老！」《意林》三引並同。「噫！將使我追車而赴馬乎」，「噫」，疑涉上文「噫！將我而老乎」而誤衍，《韓詩外傳》一○、《意林》三引「噫」並作「意者」，於義爲長。《意林》引「赴」作「趁」，《說文》二篇上走部云：「赴，趨也。」又云：「趁，趛也。」又「趛」字段〈注〉云：「馬載重難也。」蓋行不進之意也，據是，作「赴」是也。「投石而超距乎」，《白孔六帖》六○「超」作「拔」，義通，說見王念孫《讀書雜志》四之一二《漢書・傅常鄭甘陳段傳》「投石拔距」條。

逐麋鹿而搏豹虎乎？

盧文弨曰：「（虎豹）宋本倒。」

施珂曰：「《冊府元龜》、《事文類聚》引『豹虎』並作『虎豹』。」

蒙傳銘曰：「《天中記》三九引作『虎豹』，陳用光本同。」

梁容茂曰：「《外傳》：豹虎，作『虎豹』，何本、百子本同。《意林》引：無『麋』、『豹』二字。《拾補》：作虎豹，云：『宋本倒。』」

茂仁案：《意林》三引無「麋」、「豹」二字。《群書類編故事・楚邱何老》引「豹虎」亦乙作「虎豹」，祕書本、四庫全書薈要本並同，《類說》三○引、《冊府元龜》九○○則並作「豹虎」，與此同，元刊本、楚府本、何良俊本、楊美益本、白口十行本、程榮本、祕書本、四庫全書本、鐵華館本、龍溪本亦並同。

吾已死矣，何暇老哉？

梁容茂曰：「《外傳》：已，作『則』，《意林》作『即』。則、即，通用。」

茂仁案：「則」訓「已」，猶「即」訓「已」也，說見《古虛字集釋》八。

噫！將使我出正辭而當諸侯乎？決嫌疑而定猶豫乎？吾始壯矣，何老之有？」孟嘗君逡巡避席，面有愧色。

武井驥曰：「《韓詩》有『將使我深計遠謀乎』句。」

茂仁案：《白孔六帖》六○作「使我深謀遠計，役精神而決嫌疑，吾始壯矣」。「噫」，《韓詩外傳》一○無此字，《意林》三引、《類說》三○引、《群書類編故事・楚邱何老》引並同。

《詩》曰：「老夫灌灌，小子蹻蹻。」言老夫欲盡其謀，而少者驕而不受也。秦穆公所以敗其師，殷紂所以亡天下也。故《書》曰：「黃髮之言，則無所愆。」

茂仁案：語見《尚書・秦誓篇》，作「尚猷詢茲黃髮，則罔所愆」，與此異。

《詩》曰：「壽胥與試。」美用老人之言以安國也。

　　茂仁案：見《詩經‧魯頌‧閟宮》。

（三十）齊有閭丘邛

齊有閭丘卬，年十八，道遮宣王曰：「家貧親老，願得小仕。」

　　盧文弨曰：「（齊有閭丘印）『卬』訛。」

　　施珂曰：「盧說是也。《文選》羊祜〈讓開府表〉〈注〉、《荀子‧性惡篇》楊倞〈注〉引此皆作印。」

　　蒙傳銘曰：「閭，《天中記》一二作『呂』。丘，《天中記》二五作『邱』。卬，宋本亦誤作『卬』。《後漢書‧蔡邕傳》〈注〉引作『印』，陳鱣校同。」

　　梁容茂曰：「《拾補》云：卬作印，云：『卬訛。』」

　　蔡信發曰：「《拾補》『卬』作『印』，云：『卬，誤（茂仁案：盧氏作訛）。』」

　　茂仁案：「齊有閭丘卬」，四庫全書薈要本「卬」作「邛」，他本並與本文同。《天中記》一二無作「呂」字，且作「丘」，不作「邱」，蒙先生恐失之。盧文弨改「邛」作「印」，曰：「邛訛。」《類說》三〇引正作「印」，下同。《喻林》二九引、《天中記》二五引則並與本文同，各本並同。「願得小仕」，楚府本「仕」作「任」，作「仕」義較長。

宣王曰：「子年尚稚，未可也。」

　　茂仁案：楚府本無「曰」字，《類說》三〇引、《天中記》二五引並有「曰」字，元刊本、何良俊本、楊美益本、白口十行本、程榮本、祕書本、陳用光本、四庫本、鐵華館本、百子本、龍溪本並同。

閭丘邛對曰：「不然。昔有顓頊，行年十二而治天下，

　　武井驥曰：「《帝王世紀》曰：『顓頊生十年而佐少昊氏，二十年而登帝位。』《路史》曰：『顓頊十五佐小昊，封于高陽。』驥按：『有』恐『者』誤。」

　　蒙傳銘曰：「武說是也。此疑涉上文有字致誤。《天中記》二五引『有』正作『者』。」

　　梁容茂曰：「《帝王世紀》：『顓頊生十年，佐少昊氏，二十年而登帝位。』《路史》：『顓頊十五佐少昊，封高陽。』」

　　蔡信發曰：「《帝王世紀》作『顓頊生十年，佐少昊氏，二十而登帝王（茂仁案：當作位）』，《路史》作『顓頊十五佐少昊，封高陽』，並與此異。上古縣邈，諸說參

差，太史公作〈五帝本紀〉，捨而弗取，豈徒然哉？。」

　　茂仁案：「昔有顓頊，行年十二而治天下」，《鶡子‧數始五帝治天下篇》云：「昔者帝顓頊，年十五而佐黃帝，二十而治天下。」《漢書古今人表疏證‧顓頊帝高陽氏》云：「梁沈約《竹書》偽〈注〉及《宋書‧符瑞志》曰：『生十年佐少昊，二十登帝位。』《路史》作『十五佐小昊，(《鶡子》言十五佐黃帝，妄。)』《山海經》所以有少昊孺帝、顓頊之語，晉郭璞〈注〉云：『孺義未詳。』(《路史》以孺帝爲顓頊子，非。)當塗徐氏文靖《竹書紀年統箋》謂顓頊十年佐少昊，故有孺子之稱；又十年登位，孺帝，猶後世稱孺子王，其嗣少昊，以臣代言，故以少昊孺帝顓頊連言之。」祕書本「十二」作「十一」，形近致訛也。武井驥曰：「有，恐『者』誤。」是也。審本書此例繁多，如卷一「昔者舜自耕稼陶漁而躬孝友」、「昔者魏武侯謀事而當」、「昔者周舍事趙簡子」、「昔者吾友周舍有言曰」、「昔者吾先君中行穆子」；卷二「昔者唐虞崇舉九賢」、「昔者曾參之處鄭」、「昔者鄒忌以鼓琴見齊宣王」、「昔者燕相得罪於君」；卷三「昔者秦魏爲與國」、「昔者柳下季爲理於魯」、「昔者荊軻慕燕丹之義」、「昔者玉人獻寶」、「昔者樊於期逃秦之燕」、「昔者司馬喜臏於宋」；卷四「昔者齊桓公九合諸侯」、「昔者齊桓公與魯莊公爲柯之盟」、「昔者趙之中牟叛」、「昔者齊桓公出遊於野」；卷五「昔者楚熊渠子夜行」、「昔者舜工於使人」、「昔者齊有良兔」、「昔者楚丘先生行年七十」；卷七「昔者堯治天下」、「昔者有餽魚於鄭相者」、「昔者桀殺關龍逢」；卷十「昔者秦穆公都雍郊」，作「昔者」者共二十八例，獨此一例作「昔有」，不類。有，爲「者」字形近而致訛。《天中記》二五引「有」作「者」，白口十行本、陳用光本、百子本並同，即其明證也，當據改。

秦項橐七歲為聖人師，由此而觀之，邛不肖耳，年不稚矣。」

　　武井驥曰：「《論衡‧實知篇》『橐』作『託』，《史‧甘茂傳》曰：『夫項橐生七歲爲孔子師。』司馬貞曰：『橐音託，尊其道德，故云項橐。』《淮南子》曰：『項託使嬰兒矜。』高誘曰：『項託年七歲，窮難孔子而爲之作師。』」

　　梁容茂曰：「《史記‧甘茂傳》：『夫項橐生七歲而爲孔子師。』《論衡‧實知篇》：項橐，作『項託』。事又見《國策》七、《淮南‧修務訓》、〈說林訓〉〈注〉。……《御覽》四〇四引《春秋後語》作『十歲』，誤。七，古文作七，與十相似，故誤爲十。」

　　蔡信發曰：「《國策‧秦策五》、《史記‧甘茂傳》與此同；《淮南‧脩務》、〈說林〉〈注〉、《論衡‧實知》『項橐』並作『項託』，與此異；《御覽》四零四引《春秋後語》作『夫項橐十歲爲孔子師』，名姓與此同，年歲與此異。橐、託並他各切，同音，故相通作。《史記》、《春秋後語》、本章因《國策》；《論衡》據《淮南》，是以互異。『七』，

古作十（見《說文解字篆韻譜》），與『十』形近，是以諸書並作七歲，而《御覽》引《春秋後語》，獨作十歲，是乃形譌。《論衡校釋》：『《隸釋》〈童子逢盛碑〉云：‘才亞后橐，當爲師表。’‘后、項’、‘橐、託’音近假借。』案：在聲，后、項並爲匣紐；在韻，后收侯部，項收東部，對轉相通。是以后橐即項橐、項託。除本章項橐之上，冠以『秦』字，以爲秦人，餘書均未標著，是乃涉〈秦策〉篇名而誤。」

茂仁案：「秦項橐七歲爲聖人師」，《戰國策‧秦策五》云：「甘羅曰：『夫項橐生七歲而爲孔子師。』」《史記‧甘茂傳》同。《天中記》二五引《圖經》云：「橐，魯人，十歲而亡。時人尸而祝之，號小兒神。」以此，孔子爲魯人，《圖經》亦云項橐爲魯人，則此「秦項橐」之「秦」字，疑涉〈秦策〉甘羅語及甘羅爲秦人而誤，蔡先生說是也，今「秦」字當據改作「魯」。《淮南子‧脩務篇》云：「夫項託七歲爲孔子師。」，《論衡‧實知篇》云：「夫項託年七歲，教孔子。」梁先生、蔡先生並引《太平御覽》四〇四引《春秋後語》作「夫項橐十歲爲孔子師」，今檢該書所引，作「七歲」，不作「十歲」。「由此而觀之」，《天中記》二五引無「而」字，武井驥《纂註本》、元刊本、楚府本、何良俊本、楊美益本、白口十行本、程榮本、祕書本、陳用光本、四庫本、百子本並同，鐵華館本、龍溪本則並與本文同，審下文有「由此觀之」語，是知此句「而」字當刪，或下句「此」下當補「而」字，以符文例也。

宣王曰：「未有咫角驂駒，而能服重致遠者也。由此觀之，夫士亦華髮墮顚，而後可用耳。」

施珂曰：「《文選》〈注〉引顚作領。」

茂仁案：《類說》三〇引無上「而」字，末句「而後」作「乃」。上言《文選》李善〈注〉引「顚」作「領」，非是，形近致訛也。

閭丘邛曰：「不然。夫尺有所短，寸有所長，驊騮騄驥，天下之俊馬也，

梁容茂曰：「（驊騮騄驥）程本、百子本：騄，俱作『綠』。」

茂仁案：「驊騮騄驥」，四庫《新序》版本有二，二本並作「綠」，不作「騄」，梁先生以四庫本爲底本，失檢。武井驥《纂註本》、何良俊本、程榮本、何允中本、陳用光本、四庫本、百子本「騄」並作「綠」。騄、綠，古並爲來母、屋部，音同可通。《說苑‧雜言篇》云：「騏驥騄騠。」《太平御覽》八九六引《淮南子》云：「驊騮騄耳。」並作「騄」。「騄」以言「馬」，故作「騄」，於義較長。「天下之俊馬也」，《類說》三〇引「俊」作「駿」，駿、俊，正、假字。

使之與貍鼬試於釜竈之間，其疾未必能過貍鼬也；

　　茂仁案：龍溪本「使之」作「使人」，程榮本「間」作「問」，《類說》三〇引「貍」作「貍」，武井驥《纂註本》、元刊本、楚府本、何良俊本、白口十行本、程榮本、祕書本、陳用光本、四庫本、鐵華館本、百子本、龍溪本並同。人、之；問、間，並非是，並形近而訛也。貍、貍，一字之異體。

黃鵠白鶴，一舉千里，使之與燕、服翼試之堂廡之下，廬室之間，其便未必能過燕、服翼也。辟閭巨闕，天下之利器也，擊石不缺，剌石不鋒，

　　盧文弨曰：「（缺）何作『闕』。」

　　梁容茂曰：「何本、百子本：缺，俱作『闕』。闕、缺，通用。」

　　茂仁案：「擊石不缺」，陳用光本「缺」亦作「闕」。「剌石不鋒」，元刊本、白口十行本、陳用光本、四庫本、鐵華館本、龍溪本「剌」並作「刺」，是。刺、剌，形近而訛，當據改。

使之與管橐，決目出眯，其便未必能過管橐也。

　　盧文弨曰：「（橐）從木者訛，下同。」

　　武井驥曰：「或曰：『橐恐毫誤，管毫謂筆也。』驥按：『管橐』當作『菅橐』，杜預曰：『菅似茅，滑澤。』《韻會》曰：『禾莖作橐，皆便出眯（茂仁案：當作眯，下同）者也。』《廣韻》曰：『眯，物入目中也。』」

　　施珂曰：「《冊府元龜》七七三引目作耳。」

　　梁容茂曰：「管橐：一云：橐爲毫之誤，管毫，筆之謂也。另一云管橐，當作菅橐，菅，滑澤似茅，橐爲木莖，皆便於取眯。《拾補》作：橐。云：『從木者訛，下同。』」

　　蔡信發曰：「《拾補》『橐』作『橐』，云：『從木者，訛。下同。』是。《說文》：『橐，稈莖也。』」

　　茂仁案：盧文弨改「橐」作「橐」，云「從木訛，下同」，審此上有「管」字，是以从禾作「橐」者是也，盧文弨說是，白口十行本「橐」正作「橐」，即其證也，陳鱣校同。祕書本「眯」作「眯」，非是，形近而訛。

由此觀之，華髮墮顛，與邛何以異哉！」宣王曰：「善。子有善言，何見寡人之晚也？」邛對曰：「夫雞豚讙噭，即奪鍾鼓之音；

　　茂仁案：「即奪鍾鼓之音」，《詩經・小雅・雨無正》孔穎達〈疏〉引「鍾」作「鐘」，《喻林》一二引同，武井驥《纂註本》、元刊本、楚府本、何良俊本、楊美益本、白

口十行本、程榮本、陳用光本、四庫本、鐵華館本、百子本、龍溪本並同，鍾、鐘，古並爲章母、東部，音同可通。《說文》十四篇上金部云：「鍾，酒器。」又云：「鐘，樂鐘也。」段〈注〉云：「經傳多作鍾，假借酒器字。」職此，鐘、鍾，正、假字。楚府本、祕書本「鼓」並作「皷」，鼓、皷，正、俗字。

雲霞充咽，則奪日月之明；讒人在側，是以見晚也。

蔡信發曰：「咽，煙之形譌。《說文》：『咽，嗌也。煙，火氣也。烟或从因。』」

茂仁案：蔡先生說是，《喻林》一二引「咽」正作「烟」，即其明證。楚府本作「咽」作「烟」。烟、烟，一字之異體也。

《詩》曰：『聽言則對，譖言則退。』庸得進乎？」

茂仁案：「聽言則對」，《詩經‧小雅‧雨無正》「對」作「荅」。荅，爲對之借字，說見卷二「楚王問群臣曰」章，「江乙荅曰」條校記。

宣王拊軾曰：「寡人有過。」遂載與之俱歸而用焉。故孔子曰：「後生可畏，安知來者之不如今。」此之謂也。

茂仁案：《論語‧子罕篇》「安」作「焉」、「今」下有「也」字，四庫本「安」亦作「焉」。安、焉，義同。

（三一）荊人卞和得玉璞而獻之荊厲王

荊人卞和得玉璞而獻之荊厲王，

武井驥曰：「《韓非子‧和氏篇》作『楚人和氏得玉璞楚山中，奉而獻之厲王。』」孫星衍《晏子》〈校〉曰：『《藝文類聚》引蔡邕〈琴操〉：‘卞和者，楚野民，得玉璞，獻懷王，王使樂正子占之，言玉石以爲欺謾，斬其一足，懷王死，子平王立，和復獻之。’』《後漢書‧孔融傳》〈註〉引《韓子》『厲王』作『武王』，《淮南子‧覽冥訓》高誘〈註〉同。……驥按：『楚無厲王，蓋熊眴蚡冒諡。』」

施珂曰：「《韓子‧和氏篇》『厲王』二字重，是也。」

梁容茂曰：「（荊人卞和得玉璞而獻之厲王）《韓子‧和氏篇》：『基人和氏得玉璞楚山中，奉而獻之厲王。』」

蔡信發曰：「本章據《韓子》，十九雷同，唯《韓子》『共王』作『文王』，異。考《史記‧年表》暨〈楚世家〉，楚無厲王，武王父乃蚡冒，在位十七年，本章作厲王，乃沿《韓子》而誤。又武王在位五十一年，繼由文王在位十三年，堵敖在位五

年，成王在位四十六，穆王在位十二年，莊王在位二十三年，而後始由共王即位。計自蚡冒末年訖共王元年，凡一百五十一年，和氏斷無與共王相見之理。職是《韓子》作文王，是；本文作共王，誤。《淮南・覽冥》『和氏璧』〈注〉暨《史記・鄒陽傳》『昔卞和獻寶，楚王刖之』〈集解〉引應劭〈注〉，厲王、武王、共王並作武王、文王、成王，《後漢書・孔融傳》〈注〉，《御覽》三七二、六四八引《韓非子》同，並與《史記》次第合，是得其實。至《淮南・脩務》『此和氏之所以泣血於荊山之下』〈注〉：『獻楚武王，武王以爲石，刖其右足。及文王即位，復獻之，如是乃泣血，證之爲寶，文王曰：「先王輕於刖足，而重剖石。」遂爲剖之，果如和言，因號爲和氏之璧也。』但作二王，與諸說異，誤。《史記・鄒陽傳》〈索隱〉：『楚人卞和得玉璞，事見《國語》及《呂氏春秋》。』今本《國語》暨《呂覽》均不載及。」

　　茂仁案：「荊人卞和得玉璞而獻之荊厲王」，四庫《新序》版本有二，二本「厲」上並有「荊」字，梁先生以四庫本爲底本，失檢。審卞和獻玉於楚王者，本文先後次序爲荊厲王、武王、共王，《韓非子・和氏篇》、《史記・廉頗藺相如列傳》〈考證〉並以爲厲王、武王、文王，《資治通鑑》四同，《琴操・信立退怨歌》以爲懷王、平王、荊王，《群書類編故事・卞和獻玉篇》同，洪興祖《楚辭・七諫篇》〈補注〉以爲厲王、武王、成王，《太平御覽》四九引《山海經》作厲王、武王，則並與上諸書異，《貞觀政要》五〈注〉作厲王，並異上諸書。劉先生文起《荀子正補・大略篇》引宋張淏云：「〈楚世家〉：熊通自立爲武王。是楚之王自熊通始，其先初無所謂厲王者，豈即其兄蚡冒焉？今姑置而勿論。且以武王初即位之年言之，是歲爲周平王之三十一年，歲在辛丑，至文王即位之年壬辰已五十二年矣。若加以厲王當不止於此，和雖三獻，不應歷年如是之久，疑有舛誤處。然此事見於他書者亦多異同；《新序》無文王而有共王，《淮南子》〈注〉（案：見《淮南・賢冥篇》）及《前漢・鄒陽》並《後漢・孔融》及〈陳元〉三傳〈注〉俱無厲王而有成王。又〈趙壹傳〉〈注〉引《琴操》又有懷王及子平王，其不同如此。既無明據，不敢以臆見定其是否。但武王至共王已六世，幾於百年。平王在懷王之前，相去甚遠，初非父子，此乃謬妄顯然矣。（見《雲谷雜記》卷一）。」此說得之，審《史記・楚世家》及《史記・十二諸侯年表》未見載及厲王，《史記・楚世家》載楚熊渠生子三人，於周夷王時，嘗云「我蠻夷也，不與中國之號諡」，而欲與中國相抗衡，並立其長子爲句亶王、中子爲鄂王、少子爲越章王。及至周厲王時，以其暴虐，熊渠懼其伐楚，遂去其王號。至蚡冒十七年，蚡冒卒。其弟熊通弒蚡冒子而代立，熊通方復立爲王，即楚武王。據是，諸書所稱之「厲王」，疑或即熊通立爲武王後，追尊其兄蚡冒（在位十七年）之諡亦未可知，唯史證不足，並存以傳疑也，故此作「厲王」者，非必誤也。

使玉尹相之，曰：「石也。」

  武井驥曰：「《韓非子》『尹』作『人』，下同。」

  梁容茂曰：「《韓子》：尹，作『人』，下同。」

  茂仁案：「使玉尹相之」，《韓非子・和氏篇》「使」上有「厲王」二字、「尹」作「人」，下同。《史記・鄒陽傳》〈集解〉引應劭曰、《太平御覽》四九引《山海經》「尹」亦並作「人」，下同。《琴操・信立退怨歌》作「使樂正子占之」並異諸書。審下文「和復奉玉璞而獻之武王。武王使玉尹相之」，「武王」重出，此「荊人卞和得玉璞而獻之荊厲王」「厲王」亦當重出，知「使」上當據而補。

王以和為謾而斷其左足。

  武井驥曰：「《韓非子》『謾』作『誑』，下同，《蒙求註》作『詐』。」又曰：「《韓非子》『斷』作『刖』，下同。」

  梁容茂曰：「《韓子》：謾，作『誑』；斷，作『刖』，下同。」

  茂仁案：《琴操・信立退怨歌》「謾」作「欺謾」、「斷」作「斬」、「左足」作「一足」，《群書類編故事・卞和獻玉篇》同，《史記・鄒陽傳》〈集解〉引應劭曰「左足」作「右足」。謾、誑、欺謾；斷、刖、斬，於義並通。

厲王薨，武王即位，和復奉玉璞而獻之武王。武王使玉尹相之，曰：「石也。」又以為謾而斷其右足。

  武井驥曰：「《後漢書》〈註〉『武王』作『文王』。」

  梁容茂曰：「（武王即位。和復奉其璞而獻之）武王，或有作文王者。《韓子》：復，作『又』。」

  茂仁案：四庫《新序》版本有二，二本並作「玉」，不作「其」，梁先生以四庫本為底本，失檢。《琴操・信立退怨歌》「謾」作「欺」、「斷」作「斬」、「右足」作「一足」，《群書類編故事・卞和獻玉篇》同，《史記・鄒陽傳》〈集解〉引應劭曰「右足」作「左足」，義並通。

武王薨，共王即位，和乃奉玉璞，而哭於荊山中，三日三夜，泣盡而繼之以血。

  武井驥曰：「《韓非子》『共王』作『文王』，《後漢書》及《淮南子》〈註〉『共王』作『成王』。」

  施珂曰：「《韓子》、《淮南・脩務篇》高〈注〉皆作『文王即位』。」

  梁容茂曰：「《韓子》：共王，作『文王』；奉，作『抱』；荊山中，作『楚山之下』。

共王，或有作『成王』者。」

茂仁案：「共王即位」，共王爲文王之誤，說已見上。「和乃奉玉璞」，《韓非子‧和氏篇》、《琴操‧信立退怨歌》、《楚辭‧七諫篇》〈補注〉「奉」並作「抱」，《資治通鑑》四同，奉、抱，義通。「而哭於荊山中」，《史記‧鄒陽傳》〈集解〉引應劭曰作「哭于郊」，《楚辭‧七諫篇》〈補注〉、《太平御覽》四九引《山海經》、《資治通鑑》四並作「荊山之下」，並與此異。「三日三夜」，《琴操‧信立退怨歌》作「晝夜不止」，《群書類編故事‧卞和獻玉篇》同，並與此異。

共王聞之，使人問之，曰：「天下刑之者眾矣，

盧文弨曰：「（天下刑者眾矣）『之』字衍。」

梁容茂曰：「（天下刑之者多矣）《韓子》作：『天下之刖者多矣』。《拾補》云：『之字衍。』案據《韓子》，則『之』字未必衍，刑之當作『之刑』，文意即明。」

茂仁案：「天下刑之者眾矣」，四庫《新序》版本有二，二本並作「眾」，不作「多」，梁先生以四庫本爲底本，失檢。盧文弨云「之字衍」，審此文義，「之」爲「刖」之代詞，非末爲衍文也，《韓非子‧和氏篇》作「天下之刖者多矣」，作「之刖」即其比也，唯乙之耳，於義同，梁先生之說是。

子獨何哭之悲也？」

盧文弨曰：「（獨）何作『刑』，今從宋本作『獨』。」

武井驥曰：「吳本作『子獨』。」

蒙傳銘曰：「崇本書院本、涵芬樓本、鐵華館本『刑』並作『獨』。」

梁容茂曰：「（子獨何哭之悲也）《韓子》：獨何，作『奚』。何本、程本、百子本：獨，俱作『刑』。《拾補》云：『何作刑，今從宋本作獨。』」

茂仁案：「子獨何哭之悲也」，四庫《新序》版本有二，二本並作「刑」，不作「獨」，梁先生以四庫本爲底本，失檢。武井驥《纂註本》、何良俊本、祕書本、陳用光本、四庫本「獨」亦並作「刑」，元刊本、楚府本、楊美益本、白口十行本、龍溪本亦並作「獨」，與此同。刑、獨，於此義並通。

對曰：「寶玉而名之曰石，貞士而戮之以謾，此臣之所以悲也。」共王曰：「惜矣，吾先王之聽！難剖石而易斬人之足！

梁容茂曰：「（其王曰惜矣）何本、程本、百子本：其，俱作『共』，是也。」

茂仁案：四庫《新序》版本有二，二本並作「共」，不作「其」，梁先生以四庫本爲底本，失檢。各本並同，不誤也。楚府本「惜」作「借」，元刊本「石」作「召」，並非是，並形近而訛也。

夫死者不可生，斷者不可屬，何聽之殊也？」

盧文弨曰：「（屬）何作『續』，今從宋本、程本。」

施珂曰：「（天死者不可生）《漢魏叢書》程本、陳本夭皆作夫，夭即夫之誤。『死者不可生，斷者不可屬。』句法一律。」

梁容茂曰：「何本、百子本：屬，作『續』。屬，亦續也。」

茂仁案：「夫死者不可生」，元刊本、楚府本、何良俊本、楊美益本、白口十行本、祕書本、四庫本、百子本亦並作「夫」，與此同，鐵華館本、龍溪本「夫」則並作「天」，審此與下文「斷者不可屬」對言，故「夫」作「天」，非是，形近致訛也。「斷者不可屬」，楚府本、祕書本、陳用光本「屬」亦並作「續」，《冊府元龜》八七二同，元刊本、楊美益本「屬」並作「属」。屬、續，義通。「属」，未見於字書，唯版刻習見，疑即「屬」字俗寫。

乃使人理其璞而得寶焉，故名之曰和氏之璧。

武井驥曰：「《韓非子》『人』上有『玉』。」

茂仁案：《資治通鑑》四〈注〉「人」上亦有「玉」字，《冊府元龜》八七二、《類林雜說・珠玉篇》〈注〉引《韓非子》「人」上則並無「玉」字，與此同。審此有「玉」字，於義較明。

故曰：珠玉者，人主之所貴也，和雖獻寶而美，未為玉尹用也。進寶且若彼之難也，況進賢人乎！賢人與姦臣，猶仇讎也，於庸君意不合，夫欲使姦臣進其讎於不合意之君，其難萬倍於和氏之璧，又無斷兩足之臣以推，其難猶拔山也。

茂仁案：「夫欲使姦臣進其讎於不合意之君」，《喻林》七五引「姦」作「奸」，姦、奸，古並爲見母、元部。《說文》十二篇下女部云：「奸，犯婬也。」段〈注〉云：「此字謂犯姦婬之罪，非即奸字也，今人用奸爲姦，失之。」又云：「姦，厶也。」職此，作「姦」爲長也。何良俊本無「臣」字，空闕一格，蓋殘去。

千歲一合，若繼踵，然後霸王之君興焉。

梁容茂曰：「（然後賢王之君興焉）何本、程本、百子本：賢，俱作『霸』。」

茂仁案：「千歲一合」，楚府本「千」作「十」，非是，形近而訛。「然後霸王之君興焉」，四庫《新序》版本有二，二本並作「霸」，不作「賢」，梁先生以四庫本爲底本，失檢。《喻林》七五引「霸」作「賢」，元刊本、楊美益本並同，何良俊本無此字，空闕一格，白口十行本作「伯」。霸、伯，古通。

其賢而不用，不可勝載，故有道者之不戮也，宜白玉之璞未獻耳。

茂仁案：何良俊本無「者」字，空闕一格。

《新序》卷第六

陽朔元年二月癸卯護左都水使者光祿大夫臣劉向上
刺　奢

（一）桀作瑤臺

桀作瑤臺，罷民力，殫民財，為酒池糟隄，縱靡靡之樂，

　　武井驥曰：「《列女傳・孽嬖傳》作『瓊室瑤臺』，《史略》作『傾宮瑤臺』，《淮南子・本經訓》作『琁室瑤臺』，《後漢書・荀爽傳》〈註〉引《列女傳》同。」

　　梁容茂曰：「（桀作瑤台，罷民力，殫民財，為酒池糟隄）《外傳》二作『昔者桀為酒池糟隄』。《御覽》一七七引作『殫百姓之財』。黃暉云：『此事有二說。《韓詩外傳》二：「桀為酒池糟隄，牛飲者三千。」又卷四：「桀為酒池，可以運舟，糟丘足以望十里，而牛飲者三千人。」《新序・刺奢篇》、〈節士篇〉略同。並謂桀事也。《韓非子・喻老篇》：「紂為肉圃，設炮烙，登糟丘，臨酒池。」《呂氏春秋・過理篇》：「糟丘酒池，肉圃為格，刑鬼侯之女，殺梅伯而遺文王其醢。」《淮南・本經訓》：「紂為肉圃酒池。」《六韜》：「紂為君，以酒為池，迴船糟丘，而牛飲者三千人。」（今本脫，《書鈔》一四六引）《賈子・新書》：「紂糟丘酒池。」（今脫，《書鈔》二十引）《說苑・反質篇》：「紂為鹿臺、糟丘、酒池、肉林。」並以為紂事也。《史記・殷本紀》從後說。《尸子》：「桀紂縱欲長樂，以苦百姓，六馬登糟丘，方舟泛酒池。」（《御覽》六七八）又屬之兩人。主名不定，明其事非實也。《路史・發揮六》曰：「桀紂之事，多出模倣，紂如是，桀亦如是，豈俱然哉？」可謂有史識矣。』」

　　蔡信發曰：「崔述《考信錄》云：『古者人情質樸，雖有荒淫之主，非有若後世秦始、隋煬之所為者。且桀豈患無酒，而使之可運舟望十里，欲何為者？此皆後世猜度附會之言，如子貢所言紂之不善，不如是之甚者。」黃暉《論衡校釋》云：『此事有二說。《韓詩外傳》二：‘桀為酒池糟隄，牛飲者三千。’又卷四：‘桀為酒池，可以運舟，糟丘足以望十里，而牛飲者三千人。’《新序・刺奢篇》、〈節士篇〉略同。並謂桀事也。《韓非子・喻老篇》：‘紂為肉圃，設炮烙，登糟丘，臨酒池。’《呂氏春秋・過理篇》：‘糟丘酒池，肉圃為格，刑鬼侯之女，殺梅伯而遺文王其醢。’《淮南・本經訓》：‘紂為肉圃酒池。’《六韜》：‘紂為君，以酒為池，迴船糟丘，而牛飲者三千人。’（今本脫，《書鈔》一四六引）《賈子・新書》：‘紂糟丘酒池。’《說苑・反質篇》：‘紂為鹿臺、糟丘、酒池、肉林。’並以為紂事也。《史記・殷本紀》從後說。《尸子》：‘桀紂縱欲長樂，以苦百姓，六馬登糟丘，方舟泛酒池。’又屬之兩人。主名不定，明其事非實也。《路史・發揮六》曰：‘桀紂之事，多出模倣，紂如是，桀亦如是，豈俱然哉？’可謂有史識矣。』」

　　茂仁案：「桀作瑤臺」，四庫《新序》版本有二，二本並作「臺」，不作「台」，梁先生以四庫本為底本，失檢。《群書類編故事・履癸瑤臺》引、《天中記》一五引亦作「殫百姓之財」。《博物志》一○云：（桀作）「石室瑤臺。」《帝王世紀》云：「紂果造傾宮、作瓊室瑤臺。」《太平御覽》八二引《帝王世紀》云：（桀）「為瓊室瑤臺，金柱三千。」《群書類編故事・履癸瑤臺》引云：（桀）「為傾宮瑤臺。」《論衡・語增篇》、《白氏六帖》五〈注〉、《藝文類聚》七一引《太公六韜》、《海錄碎事・牛飲篇》一○下並以為紂事；《列女傳・夏桀末喜》、《金樓子・箴戒篇》、《古文苑》揚雄〈光祿勳箴〉〈注〉引、《通志》三上、《冊府元龜》五三四並以為桀事；《古文苑》揚雄〈少府箴〉、《文選》潘安仁〈西征賦〉與《太平御覽》八五四並引《太公六韜》、《全上古三代文》六引太公曰則並以為桀、紂事。所載或以為桀事，或以為紂事，或以為桀、紂事，所造宮室亦異，上引崔述、黃暉之言是矣。

一鼓而牛飲者三千人。

　　武井驥曰：「《韓詩》卷二無『一鼓』及『人』字。」

　　梁容茂曰：「《外傳》卷二：無『一鼓』、『人』字。然卷四仍有『人』字。」

　　茂仁案：《海錄碎事》一○下「千」下有「餘」字，《太平御覽》八二引《帝王世紀》並同，「三千人」，蓋舉大數為言也；「三千餘人」，則其略數也。武井驥《纂註本》、元刊本、楚府本、何良俊本、楊美益本、白口十行本、程榮本、祕書本、陳用光本、百子本「鼓」並作「皷」，龍溪本「千」作「干」。鼓、皷，正、俗字；干、

千，形近而訛也。

群臣相持歌曰：「江水沛沛兮，舟檝敗兮。我王廢兮，趣歸薄兮，薄亦大兮。」

武井驥曰：「《韓詩》『持』下有『而』字、無一『沛』字、『薄兮』作『於亳』，他書多作『亳』，通。」

施珂曰：「《尚書大傳》二、《外傳》二，薄並作亳，古字通用。」

梁容茂曰：「《外傳》二：不重『沛』字。薄，俱作『亳』。《史記・段（茂仁案：當作殷）本紀》：『成湯自契至湯，八遷，湯始居亳。』」

蔡信發曰：「《外傳》『薄』作『亳』，『大兮』作『大矣』，『蹻』作『驕』，『不善而從善』作『去不善兮善』，餘並同此。《尚書・大誓》作『盍歸于亳？盍歸于亳？亳亦大矣。……更曰：覺兮較兮，吾大命格兮，去不善而就善，何不樂兮。』〈夏考信錄〉：『二書所載歌詞，言語小異，然皆淺近不類夏、商以前，明係後人擬作，或有其事而附會之，以致失其眞者。』二書，指《大傳》、《新序》。《外傳》同本文，可一併視之。薄、亳並傍各切，同音假借。《禮記・郊特牲》〈釋文〉：『薄，本作亳。』《荀子・議兵》〈注〉：『薄，與亳同。』《漢書・地理志》〈注〉：『即亳也。』蹻、驕古通。《詩・衛風・碩人》：『四牡有驕。』〈大雅・嵩高〉：『四牡蹻蹻。』〈傳〉：『驕，壯貌。蹻蹻，壯貌。』」

茂仁案：「江水沛沛兮」，《韓詩外傳》二「沛沛」作「沛」，審本歌詞俱以四字爲句，則此「沛」字不當重出。元刊本「江」作「泣」，非是，泣、江，形近而訛誤。「舟檝敗兮」，《韓詩外傳》二「檝」作「楫」，元刊本、楚府本、何良俊本、楊美益本、白口十行本、程榮本、祕書本、陳用光本、四庫本、百子本並同，《說文》六篇上木部云：「楫，所以擢舟也。」檝，未見於字書，疑爲「楫」字之俗寫。「趣歸薄兮」，《韓詩外傳》二作「趣歸於亳」，下同。薄、亳，古並爲並母、鐸部，音同可通。《尚書・商書・湯誥篇》云：「湯既黜夏命，復歸于亳。」《史記・殷本紀》云：「湯始居亳。」審下文「故伊尹去官入殷，殷王而夏亡」，是知亳、薄，正、假字也。俞樾《諸子平議補錄・韓詩外傳》云：「周〈校〉『謂「趣歸於亳」』，當作『趣歸薄兮』。」則未可從。蓋此歌，兮上一字皆是韻，沛、敗、廢、大四字爲韻，而亳字非韻，則不當用兮字。下文又歌之，辭曰：『樂兮樂兮，四牡驕兮，六轡沃兮，去不善而從善，何不樂兮。』樂、驕、沃、樂爲韻，皆用兮字。善字非韻，則不用兮字。兩歌正一律也。」俞樾說甚旳，當從《韓詩外傳》二校改「趣歸薄兮」作「趣歸於薄」。

又曰：「樂兮樂兮，四牡蹻兮，六轡沃兮，去不善而從善，何不樂兮。」

　　梁容茂曰：「《外傳》二：蹻，作『驕』。末句作『去不善兮善』。」

　　蔡信發曰：「蹻、驕古通。《詩‧衛風‧碩人》：『四牡有驕。』〈大雅‧崧高〉：『四牡蹻蹻。』傳：『驕，壯貌。蹻蹻，壯貌。』」

　　茂仁案：《說文》二篇下足部云：「蹻，舉足小高也。从足喬聲，詩曰：『小子蹻蹻。』」段〈注〉云：「〈大雅〉文，毛曰：『蹻蹻，驕貌。』此引申之義。」又十篇上馬部云：「驕，馬高六尺為驕。」據是，驕為蹻之借字，蹻訓壯貌，則蹻字引申之義也。

伊尹知天命之至，舉觴而告桀曰：「君王不聽臣之言，亡無日矣。」

　　盧文弨「天」作「大」，曰：「舊作『天』，《尚書大傳》、《外傳》二俱作『大』。」又曰：「《外傳》『至』作『將去』。」

　　武井驥曰：「《韓詩》『天』作『大』，《列女傳》『伊尹』作『關龍逢』。」

　　梁容茂曰：「《外傳》二：天，作『大』；至，作『將去』。告，作『造』。末句作：『大命至矣，亡無日矣。』《拾補》：天作大。云：『舊作天，《尚書大傳》、《外傳》二俱作大。』」

　　茂仁案：《尚書大傳‧殷傳‧湯誓篇》云：「伊尹入告於桀曰：『天命之亡有日矣。』」則「至」似當作「去」為是，賴炎元先生《韓詩外傳考徵》二「伊尹知大命之將至」云：「野竹齋本、通津本『至』作『去』。」即其證也，陳用光本、四庫全書薈要本、百子本「至」亦並作「去」，即其明證。而《韓詩外傳》二「天」之作「大」，似以作「天」為當。

桀拍然而作，啞然而笑曰：「子何妖言，吾有天下，如天之有日也，日有亡乎？日亡，吾亦亡矣。」

　　盧文弨曰：「《外傳》『作』作『抃』、『啞』作『嗌』，《大傳》作『啞』。」

　　武井驥曰：「《韓詩》作『拍然而抃，嗌然而笑』。《尚書大傳》作『伊尹入告于王曰：「大命之去有日矣。」王憪然歎，啞然笑。』《易》曰：『笑言啞啞。』孔穎達曰：『笑語之聲也。』驥按：『作』當作『抃』。王逸曰：『擊手曰抃。』」

　　施珂曰：「《大傳》拍作僩。」

　　梁容茂曰：「《外傳》二：拍，作『抃』；啞，作『嗌』。《拾補》云：『《大傳》作啞。』」又曰：「《外傳》、《御覽》一七七：如，俱作『猶』。」

　　蔡信發曰：「《外傳》『何』作『又』，『言』下有『矣』，『如』作『猶』，『矣』作

『也』，餘與此同。《大傳》作『天之有日，猶吾之有民也，日有亡哉？日亡，吾乃亡矣』，與此異。〈夏考信錄〉：『〈湯誓〉之文本以日比桀，〈大傳〉乃以日比民，《新序》又以日比天下，而皆以天自比，殊非《尚書》之意，亦與下日亡吾亡之言不相應。』是，《外傳》亦以日比天下，與此同。」

　　茂仁案：《韓詩外傳》二「拍」作「相」，「作」作「抃」，「啞」作「盍」，「何」作「又」，「言」下有「矣」字，「矣」作「也」。相、拍，形近而訛也；啞，作「盍」，《莊子‧天地篇》云：「則嗑然而笑。」〈釋文〉引李〈注〉云：「嗑，笑聲也。」職是，「盍」爲「嗑」之借字。審「拍然而作」與「啞然而笑」對言，上引《易》云：「笑言啞啞。」孔穎達曰：「笑語之聲也。」啞既爲笑語之聲，則與之相對爲言之「拍然而作」，其「拍」亦當爲「作」之聲音，唯「拍」、「作」難以相屬，《韓詩外傳》二「作」作「抃」，抃，擊手也，與「拍」適合。據是，啞笑、拍抃，亦相對言，知「作」爲「抃」之誤，武井驥之說是也。又上引崔述《考信錄》「夏考信錄」云：「（上略）〈湯誓〉之文本以日比桀；〈大傳〉乃以日比民，《新序》又以日比天下，而皆以天自比，殊非《尚書》之意，亦與下『日亡吾亡』之言不相應。」崔氏此言容值商榷，此文乃以比喻出之，桀欲其言之具體而可見也，故擬「天之有日」以喻知伊尹「吾有天下」，僅只此耳，非必有文義之連繫與相應也，一如本書卷一「中行寅將亡」章，祝簡對中行寅之問，答云：「且君苟以爲祝有益於國乎，則詛亦將爲損，世亡矣。一人祝之，一國詛之，一祝不勝萬詛，國亡，不亦宜乎！」一國之亡，祝簡云爲「世亡矣」，然知其非眞指「世亡」也，蓋喻之耳，正可爲此之比也。

於是接履而趨，遂適湯，湯立為相。

　　盧文弨曰：「（趨）《外傳》作『趨』。」

　　武井驥曰：「《韓詩》『適』下有『於』字。」

　　施珂曰：「（遂適於湯）《外傳》是下有伊尹二字。」

　　蒙傳銘曰：「鐵華館本亦作『趨』，黃丕烈校同。趨、趨古通。」

　　梁容茂曰：「《外傳》卷二：趨，作『趨』。趨、趨，古通用。」

　　茂仁案：鐵華館本「適」下無「於」字，施先生以鐵華館本爲底本，失檢。「於是接履而趨」，《韓詩外傳》二「是」下有「伊尹」二字，於義較明。元刊本、楚府本、何良俊本、楊美益本、白口十行本、程榮本、祕書本、陳用光本、四庫本、百子本「趨」亦並作「趨」。《說文》二篇上走部云：「趨，走也。」又「趨，疾也。」審本句有「接履」二字，故作「趨」，於義爲長。

故伊尹去官入殷，殷王而夏亡。

盧文弨曰：「（官）《大傳》作『夏』。」

武井驥曰：「驥按：『官』恐『夏』字。《風俗通》曰：『客或謂春申君曰：「伊尹去夏入殷，殷王而夏衰。」』又《韓詩》曰：『伊尹去夏之殷，殷王而夏亡。』文勢同。」

梁容茂曰：「（殷正而夏王）何本、程本、百子本：正，作『王』。《拾補》云：『官，《大傳》作「夏」。』」

蔡信發曰：《史記·殷本紀》：「阿衡欲奸湯而無由，乃為有莘氏媵臣，負鼎俎，以滋味說湯，致于王道。或曰：『伊尹處士，湯使人聘迎之，五反，然後肯往從湯，言素王及九主之事。湯舉，任以國政。』一事二說，史公並錄。」

茂仁案：四庫《新序》版本有二，二本並作「殷王」，不作「殷正」，梁先生以四庫本為底本，失檢。《尚書大傳·殷傳·湯誓》「去官入殷」作「去夏適湯」。梁玉繩《史記志疑》二〈夏本紀〉云：「禹後封杞，即湯封之，武王特因其舊封，重命之耳。故《路史》注據《大戴禮·少閒篇》云：『湯放移桀，遷姒姓于杞。』它如《漢書·梅福傳》云：『武王克殷，封殷于宋，紹夏于杞。』《文選》晉張士然〈求為諸孫置守冢人表〉云：『成湯革夏而封杞。』即史公于〈留侯世家〉亦述酈生之言云：『湯伐桀，封其後於杞。』而此乃謂周封夏後于杞，何哉？」愚以為此乃史遷寫作《史記》之例，史遷於傳說異詞，難定其是非之際，蓋采「聞疑傳疑」之原則，將異說就其適處而並存之，以待後之方家論定，本為嚴謹求實之態度，唯此常令不知者所詬病，以為前後舛亂而斷史遷之非，實則史遷並存異說之例甚多，如《史記·殷本紀》云：「微子數諫不聽，乃與太師、少師謀，遂去。比干曰：『為人臣者，不得不以死爭。』迺強諫紂。紂怒曰：『吾聞聖人心有七竅。』剖比干，觀其心。箕子懼，乃詳狂為奴，紂又囚之。」又《史記·宋微子世家》云：「紂為淫洪，箕子諫，不聽。人或曰：『可以去矣。』箕子曰：『為人臣諫不聽而去，是彰君之惡而自說於民，吾不忍為也。』乃被髮詳狂而為奴。遂隱而鼓琴以自悲，故傳之曰〈箕子操〉。王子比干者，亦紂之親戚也。見箕子諫不聽而為奴，則曰：『君有過而不以死爭，則百姓何辜！』乃直言諫紂。紂怒曰：『吾聞聖人之心有七竅，信有諸乎？』乃遂殺王子比干，刳視其心。」以《史記·殷本紀》為度，乃比干死而後箕子為奴；以《史記·宋世家》為度，乃箕子為奴而後比干見剖。二者似有未合，然《史記·殷本紀》所載，與《韓詩外傳》合，而《史記·宋世家》所載，與《論語·微子篇》合，是知司馬遷之異說，並有所據，以其難定是非，故並存之。再如《史記·秦始皇本紀》云：「李斯因說秦王，請先取韓以恐他國。於是使斯下韓。韓王患之，與韓非謀弱秦。」

又《史記・韓非傳》云：「韓王始不用非，及急，迺遣非使秦，秦王悅之。」兩載亦異，非司馬遷誤也，蓋亦傳疑並載之耳。《史記・刺客列傳・聶政》司馬貞〈索隱〉云：「〈表〉聶政殺俠累在列侯三年，列侯生文侯，文侯生哀侯，凡更三代，哀侯六年爲韓嚴所殺。今言仲子事哀侯，恐非其實。且太史公聞疑傳疑，事難的據，欲使兩存，故〈表〉、〈傳〉各異。」司馬貞之言得之矣，蔡先生云此「一事二說，史公並錄」，是也。

（二）紂爲鹿臺

紂為鹿臺，七年而成，

　　武井驥曰：「《御覽》七十七引『七』作『十』、『而』作『乃』。」

　　施珂曰：「《御覽》一七九引七作十。七古文作七故易與十相混耳。卷第八〈義勇〉『言不疾，指不至血者死，所殺十人。』《晏子・雜上篇》十作七，並其比。」

　　梁容茂曰：「《御覽》一七七引：七，作『十』；而，作『乃』。七，古文作七，易誤爲十。」

　　茂仁案：《帝王世紀》云：「紂果造傾宮，作瓊室瑤臺，飾以美玉，七年乃成，其大三里，其高千丈。」所造者與此異。「七年而成」，《太平御覽》一七七引「七」作「十」，《帝王世紀》、《通志》三、《天中記》一五引並與本文同，各本亦並同，七，古文作「七」，與「十」古文作「十」形似，故古七、十易混，「十」，蓋「七」之訛也。武井驥云「《御覽》七十七」、施先生云「《御覽》一七九」，「七十七」、「一七九」，並爲「一七七」之誤也。

其大三里，高千尺，臨望雲雨。

　　茂仁案：「高千尺」，《帝王世紀》「尺」作「丈」，《尚書・武成篇》〈疏〉引、《太平御覽》一七七引、《通志》三、《焦氏易林》一〇〈注〉引《史記》（今本佚）、《天中記》一五引並同本文。作「丈」，浮誇之甚，作「尺」，於義爲長。「臨望雲雨」，《北堂書鈔》二〇引無「望」字。

作炮烙之刑，戮無辜，奪民力，冤暴施於百姓，慘毒加於大臣，天下叛之，願臣文王。

　　武井驥曰：「《列女傳》曰：『紂乃爲炮烙之法，膏銅柱加之炭，令有罪者行其上，輒墮炭中，妲己乃笑。』」

　　梁容茂曰：「《列女傳》七：『紂乃爲炮烙之法，膏銅柱加之炭，令有罪者行其上，輒墮炭中，妲己乃笑。』」

　　茂仁案：「作炮烙之刑」，炮烙，其說有二，其一爲《列女傳》七、《太平御覽》八三引《帝王世紀》並以爲用膏塗銅柱，下加炭火，使有罪者緣焉，墜火而燒死；另一爲以銅爲格，即庋閣，下面燃火，置人於銅格上，使行其上，而掉火中燒死，說見《呂氏春秋·順民篇》及〈過理篇〉高誘〈注〉。王念孫《讀書雜志》三之一《史記·殷本紀》「炮烙」云：「於是紂乃重刑辟【今本刑辟作辟刑，據宋本及明游明本改】，有炮烙之法。段氏若膺曰：『炮烙，本作炮格。江鄰幾《雜志》引陳和叔云：‘《漢書》作炮格’【念孫案：此謂〈谷永傳〉：「搒箠瘯於炮格也。」師古曰：「膏塗銅柱，加之火上。」此正釋炮格二字，而今本亦改爲炮烙矣】。今案〈索隱〉引鄒誕生云：‘格【今本訛烙，下同】一音閣。’又云：‘爲銅格，炊炭其下，使罪人步其上。’又楊倞〈注〉《荀子·議兵篇》，音古責反。觀鄒、楊所音，皆是格字無疑。鄭康成〈注〉《周禮·牛人》云：‘互，若今屠家縣肉格。’意紂所爲亦相似。庋格、庋閣，兩音皆可通。《呂氏春秋·過理篇》云：‘肉圃爲格。’高氏〈注〉：‘格，以銅爲之，布火其下，以人置上，人爛墮火而死。’《列女傳》所說亦相類，是其爲格顯然，而不但以燔灼爲義。今諸書皆爲後人改作炮烙矣。』念孫案：段說是也。《韓子·喻老篇》曰：『紂爲肉圃，設炮格，登糟邱，臨酒池。』肉圃、炮格、糟邱、酒池，皆相對爲文，今改炮格爲炮烙，則文不相對矣。〈難勢篇〉又云：『桀、紂爲高臺深池，以盡民力，爲炮格以傷民性。』言設言爲，則必有所設所爲之物。今改炮格爲炮烙，則不知爲何物矣。」王念孫說是也。《讀書雜志》四之一三《漢書》「炮烙」、又七之三《墨子·明鬼》「楚毒」、又八之五《荀子·議兵》「爲炮烙刑」、又九補一《顧校淮南子》、盧文弨《鍾山札記》二「炮格」、郭嵩燾《史記札記》一〈殷本紀〉、俞樾《諸子平議》二一《韓非子》「設炮格」、又二四《呂氏春秋》「肉圃爲格」、王先謙《荀子集解·議兵篇》、陳奇猷《韓非子集釋·喻老篇》、許維遹《呂氏春秋集釋·過理篇》、王叔岷先生《史記斠證·殷本紀》三、祁玉章〈賈子新書校釋·胎教篇〉並略辨之，一以「烙」爲「格」之誤，並是。《北堂書鈔》四一「爛金爲格」、《全後漢文》桓譚《新論·琴道篇》云：「文王之時，紂爲無道，爛金爲格，溢酒爲池。」並作「格」。又《北堂書鈔》一三五〈熨斗四十二〉「始乎熱斗」孔廣陶〈校注〉引《淮南子》曰：「糟邱生於象櫡，炮格始乎熱斗。」正作「炮格」，並其明證也。左先生松超《說苑集證·尊賢篇》並有辨，可參稽證。「戮無辜」，祕書本、四庫本「辜」並作「辠」，非是，辠、辜，形近而訛也。

及周師至，令不行於左右，悲夫！當是時，求為匹夫，不可得也。紂自取之也。

茂仁案：「不可得也」，祕書本作「而不可得」，於文氣爲順。

（三）魏王將起中天臺

魏王將起中天臺，令曰：「敢諫者死。」

武井驥曰：「《御覽》四百五十六引《周書》作『魏襄王』。」

施珂曰：「《御覽》四五六、《天中記》十五引作魏襄王。」

蒙傳銘曰：「《天中記》一五引亦作『魏襄王』。」

梁容茂曰：「《意林》引：將起，作『欲築』；臺上有『之』字；下『聞王將起中天臺』句，將起，作『欲爲』；臺上亦有『之』字。《御覽》一七七引：將起，作『將欲爲』；臺上有『之』字，下與《意林》同。」

茂仁案：「魏王將起中天臺」，《藝文類聚》六二引、《太平御覽》四五六引《周書》「起」亦並作「欲爲」、「臺」上亦並有「之」字，下同。《容齋隨筆》三引、《群書集事淵海》一五引並與本文同。

許綰負操錘入，曰：「聞大王將起中天臺，臣願加一力。」王曰：「子何力有加？」

盧文弨曰：「（『負』下有『虆』）舊脫，從《意林》補。」

武井驥曰：「驥按：『負』下恐脫『虆』字。」

梁容茂曰：「《意林》引：負下有『虆』字，頁虆操錘，文義乃是，當據補。錘，作『畚』。《御覽》四五六引作『綰乃負操捶而入』。《拾補》亦補虆字。云：『舊脫，從《意林》補。』」

茂仁案：「許綰負操錘入」，負、操並爲動詞，於文不辭，「負」下顯有奪字，此奪字當與「錘」對，《藝文類聚》六二引作「許綰負插而入」，《意林》三引作「許綰負虆操畚入」，《太平御覽》四五六引《周書》作「綰乃負操捶而入」，盧文弨云「虆，舊脫，從《意林》補」，是，陳鱣校同。「負虆」正與「操錘」對也。捶、錘，形近而訛；虆，古「蔂」字。「臣願加一力」，《意林》三引作「願效力焉」，《太平御覽》四五六引《周書》「力」下有「焉」字。

縉曰：「雖無力，能商臺。」王曰：「若何？」

　　茂仁案：「能商臺」，《天中記》一五引「商」作「商」，元刊本、楚府本、楊美益本、白口十行本並同，商、商，形近而訛也。

曰：「臣聞天與地相去萬五千里，今王因而半之，當起七阡五百里之臺，

　　施珂曰：《漢魏叢書》程本阡作千。」

　　梁容茂曰：「（當起之阡五百里之臺）《意林》引作：『應高七千五百里』。《御覽》一七七引作：『當立七千五百里高』，四五六引作『當高七千五百里』。何本、程本、百子本：之阡，俱作『七千』，是也。上文作萬五千里，因而半之，故七千五百里為是。」

　　茂仁案：「臣聞天與地相去萬五千里」，《藝文類聚》六二引「五」作「九」，審下文「今王因而半之，當起七阡五百里之臺」，「半之」既得此數，則未半分之前，當為其倍，得一萬五千里，適與本文合，是知《藝文類聚》六二引作「九千里」者誤矣，《太平御覽》三六引《詩含神霧》云：「天地相去億里。」則與此異。「當起七阡五百里之臺」，四庫《新序》版本有二，二本並作「七千」，不作「之阡」，梁先生以四庫本為底本，失檢。《意林》三引、《容齋四筆》三引、《太平御覽》一七七引、《群書集事淵海》一五引、《天中記》一五引、《太平御覽》四五六引《周書》「阡」並作「千」，何良俊本、白口十行本、祕書本、何允中本、陳用光本、四庫本、百子本並同。阡、千，古並為清母、真部，音同可通，千、阡，正、假字。楊美益本「七」作「之」，非是，之、七，形近而訛也。

高既如是，其趾須方八千里，盡王之地，不足以為臺趾。

　　武井驥曰：「《周書》作『基址當廣方八千里』，趾、址同。」

　　梁容茂曰：「《意林》引：作『基廣八千里』，下趾作『址』。」

　　蔡信發曰：「《意林》引『趾』作『址』。趾、止之後起形聲字，趾、址並從止得聲，同音假借。《說文》：『阯，基也。址、阯或從土。』《易賁》〈釋文〉：『趾，一本作止。』」

　　茂仁案：「其趾須方八千里」，《藝文類聚》六二引作「其趾當方一千里」。「不足以為臺趾」，《容齋四筆》三引「趾」亦作「址」，《說文》二篇上止部云：「止，下基也。」段〈注〉云：「止即趾也。」又十四篇下皀部云：「阯，基也。」段〈注〉云：「阯與止，音義皆同。」又「址，阯或從土。」段〈注〉云：「《左傳》曰：『略基址。』」職此，趾、址，音同義通，一字之異體也。

古者堯舜建諸侯，地方五千里，王必起此臺，先以兵伐諸侯，盡有其地，

　　茂仁案：《容齋四筆》三引「諸侯」下有「大夫」二字。

猶不足，又伐四夷，得方八千里乃足以為臺趾，

　　梁容茂曰：「《意林》引：四，作『西』。」

　　茂仁案：審此文義，作「四」為是，各本亦並作「四」。西、四，形近而訛。

材木之積，人徒之眾，

　　盧文弨「林」作「材」曰：「『林』訛。」

　　武井驥曰：「舊本『材』作『林』，非。今從吳本、《御覽》改。」

　　施珂曰：「《漢魏叢書》程本、陳本材並誤林。」

　　蒙傳銘曰：「宋本『林』作『材』，鐵華館本同。」

　　梁容茂曰：「《意林》引作：『須具材木人徒稱此』。《御覽》一七七引：林，作『材』。《拾補》云：『林訛。』作『材』是也。」

　　茂仁案：元刊本、楚府本、何良俊本、楊美益本、祕書本、四庫本、百子本「材」亦並作「林」。審此句有「積」字，既可「積」，則以作「材」為長，盧文弨校「林」作「材」，是也，陳鱣校同。《意林》三引、《容齋四筆》三引、《太平御覽》一七七引、《群書集事淵海》一五引、《天中記》一五引並作「材」，白口十行本、鐵華館本、龍溪本亦並同，即其明證也。

倉廩之儲，數以萬億，

　　盧文弨曰：「（廩）何作『稟』。」

　　武井驥曰：「《御覽》作『倉庫之輸』。」

　　梁容茂曰：「（倉廩之儲，數以萬意）《御覽》一七七、四五六引：儲，俱作『輸』；一七七引下句作『以千萬億』。何本、百子本：廩，作『稟』。《拾補》云：『何作稟。』」

　　茂仁案：四庫《新序》版本有二，二本並作「億」，不作「意」，梁先生以四庫本為底本，失檢。「倉廩之儲」，《太平御覽》一七七引、又四五六引《周書》「儲」並作「輸」，審此與上文「材木之積」對言，故作「儲」，於文例為長。又何允中本、百子本「廩」並作「稟」，稟、廩，古、今字，說見《說文》五篇下㐭部「稟」字段〈注〉。

度八千里之外，當定農畝之地，足以奉給王之臺者，臺具以備，乃可以作。」

　　茂仁案：「當定農畝之地」，《太平御覽》一七七引「定」作「盡」，《容齋四筆》

三引「䀌」作「䀢」，白口十行本、鐵華館本、百子本、龍溪本並同，《天中記》一五引作「䀤䀤」，程榮本、祕書本、陳用光本、四庫全書薈要本並同。作「盡」，於義爲長；䀌、䀤，愚謂即「䀢」字俗寫。「臺具以備」，《太平御覽》一七七引「具」下有「者」字，祕書本「備」作「俻」，俻，未見於字書，愚謂即「備」字俗寫。

魏王默然無以應，乃罷起臺。

　　梁容茂曰：「《御覽》四五六引作：『襄王嘿然無以應之，乃罷。』」

　　茂仁案：上言《太平御覽》四五六引，爲引《周書》，非引《新序》。《藝文類聚》六二引作「王默然罷築者」，《意林》三引作「魏王默然，後乃罷築」，《太平御覽》一七七引作「王默然而罷」。

（四）衛靈公以天寒鑿池

衛靈公以天寒鑿池，

　　武井驥曰：「《鹽鐵論》『以天寒』作『當隆冬』，《呂覽・分職篇》無『以』字。」

　　茂仁案：《類林雜說・納諫十五》「宛春」〈注〉「衛」作「晉」，《呂氏春秋・分職篇》、《鹽鐵論・鹽鐵取下篇》則並與本文同，《群書集事淵海》四引、《類說》三〇引、《太平御覽》二七引《說苑》（今佚）、《冊府元龜》二四二並同，各本亦並同。《左傳・襄公二十八年》載楚子玉使宛春告於晉師，以請復衛侯而封曹事，唯晉不許，執宛春，後拘之於衛。檢《史記・十二諸侯年表》，魯襄公二十八年，適值晉文公五年、衛成公三年，而晉文公在位九年、其次襄公七年，其下靈公，自晉文公五年，下距晉靈公元年，計十二年；衛成公在位三十五年，其次穆公十一年、定公十二年、獻公（衎）十八年、殤公十二年、獻公（衎後）三年、襄公九年，其下靈公，自衛成公三年，下距衛靈公元年，凡九十八年。設若宛春長壽，當亦不及使衛靈公舉之於野，而此宛春之使晉，與晉靈公元年，相去十二年，則自當以「晉靈公」爲是，唯下文有「宛春，魯國之匹夫，吾舉之」之語，則此宛春自當別爲一人，故作「衛靈公」亦未必非也。「衛靈公以天寒鑿池」，《太平御覽》二七引《說苑》（今佚）亦無「以」字，《類說》三〇引無「以天寒」三字，《類林雜說・納諫十五》〈注〉作「晉靈公當寒使人穿池」。

宛春諫曰：「天寒起役，恐傷民。」

　　蒙傳銘曰：「《六帖》四『宛春』作『王孫賈』。」

茂仁案：「宛春諫曰」，《鹽鐵論‧鹽鐵取下篇》作「海春以諫曰：『天寒百姓凍餒，願公之罷役也』」。《藝文類聚》五、又二四並引《呂氏春秋》「宛」並作「苑」，《白氏六帖》一一引《呂氏春秋》作「范」。宛、苑，古並爲影母、元部，音同可通；范，古爲並母、談部，與宛、苑音義無涉，蓋形近而訛也。「天寒起役」，《太平御覽》七〇九引《呂氏春秋》「役」作「土」，役、土，並通。「恐傷民」，《白氏六帖》一一引〈注〉作「恐人傷」，《太平御覽》二七引《說苑》「傷」作「殆」，《類林雜說‧納諫十五》〈注〉「民」下有「力」字，傷、殆，義通。

公曰：「天寒乎？」

茂仁案：《鹽鐵論‧鹽鐵取下篇》作「天寒乎哉？寒乎哉」，《類林雜說‧納諫十五》〈注〉作「天不寒」。

宛春曰：「君衣狐裘，坐熊席，陬隅有竈，是以不寒。今民衣弊不補，履決不苴，君則不寒，民誠寒矣。」公曰：「善。」令罷役。左右諫曰：「君鑿池，不知天寒；以宛春知而罷役，是德歸宛春，怨歸於君。」公曰：「不然。宛春，魯國之匹夫，吾舉之，民未有見焉，今將令民以此見之。且春也有善，寡人有春之善，非寡人之善與！」靈公論宛春，可謂知君之道矣。

盧文弨曰：「苴亦補也。《賈誼》云：『冠雖弊，不以苴履。』《呂氏‧職分篇》作『組』。」

武井驥曰：「《呂覽》『苴』作『組』。」

梁容茂曰：「《呂覽》：苴，作『組』。誠，作『則』。《拾補》云：『苴亦補也。《賈誼》云：冠雖幣，不以苴履。』」

茂仁案：「今民衣弊不補」，《類說》三〇引「弊」作「鱗」，《春秋別典》一二引《呂氏春秋》作「敝」，《群書集事淵海》四引作「獘」，白口十行本、四庫本並同，百子本作「幣」。「衣鱗」，蓋謂其破如魚鱗之差參也，與「衣弊」義通；敝、弊，古、今字；弊、幣，正、假字；獘，俗引申爲利弊字，說見《說文》十篇上犬部「獘」字段〈注〉。「履決不苴」，《藝文類聚》五、《歲華紀麗》四〈注〉並引《呂氏春秋》作「苴」與本文同。《說文》一篇下艸部云：「苴，履中艸。」又十三篇上糸部云：「組，綬屬也。」段〈注〉云：「屬當作織。」則作「組」是。苴、組，古並爲精母、魚部，音同可通，職此，組、苴，正、假字。

（五）齊宣王爲大室

齊宣王為大室，大蓋百畝，

武井驥曰：「《呂覽・驕恣篇》『蓋』作『益』。」

梁容茂曰：「《呂覽・驕恣篇》：大室，作『太室』；蓋，作『益』。」

茂仁案：《呂氏春秋・驕恣篇》「蓋」作「益」，「畝」作「畝」，何良俊本、程榮本、祕書本、陳用光本「畝」並作「畝」，四庫本、百子本、龍溪本並作「畝」。蓋、益，並訓超過，義同；畝、畝，疑爲「畝」字俗寫。

堂上三百戶，以齊國之大具之，三年而未能成，群臣莫敢諫者。

武井驥曰：「《呂覽》『者』作『王』。」

梁容茂曰：「（群臣未敢諫者）《呂覽》：諫者，作『諫王』。」

茂仁案：「以齊國之大具之」，《呂氏春秋・驕恣篇》無「國」字。「群臣莫敢諫者」，四庫《新序》版本有二，二本並作「莫敢」，不作「未敢」，梁先生以四庫本爲底本，失檢。《群書集事淵海》一五引、《太平御覽》一七四引《呂氏春秋》並無「者」字。審下文「而群臣莫敢諫者」爲承此而言，故此作「諫者」爲長也。

香居問宣王曰：「荆王釋先王之禮樂，而為淫樂，敢問荆邦為有主乎？」王曰：「為無主。」

盧文弨曰：「（香居）《呂氏・驕恣篇》作『春居』。」

武井驥曰：「《呂覽》『香居』作『春居』。」

梁容茂曰：「（香車問宣王曰）《呂覽》：香車，作『春居』；而爲淫樂，作『而樂爲輕』；邦，作『國』，下邦亦作『國』。何本、程本、百子本：香車，並作「香居」。按下文亦作居，車、居，音同通假。」

蔡信發曰：「《呂覽》『香居』作『春居』，下同。」

茂仁案：四庫《新序》版本有二，二本並作「香居」，不作「香車」，梁先生以四庫本爲底本，失檢。《群書集事淵海》一五引「香居」作「香車」，下同。許維遹《呂氏春秋・驕恣篇》〈集釋〉引梁玉繩曰：「作香者，非也。《困學紀聞》五謂即《書大傳》之春子。《大傳》名衛，觀春居諫宣王爲大室，知孟子巨室之論，指見在事，非虛喻也。」據是，作「春」爲是。香、春，形近而訛也，當據改，下同。

「敢問荆邦為有臣乎？」王曰：「為無臣。」居曰：「今王為大室，三年不能成，而群臣莫敢諫者，敢問王為有臣乎？」王曰：「為無臣。」香居曰：「臣

請避矣。」趨而出。

　　茂仁案：「而群臣莫敢諫者」，《呂氏春秋・驕恣篇》無「者」字，《群書集事淵海》一五引、《焦氏類林》一引並同，審此句承上文「群臣莫敢諫者」爲言，故此有「者」字爲長。

王曰：「香子留，何諫寡人之晚也？」

　　武井驥曰：「《呂覽》作『春子反，春子反』。」又曰：「（也下）《呂覽》下有『寡人請今止之』六字，是。」

　　梁容茂曰：「（何諫寡人晚也）《呂氏》：香，作『春』；留，作『反』。」

　　茂仁案：四庫《新序》版本有二，二本「人」下並有「之」字，梁先生以四庫本爲底本，失檢。「香子留」，上言《呂氏春秋・驕恣篇》「香子」作「春子」、「留」作「反」，「香」爲「春」之訛，說見上「香居問宣王曰」校記。審上文「趨而出」，春居既已出矣，此云「香子留」不辭，作「反」較長，當據改。

遽召尚書曰：「書之。寡人不肖，好爲大室，香子止寡人也。」

　　茂仁案：《群書集事淵海》一五引無「不肖」二字。

（六）趙襄子飲酒

趙襄子飲酒，五日五夜不廢酒，謂侍者曰：「我誠邦士也。夫飲酒五日五夜矣，而殊不病。」

　　茂仁案：《類說》三〇引「廢」下無「酒」字。《類林雜說・嗜酒四十四》〈注〉「趙」上有「晉」字、「五日五夜不廢酒」作「七日七夜不醉」。審下文「君勉之，不及紂二日耳，紂七日七夜」，是知作「五日五夜」爲是，而作「七日七夜」者，蓋涉下文「紂七日七夜」而誤。

優莫曰：「君勉之！不及紂二日耳，今君五日。」

　　施珂曰：「《漢魏叢書》陳本五誤四。」

　　梁容茂曰：「何本：五，作『而』，誤。」

　　茂仁案：陳用光本作「五」，不作「四」，施先生失檢。審此「君勉之！不及紂二日耳，今君五日」，意未接，疑「不及紂二日耳」下奪「紂七日七夜」，如是，方與「今君五日」意接，而下文「不及紂二日耳，不亡何待」，亦方有所著矣，《類說》三〇引作「君勉之！紂七日，今君五日」，《冊府元龜》八三一、《春秋別典》一五並

作「君勉之！不及紂二日耳，紂七日七夜，今君五日」，即其明證也，當據補。《類林雜說‧嗜酒四十四》〈注〉「優莫曰」作「優眞對曰」。

襄子懼，謂優莫曰：「然則吾亡乎？」優莫曰：「不亡。」襄子曰：「不及紂二日耳，不亡何待？」

　　茂仁案：「然則吾亡乎」，《類說》三〇引「吾」作「君」，審此爲紂語，不當自稱「君」，作「君」者，蓋涉上文「今君五日」而誤也。「不亡何待」，《春秋別典》一五引「何」作「奚」，義同。

優莫曰：「桀紂之亡也遇湯武，今天下盡桀也，而君紂也，桀紂並世，焉能相亡？然亦殆矣。」

　　茂仁案：《類說》三〇引無「今」字，《春秋別典》一五引無「相」字，《冊府元龜》八三一「焉」作「安」，義同。《類林雜說‧嗜酒四十四》〈注〉作「趙襄子覺而自歎，曰：『幾亡乎！』」以幾亡爲趙襄子之自覺，與此之作優莫語，異也。

（七）齊景公飲酒而樂

齊景公飲酒而樂，釋衣冠，自鼓缶，謂侍者曰：「仁人亦樂是夫！」

　　武井驥曰：「《韓詩》卷九『缶』作『琴』。《說文》曰：『缶，瓦器，所以盛酒漿，秦人鼓之以節歌。』」

　　梁容茂曰：「《晏子‧外篇》：侍者，作『左右』。《外傳》九作：『齊景公縱酒，醉而解衣冠，鼓琴以自樂，顧左右曰。』」

　　蔡信發曰：「《晏子》作『自鼓盆甕』，《外傳》作『鼓琴自樂』。」

　　茂仁案：《韓詩外傳》九作「齊景公縱酒，醉而解衣冠，鼓琴以自樂，顧左右曰：『仁人亦樂此乎』」，此以醉後鼓琴而樂，與此稍異。「自鼓缶」，《群書治要》三三、《太平御覽》六九六並引《晏子春秋》「鼓缶」作「盆甕」，《太平御覽》四六八引《晏子春秋》則作「盆」，缶、盆、盆甕，義並通。「仁人亦樂是夫」，《晏子春秋‧外篇‧重而異者第一》、《韓詩外傳》九「夫」並作「乎」，《春秋別典》八引同，夫、乎，義同，說見《古書虛字集釋》一〇。

梁丘子曰：「仁人耳目亦猶人也，奚為獨不樂此也？」

　　武井驥曰：「《晏子》作『梁丘據』。」

梁容茂曰：「《晏子》作：『梁丘據對曰……。』百子本：丘作『邱』。」

蔡信發曰：「《晏子》作『梁邱據』。邱，丘之後起形聲字，古通。《詩·邶風·旄邱序》〈釋文〉：『邱，或作古丘字。』」

茂仁案：「梁丘子曰」，百子本作「丘」，不作「邱」，梁先生失檢。《晏子春秋·外篇·重而異者第一》「子」作「據」，《韓詩外傳》九「梁丘子曰」作「左右曰」，《春秋別典》八引「丘」作「邱」。梁丘，複姓，「據」其名，說見《漢書古今人表疏證》「梁丘據」引梁玉繩曰。

公曰：「速駕迎晏子。」晏子朝服以至，

蒙傳銘曰：「《晏子春秋·外篇》與此同，《治要》三十三引《晏子》，作『公令趨駕迎晏子。』《韓詩外傳》九作『景公曰：「駕車以迎晏子。」』」

梁容茂曰：「《晏子》：無『服』字。」

茂仁案：《晏子春秋·外篇·重而異者第一》「速」作「趣」，無「服」字，「至」下有「受觴再拜」四字，祕書本、陳用光本、四庫全書薈要本、百子本「以至」並作「而至」，速、趣；以、而，義並同。審下文有「請去禮」、「朝服而坐」句，故無「服」字，非是；「至」下有「受觴再拜」四字，於義較長。

公曰：「寡人甚樂。此樂也，願與夫子共之，請去禮。」

梁容茂曰：「《晏子》：願，作『欲』。」

茂仁案：願、欲，義同。龍溪本「共之」作「其之」，非是，其、共，形近而訛也。

晏子對曰：「君之言過矣。

茂仁案：《晏子春秋·外篇·重而異者第一》「矣」下有「群臣皆欲去禮以事君，嬰恐君子之不欲也」十七字，有此十七字，於義較明，唯「子」為衍文，說見王念孫《讀書雜志》六之二《晏子春秋·外篇·重而異者》。

齊國五尺之童子，力盡勝嬰而又勝君，所以不敢亂者，畏禮也。上若無禮，無以使其下；下若無禮，無以事其上。

武井驥曰：「（畏禮也）《晏子》『禮』下有『義』字。」

梁容茂曰：「（畏禮也）《晏子》禮下有『義』。」

茂仁案：本文盡言「禮」，此處驟以「禮」、「義」連言，「義」非衍也，蓋亦「禮」字連類而及，抑或「義」讀如「儀」耳，王念孫《讀書雜志》六之二《晏子春秋·

外篇‧重而異者》云：「孫本刪義字，云：『據詩外傳》九、《新序》無‘義’字。』念孫案：孫刪義字，非也。此義字，非仁義之義，乃禮儀之儀。《周官‧大司徒》：『以儀辨等，則民不越。』鄭〈注〉曰：『儀謂君南面，臣北面，父坐子伏之屬。』故曰『不敢亂者』，畏禮儀也。古書仁義字本作誼，禮儀字本作義，後人以義代誼，以儀代義，亂之久矣。此文作義乃古字之僅存者，良可寶也。《韓詩外傳》、《新序》無義字者，言禮而儀在其中，故文從省耳，不得據彼以刪此，各本及《群書治要》皆有義字。」王說得之。「所以不敢亂者」，《韓詩外傳》九無「亂」字，不辭，蓋奪耳。

夫麋鹿唯無禮，故父子同麀。人之所以貴於禽獸者，以有禮也。《詩》曰：『人而無禮，胡不遄死。』故禮不可去也。」

　　茂仁案：「以有禮也」，《晏子春秋‧外篇‧重而異者第一》「也」下有「嬰聞之，人君無禮，無以臨其邦；大夫無禮，官吏不恭；父子無禮，其家必凶；兄弟無禮，不能久同」三十六字，較此為詳。

公曰：「寡人無良，左右淫湎寡人，以至於此，請殺之。」

　　武井驥曰：「《晏子》上『人』下有『不敏』二字。」

　　梁容茂曰：「《晏子》：無上有『不敏』二字；湎，作『蠱』。《外傳》：無上有『不仁』二字。」

　　茂仁案：「無」上有「不敏」、「不仁」，適與下文「左右淫湎寡人」意接，於文義為長；湎、蠱，並通。《韓詩外傳》九「之」作「左右」，亦通。

晏子曰：「左右何罪？君若好禮，左右有禮者至，無禮者去；君若惡禮，亦將如之。」

　　茂仁案：「左右何罪」，楚府本「左右」作「之石」，非是，蓋形近致訛也。「君若惡禮」，楚府本「若」作「芳」，亦非是，亦形近致誤也。

公曰：「善。請革衣冠，更受命。」乃廢酒而更尊，朝服而坐，觴三行，晏子趨出。

　　梁容茂曰：「《外傳》：觴下有『酒』字；趨出，作『辭去』。」

　　蔡信發曰：「《外傳》同此，《晏子》作『晏子避走，立乎門外。公令人糞灑改席，召，衣冠以迎晏子。晏子入門，三讓，升階，用三獻焉；嗽酒嘗膳，再拜，告饜而出。公下拜，送之門，反，命撤酒去樂，曰：吾以彰晏子之教也』，較此詳。」

　　茂仁案：《晏子春秋‧內篇‧諫上篇》「景公飲酒酣」章，與此大旨略同，唯辭

互詳略耳。「乃廢酒而更尊」，《春秋別典》八引「廢」作「嚴」，不辭，嚴、廢，形近致訛也。

（八）魏文侯見箕季

魏文侯見箕季，其牆壞而不築。

武井驥曰：「《御覽八百六十一引『季』下有『子』字」

蒙傳銘曰：「《天中記》四六引作『牆壞不治。』。」

梁容茂曰：「《御覽》八六一引：箕季，作『箕季子』；九六七引作『其季』；卷九七九引作『其李』；築，作『治』。」

茂仁案：其、箕；李、季，並形近而訛。「季」下有「子」，尊稱也。《太平御覽》九七九引「牆」作「墻」，「築」作「治」，《群書集事淵海》一五引「牆」亦作「墻」，武井驥《纂註本》、元刊本、楚府本、何良俊本、楊美益本、白口十行本、程榮本、祕書本、陳用光本、百子本並同，下同。牆、墻，正、俗字；築、治，義並通。《說苑·建本篇》云：「文公見咎季，其廟傅於西牆，公曰：『孰處而西？』對曰：『君之老臣也。』公曰：『西益而宅。』對曰：『臣之忠，不如老臣之力，其牆壞而不築。』公曰：『何不築？』對曰：『一日不稼，百日不食。』公出而告之僕，僕頓首於軫曰：『〈呂刑〉云：‘一人有慶，兆民賴之。’君之明，群臣之福也。』乃令於國，曰：『毋淫宮室，以妨人宅；板築以時，無奪農功。』」疑與此一事異傳也。

文侯曰：「何為不築？」對曰：「不時。」

蒙傳銘曰：「《天中記》作『問其故，曰：‘不時。’』。」

茂仁案：《太平御覽》九七九引作「問其故，曰：『不時』」。

其牆枉而不端，問曰：「何不端？」曰：「固然。」從者食其園之桃，箕季禁之。

武井驥曰：「（園之桃）《御覽》九百六十七無『之』字。」

茂仁案：《事類賦》二六〈注〉引無「園之」二字。

少焉日晏，進糲餐之食，瓜瓠之羹。

茂仁案：「少焉日晏」，祕書本「晏」作「戾」，義同，並訓晚。「進糲餐之食」，《北堂書鈔》一四四兩〈注〉引、《太平御覽》八六一引並無「餐之」二字。

文侯出，其僕曰：「君亦無得於箕季矣。曩者進食，臣竊窺之，糲餐之食，瓜瓠之羹。」文侯曰：「吾何無得於季也？

　　茂仁案：「吾何無得於季也」，楚府本「無」原刻作「兵」，後人改寫作「無」於其旁。

吾一見季而得四焉。其牆壞不築，云待時者，教我無奪農時也；

　　武井驥曰：「（云待時者）《御覽》四百五十七作『對曰：「不時。」』是。」又曰：「（農時）《御覽》四百五十七『時』作『功』。」

　　施珂曰：「《冊府元龜》七四三引築下有對字。『對云』與下文一律，當據補。」

　　梁容茂曰：「《御覽》四五七引：農時，作『農功』；卷九七九引作『教我無奪民農功』。」

　　茂仁案：《太平御覽》四五七引「壞」下有「而」字，「云待時者」作「吾問：『何不築？』對曰：『不時』」，視此為詳，是卷又引「無」作「不」、「時」作「功」。無、不；時、功，義並同。施先生云「『對云』與下文一律，當據補」，審此「其牆壞不築，云待時者」，於義已足，非必求與下文句式一律而補也。審「教我無奪農時也」，與下文「是教我無侵封疆也」、「是教我下無侵上也」並列，「教」上當據補「是」字。

牆枉而不端，對曰固然者，是教我無侵封疆也；

　　武井驥曰：「宋板《御覽》四百五十七『固然者』作『地然』。」

　　施珂曰：「（對云固然者）。」

　　梁容茂曰：「《御覽》四五七引：固，作『地』。」

　　茂仁案：鐵華館本作「對曰」，不作「對云」，施先生以鐵華館本為底本，失檢。《太平御覽》四五七引「牆」上有「其」字、「端」下有「吾問：『何不端』」五字、「固」作「地」。端下有「吾問」云云等五字，於義較長且明，當據補，而「固」作「地」，文不辭，則非是。祕書本「疆」作「彊」，非是，形近而訛也。

從者食園桃，箕季禁之，豈愛桃哉？是教我下無侵上也；

　　武井驥曰：「《御覽》九百六十七『侵』作『犯』，四百五十七同。」

　　梁容茂曰：「《御覽》四五七、九六七引：侵，俱作『犯』。」

　　茂仁案：《事類賦》二六〈注〉引「侵」亦作「犯」，義通。

食我以糲餐者，季豈不能具五味哉？教我無多斂於百姓，以省飲食之養也。」

　　武井驥曰：「《御覽》四百五十七『餐』下有『之食瓜瓠之羹』六字。」

梁容茂曰：「（食我糲餐者）《御覽》四五七引作『食我糟食之食，瓜瓠之羹』；卷九七九引作『飴我瓠羹』。四五七引無『能』字。」

茂仁案：「食我以糲餐者」，四庫《新序》版本有二，二本上「我」字下並有「以」字，梁先生以四庫本爲底本，失檢。《太平御覽》四五七引作「食我糟飡之食，瓜瓠之羹」，又八六一引、《天中記》四六引並作「日晏進糲餐、瓜瓠之羹」。「教我無多斂於百姓」，審此與上文「是教我無侵封疆也」、「是教我下無侵上也」並列，「教」上當據補「是」字。《太平御覽》四五七引、又八六一引、又九七九引、《天中記》四六引「斂」並作「歛」，楚府本、何良俊本、白口十行本、程榮本、祕書本、陳用光本、百子本並同，《說文》有「斂」無「歛」，「歛」或爲其別體。

（九）士尹池爲荊使於宋

士尹池為荊使於宋，

武井驥曰：「《呂覽・召類篇》畢沅校曰：『《御覽》引作「工尹他」，杜預曰：「工尹，楚官，掌百工之官。」舊本「工」作「士」，非。』」

蒙傳銘曰：「《文選》張景陽〈雜詩〉李善〈注〉引作『士尹陁。』」

蔡信發曰：「《呂覽》畢沅〈校〉：『士尹池，《御覽》四百十九引作工尹他。《新序・刺奢篇》，與此同。』案：工尹他，當士尹池之形誤。」

茂仁案：「士尹池爲荊使於宋」，《太平御覽》四一九引《呂氏春秋》「士尹池」作「工尹他」，「士」蓋爲「工」之形訛，「工尹」，經傳屢見，《禮記・檀弓下篇》云：「工尹商陽。」鄭〈注〉云：「工尹，楚官名。」《左傳・文公十年》云：「王使爲工尹。」杜〈注〉云：「掌百工之官。」又〈宣公十二年〉云：「工尹齊。」杜〈注〉云：「工尹齊，楚大夫。」又〈成公十六年〉云：「楚子使工尹襄問之。」又〈昭公十二年〉云：「又加之以楚，敢不畏君王哉？工尹路請曰。」又〈十九年〉云：「楚工尹赤。」又〈二十七年〉云：「工尹麋。」杜〈注〉云：「（工尹）楚官。」又云：「工尹壽。」又〈哀公十八年〉云：「工尹。」諸文並以「工尹」爲楚官，檢本文云：「士尹池爲荊使於宋」，知其爲荊（楚）人，與上引《左傳》合，據是，士、工，形近而訛也，武井驥《纂註本》正作「工」，即其明證，當據改，下同。又《文選》張景陽〈雜詩〉李善〈注〉引《呂氏春秋》「士尹池」作「士尹陁」，《太平御覽》三〇五引作「箴尹」。池、他、陁，古並从也得聲，可相通用。

司城子罕止而觸之，

茂仁案：《呂氏春秋‧召類篇》無「止而」二字，《焦氏類林》二同。「司城」即「司空」，宋武公名「司空」，因改「司空」為「司城」，說見《呂氏春秋‧召類篇》高誘〈注〉。

南家之牆，攤於前而不直；西家之潦，經其宮而不止，士尹池問其故。

盧文弨曰：「（攤）《呂氏‧召類篇》作『犫』，〈注〉：『猶出也。』」

武井驥曰：「《呂覽》『攤』作『犫』、『經』作『徑』，校云：『一作注。』高誘曰：『犫猶出。』」

梁容茂曰：「《呂覽‧召類篇》：攤，作『犫』。〈注〉：『猶出也。』經，作『徑』，〈注〉云：『一作注。』」

蔡信發曰：「《呂覽》『攤』作『犫』，『經』作『徑』，『官』作『宮』。高〈注〉：『犫，猶出。』畢沅〈校〉：『徑，《新序》、《御覽》作經。舊〈校〉云：一作注。孫云：「李善〈注〉《文選》張景陽〈雜詩〉引作注於庭下而不止。」』案：官，宮之形訛。」

茂仁案：「南家之牆」，《群書集事淵海》四〇引「牆」作「墻」，武井驥《纂註本》、元刊本、何良俊本、楊美益本、白口十行本、程榮本、祕書本、陳用光本、四庫全書本、百子本並同，下同。牆、墻，正、俗字。「攤於前而不直」，《焦氏類林》二「攤」亦作『犫』，《呂氏春秋‧召類篇》高誘〈注〉云：「犫，猶出。曲出子罕堂前也。」許維遹〈集釋〉引洪頤煊曰：「犫當作讎。《漢書‧灌夫傳》晉灼〈注〉：『讎，當也。』」據是，攤、犫，並通。

司城子罕曰：「南家，工人也，為鞔者也。吾將徙之，

梁容茂曰：「（吾將徙之）《呂覽》：者，作『百』；徙，作『徙』，是也，程本、百子本亦作『徙』。」

茂仁案：四庫《新序》版本有二，二本並作「徙」，不作「徙」，梁先生以四庫本為底本，失檢，各本並作徙，不誤也。

其父曰：『吾恃為鞔，已食三世矣。

盧文弨曰：「（已）《呂氏》作『以』。」

武井驥曰：「《呂覽》『已』作『以』。」

梁容茂曰：「《呂覽》：已，作『以』。邦，作『國』。」

蒙傳銘曰：「已、以古通。《文選》〈注〉引『世』作『葉』。」

茂仁案：「其父曰」，楚府本「其」作「兵」，非是，兵、其，形近而訛也。「已食三世矣」，《焦氏類林》二「已」亦作「以」。《文選》張景陽〈雜詩〉李善〈注〉引《呂氏春秋》「世」作「葉」，《廣雅・釋言》云：「葉，世也。」《詩・商頌・長發》云：「昔在中葉。」〈傳〉云：「葉，世也。」

今徙，是宋邦之求鞼者，不知吾處也，吾將不食。願相國之憂吾不食也。』為是故吾不徙。

武井驥曰：「（今徙）《呂覽》『徙』下有『之』字、『邦』作『國』。」

茂仁案：《焦氏類林》二「徙」下亦有「之」字、「邦」亦作「國」，審此為南家為鞼者之父語也，作「今徙之」，不辭，「之」蓋涉上文「吾將徙之」而衍，邦、國，義同。楚府本「鞼」作「境」，非是。

西家高，吾宮卑，潦之經吾宮也利，為是故不禁也。」

梁容茂曰：「《呂氏》：卑，作『庳』。」

蔡信發曰：「《呂覽》『卑』作『庳』。《說文》：『庳，中伏舍，一曰：屋卑。』〈注〉：『《左傳》曰：宮室卑。引伸之，凡卑皆曰庳。』」

茂仁案：《焦氏類林》二「卑」亦作「庳」，《文選》張景陽〈雜詩〉李善〈注〉、《太平御覽》三〇五、《春秋別典》六並引《呂氏春秋》則並與本文同。

士尹池歸，荊適興兵欲攻宋，

武井驥曰：「《呂覽》『荊』下有『荊王』二字。」

梁容茂曰：「《呂氏》：荊下有『荊王』二字；欲，作『而』。」

茂仁案：《焦氏類林》二「荊」下亦有「荊王」二字、「欲」亦作「而」。

士尹池諫於王曰：「宋不可攻也，其主賢，其相仁，賢者得民，仁者能用人，攻之無功，為天下笑。」楚釋宋而攻鄭。

武井驥曰：「《呂覽》『賢者』下有『能』字。」

梁容茂曰：「《呂氏》：得上有『能』字，與下『仁者能用人』，文例一致，當據補。」

茂仁案：「賢者得民」，《焦氏類林》二「者」下亦有「能」字，《太平御覽》三〇五、《春秋別典》六並引《呂氏春秋》「者」下則並無「能」字，與本文同。「楚釋宋而攻鄭」，本文稱楚並作「荊」，無作「楚」者，今作「楚」，不類，當據改，《呂氏春秋・召類篇》「楚」作「故」，並通。

孔子聞之曰：「夫修之於廟堂之上，而折衝於千里之外者，司城子罕之謂也。」

蔡信發曰：「《呂覽》『修』作『脩』。脩、修同音假借。《說文》：『修，飾也。脩，脯也。』《周禮・宮人》〈釋文〉：『脩，本亦作修。』」

茂仁案：《春秋別典》六引《呂氏春秋》作「修」與此同、「上」作「內」。

（十）魯孟獻子聘於晉

魯孟獻子聘於晉，

蔡信發曰：「《禮記・大學》〈注〉：『孟獻子，魯大夫仲孫蔑也。』《左》宣公九年〈傳〉『孟獻子聘於周』〈會箋〉：『莊公庶兄公子慶父共仲，仲子孫以仲孫爲氏，故經書仲孫。時人以其庶長稱孟，故傳稱孟孫。慶父子公孫敖，是爲孟穆伯。敖子穀文伯，穀子蔑，是爲孟獻子。是年始見經。』宣子，指韓獻子厥子起。孟獻子之事，載於《春秋經》者，自宣公九年至襄公十九年，凡九：〈宣公九年〉：『夏，仲孫蔑如京師。』〈成公五年〉：『仲孫蔑如宋。』〈六年〉：『秋，仲孫蔑、叔孫僑如帥師侵宋。』〈十八年〉：『十有二月，仲孫蔑會晉侯、宋公、衛侯、邾子、齊崔杼同盟于虛杅。』〈襄公元年〉：『仲孫蔑會晉欒黶、宋華元、衛甯殖、曹人、莒人、邾人、滕人、薛人圍宋彭城。』〈二年〉：『秋七月，仲孫蔑會晉荀罃、宋華元、衛孫林父、曹人、邾人于戚。冬仲孫蔑會晉荀罃、齊崔杼、宋華元、衛孫林父、曹人、邾人、滕人、薛人、小邾人于戚，遂城虎牢。』〈五年〉：『仲孫蔑、衛孫林父會吳于善道。』〈十九年〉：『八月丙辰，仲孫蔑卒。』其無一見蔑聘於晉者，僅左襄公四年傳，載公如晉聽政，蔑從之，晉侯享之云云。是次赴晉，蔑爲公介，非爲聘。且斯時韓宣子之父韓獻子厥，尚未告老。至自左襄公七年傳載韓獻子致仕，宣子代之以還，蔑則未嘗有聘於晉者。然則，本文之僞出，亦甚明矣。」

茂仁案：《白氏六帖》二八「鍾石之懸不移而具」〈注〉引作「孟獻子如晉」，言「如晉」，不言「聘於晉」，職此，適與《左傳・宣公四年》云：「冬，公如晉聽政，晉侯享公，公請屬鄟，晉侯不許。孟獻子曰。」云云合，本文所述或即此年之事，故本文非必僞出，蓋《新序》訛「如晉」爲「聘於晉」耳。

宣子觴之，三徙，

盧文弨曰：「（『宣』上有『韓』字）舊脫，李善〈注〉〈西京賦〉有，《御覽》四百七十二同。」又曰：「（『子』下）兩書俱有『止而』二字。」

武井驥曰：「《御覽》四百七十二引『三』上有『飲』字。宋板『宣』上有『韓』

字。」

施珂曰：「《御覽》四七二引無止而二字。盧氏失檢。」

梁容茂曰：「《文選》〈西京賦〉李善〈注〉、《御覽》卷四七二引：宣上俱有『韓』字。《拾補》云：『（宣子之下）兩書俱有‘止而’二字。』《御覽》四七二引：三上有『欲』字。」

茂仁案：「宣子觴之」，《白氏六帖》二八〈注〉引、《白孔六帖》九一〈注〉引、《太平御覽》四七二引、《冊府元龜》八一二、《瞥記》二「宣」上亦並有「韓」字，又《白氏六帖》二八〈注〉引「觴」上有「兌」字。「三徙」，《文選》張平子〈西京賦〉李善〈注〉引、《白氏六帖》二八〈注〉引、《白孔六帖》九一〈注〉引、《冊府元龜》八一二「三」上亦並有「飲」字，梁先生云「《御覽》四七二引：三上有『欲』字」，非是，「欲」當作「飲」。

鍾石之懸，不移而具。

茂仁案：「鍾石之懸」，《文選》張平子〈西京賦〉李善〈注〉引、《春秋別典》九引「鍾」並作「鐘」，下同，鐘、鍾，正、假字，說見卷五「齊有閭丘邛」章，「即奪鍾鼓之音」條校記。

獻子曰：「富哉家！」宣子曰：「子之家孰與我家富？」

盧文弨曰：「（下家字）《御覽》無。」

武井驥曰：「（富哉家）《御覽》無『家』字。」

施珂曰：「（富哉家）《御覽》引無『家』字。疑涉下文家字而衍。」

梁容茂曰：「（富哉家）《御覽》四七二引：無『家』字。」又曰：「（孰與我家富）《御覽》四七二引：無『家』字。」

茂仁案：《冊府元龜》八一二亦並無上下「家」字。

獻子曰：「吾家甚貧，惟有二士，曰顏回，茲無靈者，使吾邦家安平，百姓和協。惟此二者耳，吾盡於此矣。」

施珂曰：「（我有二士曰顏回、茲無靈）《御覽》引茲作慈。」

蔡信發曰：「《史記‧仲尼弟子列傳》：『顏回者，魯人也。字子淵。少孔子三十歲。』據《史記‧年表》、〈孔子世家〉暨〈弟子列傳〉，孔子生於魯襄公二十二年（《公》、《穀》以在二十一年生），卒於魯哀公十六年，享年七十三。顏回少孔子三十歲，則當生於魯昭公二十一年；至其卒於何歲，〈列傳〉但云早死，不書年月，是以不得而知，《家語‧七十二弟子解》以回三十一早死，其說不可信。孟獻子，為孔子門人懿

子、武伯父子之遠祖，首見左宣公九年傳，下距回生，凡七十九年，相去甚遠；獻子之卒，明載《春秋‧襄公十九年》，早回生三十三年。職是，獻子斷無知回之理。又回簞食瓢飲，樂道不已，絕意仕途，本無政績，而本文云『使吾邦家安平，百姓和協』，顯屬杜譔，不足采信。抑此回非彼聖門之回歟？則不可得知。茲無，複姓。靈，名。不見所出。《通志‧氏族略》：『茲毋氏，毋，音無。下同。《左傳》齊大夫茲毋還，漢有侍御史茲毋常。』」

茂仁案：鐵華館本作「吾家甚貧，惟有二士，曰顏回，茲無靈者」，不作「我有二士曰顏回、茲無靈」，施先生以鐵華館本爲底本，失檢。顏回未嘗仕於士大夫之家，首揭於黃震《黃氏日鈔》，其云：「(《新序》) 惟孟獻子誇得顏回、茲無靈二生爲富，則未必然。蓋顏子未嘗仕於士大夫之家也。」而韓獻子之不得見顏回，則見梁玉繩《瞥記》二云：「《新序‧刺奢篇》獻子荅韓宣子曰：『吾有二士，顏回、茲無靈。』」(中略) 獻子卒於襄公十九年，安得逮見顏子，恐亦不可信。」「茲無靈」，《太平御覽》四七二引「茲」作「慈」，《冊府元龜》八一二並同，且「靈」作「虛」。茲，古爲精母、之部；慈，古爲從母、之部，二者音近可通。

客出，宣子曰：「彼君子也，以畜賢為富；我鄙人也，以鍾石金玉為富。」

盧文弨曰：「(畜) 俗作『養』，今從兩書。」

武井驥曰：「《御覽》『養』作『畜』。」

蒙傳銘曰：「宋本『養』亦作『畜』，鐵華館本同。」

梁容茂曰：「(彼君子也)《御覽》四七二引：無『子』字；養作『畜』。《拾補》改養爲畜，云：『俗作養，今從兩書。』」

茂仁案：「彼君子也」，檢宋版《太平御覽》四七二引有「子」字，梁先生恐失檢。「以畜賢爲富」，《焦氏類林》一引《說苑》「畜」作「養」，《春秋別典》九引、《喻林》一六引並同，元刊本、楚府本、何良俊本、楊美益本、白口十行本、程榮本、祕書本、陳用光本、四庫本、百子本亦並同，他本則並作「畜」，畜、養，義同。「以鍾石金玉爲富」，元刊本、楊美益本、白口十行本、程榮本、祕書本、陳用光本、四庫本、百子本「鍾」並作「鐘」，鐘、鍾，正、假字，說見卷五「齊有閭丘邛」章，「即奪鍾鼓之音」條校記。

孔子曰：「孟獻子之富，可著於《春秋》。」

盧文弨曰：「(富下)《御覽》有『也』字。」

武井驥曰：「宋板《御覽》之『富』下、『秋』下有『也』字。」

梁容茂曰：「《御覽》四七二引：富下有『也』字。」

茂仁案：《冊府元龜》八一二「富」、「秋」下亦並有「也」字。

（十一）鄒穆公有令

鄒穆公有令，食梟鴈必以粃，無得以粟。

武井驥曰：「《治要》『雁』下有『者』字。」又曰：「《新書·春秋篇》『得』作『敢』。」

施珂曰：「《治要》引雁下有者字。」

梁容茂曰：「（食梟雁必以粃）《治要》引：必上有『者』字，〈注〉：『無者字。』是原無者字，《治要》增之也。無『得』字。無粃，作『粃盡』。『無得』，《新書·春秋篇》作『毋敢』。」

茂仁案：「食梟鴈必以粃」，四庫《新序》版本有二，二本並作「鴈」，不作「雁」，梁先生以四庫本爲底本，失檢。《新書·春秋篇》「鴈」下亦有「者」字，《藝文類聚》八五引《賈誼書》〈注〉云「《新序》又載」亦同，且「粃」作「秕」，下同，《事類賦》一九、《太平御覽》八二三、又八四〇、《天中記》五八並引《賈誼書》並同，下同，鐵華館本、龍溪本「鴈」並作「雁」。《說文》七篇上禾部云：「秕，不成粟也。」段〈注〉云：「按不成粟之字从禾，惡米之字从米，而皆比聲，此其別也。」職是，作「秕」爲正，作「粃」者，蓋「秕」之借字也；鴈、雁，一字之異體。「無得以粟」，《新書·春秋篇》「無得」作「毋敢」，「無得」義較長。

於是倉無粃，而求易於民，二石粟而得一石粃，吏以為費，請以粟食之。

茂仁案：「二石粟而得一石粃」，《新書·春秋篇》「得」作「易」，於義爲明。

穆公曰：「去！非汝所知也。

梁容茂曰：「《新書》：汝，作『而』。」

蔡信發曰：「《新書》『汝』作『而』。二字並屬日紐，故通。《史記·越世家》〈索隱〉：『而，汝也。』」

茂仁案：《藝文類聚》八五引《賈誼書》〈注〉「汝」作「爾」，汝、而、爾，義同。

夫百姓飽牛而耕，暴背而耘，

武井驥曰：「《新書》『飽』作『煦』。」

梁容茂曰:「《新書》: 飽,作『煦』。」

蔡信發曰:「《新書》『飽』作『煦』,『暴作曝』。暴、曝,正俗字。」

茂仁案:「夫百姓飽牛而耕」,《藝文類聚》八五引《賈誼書》〈注〉「飽」則作「餉」,《焦氏類林》一引《新書》作「煦」。汪中《舊學蓄疑》云:「賈誼《新書·春秋篇》:『鄒穆公曰:'百姓煦牛而耕。'』此漢以前牛耕之明文也。《新序·刺奢篇》『煦』作『飽』,于義爲長。」《劉申叔先生遺書·賈子新書斠補·春秋》云:「《類聚》八十五引『煦』作『餉』,是也。《新序·刺奢篇》作『飽牛而耕』,『飽』亦『餉』訛。」二說並未允,祁玉章《賈子新書校釋》云:「『煦』疑『呴』假,《聲類》云:『呴,噑也,俗作吼。』呴牛而耕,乃言吼牛而耕。與下句『曝背而耘』正相對文,義亦相因。或曰:『煦』乃『朐』訛,《左氏》昭二十六年〈傳〉:『繇朐汏輈。』杜〈注〉:『朐、車軛。』〈釋文〉:『朐本又作軥。』《說文》:『軥、軛下曲者。』然則朐牛而耕者,乃言加軛於牛背,用以耕田,即駕牛而耕也,於義亦通。下文云:『苦勤而不敢墮。』即承此義,若作『餉牛』,則失其旨矣。」祁先生說是。「暴背而耘」,《類說》三〇引「暴」亦作「曝」,《群書治要》四二引「耘」作「耕」。

勤而不惰者,豈為鳥獸哉!粟米,人之上食,奈何其以養鳥?

武井驥曰:「《治要》『惰』上有『敢』字、『獸』下有『也』字,《新書》同,『勤』上有『苦』字。」

梁容茂曰:「《新書》: 勤上有『苦』字,不下有『敢』字。《治要》引: 粟米,作『米粟』,食下有『也』字。」

茂仁案:「勤而不惰者」,《藝文類聚》八五引《賈誼書》〈注〉「不惰」作「不敢墮」,《類說》三〇引「不」下亦有「敢」字。惰,爲「憜」之省自,說見《說文》十篇下心部「惰」字;「憜」爲从心𡐦省聲,說見十篇下心部「憜」字;「墮」,則爲「𡐦」之隸變,說見《說文》十四篇下𨸏部「隓」字段〈注〉。據是,惰、墮,並通;有「苦」、「敢」字,於義爲長。

且爾知小計,

武井驥曰:「《治要》『計』作『利』,《新書》『爾』作『汝』。」

梁容茂曰:「《治要》引: 爾,作『汝』; 計,作『利』。〈注〉:『利作計。』」

茂仁案: 利,古爲見母、質部; 計,古爲來母、質部,二者音近,審此「爾知小計」與下文「不知大會」對言,會與計對,則此作「計」爲是,據是,利、計,音近而誤也。

不知大會。

　　蔡信發曰：「《新書》『會』作『計』。《周禮・大司徒》〈注〉：『會，計也。』二字義同。會，音塊。」

　　茂仁案：《藝文類聚》八五引《賈誼書》〈注〉「會」作「害」，《類說》三○引作「惠」，會、害，古並爲匣母、月部；惠，古爲匣母、質部。職此，害、惠，並與「會」音同、聲轉而誤也。

周諺曰：『囊漏貯中。』而獨不聞歟？

　　武井驥曰：「《治要》『而』作『汝』、『歟』作『耶』。」

　　梁容茂曰：「《治要》引：而，作『汝』；歟，作『耶』。」

　　茂仁案：「囊漏貯中」，楚府本「貯」作「財」，鐵華館本、龍溪本並作「貯」。財、貯，形近而訛；貯，竊以爲即「貯」字俗寫。「而獨不聞歟」，《新書・春秋篇》「歟」作「與」。而、汝；歟、與、耶，義並同。

夫君者，民之父母，取倉之粟，移之於民，此非吾之粟乎？

　　武井驥曰：「（母下）《新書》有『也』字。」

　　梁容茂曰：「《新書》：君下有『民』字；於，作『與』。《治要》引：民之父母，作『人之父母』；民作『人』，蓋避唐太宗諱而改也。然卻未盡改。」

　　茂仁案：「民之父母」，《冊府元龜》二四三「民」亦作「人」。

鳥苟食鄒之粃，不害鄒之粟也，粟之在倉與在民，於我何擇？」

　　武井驥曰：「《新書》『也』作『而已』，《治要》同，無『苟』字。」

　　梁容茂曰：「《治要》引：無『苟』字；也，作『而已』。〈注〉：『而已作也一字。』《新書》：與下有『其』字。」

　　茂仁案：祕書本「不害」作「不食」。作「而已」及「不食」者，並非。

鄒民聞之，皆知私積與公家為一體也，此之謂知富邦。

　　武井驥曰：「《治要》無『鄒』字，《新書》『知』下有『其』字、『積』下有『之』字。」

　　茂仁案：《群書治要》四二引「私」上亦有「其」、「邦」作「國」、且「國」下有「矣」字。

鳥苟食鄒之粃，不害鄒之粟也，粟之在倉與在民，於我何擇？」

　　武井驥曰：「《新書》『也』作『而已』，《治要》同，無『苟』字。」

　　梁容茂曰：「《治要》引：無『苟』字；也，作『而已』。〈注〉：『而已作也一字。』《新書》：與下有『其』字。」

　　茂仁案：祕書本「不害」作「不食」。作「而已」及「不食」者，並非。

鄒民聞之，皆知私積與公家為一體也，此之謂知富邦。

　　武井驥曰：「《治要》無『鄒』字，《新書》『知』下有『其』字、『積』下有『之』字。」

　　茂仁案：《群書治要》四二引「私」上亦有「其」、「邦」作「國」、且「國」下有「矣」字。

《新序》卷第七

陽朔元年二月癸卯護左都水使者光祿大夫臣劉向上
節　士

（一）堯治天下

堯治天下，伯成子高為諸侯焉，堯授舜，舜授禹，伯成子高辭為諸侯而耕。

武井驥曰：「《莊子・天地篇》、《呂覽・長利篇》『高』下有『立』字、無『焉』
字，下同。」

梁容茂曰：「《莊子・天地篇》：為上有『立』字。《呂氏春秋・長利篇》同。當
據補，與下文『吾子立為諸侯焉』文例一律。《論衡・逢遇篇》亦載此事。」

茂仁案：「伯成子高為諸侯焉」，審此文義已足，「為」上非必補「立」字，嵇康
《聖賢高士傳・伯成子高》「為」上無「立」字，《後漢書・桓譚傳》〈注〉、〈崔駰傳〉
〈注〉並引《莊子》同，黃暉《論衡校釋・逢遇篇》並引《莊子・天地篇》、《呂氏
春秋・長利篇》、《淮南・說山訓》亦同，並其明證。又諸書所載，亦並無「焉」字。

禹往見之，則耕在野，禹趨就下位而問焉，

盧文弨曰：「（位）《莊子・天地篇》、《呂氏・長利篇》俱作『風』。」

武井驥曰：「《莊子》『位』作『風』、下有『立』字、無『者』字，《呂覽》『問』
下無『焉』字。」

梁容茂曰：「《莊子》、《呂氏》：位，俱作『風』。《莊子》：而上有『立』字。」

茂仁案：王叔岷先生《莊子校詮・外篇・天地篇》云：「立字疑涉下文『立為諸
侯』而衍，《世說新語・言語篇》〈注〉、《文選》嵇叔夜〈與山巨源絕交書〉〈注〉引

此並無立字。《呂氏春秋・長利篇》亦作『禹趨就下風而問焉。』《新序》作『禹趨就下位而問焉。』『下風』猶『下位』也。」審《莊子》有「立」字，作「趨就下風，立而問焉」亦通也。

曰：「昔者堯治天下，吾子立為諸侯焉；堯授舜，吾子猶存焉；

　　　梁容茂曰：「《呂氏》：治，作『理』。」

　　　茂仁案：「昔者堯治天下」，《莊子・天地篇》無「者」字。劉文典《三餘札記》二《呂氏春秋斠補》云：「案：『理』當為『治』，作『理』者，疑唐人避諱改之也。《莊子・天地篇》、《新序・節士篇》並作『堯治天下』，上文『堯治天下，伯成子高立為諸侯』，此不得獨作理也。」是。

及吾在位，子辭諸侯而耕；何故？」

　　　梁容茂曰：「《莊子》：諸上有『為』字。」

　　　茂仁案：「子辭諸侯而耕」，《淮南子・氾論篇》「辭」下亦有「為」字，適與上文「伯成子高辭為諸侯而耕」句例同，較長也，唯無「為」字，亦通也，《古書虛字集釋》二云：『『為』猶『其』也。《墨子・襍守篇》：『有以知為所為。』【上「為」字訓「其」。】（中略）《新序・節士篇》：『伯成子高辭為諸侯而耕。』」為既訓其，則此「子辭諸侯而耕」，以此主詞為「子（伯成子高）」，故省略「辭」下之主詞「為（訓『其』，亦指伯成子高）」字耳，《太平御覽》八二二引《莊子》「辭」下無「為」字，即其明證。

伯成子高曰：「昔堯之治天下，舉天下而傳之他人，至無欲也；擇賢而與之其位，至公也。以至無欲至公之行示天下，故不賞而民勸，不罰而民畏。舜亦猶然。

　　　茂仁案：「故不賞而民勸，不罰而民畏」，《說苑・君道篇》「畏」作「治」。左先生松超《說苑集證・君道篇》云：「《莊子・天地》：『不賞而民勸，不罰而民畏。』（又見《新序・節士》同，《呂氏春秋・長利》兩不字作未。）《呂氏春秋・上德》：『不賞而民勸，不罰而邪止。』《漢書・公孫弘傳》：『不貴爵賞而民勸善，不重刑罰而民不犯。』《新語・無為》：『民不罰而畏罪，不賞而歡悅。』《逸周書》：『未使民民化，未賞民民勸。』（《御覽》八四引）」。「舜亦猶然」，祕書本「亦」作「下」，非是，形近而訛也。

今君賞罰而民欲且多私，是君之所懷者私也。百姓知之，貪爭之端，自此始矣。

茂仁案：《莊子·天地篇》作「今子賞罰而民且不仁」，《呂氏春秋·長利篇》作「今賞罰甚數，而民爭利且不服」，嵇康《聖賢高士傳·伯成子高》云：「今子賞而不勸，罰而不畏。」並與此稍異。

德自此衰，刑自此繁矣。

武井驥曰：「《莊子》作『德自此衰，刑自此立，後世之亂自此始矣』，《呂覽》作『德自此衰，利自此作，後世之亂自此始』。」

茂仁案：「刑自此繁矣」，《莊子·天地篇》「繁」作「立」。《呂氏春秋·長利篇》作「利自此作」，嵇康《聖賢高士傳·伯成子高》「繁」作「作」。繁、作，皆有蕃息意，義通。審此與上文「德自此衰」句法一律，「德」、「刑」對言，《呂氏春秋·長利篇》「刑」作「利」，未妥，疑「刑」之形訛也。

吾不忍見，以是野處也。

盧文弨曰：「（野處）俗本倒，今從宋本。」

蒙傳銘曰：「鐵華館本作『野處』，與宋本合，陳鱣校同。武井驥本仍作『處野』，誤。」

梁容茂曰：「《拾補》：作『野處』。云：『俗本倒，今從宋本。』」

茂仁案：「以是野處也」，元刊本、楚府本、何良俊本、楊美益本、白口十行本、程榮本、祕書本、陳用光本、四庫本、百子本「野處」亦並作「處野」。鐵華館本、龍溪本則並與本文同。審此作「野處」，抑作「處野」，義並通，作「處野」，非必誤也。

今君又何求而見我，君行矣，無留吾事。」

盧文弨曰：「《莊》作『落』，《呂》作『慮』。」

武井驥曰：「《莊子》作『無落吾事』，《呂覽》作『無慮吾農事』。」

梁容茂曰：「百子本：我，作『吾』。《莊子》：留，作『落』。《呂氏》：留，作『慮』。吾下有『農』字。」

蔡信發曰：「《莊子》『留』作『落』，《呂覽》『留』作『慮』。高〈注〉：『慮，猶亂也。』落、慮、亂雙聲假借，《說文》：『亂，不治也。慮，謀思也。落，凡艸曰零，木（茂仁案：木字之誤）曰落。』並屬來紐。此作留，《說文》釋留為止。無留吾事，謂無止吾事，與吾（茂仁案：當作無）亂吾事之義無別，又留與落、慮、亂並雙聲，

故諸書所作有別，其義則一。」

　　茂仁案：「今君又何求而見我」，百子本作「我」，不作「吾」，梁先生失檢。「無留吾事」，《藝文類聚》三六引嵇康《高士傳》「留」亦作「落」，嵇康《聖賢高士傳・伯成子高》、《後漢書・桓譚傳》〈注〉引《莊子》則並作「留」，與此同，《太平御覽》五〇九引《高士傳》亦同。《莊子・天地篇》成玄英〈疏〉云：「落，廢也。」《呂氏春秋・長利篇》高誘〈注〉云：「慮，猶亂也。」留，古爲來母、幽部；慮，古爲來母、魚部；落，古爲來母、鐸部，三者並一聲之轉。《莊子・山木篇》「無留居」，郭象〈注〉云：「留居，滯守之謂。」《呂氏春秋・圜道篇》「一不欲留」，高誘〈注〉云：「留，滯也。」《說文》十三篇下田部云：「留，止也。」「無留吾事」，即無阻滯吾事之謂也。前賢訓落爲廢，釋慮爲亂，義則稍遠。《晏子春秋・內篇・諫上篇》云：「即畢斂，不留生事。」《太平御覽》二一八引《唐書》云：「夜則宴賞，晝則決務，庭無留事。」又二六六引《史記》云：「田野闢，民人給，官無留事。」並爲其比。

耕而不顧。

　　武井驥曰：「《莊子》作『俋俋乎耕而不顧』。」

　　梁容茂曰：「《莊子》：耕上有『俋俋乎』三字。《呂氏》：耕而不顧，作『協而擾』。」

　　茂仁案：《呂氏春秋・長利篇》作「協而擾，遂不顧」，《藝文類聚》三六引嵇康《高士傳》「耕」上亦有「俋俋乎」三字。《莊子・天地篇》、《呂氏春秋・長利篇》、《高士傳》所載，並視此義爲長。

《書》曰：「旁施象刑維明。」及禹不能。

　　武井驥曰：「《虞書・益稷篇》『旁』作『方』。」

　　茂仁案：孫星衍《尚書今古文注疏・皋陶謨》〈疏〉引《新序・節士》作「《書》曰：『象刑旁施惟明』，及禹不能」，次序略與此異。「旁施象刑維明」，《尚書・益稷篇》「旁」作「方」、「維」作「惟」。周法高先生《周秦名字解詁彙釋》上「齊東郭賈字子方」云：「韋昭〈晉語〉〈注〉曰：『方，大也。』方之言旁，《廣雅》曰：『旁，廣也。』又曰：『旁，大也。』方、旁古字通。【《堯典》：「共工方鳩僝功。」《史記・五帝紀》作「旁」。〈皋陶謨〉：「方施象刑惟明。」《新序・節士篇》作「旁」】。」段玉裁《古文尚書撰異・皋陶謨》云：「惟敘皋陶，方祗厥敘，方施象刑惟明。《白虎通・聖人篇》曰：『聖人而能爲舜陳道，朕言惠可底行，又旁施象刑維明。』王伯厚《埶文志考》引之，證漢儒所用異字。漢崔駰〈大理箴〉：『旁施作明。』此即『方施象刑惟明』也。凡古文作『方』，今文多作『旁』，如『方告無辜』，《論衡》引作

『旁告』。」錢大昕《大駕齋養新錄》五，所載略同。方、旁，古通；維、惟，古並爲余母、微部，音同可通。

《春秋》曰：「五帝不告誓。」信厚也。

武井驥曰：「《穀梁·隱八年》文作『誥誓不及五帝』。」

（二）桀爲酒池

桀爲酒池，足以運舟；糟丘，足以望七里，一鼓而牛飲者三千人。

武井驥曰：「《韓詩》卷四上『足』作『可』、『七』作『十』。」

梁容茂曰：「《外傳》四：上足作『可』；七，作『十』。」

茂仁案：桀紂之事，多出模倣，或以爲桀事，於它書又或以爲紂事，反之，亦然，亦或同繫於二人者，蓋以二人暴虐有加故耳，說見本書卷六「桀作瑤臺」章，崔述《考信錄·夏考信錄》與黃暉《論衡校釋·語增篇》。《韓詩外傳》四「七」作「十」、無「一鼓」二字。七，古文作「七」，與「十」古文作「十」，唯橫、豎長短之別，故每易相混。「一鼓而牛飲者三千人」，《海錄碎事》一〇下「千」下有「餘」字，《太平御覽》八二引《帝王世紀》同，「三千人」，蓋舉大數爲言也；「三千餘人」，則其略數也。

關龍逢進諫，

施珂曰：「逢當從《漢魏叢書》程本、陳本作逢，下同。」

茂仁案：「關龍逢進諫曰」，《潛夫論·志氏姓篇》「關」作「豢」、「逢」作「逄」，何良俊本、白口十行本、程榮本、祕書本、四庫本、百子本「逢」亦並作「逄」。黃生《義府·豢龍逄篇》云：「《潛夫論》云，豢龍逄以忠諫，桀殺之。它書多作關龍逢。予乃知關當讀爲豢，即古豢龍氏之後也。若不讀《潛夫論》，鮮不以關爲姓，以龍逢爲名矣。」黃雲眉〈續蔡氏人表考校補〉「關龍逢」云：「《莊子·人間世》作『關龍逢』，〈胠篋〉作『龍逢』，《呂覽·必己》、〈慎大〉皆作『龍逢』，自後亦無姓『關龍』者，則『龍逢』其名也。王符《潛夫論·志氏姓》作『豢龍逄』，蓋以關、豢聲近而附會爲說耳。《左傳·昭公二十九年》，董父以擾龍事舜，賜氏曰『豢龍』。及夏帝孔甲不能食龍，而未獲豢龍氏，劉累學擾龍於豢龍氏以事孔甲，孔甲嘉之，賜氏曰御龍。往古得姓受氏，荒誕本不足怪；然就其說證之：劉累所嘗從學之豢龍氏，孔甲既求而未獲，當已絕於孔甲之前。或未絕而逃隱，亦必改易其氏，豈應至桀時

尚有所謂豢龍逢乎？」此說得之，《潛夫論・志氏姓篇》作「豢」，非是。又「逢」
為「逢」之誤，愚疑「逢」之作「逢」，為六朝俗寫所致，說見本書卷六「宋玉事楚
襄王而不見察」章，「雖羿、逢蒙不得正目而視也」條校記。

曰：「為人君，身行禮義，愛民節財，故國安而身壽也。今君用財若無盡，用
人若恐不能死，不革，天禍必降，而誅必至矣，君其革之。」

梁容茂曰：「《外傳》四：盡，作『窮』。次句作：『殺人若恐弗勝，君若弗革』；
禍，作『殃』。」

茂仁案：「今君⋯⋯必降」，《韓詩外傳》四作「今君用財若無窮，殺人若恐弗勝，
君若弗革，天殃必降」。

立而不去朝，桀因囚拘之。

武井驥曰：「《韓詩》作『囚而殺之』。」

梁容茂曰：「《外傳》四：拘，作『殺』。」

茂仁案：「桀因囚拘之」，《韓詩外傳》四作「桀囚而殺之」，《莊子・人間世篇》
云：「昔者桀殺關龍逢。」《呂氏春秋・必己篇》云：「故龍逢誅。」並與此異。《古
列女傳》七云：「龍逢進諫曰：『君无道，必亡矣。』桀曰：『日有亡乎？日亡而我
亡。』不聽，以為妖言而殺之。」《博物志》一○云：「關龍逢諫桀言曰：『吾之有民，
如天之有日，日亡我則亡，以為龍逢妖言而殺之。』」並載桀以關龍逢之諫為妖言而
殺之，所載亦並與此異。

君子聞之，曰：「未之，念矣夫！」

盧文弨曰：「（未之命矣夫）宋本『未之念矣夫』，似非。」

武井驥曰：「（未之命矣夫）《韓詩》作『天之命矣』，驥按：末音薎，亡、末、
薎古通用。《論語・雍也篇》：『伯牛有病，子問之。自牖執其手，曰「亡之命矣夫。」』
《漢書・楚王囂傳》：『成帝河平中入朝，時被疾，天子閔之，下詔曰：「楚王囂素
行孝順仁慈，今迺遭命，離於惡疾。夫子所痛，曰"薎之命矣夫！斯人也而有斯
疾也。"朕甚閔焉。」』顏師古曰：『薎，無也。』」

施珂曰：「《外傳》四作『天之命也』。」

梁容茂曰：「《外傳》四：末，作『天』。《拾補》云：『宋本未之念矣夫，似非。』
案：宋本念，當係『命』字之誤。」

茂仁案：「未之，念矣夫」，盧文弨曰：「宋本，未之念矣夫，似非」，梁先生曰：
「宋本念，當係『命』字之誤。」並是。《韓詩外傳》四作「天之命矣」，元刊本、

楚府本、何良俊本、楊美益本、白口十行本、程榮本、祕書本、陳用光本、四庫本、百子本「未」並作「末」、「念」並作「命」。末，訓「無」，末之，亦即無此之理之意。作末、命，是。《論語・雍也篇》「亡之，命矣夫！」，即其明證。未、末；念、命，並形近而致訛，當據改。

（三）紂作炮烙之刑

紂作炮烙之刑，

　　茂仁案：「烙」爲「格」之形訛，說見卷六「紂爲鹿臺」章，「作炮烙之刑」條校記。

王子比干曰：「主暴不諫，非忠臣也；畏死不言，非勇士也。見過則諫，不用則死，忠之至也。」

　　蔡信發曰：「炮格之作，或以在比干見剖之前，見《史記・殷本紀》、《列女傳・孽嬖殷紂妲己傳》；或以在比干被戮之後，見《荀子・議兵》、《史記・禮書》。觀以文義，察以事實，除《列女傳》，並與比干之諫無涉，而《列女傳》之所以係於比干，乃沿《外傳》而來，不足據。《大戴禮・保傅》：『文王請除炮烙之刑，而殷民從。』《韓子・難二》：『文王乃懼，請入洛西之地，赤壤之國，方千里，以請解炮烙之刑。』《淮南子・繆稱》：『文王辭千里之地，而請去炮烙之刑。』《史記・殷本紀》：『西伯出而獻洛西之地，以請除炮烙之刑。』〈周本紀〉：『西伯乃獻洛西之地，以請紂去炮烙之刑，紂許之。』《說苑・尊賢》：『文王請除炮烙之刑。』世皆以諫紂除炮格之刑者，爲文王，非比干，而此以比干，乃緣《外傳》而誤。〈殷本紀〉：『紂愈淫亂不止，微子數諫不聽，乃與太師、少師謀，遂去。比干曰：‘爲人臣者，不得不以死爭。’迺強諫紂。紂怒曰：‘吾聞聖人心有七竅。’剖比干，觀其心。箕子懼，乃詳狂爲奴，紂又囚之。』時在文王請除炮格酷刑之後。又〈宋世家〉：『王子比干者，亦紂之親戚也。見箕子諫不聽而爲奴，則曰：‘君有過而不以死爭，則百姓何辜？’乃直言諫紂。紂怒曰：‘我聞聖人之心有七竅，信有諸乎？’乃遂殺王子比干，剖視其心。』總上所述，比干之諫紂，並與炮格無涉，然則本章之失察，豈不明哉？」

　　茂仁案：《新書・胎教篇》云：「文王請除炮烙之刑，而殷民從。」《淮南子・繆稱篇》云：「文王辭千里之地，而請去炮烙之刑。」《金樓子・興王篇》云：「文王乃獻洛西赤壤之國，方千里，請除炮烙之形（茂仁再案：形、刑，形近而訛），紂許焉。」亦並可爲蔡先生說請去炮烙者爲文王之證。唯文王之請去炮烙，得紂之允而去之，

未可以此謂比干之未嘗諫紂去炮烙之刑。審《淮南子·俶眞篇》、《通典》一七〇〈刑八·峻酷篇〉並以炮烙之作，在比干見剖以前，與《史記·殷本紀》、《列女傳·孽嬖殷紂妲己傳》同。炮烙之作既在比干見剖之前，則比干諫紂去之，自是可能，且如上述崔述《考信錄·夏考信錄》及黃暉《論衡校釋·語增篇》所論，桀、紂事，每互混，未知孰是，且或妄或實，實難遽定其是非，又《竹書紀年》上「帝辛」云：「元年己亥即位居殷，命九侯、周侯、邘侯。三年有雀生鸇。四年大蒐于黎，作炮烙之刑。」其前未見比干見剖事，《說苑·敬愼篇》、《孔子家語·五儀解篇》並載紂時，城隅之雀生大鳥，紂使人占之，得必霸天下語，紂乃爲無道，欲霸之不成，朝臣莫救，終致滅國。今檢《竹書紀年》上「帝辛」條，雀生鸇乃紂三年事，炮烙於四年始作，是以身爲紂庶兄之比干，其見剖於除炮烙之後（參見《史記·殷本紀》、《淮南子·俶眞篇》、《列女傳·孽嬖殷紂妲己傳》、《通典》一七〇〈刑八·峻酷篇〉），自亦有諫紂去炮烙之可能，據此，比干之諫紂去炮烙事，未必誤也。

遂進諫，三日不去朝，紂因而殺之。

武井驥曰：「《韓詩》『因』作『囚』。」

施珂曰：「《外傳》因作囚。疑是。」

茂仁案：「紂因而殺之」，《韓詩外傳》四作「紂囚殺之」。本卷「桀爲酒池」章，載關龍逢諫桀「立而不去朝，桀因囚拘之」，與此略同。作「囚殺之」、「因而殺之」，並通也。

《詩》曰：「昊天太憮，予愼無辜。」無辜而死，不亦哀哉！

茂仁案：「昊天太憮」《詩經·小雅·巧言》「太」作「大」、「憮」作「幠」。太、大，古通；憮，古爲明母、魚部；幠，古爲曉母、魚部。憮、幠，一聲之轉也。「予愼無辜」鐵華館本、龍溪本「予」並作「子」，祕書本、四庫本、龍溪本「辜」並作「辜」。子、予，辜、辜，並形近而訛也。

（四）曹公子喜時

曹公子喜時，字子臧，曹宣公子也。

盧文弨曰：「此本《公羊》、《左傳》作『欣時』。」

武井驥曰：「《左傳·成十三年》『喜』作『欣』。」

蒙傳銘曰：「《經典釋文》云：『欣，徐云：或作歖，亦音欣。《公羊傳》作喜時，

宜音忻。』《漢書・古今人表》作『曹刹時』，顏師古〈注〉：『即曹欣時也。』欣、喜音近義同，蓋欣誤作歆，歆與欹、欹與刹形近，因又誤作刹也。」

　　梁容茂曰：「（曹公子喜時字子藏）見成十三年至十六年《左傳》。喜時，《左傳》作『欣時』。案：宣公名盧，《史記・曹世家》：盧作『彊』。」

　　蔡信發曰：「《左傳》作『欣時』。在聲，喜、欣雙聲，並屬曉紐；在義，皆有樂義，故相通作。」

　　茂仁案：四庫《新序》版本有二，二本並作「臧」，不作「藏」，梁先生以四庫本爲底本，失檢。「曹宣公子也」，《史記・管蔡世家》〈索隱〉引《左傳・成十五年》以子臧爲曹宣公之弟，非是。審負芻即曹成公，喜時庶兄，說見《公羊傳・昭公二十年》何休〈解詁〉，又《左傳・成公十三年》杜預〈注〉，言子臧與負芻並爲宣公之庶子。職此，子臧，以作「曹宣公子」爲是。

宣公與諸侯伐秦，卒於師，曹人使子臧迎喪，使公子負芻與太子留守，負芻殺太子而自立。

　　梁容茂曰：「（曹人使子藏迎喪）成十三年《左傳》：『曹人使公子負芻守，使公子欣時逆曹伯之喪；秋，負芻殺其大子而自立也。』」

　　蔡信發曰：「《左》成公十三年《傳》：『曹人使公子負芻守，使公子欣時逆曹伯之喪。秋，負芻殺其大子而自立也。』〈注〉：『二子皆曹宣公庶子。』〈曹世家〉：『宣公十七年卒，弟成公負芻立。』檢：《左氏傳》〈注〉並言負芻爲宣公之子，與此合，是；〈曹世家〉以負芻爲宣公弟，與此異，誤。」

　　茂仁案：四庫《新序》版本有二，二本並作「臧」，不作「藏」，梁先生以四庫本爲底本，失檢。「使公子負芻與太子留守」，《史記・曹世家》以負芻爲曹宣公之弟，非是。說見上「曹公子喜時」條校記。

子臧見負芻之當主也，宣公既葬，子臧將亡，國人皆從之。

　　武井驥曰：「《左傳》『皆』下有『將』字。」

　　茂仁案：上文「子臧將亡」，「將亡」爲將亡而未之亡，故國人欲從之者，亦皆將從之亡而未之亡，故有「將」字，是也，當據補。

負芻立，是爲曹成公。成公懼，告罪，且請子臧，子臧乃反。成公遂爲君。其後，晉侯會諸侯執曹成公，歸之京師，將見子臧於周天子而立之。

　　茂仁案：「歸之京師」，《左傳・成公十五年》「之」作「諸」。諸，「之於」之合成詞，略去其一，無害其義。

子臧曰：「前記有之，聖達節，次守節，下不失節。為君非吾節也，雖不能聖，敢失守乎？」遂亡奔宋。

　　盧文弨曰：「（下不失節）成十五年《左傳》無『不』字。」

　　武井驥曰：「《左傳》『臧』下有『辭』字、『聖』上有『曰』字。」又曰：「（下不失節）《左傳》無『不』字，當衍。」

　　梁容茂曰：「成十五年《左傳》：無『不』字。案：據文義，當從《左傳》。」

　　蔡信發曰：「《左》成公十五年《傳》無『不』字，是。」

　　茂仁案：「子臧曰」，《左傳‧成公十五年》「曰」上有「辭」字。有「辭」字，於文義為長。「前記有之」，《左傳‧成公十五年》「記」作「志」，記、志，於此並訓書籍，義通。「下不失節」，《左傳‧成公十五年》無「不」字，審上文「次守節」，守節即不失節，今此作「下不失節」，與「次守節」義複，不辭。《白氏六帖》八「達節、守節、失節」亦無「不」字，即其明證，「不」為衍文，當據刪。

曹人數請。晉侯謂「子臧反國，吾歸爾君」。於是子臧反國，晉乃言天子歸成公於曹。子臧遂以國致成公，成公為君，子臧不出，曹國乃安。子臧讓千乘之國，可謂賢矣。故《春秋》賢而褒其後。

　　盧文弨曰：「（曹人數請）當有『於晉』二字，脫耳。」

　　蒙傳銘曰：「盧說甚的。成公十六年《左傳》，『請』下正有『於晉』二字。」

　　茂仁案：「曹人數請」，審上文，曹成公為晉侯所執，故曹人數請者，自是請於晉，下文「晉侯謂」云云，即知其然，是知「請」下有否「于晉」二字，並通，非必補也。

（五）延陵季子者

延陵季子者，吳王之子也。

　　武井驥曰：「『吳王』下恐脫『壽夢』二字，事見《左傳‧襄十四年》。」

　　茂仁案：「吳王之子也」，審本書言某某王或將軍之子，皆書王名或將軍名，其例有三，其一為本卷「曹公子喜時」章，云「曹公子喜時，字子臧，曹宣公子也」；其二為本卷「衛宣公之子」章，云「衛宣公之子，伋也、壽也、朔也」；其三為本卷「蘇武者」章，云「蘇武者，故右將軍平陵侯蘇建子也」，共三例，並此為四，而此獨不書吳王名，不類。《史記‧吳太伯世家》言，延陵季子之父名為壽夢，故本句「王」下，當據《史記‧吳太伯世家》補「壽夢」二字，以符文例，《說苑‧至公篇》云「吳

王壽夢有四子」，《後漢書・桓譚傳》〈注〉云：「季札，吳王壽夢之少子也」，《通志》七七云：「吳王壽夢卒，壽夢有子四人」，又九二云：「延陵季子名札，吳王壽夢之少子也」，《資治通鑑》一云：「吳王壽夢有子四人」，《冊府元龜》二三六云：「壽夢有四子」，《吳越春秋・吳王壽夢傳》云：「二十五年，壽夢病將卒，有子四人」，並其明證，當據補。

嫡同母昆弟四人：長曰遏，

武井驥曰：「《公羊》及《說苑・至公篇》『遏』作『謁』，《史》作『諸樊』。司馬貞曰：『《春秋經》書遏，《左傳》稱諸樊，蓋遏是其名，諸樊是其號。』」

蔡信發曰：「『遏』，別見《左》襄公十四年、二十五年《傳》、《春秋》襄公二十五年《經》、《漢書・古今人表》、《吳越春秋・吳王壽夢傳》、〈王僚使公子光傳〉；一作『謁』，見《公羊》襄公二十五年、二十九年《傳》、《穀梁》襄公二十五年《傳》、《說苑・至公》。檢：《左》襄公十四年〈注〉：『諸樊，吳子乘之長子。』二十五年《經》〈注〉：『遏，諸樊也。』〈吳世家〉〈索隱〉：『蓋遏是其名，諸樊是其號。』是。〈人表〉分列諸樊爲中中，遏爲下上，以爲二人，誤。作謁，與遏同以曷爲聲，古爲同音。」

茂仁案：「長曰遏」，《史記・吳太伯世家》、《吳越春秋・吳王壽夢傳》、《資治通鑑》一、《通志》七七、《冊府元龜》二三六亦並作「諸樊」，下同。遏即諸樊，分載於經史，《漢書古今人表疏證》「吳遏」條，並有詳載。

次曰餘祭，

蔡信發曰：「『餘祭』，別見《春秋》襄公二十九年三《傳》、《史記・吳世家》、〈刺客傳〉、《說苑・至公》、《漢書・古今人表》、《吳越春秋・吳王壽夢傳》、〈王僚使公子光傳〉；一作『戴吳』，見《左》襄公三十一年《傳》；一作『句餘』，見《左》襄公二十八年《傳》。《左傳會箋》：『安井衡曰：服虔以句餘爲餘祭。』〈吳世家〉〈索隱〉：『句餘，或謂別是一人。』〈考證〉：『梁玉繩曰：＇餘祭，稱句餘。杜〈注〉以爲夷末，〈索隱〉以謂別一人，皆誤。又稱戴吳，蓋音近隨呼耳。＇』《會箋》之說，本《漢書・地理志下》顏〈注〉，是。梁氏謂杜〈注〉、〈索隱〉誤，是；唯主戴吳、句餘之所以相通，音近所致，則失之。蓋句爲見紐侯部，戴爲端紐咍部，音韻乖隔，不得謂近。先儒以句爲發聲之詞，句吳，即吳（說見〈吳世家〉〈索隱〉），則此句餘，即餘，亦即餘祭之餘。要之，餘祭、戴吳、句餘並是一人。」

茂仁案：「次曰餘祭」，《漢書古今人表疏證》引梁玉繩曰：「吳餘祭始見《春秋・

襄廿九經》、《傳》。壽夢子始見〈吳世家〉。亦曰『句餘』，（襄廿八。杜〈注〉以爲夷末，〈索隱〉以爲別一人。並非。〈疏〉引服虔謂是餘祭，甚確。）亦曰『戴吳。（襄卅一）』是。上引考證〉言梁玉繩以「戴吳」爲與「句餘」音近而隨呼之，上言云「則失之」，然於戴吳之與句餘、餘祭二者相應之關係則未爲分說，據是，末云「餘祭、戴吳、句餘並是一人」，未知所據何也？審戴吳，戴，古爲端母、之部；吳，古爲疑母、魚部。句餘，句，古爲見母、侯部；餘，古爲余母、魚部。戴屬端母、句屬見母，二者聲近，吳、餘爲音近之字，據是，梁玉繩云「蓋音近隨呼耳」，是也。

次曰夷昧，次曰札。

武井驥曰：「（夷昧）《史》作『餘昧昧』，《左傳》、《穀梁》作『夷末』。」

梁容茂曰：「（夷昧）《左傳》、《穀梁傳》俱作『夷末』；《史記》作『餘昧』。」

蔡信發曰：「『夷昧』，別見《公羊》襄公二十九年《傳》、《史記・刺客傳》、《說苑・至公》；一作『夷末』，見《春秋》昭公十五年《經》、《穀梁》昭公十五年《傳》；一作『餘昧』，見《史記・年表》、〈吳世家〉、《漢書・古今人表》、《吳越春秋・吳王壽夢傳》、〈王僚使公子光傳〉。夷、餘聲同，並爲喻紐，雙聲相通。末、昧同音。是以各書所作有別，實即一人。」

茂仁案：《冊府元龜》二三六亦作「餘昧」。

札即季子，最小而賢，兄弟皆愛之。既除喪，將立季子，季子辭曰：「曹宣公之卒也，諸侯與曹人不義曹君，將立子臧。子臧去之，遂不爲也，以成曹君，君子曰『能守節矣』。君，義嗣也，誰敢干君！有國非吾節也。

武井驥曰：「《左傳》『干』作『奸』。」

施珂曰：「《漢魏叢書》陳本干誤于。《左傳・襄公十四年》作奸。奸、干古通。」

梁容茂曰：「何本：干，作『于』，非。」

茂仁案：「誰敢干君」，《左傳・襄公十四年》「干」作「奸」，白口十行本、何允中本「干」並作「于」。干、奸，古通，《史記・儒林列傳》云：「是以仲尼干七十餘君無所遇。」《漢書・儒林傳》「干」作「奸」，即其比。于、干，形近而訛也。

札雖不才，願附子臧，以無失節。」固立之，棄其室而耕，乃捨之。

茂仁案：元刊本、楚府本、楊美益本、白口十行本「棄」並作「弃」，陳用光本、四庫本並作「棄」。弃、棄，古、今字；棄，爲棄字篆文「𢍄」之隸定。

遏曰：「今若是作而與季子，季子必不受，請無與子而與弟，弟兄迭為君，而致諸侯乎季子。」

　　盧文弨曰：「（今若是迮）俗本訛『作』字，今從《公羊傳》改。」

　　武井驥曰：「《公羊·襄二十九年》『作』作『迮』。通。『諸侯』作『國』。何休曰：『迮，起也。倉卒意。』」

　　梁容茂曰：「《公羊傳》：作，作『迮』。《拾補》亦作『迮』，云：『俗本訛作，今從《公羊傳》改。』」又曰：「《公羊傳》：諸侯，作『國』。」

　　茂仁案：「今若是作而與季子」，作，古為精母、鐸部；迮，古為莊母、鐸部，二者音近之字也，義並訓「起」，倉悴之意，說見《說文》二篇下辵部「迮」字段〈注〉，故不煩改字也。「而致諸侯乎季子」，《史記·刺客列傳》「諸侯」亦作「國」，諸侯、國，並通。

皆曰：「諾。」故諸其為君者，皆輕死為勇，飲食必祝曰：「天若有吾國，必疾有禍予身。」

　　盧文弨曰：「（吾）當作『吳』。」又曰：「（予）俗本『於』，今從宋本。」

　　武井驥曰：「吳本『吾』作『吳』，《公羊》作『天苟有吳國，尚速有悔於予身』。」

　　茂仁案：「天若有吾國」，《公羊傳·襄公二十九年》「吾」正作「吳」，四庫全書薈要本同，作「吳」，於義為長。本卷「公孫杵臼、程嬰者」章，云「祝曰：『趙宗滅乎？若號；即不滅乎？若無聲』」，作「趙宗」，即其比也。「必疾有禍予身」，祕書本、陳用光本、百子本「予」並正作「於」。

故遏也死，餘祭立，餘祭死，夷昧立，夷昧死，而國宜之季子也，季子使而未還。

　　茂仁案：楚府本奪「餘祭立」，審下文文例，楚府本非是，當補。

僚者，長子之庶兄也，自立為吳王。季子使而還，至則君事之。

　　盧文弨曰：「（僚者長兄之庶子也）俗本作『長子之庶兄也』，訛。」

　　武井驥曰：「《公羊》作『僚者長庶也，即之』，《說苑》作『庶兄僚曰：「我亦兄也」』，乃自立為吳王。《史》曰：『四年，王餘昧卒，欲授季札，札讓逃去，餘昧後立。於是吳人立餘昧之子僚為王。』服虔、司馬貞以《公羊》為是。」

　　蒙傳銘曰：「吳王壽夢有四子：長曰遏，次曰餘祭，次曰夷昧，次曰札。《公羊傳》以僚為長庶，即為遏與札之庶兄，與《說苑》同。《史記·吳太伯世家》以僚為夷昧（即餘昧）之子，《吳越春秋》同。服虔、司馬貞用《公羊》及《說苑》，杜預

依《史記》及《吳越春秋》。《新序》作『僚者長兄之庶子』，是以僚爲札之姪，此說於古無徵。盧校作『僚者長子之庶兄』，是以僚爲遏之庶兄，乃據《公羊》及《說苑》。襄公三十一年《左傳》云：『吳子（夷眛）使屈狐庸聘於晉，通路也。趙文子問焉，曰：「延州來季子（札）其果立乎？巢隕諸樊（遏），閽戕戴吳（餘祭），天似啓之，何如？」對曰：「不立。是二王之命也，非啓季子也。若天所啓，其在今嗣君乎！甚德而度，德不失民，度不失事，民親而事有序，其天所啓也。有吳國者，必此君之子孫實終之」之言。』《史記‧吳太伯世家》裴駰集解引徐廣曰：『系本云：「夷眛生光。」』（案：今本《世本》無此語。）昭公二十七年《左傳》載吳公子光（闔盧）謀弒王僚，因告於鱄設諸（即專諸，亦稱鱄諸）曰：『我王嗣也。』明光是夷眛之子（《史記》、《新序》、《說苑》並誤以公子光爲諸樊之子），而僚非夷眛之子也。據此，知《公羊傳》之說甚磶，盧校是也。陳鱣校同。」

蔡信發曰：「《公羊》襄公二十九年《傳》，《說苑‧至公》、《左》昭二十七年〈正義〉引《世本》，並以吳王僚爲壽夢之庶子，與此同；《史記‧吳世家》、〈刺客傳〉、《吳越春秋‧吳王壽夢傳》，並以吳王僚爲餘眛之子，與此異。」

茂仁案：蒙先生之論是也，唯引論誤將《新序》之文，與盧文弨之校改文互易，失檢。

遏之子曰王子光，號曰闔閭，

蔡信發曰：「《史記‧吳世家》、〈刺客傳〉、《說苑‧至公》、《吳越春秋‧王僚使王子光傳》，並以光爲諸樊子，與此同；《左》昭二十七年〈正義〉引《世本》，以光爲夷眛子，與此異。」

茂仁案：如上所論，王子光之父爲「夷眛」，非「遏」也，當據改。

不悅曰：「先君之所爲不與子而與弟者，凡爲季子也。將從先君之命，則國宜之季子也。如不從先君之命而與子，我宜當立者也，僚惡得爲君？」

盧文弨曰：「（宜當）二字衍一。」

蒙傳銘曰：「《公羊傳》作『則我宜立者也。』」

茂仁案：「我宜當立者也」，《公羊傳‧襄公二十九年》無「當」字。盧文弨云「（宜當）二字衍一」。審古漢語語法中，時有同義連用之例，謂之「疊加」，王念孫稱之「複語」，說見《讀書雜志》八之二《荀子‧儒效》。其法即由數個同義詞共同組成一個句子，去其一、二，保留其一，並無礙其義與其結構。其例如：《經傳釋詞》七「若」條云：「若，猶『此』也。（中略）連言之則曰『若此』，或曰『此若』。」《墨

子·節葬下篇》云：「若以此之聖王者觀之，則厚葬久喪果非聖人之道。（中略）若以此若三國者觀之，則亦猶薄矣。」《管子·山國軌篇》云：「此若言何謂也。」《荀子·儒效篇》云：「行一不義，殺一無罪，而得天下，不爲也。此若義信乎人矣。」；又如「遁」、「逃」、「走」，其例如：《史記·齊大公世家》云：「恐傷先王之明，有害足下之義，故遁逃走趙。」本書卷二「昔者燕相得罪於君」章，「遁逃不復敢見。」又卷三「樂毅使人獻書燕王」章，「故遁逃自負以不肖之罪」、「齊王遁逃走莒」，並爲其比。故此「宜當」二字，非必衍其一字也，盧文弨之說非也。

於是使專諸刺僚，而致國乎季子。

武井驥曰：「《左傳》『專諸』作『鱄設諸』。」

梁容茂曰：「專諸，《左傳》作『鱄設諸』。《史記》〈索隱〉：『《公羊》、《史記》、《吳越春秋》、《賈子》作專諸。』又云：『專或作鄟，《漢書》、《文選》司馬相如〈子唐（茂仁案：虛字之誤）賦〉並作鄟諸。』」

蔡信發曰：「『專諸』，別見《新書·淮難》、《史記·吳世家》、〈伍子胥傳〉、〈刺客傳〉、〈司馬相如傳〉、《漢書·古今人表》、《吳越春秋·王僚使公子光傳》、《公羊》昭公二十七年〈注〉；一作『鱄設諸』，見《左》昭公二十年、二十七年《傳》；一作『鄟諸』，見〈吳世家〉〈索隱〉、《漢書·司馬相如傳》、《文選》卷七司馬相如〈子虛賦〉。專、鱄、鄟同音；設，語詞，《左》昭二十年〈注〉直稱『鱄諸』，即其證。故諸書所作相異，實即一人。諸刺僚，見《左》昭公二十七年《傳》，當吳王僚十二年，〈吳世家〉、《吳越春秋·王僚使公子光傳》誤爲十三年，〈刺客傳〉誤爲九年，而〈年表〉不誤。」

茂仁案：「於是使專諸刺僚」，王觀國《學林》九「專鄟鱄」云：「《春秋·昭公二十年左氏傳》曰：『員如吳言伐楚之利，乃見鱄設諸焉，而耕於野鄙。』又《二十七年左氏傳》曰：『鱄設諸置劍於魚中以進。』《史記·吳世家》曰：『公子光使專諸置匕首於炙魚之中。』又〈刺客傳〉曰：『專諸者，吳堂邑人也。伍子胥亡楚而如吳也。知專諸之能，乃進專諸於公子光前。』《漢·賈誼傳》〈疏〉曰：『既疑有鄟諸、荊軻起於兩柱之閒，在《左傳》曰鱄，在《史記》曰專，《前漢書》曰鄟。』觀國按：《玉篇》曰：『鱄，市戀切，魚名也；專，職緣切，謹也、壹也；鄟，徒官、旨兗二切，截也。』《廣韻》曰：『專，職緣切，亦姓，吳刺客專諸，或作鱄也；鄟，旨兗切，細割也，亦作劗。』以此觀之，則專諸者是其姓也。左氏用鱄字，皆借音耳。」是。《說苑·至公篇》「刺」作「剌」，四庫本同，刺、剌，形近而訛，當據改。

季子曰：「爾殺我君，吾授爾國，是吾與爾為亂也。

　　盧文弨曰：「（吾受爾國）『授』訛。」

　　施珂曰：「授與受同。古受授通用。卷第十〈善謀〉：『畢已授印，』《史記·留侯世家》授作受，即其比。」

　　蒙傳銘曰：「《公羊傳》、《說苑》授並作受，陳鱣校同。宋本作授，各本皆同。授、受古通。《說文通訓定聲》云：『授叚借爲受。』《周禮·天官·司儀》：『登再拜授幣。』〈注〉：『授當爲受。』《儀禮·特牲饋食》：『主婦答拜受爵。』〈注〉：『古文更爲受。』是今『受』本作『授』也。並是其證。」

　　梁容茂曰：「（吾授爾國）百子本：授，作『受』。《拾補》作受，云：授訛。」

　　茂仁案：「吾授爾國」，四庫《新序》版本有二，二本並作「受」，不作「授」，梁先生以四庫本爲底本，失檢，又百子本亦作「授」，不作「受」，又失檢。何良俊本、白口十行本、四庫本「授」並作「受」，蒙先生云受、授古通，是也。

爾殺我兄，吾又殺爾，是父子兄弟相殺，終身無已也。」

　　盧文弨曰：「『身』衍。」

　　蒙傳銘曰：「《公羊傳》作『終身無已也』，與《新序》同。《說苑》作『無已時也』。」

　　茂仁案：「終身無已也」，《公羊傳·襄公二十九年》作「終身無已也」與此同，《說苑·至公篇》作「無已時也」，審此，無「身」字，於義較長。

去而之延陵，終身不入吳國，故號曰延陵季子。

　　蔡信發曰：「《史記·吳世家》：『十三年，王諸樊卒，有命授弟餘祭，欲傳以次，必致國於季札而止，以稱先王壽夢之意，且嘉季札之義。兄弟皆欲致國，令以漸至焉。季札封於延陵，故號曰延陵季子。』公子光使專諸刺吳王僚，首見《左》昭公二十七年《傳》，當吳王僚十二年（〈吳世家〉誤爲十三年，〈刺客傳〉誤爲九年，〈年表〉不誤），而季札封於延陵，號爲延陵季子，在兄弟讓國之際，據〈年表〉，前此三十三年。又僚既刺，《左傳》、〈吳世家〉均記季子『復位而待。』《公羊》襄公二十九年《傳》則言『去之延陵，終身不入吳國。』是乃傳聞異辭，本文因後者，原無不可，然該文並無末句『故號曰延陵季子』，而本文有之，顯乃失察而妄增，以致前後顛越，文義遽變。」

君子以其不受國為義，以其不殺為仁，是以《春秋》賢季子而尊貴之也。

　　茂仁案：「君子以其不受國爲義」，《公羊傳·襄公二十九年》無「國」字，是，

「以其不受爲義」與下文「以其不殺爲仁」，句法正一律，職是，「國」字當刪。

（六）延陵季子將西聘晉

延陵季子將西聘晉，帶寶劍以過徐君，

　　茂仁案：《杜工部草堂詩箋》二一〈閬州別房太尉墓〉〈箋〉引無「將」字，《文選》謝靈運〈廬陵王墓下作〉、又曹子建〈贈丁儀〉、又劉孝標〈重荅劉秣陵沼書〉等李善〈注〉引、《群書集事淵海》四〇引、《春秋別典》七引並有「將」字，與本文同，各本亦並同。

徐君觀劍，不言而色欲之，

　　蒙傳銘曰：「《史記・吳太伯世家》作『徐君好季札劍，口弗敢言。』《文選》謝靈運〈廬陵王墓下作〉李善〈注〉引，作『徐君不言而色欲之』，劉孝標〈重荅劉秣陵沼書〉〈注〉引同。《藝文類聚》三四引，作『徐君心欲得其寶劍，弗忍言。』」
　　茂仁案：《論衡・祭意篇》作「徐君好其劍」。

延陵季子爲有上國之使，未獻也，然其心許之矣。

　　武井驥曰：「《文選》謝靈運〈廬陵王墓下作〉、曹子建〈贈丁儀詩〉、劉孝摽〈重荅劉秣陵沼書〉〈註〉引，並『使』作『事』。」
　　施珂曰：「《文選》謝靈運〈廬陵王墓下作一首〉〈注〉、曹子建〈贈丁儀一首〉〈注〉、劉孝標〈重答劉秣陵詔書〉〈注〉引，使皆作事。」
　　梁容茂曰：「《論衡》：作『季子以當使於上國，未之許與。』《文選》卷二十四、四十三兩引：使、俱作『事』。」
　　茂仁案：審上文云「將西聘晉」，下文云「致使於晉」、又「吾爲有上國之使」，知作「使」是也。「事」字古文作「𠚤」，與「吏」形近，「使」字或涉此而誤爲「事」字也。

致使於晉，故反，則徐君死於楚。

　　盧文弨曰：「（顧反）李善〈注〉謝靈運〈廬陵王墓下詩〉及〈重荅秣陵劉沼書〉引皆作『顧』，俗作『故』，訛。」
　　武井驥曰：「《選》〈註〉並『故』作『顧』。」
　　施珂曰：「《文選》曹子建〈贈丁儀〉〈注〉引亦作顧。」
　　梁容茂曰：「故反，一說作顧反。《文選》卷二十三、三十四、四十三三引，俱

作『顧反』。《拾補》據《文選》三引改故爲顧，云：『俗作故，訛。』死於楚，《論衡》作『已死』。」

蔡信發曰：「《文選》卷二十三、二十四、四十三引，『故』並作『顧』。《拾補》據《文選》改『故』爲『顧』，云：『俗作爲故，訛。』是。〈吳世家〉作『還至徐，徐君已死。』《論衡·祭意》作『季子使還，徐君已死。』〈校釋〉：『劉向蓋以此徐君即徐偃王，爲楚文王所滅者。』案：季子使諸侯，首見魯襄公二十九年，當吳餘祭四年，《史記·年表》、〈吳世家〉俱同，是年上距楚文王去世之年，凡一百三十三年，季子斷無與伊相見之理，此其一；徐偃王爲西周穆王時人，楚文王爲東周莊王、釐王時人，則周穆王之去季子，益爲遙遠，此其二；據《史記·秦本紀》、〈趙世家〉、《潛夫論·志氏姓》，徐偃王爲周穆王所滅，非滅於楚，而《韓子·五蠹》謂其滅於楚文王，誤（〈秦本紀〉〈正義〉、〈志疑〉有說）。後徐復滅於吳，見《春秋》昭公三十年《經》，此其三。〈校釋〉推測之言，誤。此作『死於楚』，未審據何而言？前有《史記》，後有《論衡》，俱不言及，此驟出之，殊令人疑。」

茂仁案：「故反」，《文選》謝靈運〈廬陵王墓下作〉、又曹子建〈贈丁儀〉、又劉孝標〈重荅劉秣陵沼書〉等李善〈注〉引、《冊府元龜》八六四「故反」並作「顧反」，《藝文類聚》三四引「故反」作「及還」，《杜工部草堂詩箋》二一〈閬州別房太尉墓〉〈箋〉引無「故」字，《白氏六帖》四「贈徐君」〈注〉作「比反」。盧文弨據《文選》校改「故」作「顧」，云「俗作故，訛」，是。故、顧，古並爲見母、魚部，音同可通。審本書人臣出使反，蓋言「顧反」，見卷三「樂毅使人獻書燕王曰」章，云「臣乃受命，具符節，南使趙，顧反，起兵攻齊以天之道」，是以本文「故」、「顧」雖可通，然以作「顧」，於文義、文例並較長，當據改。又《文選》卷二十四，梁先生作卷三十四，失檢。「則徐君死於楚」，蔡先生云：「此作『死於楚』，未審據何而言？前有《史記》，後有《論衡》，俱不言及，此驟出之，殊令人疑」，是。《史記·吳太伯世家》、《論衡·祭意篇》、又〈書虛篇〉、嵇康《聖賢高士傳·延陵季子》、《釋常談·挂劍之義》下並作「徐君已死」，《白氏六帖》四〈注〉同，《藝文類聚》三四引作「徐君已薨」，《文選》謝靈運〈廬陵王墓下作〉、又曹子建〈贈丁儀〉、又劉孝標〈重荅劉秣陵沼書〉等李善〈注〉引並作「則徐君死」，《杜工部草堂詩箋》二一〈閬州別房太尉墓〉〈箋〉引作「徐君以死」，並無死於「楚」之言，並可爲證。

於是脫劍致之嗣君。從者止之曰：「此吳國之寶，非所以贈也。」延陵季子曰：「吾非贈之也，先日吾來，徐君觀吾劍，不言而其色欲之，吾爲有上國之使，未獻也。雖然，吾心許之矣。今死而不進，是欺心也；愛劍偽心，廉者不爲

也。」遂脫劍致之嗣君。

　　蔡信發曰：「《史記‧吳世家》：『於是乃解其寶劍，繫之徐君冢樹而去。從者曰：
『徐君已死，尚誰予乎？』季子曰：『不然。始吾心已許之。豈以死倍吾心哉？』』
上記無季子贈劍嗣君事，且季子謂從者言，在掛劍之後，與此異。」

　　茂仁案：《通志》九二亦作「於是乃解其寶劍，繫之徐君冢樹而去。從者曰：『徐
君已死，尚誰予乎？』季子曰：『不然。始吾心已許之。豈以死倍吾心哉？』」《論衡‧
祭意篇》云：「季子解劍帶其冢樹。御者曰：『徐君已死，尚誰為乎？』季子曰：『前
已心許之矣。可以徐君死故負吾心乎？』遂帶劍於冢樹而去。」亦並無季子贈劍嗣
君事，且季子謂從者之言，亦在掛劍之後，亦與此異。楚府本「止」作「此」，非是，
形近而訛也。

嗣君曰：「先君無命，孤不敢受劍。」於是季子以劍帶徐君墓樹而去。徐人嘉
而歌之，曰：「延陵季子兮不忘故，脫千金之劍兮帶丘墓。」

　　武井驥曰：「《御覽》四百六十五引『故』上有『舊』字、無『脫』字，〈吳世家〉
標〈註〉又引，『丘』作『墳』。」

　　施珂曰：「《藝文類聚》三四引墓作樹。」

　　蒙傳銘曰：「《藝文類聚》一九引無『嘉而』二字，《類聚》三四引作『嘉而』作
『奇之』。」

　　梁容茂曰：「《御覽》四六五引作：『延陵季子不忘舊故，千金之劍以帶丘墓。』」

　　茂仁案：「延陵季子兮不忘故，脫千金之劍兮帶丘墓」，《玉臺新詠》四〈詠七寶
扇〉引作「延陵季子不忘故」，《藝文類聚》一九引作「延陵季子兮不忘舊故，脫千
金之劍以帶丘墓」，《太平御覽》四六五引同，唯無「兮」字，《藝文類聚》三四引作
「延陵季子不忘舊故，脫千金之劍挂丘樹」。審上文「季子以劍帶徐君墓樹而去」，
故此「丘墓」以作「丘樹」於義較長。《蒙求集註》下〈注〉引、《春秋別典》七引
「丘」並作「邱」。邱從「丘」得聲，可相通用。《說文》八篇上丘部云：「丘，土之
高也。」又六篇下邑部云：「邱，地名。」職是，丘、邱，正、假字。

（七）許悼公疾瘧

許悼公疾瘧，飲藥毒而死。太子止自責不嘗藥，不立其位，

　　茂仁案：「太子止自責不嘗藥」，《左傳‧昭公十九年》「太」作「大」，《春秋經‧
昭公十九年》、《公羊傳‧昭公十九年》、《穀梁傳‧昭公十九年》「太子」並作「世子」。

太、大，古通，並與「世子」義通。

與其弟緯，專哭泣，啜餰粥，嗌不容粒，

茂仁案：「啜餰粥」，《穀梁傳・昭公十九年》作「歠飦粥」，楚府本「啜」作「啖」。范寧〈集解〉云：「飦，粥也。」《說文》二篇上口部云：「啜，嘗也。」又「啖，噍啖也，（中略）一曰噍。」又八篇下欠部云：「歠，歙也。」歙即「飲」字。又由三篇下鬻部知「餰」、「飦」並「鬻」之或體，並訓「鬻也」。職此，啜、啖、歠；餰、鬻，義並同。

痛己之不嘗藥，未逾年而死，故《春秋》義之。

蔡信發曰：「《春秋》昭公十九年《經》：『許世子止弒其君買。』《穀梁傳》：『許世子不知嘗藥，累及許君也。』案：悼公之過，情有可憫，然經傳未嘗義之，仍稱其弒，並責其過。」

茂仁案：俞樾《茶香室經說》一三〈公羊傳・許世子止弒君〉云：「『昭公十九年，夏五月戊辰，許世子止弒其君買，曰弒，正卒也。正卒，則止不弒也，不弒而曰弒，責止也。』〈集解〉曰：『責止不嘗藥。』愚按：以許止為不嘗藥，宋歐陽氏辨之詳矣，其言曰：『止實不嘗藥，則孔子決不書曰弒君。孔子書為弒君，則止決非不嘗藥。然余考《公羊》、《左氏傳》皆無責許止不嘗藥之說。《左傳》曰：『許悼公瘧，五月戊辰，飲太子止之藥卒，太子奔晉。』書曰弒其君。君子曰：『盡心力以事君，舍藥物可也。』杜〈注〉曰：『藥物有毒，當由醫，非凡人所知，譏止不舍藥物，所以加弒君之名，是杜意謂世子誤進醫者所為之藥，致其父服之而死也。』孔氏〈正義〉曰：『責止不舍其藥物，言藥當信醫，不須己自為也。』〈釋例〉曰：『醫非三世，不服其藥。』古之慎戒也，人子之孝當盡心嘗禱而已，藥物之劑，非所習也，許止身為國嗣，國非無醫，而輕果進藥，故罪同於弒，是杜氏〈釋例〉之說，與〈注〉又微異，謂許止自以所為之劑進父，父服之而死也。二者未知孰是？然《傳》責其不舍藥物，則非責其不嘗藥物矣。是《左氏》無不嘗藥之說也。《公羊傳》：『冬葬許悼公，賊未討，何以書葬？不成于弒也。曷為不成于弒？止進藥而藥殺也。止進藥而藥殺，則曷為加弒焉爾，譏子道之不盡也。其譏子道之不盡奈何？曰："樂正子春之視疾也，復加一飯則脫然愈，復損一飯則脫然愈；復加一衣則脫然愈，復損一衣則脫然愈。"味其語意，是亦《左氏》盡心力以事君，舍藥物可也之意。是《公羊》無不嘗藥之說也，至《穀梁》乃有許世子不知嘗藥之說，歐陽之論以駁《穀梁》則可，以駁《公羊》、《左傳》則不可。《公羊》、《左傳》所載，自是

當時實事，止不弒君而書弒君，非《春秋》之苛論，理固宜然也。今律凡人子殺死其父者，雖過誤，亦凌遲處死，此正《春秋》書許世子弒君之例矣。』」是。據是，《春秋經・昭公十九年》曰「弒」，責之也，今本文云「故《春秋》義之」，《春秋別典》九引同，並非是。義，疑爲「責」字之形誤也。

（八）衛宣公之子

衛宣公之子，伋也，壽也，朔也，伋，前母子也；壽與朔，後母子也。壽之母與朔謀，欲殺太子伋而立壽也，使人與伋乘舟於河中，將沈而殺之。壽知，不能止也，因與之同舟，舟人不得殺伋。方乘舟時，伋傅母恐其死也，閔而作詩，〈二子乘舟〉之詩是也。

武井驥曰：「〈邶風・二子乘舟〉〈序〉曰：『〈二子乘舟〉，思伋、壽也。衛宣公之二子，爭相爲死，國人傷而思之，作是詩也。』」

梁容茂曰：「（而作〈二子乘舟〉之詩）《詩經・邶風・二子乘舟序》：『〈二子乘舟〉，思伋壽也。衛宣公之二子，爭相爲死，國人傷而思之，作是〈詩〉也。』」

蔡信發曰：「《詩說》：『〈二子乘舟〉，宣公欲立少子朔，使伋、壽如齊而沈之河，衛人傷之，而作是詩賦也。』與此同；《詩・邶風・二子乘舟》、汎汎其景〈傳〉：『二子，伋、壽也。宣公爲伋，取於齊女而美，公奪之，生壽及朔。朔與其母愬伋於公，公令伋之齊，使賊先待於隘而殺之。壽知之，以告伋，使去之。伋曰：『君命也，不可以逃。』壽竊其節而先往，賊殺之。伋至，曰『君命殺我，壽有何罪？』賊又殺之，國人傷其涉危遂往，如乘舟而無所薄，汎汎然迅疾而不礙也。』毛氏說之以比，意無此事，與此異。又〈詩序〉：『〈二子乘舟〉，思伋、壽也。衛宣公之二子，爭相爲死，國人傷而思之，作是詩也。』是詩作者，〈序〉以國人所作，《詩說》以衛人所作，而此以伋之傅母所爲，固國人可含傅母，然究有差池，竊以是乃《新序》所增添。」

茂仁案：四庫《新序》版本有二，二本「作」下並有「詩」字，梁先生以四庫本爲底本，失檢。「方乘舟時，伋傅母恐其死也，閔而作詩，〈二子乘舟〉之詩是也」，王應麟《詩考》一、又〈補遺〉、阮元《三家詩補遺・魯詩》〈注〉引、陳喬樅《三家詩遺說考・魯詩》〈注〉引並以〈二子乘舟〉爲伋傅母所作，與此同。《詩經・邶風・二子乘舟》毛〈序〉云：「〈二子乘舟〉，思伋、壽也。衛宣公之二子，爭相爲死，國人傷而思之，作是詩也。」《藝文類聚》七一引《毛詩》、朱熹《詩集傳》並同，並與此異。《白氏六帖》六「二子同舟」〈注〉云：「思伋、壽也，二子爲死，衛人嘉

之而作是詩」，所言作者為「衛人」。此「衛人」、「國人」，義並同，而並與此以「伋之傅母」所作異。

其詩曰：「二子乘舟，汎汎其景。願言思子，中心養養。」

　　茂仁案：「汎汎其景」，景讀如憬。王引之《經義述聞》述五《毛詩》「汎汎其景」云：「〈釋文〉：『景，如字，或音影。』〈正義〉曰：『觀之汎汎然，見其影之去往而不礙。』引之謹案：景讀如憬。〈魯頌・泮水篇〉：『憬彼淮夷。』毛〈傳〉曰：『憬，遠行貌。』下章言『汎汎其逝』，正與此同意也。〈士昏禮〉：『姆加景。』今文『景』作『憬』，是憬、景，古字通。」是。

於是壽閔其兄之且見害，作憂思之詩，〈黍離〉之詩是也。其詩曰：「行邁靡靡，中心搖搖。知我者謂我心憂，不知我者謂我何求，悠悠蒼天，此何人哉！」

　　蔡信發曰：「《詩・王風》〈序〉：『〈黍離〉，閔宗周也。周大夫行役至于宗周，過故宗廟為宮室，盡為禾黍，閔周室之顛覆，彷徨不忍去，而作是詩也。』與此異。葉大慶《考古質疑》以此誤。《四庫全書總目提要》：『至大慶謂〈黍離〉乃周詩，《新序》誤，云衛宣公子壽閔其兄見害而作，則殊不然。向本學《魯詩》，而大慶以〈毛傳〉繩之，其不合也，固宜，是則未考漢儒專門授受之學矣。』《辨證》：『若《新序》、《說苑》本非其所自作，恐未可以向之所學，便定其中之詩說，屬於何家也（向《說苑敍》明言只刪其淺薄不中義理者，若以與己之所學不同，便以為淺薄不中義理而刪去之，此陋儒門戶之見，劉向通人，恐不如此）。愚故謂范處義、王應麟、王引之、馬瑞辰說，皆未必然，惟全祖望謂向之學在三家中，未敢定為何詩者，獨為得之。然則葉大慶以《毛詩》繩《新序》，固未考漢儒專門授受之學，而《提要》信宋人疑似未定之詞，遽謂劉向為學《魯詩》者，亦未必真得其專門授受之據也。』案：范、王二氏皆主向學《魯詩》，二說分見彼著《逸齋詩補傳》六、《困學紀聞》三；全說，見《經史答問》三；王引之、馬瑞辰皆主向學《韓詩》，二說分見彼著《經義述聞》五、王照圓《列女傳補注・序》。」

　　茂仁案：趙翼《陔餘叢考》二「漢儒說詩」云：「〈黍離〉之詩，韓詩以為伯封作，伯封者，尹伯奇之弟也。曹植曰：『尹吉甫聽後妻之言而殺孝子伯奇，其弟伯封哀之，作〈黍離〉之詩。』所言並與此異。葉大慶《考古質疑》二云：「〈黍離〉詩乃周詩也，〈詩序〉非不明白，《新序》乃云衛宣公之子壽，閔其兄且見害而作是詩，亦誤矣。」《四庫全書總目》云：「至大慶謂〈黍離〉乃周詩，《新序》誤，云衛宣公子壽閔其兄見害而作，則殊不然。向本學《魯詩》，而大慶以〈毛傳〉繩之，其不合

也，固宜，是則未考漢儒專門授受之學矣。」葉大慶之言及此說恐誤。蓋《新序》非劉向所自作，《漢書・劉向傳》云：「向睹俗彌奢淫，（中略）及采傳記行事，著《新序》、《說苑》凡五十篇奏之。」《新序》之作，既爲采傳記行事而成，故未可以劉向學《魯詩》，即定書中之《詩》，即必爲《魯詩》，此理綦明，余嘉錫《四庫提要辨證》云：「若《新序》、《說苑》本非其所自作，恐未可以向之所學，便定其中之詩說，屬於何家也（向《說苑敍》明言只刪其淺薄不中義理者，若以與己之所學不同，便以爲淺薄不中義理而刪去之，此陋儒門戶之見，劉向通人，恐不如此）。（中略）全祖望謂向之學在三家中，未敢定爲何詩者，獨爲得之。然則葉大慶以《毛詩》繩《新序》，固未考漢儒專門授受之學，而提要信宋人疑似未定之詞，遽謂劉向爲學《魯詩》者，亦未必眞得其專門授受之據也。」此說得之矣。「黍離」，元刊本、楚府本、何良俊本、楊美益本、白口十行本「黍」並作「秾」、程榮本、百子本並作「黍」。作「黍」是，秾、秾，並「黍」之形訛也，當據改。

又使伋之齊，將使盜見載旌要而殺之。

武井驥曰：「《列女傳・孽嬖傳》『旌』作『旄』。毛萇〈詩傳〉作『節』。」

茂仁案：「將使盜見載旌要而殺之」，《詩經・邶風・二子乘舟》「汎汎其景」毛〈傳〉、《貞觀政要》三〈注〉「旌」並作「節」，《史記・衛康叔世家》、《冊府元龜》八五一並作「白旄」，《群書集事淵海》八引《列女傳・宣姜謀殺太子伋》作「旄」。旌、節、旄，並通。《周禮・地官・掌節》云：「凡邦國之使節。」賈〈疏〉云：「〈釋〉曰：『云使節，使卿大夫聘於天子、諸侯，行道所執之信也。』」又「道路用旌節」，賈〈疏〉云：「唯時事而行不出關，不用節也。（中略）旌節，今使者所擁節是也。」是知「節」爲使者出關之憑信也，類於今之通行證。職此，旌即指旌節。又常於其柄常綴以旄牛尾，說見《尚書・禹貢篇》〈疏〉、又〈牧誓篇〉〈注〉、《詩經・鄘風・干旄》〈正義〉，故作「旄」、「白旄」，義並通。

壽止伋，伋曰：「棄父之命，非子道也，不可。」

茂仁案：「棄父之命」，元刊本、楚府本、楊美益本、白口十行本「棄」並作「弃」，陳用光本、四庫本並作「棄」。弃、棄，古、今字；棄，爲棄字篆文「𣥁」之隸定。

壽又與之偕行，壽之母知不能止也，因戒之曰：「壽無爲前也。」

施珂曰：「《漢魏叢書》陳本偕誤君。」

梁容茂曰：「何本：偕，作『君』，誤。」

茂仁案：陳用光本作「偕」，不作「君」，施先生失檢。

壽又為前，竊伋旌以先行，幾及齊矣，盜見而殺之。伋至，見壽之死，痛其代己死，涕泣悲哀，遂載其屍還，至境而自殺，兄弟俱死。故君子義此二人，而傷宣公之聽讒也。

武井驥曰：「《史》曰：『盜見其驗，即殺之，壽已死，而太子伋又至，謂盜曰：「所當殺乃我也。」盜并殺太子伋，以報宣公。』《左傳》所載同，與此異。」

茂仁案：《左傳·桓公十六年》云：「宣姜與公子朔構急子。公使諸齊，使盜待諸莘，將殺之。壽子告之，使行，不可。曰：『棄父之命，惡用子矣？有無父之國，則可也。』及行，飲以酒。壽子載其旌以先，盜殺之。急子至，曰：『我之求也，此何罪？請殺我乎？』又殺之。」《詩經·邶風·二子乘舟》「汎汎其景」毛〈傳〉、《史記·衛康叔世家》、《群書集事淵海》八引《列女傳·宣姜謀殺太子伋》略同，並言伋之見殺，為其見壽之死，而言明於盜，因之，盜又殺之，所言並與此異。《容齋隨筆》一〇「衛宣公二子」云：「案宣公以魯隱四年十二月立，至桓十二年十一月卒，凡十有九年，姑以即位之始，便成蒸亂，而伋子即以次年生，勢須十五歲然後娶，既娶而奪之，又生壽、朔。朔已能同母譖兄，壽又能代為使者以越境，非十歲以下兒所能辦也，然則十九年之閒，如何消破此最為難曉也。」是。審《史記·衛康叔世家》載衛宣公十八年立夫人夷姜子伋為太子，是年宣公又見所欲為太子婦者好，遂自取之，而生壽與朔，於十九年宣公卒。值此，壽、朔之生至宣公卒，年僅一、二歲耳，朔豈得以與其母共謀殺伋，又壽豈得自與伋同舟，及竊伋旌先行以見殺？必不然矣，再審《史記·十二諸侯年表》，載衛宣公在位十九年，第十八年，太子伋與其弟壽爭死，與〈衛康叔世家〉合，並誤也。

（九）魯宣公者

魯宣公者，魯文公之弟也。

盧文弨曰：「（弟）當是『子』。」

武井驥曰：「《左傳》及《史》以為文公之子。」

梁容茂曰：「文十八年《左傳》：『文公二妃敬嬴生宣公。』《史記·魯世家》：『文公有二妃，長妃為齊女……次妃敬嬴嬖愛，生子俀（倭）。』據此，則《新序》誤也。《拾補》云：『弟當是子。』是也。」

茂仁案：陳鱣〈校〉同。

文公薨，文公之子子赤立為魯侯，宣公殺子赤而奪之國，立為魯侯。

　　茂仁案：《左傳・文公十八年》云：「冬十月，（襄）仲殺惡及視而立宣公。」《公羊傳・成公十五年》云：「公子遂知其不可與謀，退而殺叔仲惠伯，弒子赤而立宣公。」所言並與此異。

公子肸者，宣公之同母弟也，

　　茂仁案：白口十行本「母」作「毋」，非是，形近而訛也。

宣公殺子赤而肸非之，宣公與之祿，則曰：「我足矣，何以兄之食為哉？」

　　茂仁案：《穀梁傳・宣公十七年》「祿」作「財」，且無下句「何以兄之食為哉」七字。

織屨而食，終身不食宣公之食，

　　茂仁案：龍溪本「屨」作「履」。《說文》八篇下履部云：「屨，履也。」職是，屨、履，義同。

其仁恩厚矣，其守節固矣。故《春秋》美而貴之。

　　茂仁案：《穀梁傳・宣公十七年》作「君子以是為通恩也，以取貴乎《春秋》」。

（十）晉獻公太子之至靈臺

晉獻公太子之至靈臺，

　　盧文弨曰：「（衛）俗本作晉，今據《論衡・異虛篇》改，下同。」
　　武井驥曰：「《御覽》九百三十三引作『太子申生至靈臺』。」
　　施珂曰：「《御覽》九三三、《天中記》五六引『太子』下有『申生』二字。」
　　梁容茂曰：「《拾補》：晉作衛，云：『俗本作晉，今據《論衡・異虛篇》改，下同。』」
　　蔡信發曰：「《拾補》『晉』作『衛』。云：『俗本作晉，今據《論衡・異虛篇》改，下同。』《左》僖公四年《傳》：『初晉獻公欲以驪姬為夫人。（中略）重耳奔蒲，夷吾奔屈。』獻公，名詭諸。太子，名申生。上事別見〈晉語八〉、《史記・晉世家》暨《禮記・檀弓上》，並同，而此與之迥異，則此太子，當非晉獻公之太子，此誤。《拾補》據《論衡》改『晉』為『衛』，而他籍又不載衛獻公太子事，是故無以稽考。王充之所以改『晉』為『衛』，殆業知其訛。要之，此作晉獻公太子，當誤。至岡本

保孝《新序考》以爲傳聞異詞，失檢。」

　　茂仁案：《事類賦》二八「繞輪兆禍於申生」〈注〉引「太子」下亦有「申生」二字，《北堂書鈔》一四一〈注〉引、《春秋別典》三引則並與本文同，唯《北堂書鈔》一四一〈注〉引「臺」作「堂」，非是，堂、臺，形近而訛也。

虵繞左輪，御曰：「太子下拜。吾聞國君之子，虵繞左輪者，速得國。」

　　武井驥曰：「（速得國）《御覽》有『之祥』二字。」

　　梁容茂曰：「繞，《論衡》、《御覽》九三三並作『遶』。下同。」

　　茂仁案：《事類賦》二八〈注〉引「速得國」下亦有「之祥」二字。《北堂書鈔》一四一〈注〉引、《事類賦》二八引、《春秋別典》三引、《天中記》五六引「虵」並作「蛇」，下同。虵，爲蛇之正字，蛇爲古字，說見《龍龕手鑑新編》編號03210。《說文》有「繞」，無「遶」，十三篇上糸部云：「繞，纏也。」作「繞」，是。《論衡·異虛篇》「虵繞左輪者」作「虵遶車輪左者」。

太子遂不行，返乎舍。

　　盧文弨曰：「（太子遂不下）舊作『行』，今從《論衡》改。」

　　武井驥曰：「《論衡》『行』作『下』。」

　　梁容茂曰：「《論衡·異虛篇》：不行，作『不下』；《拾補》據此而改。黃暉《論衡校釋》云：『不下，義未妥。「下」當作「行」。「不行」與下「反乎舍」正相承。《新序》正作「不行」，可證。盧文弨據此文改「行」作「下」，非。』《御覽》九三三引作：『太子遂不反』。」

　　茂仁案：「太子遂不行」，《論衡·異虛篇》「不行」作「不下」，義並通，唯審上文「虵繞左輪，御曰：『太子下拜。吾聞國君之子，虵繞左輪者，速得國。』」，以御者欲「太子下拜」之故，《論衡》此云「太子遂不下」，爲承此而來，故作「不下」，於文例、文義俱較長，故黃暉《論衡校釋·異虛篇》云「不下，義未妥」，恐失之。「返乎舍」，《論衡·異虛篇》「返」作「反」，《太平御覽》九三三引、《事類賦》二八〈注〉引、《天中記》五六引並同，反、返，古、今字。

御人見太子，太子曰：「吾聞為人子者，盡和順君，不行私欲，恭嚴承命，不逆君安。今吾得國，是君失安也。

　　蒙傳銘曰：「宋本『嚴恭』作『恭嚴』，崇本書院本、鐵華館本並同。」

　　茂仁案：程榮本作「恭嚴」，不作「嚴恭」，蒙先生以程榮本爲底本，失檢。各本亦並與此同。

見國之利而忘君安，非子道也；聞得國而拜其聲，非君欲也。

盧文弨曰：「（孼）舊訛『聲』，今據下文改。」

武井驥曰：「據下文，『聲』恐『孼』字寫誤。」

梁容茂曰：「《拾補》：聲作孼，云：『舊訛聲，今據下文改。』是也。案：《論衡》無『聞』、『聲』兩字。」

蔡信發曰：「《拾補》『聲』作『孼』，云：『舊訛聲，今據下文改。』是。」

茂仁案：審下文云「拜祥戒孼」、「我得國，君之孼也；拜君之孼，不可謂禮」，則「聲」當爲「孼」之誤，盧文弨說是也。

廢子道不孝，逆君欲不忠，而使我行之，殆欲吾國之危明也。」

茂仁案：「逆君欲不忠」，《春秋別典》三引「忠」作「安」，審「不忠」與上文「不孝」對言，作「安」，非是。

拔劍將死。

武井驥曰：「《論衡》作『投殿』。」

茂仁案：「拔劍將死」，黃暉《論衡校釋》云：「投殿，當作拔劍，形近而誤。」審《說文》三篇下殳部云：「殿，擊聲也。」則「投殿」即以頭撞壁（柱）之謂也，據是，「投殿」，不誤也，而作「投殿」、「拔劍」，傳聞異耳。《天中記》五六引作「投劍將死」。

御止之曰：「夫禨祥妖孼，天之道也；恭嚴承命，人之行也。

施珂曰：「《漢魏叢書》陳本恭嚴作嚴恭。」

茂仁案：「夫禨祥妖孼」，《天中記》五六引「禨」作「機」，鐵華館本、龍溪本並同，下同。機、禨，形近而訛。「恭嚴承命」，百子本『恭嚴』亦作『嚴恭』，《天中記》五六引亦同。

拜祥戒孼，禮也；恭嚴承命，不以身恨君，孝也。

茂仁案：「不以身恨君」，恨爲很之借字。審《說文》二篇下彳部云：「很，不聽從也。」又十篇下心部云：「恨，怨也。」「很」訓不聽從，不聽從，即「違」也，《國語・吳語》云：「今王將很天而伐齊。」韋昭〈注〉云：「很，違也。」《戰國策・齊策四》云：「今不聽，是恨秦也；聽之，是恨天下也。」恨秦即違秦之意；恨天下即違天下之意，又《漢書・李廣傳》云：「（李敢）怨大將軍青之恨其父。」王先謙〈補注〉云：「恨讀爲『很』，『很』，『違』也，謂廣欲居前部當單于，而青不聽。」並「恨」、

「很」通之證。恨、很，古並爲匣母、文部，音同可通。職是，很、恨，正、假字。

今太子見福不拜，失禮；殺身恨君，失孝；從僻心，棄正行，非臣之所聞也。」

茂仁案：陳用光本、四庫本「棄」並作「棄」。棄，爲棄字篆文「𣻎」之隸定。

太子曰：「不然。我得國，君之孽也；拜君之孽，不可謂禮。

施珂曰：「《漢魏叢書》程本、陳本孽作嬖。下同。」

茂仁案：「君之孽也」，元刊本、楚府本、何良俊本、楊美益本、白口十行本、程榮本、祕書本、陳用光本、四庫本「孽」並作「嬖」，下「孽」字，元刊本、祕書本、四庫本亦並作「嬖」。《說文》十四篇下子部「孽」字段〈注〉云：「凡木旁出皆曰蘗，人之支子曰孽，其義略同。」職是，人之支子，有男有女，其男，則爲「孽」；其女，則爲「嬖」，義同也。

見禨祥而忘君之安，國之賊也，懷賊心以事君，不可謂孝。挾偽意以御天下，懷賊心以事君，邪之大者也，而使我行之，是欲國之危明也。」遂伏劍而死。

茂仁案：鐵華館本、龍溪本「禨」並作「機」，非是，形近而訛也。

君子曰：「晉太子徒御使之拜地祥，猶惡之至於自殺者，爲見疑於欲國也。己之不欲國以安君，亦以明矣，爲一愚御過言之故，至於身死，廢子道，絕祭祀，不可謂孝，可謂遠嫌一節之士也。」

茂仁案：「廢子道」，《春秋別典》三引「廢」作「虧」，作「廢」，於義較長。

（十一）申包胥者

申包胥者，楚人也。吳敗楚兵於栢舉，遂入郢，昭王出亡在隨。

武井驥曰：「楚威王〈策〉作『棼冒勃蘇』。張守節曰：『包胥，姓，公孫，封於申，故號申包胥。』」

蔡信發曰：「〈楚策〉『申包胥』作『棼冒勃蘇』，〈注〉引錢大昕：『棼者，楚之訛。冒者，𤲢之訛，即古文申字。勃蘇，與包胥聲相近。』〈楚世家〉〈正義〉：『勃蘇，即包胥。』」

茂仁案：「申包胥者，楚人也」，《史記·楚世家》〈考證〉云：「申包胥，《國策》作棼冒勃蘇，棼冒即蚡冒，勃蘇即包胥，包胥蓋武王兄蚡冒之後，楚之公族，食邑於申，因以爲氏耳。」丁泰《卡盧札記》「申包胥」云：「《國策》：『楚莫敖子華曰：'昔吳與楚戰於柏舉，三戰入郢，棼冒勃蘇羸糧潛行，蹠穿膝暴，七日而薄秦朝，

雀立不轉，晝吟宵哭，七日不得告，水漿無入口。秦遂出革車千乘，卒萬人，屬之子滿與子虎，下塞以東，與吳人戰於濁水，大敗之。』」《困學紀聞》曰：『棼冒勃蘇即申包胥也，豈棼冒之裔，楚之同姓與？按秦庭乞師，《左氏》定四年《傳》及《淮南子・脩務訓》作申包胥，則勃蘇即包胥矣。』」《史記集解》引服虔曰：『楚大夫王孫包胥』。惟包胥爲蚡冒後，故服氏以王孫稱之，申是其封邑，包胥與勃蘇音近，可以通借，包之爲勃，猶庖羲之庖轉爲宓也；胥之爲蘇，猶姑胥之胥轉爲蘇也。至梁氏〈人表攷〉引錢宮詹說，謂冒乃篆文申字之誤，棼字疑後人妄加，洪氏《左傳詁》謂棼與申同音，包字急讀即爲冒勃，似俱未確。」此說得之，則「棼冒」，非「楚申」之誤也。「吳敗楚兵於栢舉」，《國語・楚語》、《淮南子・兵略篇》、又〈詮言篇〉「栢」並作「柏」，四庫本、鐵華館本、龍溪本並同，又〈詮言篇〉「舉」作「莒」。《說文》六篇上木部云：「柏，鞠也，從木白聲。」段〈注〉云：「古音在五部，張參曰：『經典相承，亦作栢。』」職是，柏、栢，古通；舉、莒，古並爲見母、魚部，音同可通。

申包胥不受命而赴於秦乞師，

蔡信發曰：「《左》定公四年《傳》、〈楚策一〉、《史記・伍子胥傳》、《說苑・至公》、《論衡・順鼓》、《吳越春秋・闔閭內傳》，皆謂申乞秦師，出於自願，與此同；《史記・楚世家》，謂申赴秦庭，乃奉昭王之命，與此異。」

茂仁案：《楚辭・九辯篇》洪興祖〈補注〉、《通志》九二、《永樂大典》四八五，亦並以申包胥之秦乞師爲出於自願。而《史記・楚世家》云：「昭王之出郢也，使申包胥請救於秦。」所言與此之「不受命」異。

曰：「吳爲無道，行封豕長蚘，蠶食天下，從上國，始於楚。

武井驥曰：「《淮南子・修務訓》作『封豬脩蛇』。」又曰：「《左傳》作『以荐食上國』、『始』上有『虐』字。」

梁容茂曰：「昭公二十八年《左傳》：作『吳爲封豕長蛇，以薦食上國，虐始於楚。』亦見《苑・至公篇》。」

茂仁案：「吳爲無道，行封豕長蚘」，《左傳・昭公二十八年》未載及此，當爲《左傳・定公四年》之誤，下同，梁先生恐失之。《左傳・定公四年》並作「吳爲封豕長蛇」，《冊府元龜》四三〇同，《淮南子・脩務篇》作「吳爲封豨脩蛇」，《吳越春秋・闔閭內傳》作「吳爲無道，封豕長蛇」。《文選》左太沖〈吳都賦〉李善〈注〉引《方言》曰：「南楚人謂豬爲豨。」司馬長卿〈上林賦〉李善〈注〉引郭璞曰：「封豕，大豬也。」《海錄碎事》二〇引〈吳都賦〉云：「楚人謂豬爲豨。」《古文苑》楊雄〈上

林苑令箴〉章樵〈注〉云：「封豬，大豕也。」據是，知豕、狶、豬，義同；「脩」
訓「長」；虵，爲蛇之正字，蛇爲古字，說見《龍龕手鑑新編》編號 03210。

寡君失社稷，越在草莽，

武井驥曰：「《說苑・至公篇》作『雲夢』。」

茂仁案：《說苑・至公篇》作「寡君出走，居雲夢」。楚府本、白口十行本、祕
書本「莽」並作「莽」，下同。莽、莽，形近致訛也。

使下臣告急曰：『吳，夷狄也，夷狄之求無厭，

梁容茂曰：「《左傳》作：『夷德無厭。』」

茂仁案：「吳，……無厭」，《左傳・定公四年》作「夷德無厭」。元刊本、楚府
本、何良俊本、楊美益本、白口十行本、程榮本「厭」並作「猒」，祕書本作「猒」。
德，古爲端母、職部；狄，古爲定母、錫部。德，蓋「狄」之音誤。《說文》九篇下
厂部云：「厭，笮也。」段〈注〉云：「竹部曰：『笮，迫也。』」又五篇上甘部云：「猒，
飽也，足也。」段〈注〉云：「猒、厭，古、今字；猒、饜，正、俗字。」祕書本之
作「猒」者，愚謂即「猒」字俗寫。

滅楚，則西與君接境，若鄰於君，疆場之患也。

施珂曰：「《冊府元龜》七三九君字重。」

茂仁案：「若鄰於君」，武井驥《纂註本》、程榮本、祕書本、陳用光本、百子本
「鄰」並作「鄰」，鄰、鄰，一字之異體。「疆場之患也」，文不辭，祕書本「疆」作
「彊」，非是，形近而訛也，《左傳・定公四年》「場」作「場」，《廣雅・釋詁三》云：
「場，界也。」疆場即邊鄙之意，知場、場，形近而訛也，《左傳・成公十三年》云：
「鄭人怒君之疆場。」即其比，武井驥《纂註本》、陳用光本、四庫本、鐵華館本、
龍溪本「場」並作「場」，即其明證，當據改。

逮吳之未定，君其圖之。

盧文弨曰：「(逮吳之未定) 何脫，別本皆有。」

蒙傳銘曰：「宋本有『之』字，與定公四年《左傳》合。陳用光本無之字。」

梁容茂曰：「《拾補》云：『之，何脫，別本皆有。』案：四庫本不脫。」

茂仁案：「逮吳之未定」，盧文弨曰：「(之) 何脫，別本皆有」，審祕書本、陳用
光本、百子本亦並無「之」字，盧氏失檢，元刊本、楚府本、何良俊本、楊美益本、
白口十行本、程榮本、鐵華館本、龍溪本並有上「之」字，並不奪，今本亦不奪。

陳鱣〈校〉補「之」字。

若得君之靈，存撫楚國，世以事君。』」

盧文弨曰：「（當世以事君）宋無（當字）。」

蒙傳銘曰：「《左傳》『世』上無『當』字，陳用光本有。」

梁容茂曰：「《拾補》於世上補『當』字，謂宋無。案：《左傳》亦無。」

茂仁案：祕書本、陳用光本、百子本「世」上並有「當」字，武井驥《纂註本》、他本並無。有「當」字，於文義較長，於文氣亦較完足。

秦伯使辭焉，曰：「寡君聞命矣。子其就館，將圖而告子。」

武井驥曰：「《左傳》『君』作『人』、『其』作『姑』、『告』下無『子』字。」

梁容茂曰：「《左傳》：其，作『姑』；無『子』字。」

茂仁案：「寡君」作「寡人」，非是。上文云「寡人使辭焉」，是秦伯使人為之辭也，既使人為之辭，豈有使者自稱「寡人」者乎？必不然矣，「寡人」蓋涉上文「秦伯」，而未審「使辭焉」而誤也。此不誤，《左傳》非是。

對曰：「寡君越在草莽，未獲所休，下臣何敢即安。」

武井驥曰：「《左傳》『休』作『伏』。」

梁容茂曰：「《左傳》：休，作『伏』。」

茂仁案：「寡君越在草莽」，楚府本、白口十行本、祕書本「莽」並作「莽」，非是，形近致訛也。「未獲所休」，《左傳‧定公四年》杜預〈注〉云：「伏，猶處也。」據是，休、伏，義通。

倚於庭牆立哭，日夜不絕聲，水漿不入口，七日七夜。秦哀公為賦〈無衣〉之詩，言兵今出，包胥九頓首而坐。

武井驥曰：「《左傳》『立』字在句上、『倚』作『依』、『水漿』作『勺飲』，《說苑》『庭牆』作『秦庭』，〈楚策〉作『崔立不轉，晝吟宵哭，七日不得告，水漿無入口』。」

梁容茂曰：「《左傳》作：『立依於庭牆而哭。』」又曰：「《左傳》：水漿，作『勺飲』；無『七夜』二字。」又曰：「《左傳》作：『九頓首而坐，秦師乃出。』」

蔡信發曰：「『七日』之下，《左傳》、〈秦本紀〉無『七夜』，稽其文義，實可含之。《說苑‧立節》、〈至公〉、本章有『七夜』，乃據《史記‧伍子胥傳》而來。〈楚策〉作『晝吟宵哭，七日不得告』，稍不相同；《淮南》作『七日七夜，至於秦庭，

鶴跱而不食，晝吟宵哭』，別一義也。」

茂仁案：，《左傳‧定公四年》「倚於庭牆立哭」作「立依於庭牆而哭」、「水漿」作「勺飲」、無「七夜」二字，《史記‧秦本紀》亦無「七夜」二字。《戰國策‧楚策一》「晝吟宵哭，七日，不得告」，與此稍異。《淮南子‧脩務篇》云：「於是乃贏糧趹走，跋涉谷行，上峭山，赴深溪，游川水，犯津關，躐蒙籠，蹶沙石，蹠達膝，曾繭重胝，七日七夜，至於秦庭。鶴跱而不食，晝吟宵哭，面若死灰，顏色黴墨，涕液交集。」以七日七夜爲奔波至秦之數，與此之爲倚於秦牆之立哭，不食水漿之數異也。《冊府元龜》四三〇「牆」作「墙」，何良俊本同。牆、墙，正、俗字。

秦哀公曰：「楚有臣若此而亡，吾無臣若此，吾亡無日矣。」於是乃出師救楚。申包胥以秦師至楚。秦大夫子滿、子虎帥車五百乘，子滿曰：「吾未知吳道。」使楚人先與吳人戰而會之，大敗吳師。

武井驥曰：「〈楚策〉作『革車千乘，卒萬人，屬之子蒲與子虎』。杜預曰：『五百乘，二萬七千五百人。』」

施珂曰：「《冊府元龜》子滿作子蒲。下同。帥作率。帥、率古通。」

茂仁案：「秦大夫子滿、子虎帥車五百乘」，《左傳‧定公五年》、《吳越春秋‧闔閭內傳》「子滿」亦並作「子蒲」，武井驥《纂註本》同，下同。《戰國策‧楚策一》「車五百乘」作「革車千乘，卒萬人」，《淮南子‧脩務篇》作「秦王乃發車千乘，步卒七萬」，並與此異。《淮南子‧脩務篇》高誘〈注〉云：「《傳》曰：『率車五百乘以救楚。』凡三萬七千五百人。此云『千乘，步卒七萬』，不合也。」審古兵車，四馬曰乘，一乘甲士三人，步卒七十二人，說見《穀梁傳‧文公十四年》「長轂五百乘」范寧〈集解〉。職是，《戰國策‧楚策一》作「革車千乘，卒萬人」，亦不合。

吳師既退，昭王復國，而賞始於包胥。包胥曰：「輔君安國，非為身也；救急除害，非為名也；功成而受賞，非賣勇也。君既定，又何求焉？」遂逃賞，終身不見。

武井驥曰：「《說苑》『受賞』作『受賜』。《左傳》曰：『王賞申包胥，申包胥曰：「吾爲君也，非爲身也，君既定矣，又何求焉？」遂逃賞。』」

施珂曰：「《漢魏叢書》程本、陳本『非賣勇』並作『是賣勇』《冊府元龜》引同，當據改。」

蒙傳銘曰：「（是賣勇也）『是』字，《說苑‧至公篇》亦如此作，黃丕烈校『是』作『非』，鐵華館本同。」

茂仁案：「非賣勇也」，武井驥《纂註本》、元刊本、楚府本、何良俊本、楊美益本、白口十行本、程榮本、祕書本、陳用光本、四庫本、百子本「非」亦並作「是」。審度此文，「非賣勇也」，義未達，作「是賣勇也」，是。「非」，蓋涉上文「非爲身也」、「非爲名也」而誤也，當據改，施先生說是。

君子曰：「申子之不受命赴秦，忠矣；七日七夜不絕聲，厚矣；不受賞，不伐矣。然賞，所以勸善也，辭賞，亦非常法也。」

茂仁案：「然賞」，祕書本作「然當」，非是，當、賞，形近而訛。

（十二）齊崔杼者

齊崔杼者，齊之相也，弒莊公，止太史無書君弒及賊。太史不聽，遂書賊曰：「崔杼弒其君。」

茂仁案：「太史不聽，遂書賊曰：『崔杼弒其君』」，《左傳‧襄公二十五年》作「大史書曰：『崔杼弒其君。』」《史記‧齊世家》作「齊太史書曰：『崔杼弒莊公。』」太、大，古通，下同。

崔子殺之，其弟又嗣書之，崔氏又殺之，死者二人。其弟又嗣復書之，乃捨之。南史氏，是其族也，聞太史盡死，執簡以往，將復書之，聞既書矣，乃還。君子曰：古之良史。

武井驥曰：「《太史書》曰：『崔杼弒其君，崔子殺之，其弟嗣書而死者二人。』杜預曰：『嗣，續也，并前有三人死。』」

蔡信發曰：「此同《左傳》、《漢書‧古今人表》。《史記》作『齊太史書曰：崔杼弒莊公。崔杼殺之，其弟復書，崔杼復殺之。少弟復書，崔杼乃舍之』。《志疑》：『《左傳》云：「其弟嗣書，而死者二人。」如《史》言，則不見是二人矣。』此同《左傳》、《漢書》，而異《史記》。」

茂仁案：《史記‧齊世家》云：「崔杼殺之，其弟復書，崔杼復殺之，少弟復書，崔杼乃舍之」，以記弒事而爲崔杼殺者二人，與本文載共三人異，《左傳‧襄公二十五年》云：「崔子殺之，其弟嗣書，而死者二人，其弟又書，乃舍之。」《通志》九二同，所載死者之數則與本文同。《初學記》二一引《春秋傳》云：「崔子殺之，其弟嗣書，又殺之，其弟又書，乃舍之。」死者之數，則與今本《左傳‧襄公二十五年》異，而與《史記‧齊世家》同。又《初學記》二一「引嗣書續記」〈注〉引《左

傳〉，又《北堂書鈔》三七〈注〉、又五五〈注〉、《太平御覽》二三五、又六〇三並引《左傳》則與今本《左傳》同。「崔氏又殺之」，各本「崔氏」並作「崔子」，審上文亦作「崔子」，則此作「崔子」，於文例較合。

（十三）齊攻魯

齊攻魯，求岑鼎，魯君載岑鼎往，齊侯不信而反之，以為非也。

武井驥曰：「《韓非子・說林下》作『齊伐魯，索讒鼎，魯以其鴈往』，《呂覽・審己篇》下『岑鼎』作『他鼎』、『往』上有『以』字。《左傳・昭三年》：『讒鼎之銘曰：「昧旦丕顯，後世猶怠。」』杜預曰：『讒，鼎名也。』孔穎達曰：『服虔云：「讒鼎，疾讒之鼎，〈明堂位〉所云"崇鼎"是也。一云讒，地名。禹鑄九鼎於甘讒之地，故曰"讒鼎"。」』太田方曰：『讒、鑱音通。鑱亦作鋑，是鋑、岑、崇三字音相通。』」

施珂曰：「下岑字涉上岑字而誤。《呂覽・審己篇》作他。當從之。《韓子・說林下篇》作鴈，亦可證此文之誤。」

蒙傳銘曰：「『岑鼎』，《呂覽・審己篇》、《劉子・履信篇》並如此作，《禮記・明堂位》作『崇鼎』，昭公三年《左傳》及《韓非子・說林下》並作『讒鼎』。岑、崇、讒三字聲近叚借，而其本字則當作鬵。《說文》三下鬲部云：『鬵，鼎大上小下若甑曰鬵。讀若岑。』十四上金部亦云：『鋑，一曰鬵鼎』也。」

梁容茂曰：「《韓子・說林下》作：『齊攻魯索讒鼎』。」又曰：「《呂覽・審己篇》：岑，作『他』，是也。」

蔡信發曰：「楊樹達〈讀呂氏春秋札記〉：《說文》三篇下鬲部云：『鬵，大釜也。一曰鼎大上小下若甑曰鬵。从鬲，兓聲。讀若岑。』《呂》文以《岑》、《鬵》古讀同，假『岑』為『鬵』，正字當作『鬵』。案：在聲，鬵為從紐，岑、讒並為閑紐，同為齒音；在韻，鬵、岑、讒，古音並在覃部，故得通叚。」又曰：「《呂覽》作『魯君載他鼎以往』，《韓子》作『魯以其鴈往』。《集韻》：『鴈，偽物也。』鴈，指贗鼎，即假鼎。此『岑』作『他鼎』或『鴈』，可與下句『齊侯不信而反之』相應，而義較明。」

茂仁案：「求岑鼎」，《韓非子・說林下篇》作「索讒鼎」，《呂氏春秋・審己篇》、《劉子新論・履信篇》並與本文同。《左傳・昭公三年》「讒鼎之銘」杜預〈注〉云：「讒，鼎名也。」孔穎達〈疏〉云：「服虔云：『讒鼎，疾讒之鼎，〈明堂位〉所云崇鼎是也。一云讒，地名，禹鑄九鼎於甘讒之地，故曰讒鼎，二者並無案據，其名不

可審知，故此直云鼎名而已。』楊樹達《積微居讀書記・讀呂氏春秋札記・審己篇》云：「《說文》三篇下鬲部云：『鬵，大釜也。一曰鼎大上小下若甑曰鬵。从鬲，兓聲。讀若岑。』呂文以《岑》、《鬵》古讀同，假『岑』爲『鬵』，正字當作『鬵』。」岑，古爲崇母、侵部；讒，古爲崇母、談部；崇，古爲崇母、冬部。岑、讒、崇並一聲之轉，可相通用，職此，則「岑鼎」即「讒鼎」即「崇鼎」也。鬵，古爲邪母、侵部，與「岑」音近，知岑、讒、崇，並爲「鬵」之借字也。職此，釋「讒」爲「地名」及「疾讒之鼎」者，蓋誤矣，俞樾《茶香室經說》一五「讒鼎」有所辯，可相參稽，《困學紀聞》六「讒鼎之銘」翁〈注〉亦略有辯，並可參。「魯君載岑鼎往」，《韓非子・說林下篇》作「魯以其鴈往」，《呂氏春秋・審己篇》作「魯君載他鼎以往」，《劉子新論・履信篇》作「魯侯僞獻他鼎而請盟焉」。審下文云「魯君乃以眞岑鼎往」，知此之「岑鼎」非眞也，故諸書載「岑鼎」作「鴈鼎」、「他鼎」、「僞獻他鼎」，並較此義爲明，唯下文有「魯君乃以眞岑鼎往」，是知此之不當作「鴈鼎」、「他鼎」，否則與下文未接，乃知諸書所載，不若此作「岑鼎」義長也。

使人告魯君：「柳下惠以爲是，因請受之。」

武井驥曰：「《韓非子》『柳下惠』作『樂正子春』。」

施珂曰：「《呂覽》作『使人告魯侯曰：「柳下季以爲是，請因受之。」』此文魯君下疑脫曰字。『因請』疑『請因』之誤。」

梁容茂曰：「《韓子》作：『使樂正子春來，吾將聽之。』《呂覽》：『使人告魯君』下有『曰』字是也。因請，作『請因』。」

蔡信發曰：「《呂覽》畢沅〈校〉：『《韓非子・說林下》，岑鼎作讒鼎，又屬之樂正子春，若是兩事，則各是一鼎，名各不同，否則傳者互異。岑與讒聲通轉耳。』案：一事二記，名姓互異，是乃傳聞異詞。岑、讒爲鬵之通假，詳見前。又柳下惠，《呂覽》作柳下季、《劉子》作柳季，同是一人。」

茂仁案：「使人告魯君」，《呂氏春秋・審己篇》「君」下有「曰」字，是，當據補。「柳下惠以爲是」，柳季即柳下季，作「柳季」者，爲古漢語語法之姓名割裂所致，說見本書卷三「樂毅爲昭王謀」章，「柳下季曰」條校記。「因請受之」，《呂氏春秋・審己篇》「因請」乙作「請因」，《劉子新論・履信篇》「因」作「則」，義通，說見《古書虛字集釋》二，據是，「因請」即「則請」意也，是知「因請」較「請因」義長，不誤也。

請魯君請於柳下惠。

武井驥曰：「《呂覽》無上『請』字，恐衍。」

施珂曰：「魯君上請字涉上下文請字而衍。《呂覽》正無上請字。」

梁容茂曰：「《韓子》作：『魯君請於樂正子春。』《呂覽》：『請魯君請於』，無上『請』字，《韓子》亦無，請爲衍文。」

茂仁案：「請魯君請於柳下惠」，梁先生云「請爲衍文」，是也，《劉子新論・履信篇》作「魯使柳季」，亦無「請」字，爲其比也，又《喻林》七九引作「魯君請於柳下惠」，亦無上「請」字，即其明證也，上「請」字爲衍，當據刪。

柳下惠對曰：「君之欲以爲岑鼎也，以免國也。臣亦有國於此，破臣之國以免君之國，此臣所難也。」魯君乃以眞岑鼎往。

武井驥曰：「《呂覽》作『君之賂以欲岑鼎也。』」

蒙傳銘曰：「《說文》云：『以，用也。』『爲』字疑涉上文『爲』字而衍。『君之欲以岑鼎也』，猶言『君之欲用岑鼎也』，文義甚明。」

梁容茂曰：「《呂覽》作：『君之賂（〈注〉：一作欲）以欲岑鼎也』。」

茂仁案：「君之欲以爲岑鼎也」，《呂氏春秋・審己篇》作「君之賂以欲岑鼎也」，文不辭，說見楊樹達《積微居讀書記・讀呂氏春秋札記・審己篇》。《春秋別典》四引《呂氏春秋》則與本文同。蒙先生曰：「《說文》云：『以，用也。』『爲』字疑涉上文『爲』字而衍。『君之欲以岑鼎也』，猶言『君之欲用岑鼎也』，文義甚明。」愚謂「以爲」即「以某某爲某某」之意，「君之欲以爲岑鼎也」，蓋即「君之欲以假岑鼎往，爲爲眞岑鼎也」之意，「爲」字，非必衍也，此義較《呂氏春秋・審己篇》爲長且明。「臣亦有國於此」，《劉子新論・履信篇》作「信者，亦臣之國」，較此義爲明。

柳下惠可謂守信矣，非獨存己之國也，又存魯君之國。信之於人重矣，猶輿之有輗軏也。

盧文弨曰：「（有）舊脫，宋本有。」

茂仁案：「猶輿之有輗軏也」，元刊本「輿」作「與」，《喻林》七九引、《春秋別典》四引《呂氏春秋》並無「有」字，武井驥《纂註本》、各本亦並同。有「有」字，於義較長。輿、與，古並爲余母、魚部，音同可通，《說文》三篇上舁部云：「與，黨與也。」又十四篇上車部云：「輿，車輿也。」職是，輿、與，正、假字。

故孔子曰：「大車無輗，小車無軏，其何以行之哉？」此之謂也。

武井驥曰：「吳本兩『車』字作『輿』，朝鮮本同。」

梁容茂曰：「（大輿無輗，小輿無軏）何本、程本、百子本：兩『輿』字，俱作『車』。」

茂仁案：四庫《新序》版本有二，二本並作「車」，不作「輿」，梁先生以四庫本爲底本，失檢。《論語・爲政篇》「大」上有「人而無信，不知其可也」九字，審此文主言信於人之重要，故此九字不當奪，當據而補。「大車無輗，小車無軏」，何良俊本、白口十行本、鐵華館本、龍溪本「車」並作「輿」，元刊本、楚府本、楊美益、祕書本、陳用光本則亦並作「車」，與此同。車、輿，義同，唯此承《論語・爲政篇》而來，故作「車」較長。

（十四）宋人有得玉者

宋人有得玉者，

武井驥曰：「《韓非子・喻老篇》『宋』下有『之鄙』二字、『玉』上有『璞』字。《呂覽・異寶篇》作『宋之野人，耕而得玉』。」

蒙傳銘曰：「襄公十五年《左傳》作『宋人或得玉』，《淮南子・精神訓》高誘〈注〉同。」

梁容茂曰：「襄十五年《左傳》作：『宋人或得玉獻諸子罕。』《韓子・喻老篇》作：『宋之鄙人得璞玉而獻之子罕。』《呂覽・異寶篇》作：『宋之野人耕而得玉獻之司城子罕。』」

蔡信發曰：「《呂覽》作『宋之野人耕而得玉』，《韓子》作『宋之鄙人得璞玉』。」

茂仁案：「宋人有得玉者」，《臣軌・廉潔篇》亦作「宋人或得玉」，《通志》九一同，並與《左傳・襄公十五年》、《淮南子・精神篇》高誘〈注〉同。《焦氏類林》二亦作「宋之野人，耕而得玉」，與《呂氏春秋・異寶篇》同。

獻諸司城子罕，子罕不受。

茂仁案：「獻諸司城子罕」，司城即司空，說見本書卷六「士尹池爲荊使於宋」章，「司城子罕止而觴之」條校記。「子罕不受」，《初學記》一七引「罕」下有「讓」字，於義較長。

獻玉人曰：「以示玉人，玉人以為寶，故敢獻之。」

茂仁案：「獻玉人曰」，《左傳・襄公十五年》、《淮南子・精神篇》高誘〈注〉、《臣軌・廉潔篇》「人」並作「者」，《通志》九一、《初學記》一七引、《喻林》一六引並

同,武井驥《纂註本》、各本亦並同。《韓非子·喻老篇》「獻玉人」作「鄙人」,《呂氏春秋·異寶篇》作「野人」。「以示……故敢獻之」,《韓非子·喻老篇》作「此寶也,宜爲君之器,不宜爲細人用」,《呂氏春秋·異寶篇》作「此野人之寶也,願相國爲之賜而受之也」,《焦氏類林》二同,審諸書所載獻寶之所由,並與此異。祕書本「示」作「礻」,非是,蓋「示」字殘泐所致誤。

子罕曰:「我以不貪爲寶,爾以玉爲寶,若與我者,皆喪寶也。不若人有其寶。」故宋國之長者曰:「子罕非無寶也,所寶者異也。」

　　武井驥曰:「《呂覽》『貪』作『受』,《韓非子》同。」

　　梁容茂曰:「《韓子》、《呂覽》:貪,俱作『受』。《左傳》:若下有『以』字。」

　　茂仁案:「我以不貪爲寶,爾以玉爲寶」,《韓非子·喻老篇》作「爾以玉爲寶,我以不受子玉爲寶」,《呂氏春秋·異寶篇》作「子以玉爲寶,我以不受爲寶」,《焦氏類林》二同,《初學記》一七引無「爾以玉爲寶」五字。「若與我者」,《左傳·襄公十五年》、《淮南子·精神篇》高誘〈注〉、《臣軌·廉潔篇》並作「若以與我」,《通志》九一同。「不若人有其寶」,《初學記》一七引「人」作「各」。

今以百金與搏黍,以示兒子,兒子必取搏黍矣;

　　茂仁案:「今以百金與搏黍」,《呂氏春秋·異寶篇》「黍」作「黍」,鐵華館本、四庫本、百子本並同,何良俊本、程榮本「黍」並作「黍」,下並同,他本並與本文同。黍、黍,並「黍」之形訛也,當據改。

以和氏之璧與百金,以示鄙人,鄙人必取百金矣;

　　茂仁案:《呂氏春秋·異寶篇》「和」作「龢」,下同。和、龢,古並爲匣母、歌部,音同可通,《說文》二篇下龠部「龢」字段〈注〉云:「(上略)經傳多假和爲龢。」

以和氏之璧與道德之至言,以示賢者,賢者必取至言矣。其知彌精,其取彌精;其知彌觕,其取彌觕;子罕之所寶者至矣。

　　茂仁案:「以和氏之璧與道德之至言」,《呂氏春秋·異寶篇》無「與」字,非是,審此與上文「今以百金與搏黍」、「以和氏之璧與百金」爲並列句,上二句並有「與」字,此不當例外也。

（十五）昔者有餽魚於鄭相者

昔者有餽魚於鄭相者，鄭相不受。

　　武井驥曰：「《史・循吏傳》、《韓詩》卷三、《淮南子・道應訓》、《韓非子・外儲說右下》以爲魯公儀休事。」

　　梁容茂曰：「《韓子・外儲說右下》：作『公孫儀相魯而嗜魚。』以下文異意同。《外傳》三作：『公儀休相魯而嗜魚。』以下文異意同。《史記・循吏傳》作：『公儀休者，魯博士也，以高弟爲魯相。』以下文異意同。《淮南・道應訓篇》：亦作公儀。文異意同。《意林》引：餽，作『遺』。」

　　蔡信發曰：「《韓子》作『公孫儀相魯而嗜魚，一國盡爭買魚而獻之，公儀子不受』，《史記》作『公儀休者，魯博士也，以高弟爲魯相。……客有遺相魚者，相不受』。考《韓子》公孫儀，即公儀休，因其下文旋云：『公儀子不受。』可悉其姓公儀，非姓公孫，而子爲男子美稱。公孫儀，即公儀子；公儀子，即公儀休，當無疑慮。此作鄭相，與諸書異。檢：《史記・循吏傳》，凡記五人：孫叔敖、子產、公儀休、石奢暨李離。其云：『子產，鄭之列大夫也……公儀休者，魯博士也，以高弟爲魯相。』嗣又但稱公儀休之官名相，而不著其名姓，於焉此失察，涉上文子產之國名與下文公儀休之官名，而誤爲人名或官名鄭相，遂與諸書事同而名異。」

　　茂仁案：「昔者有餽魚於鄭相者」，《臣軌・廉潔篇》、《冊府元龜》八〇七亦並以爲魯相公儀休之事。蔡先生曰：「公孫儀，即公儀休，因其下文旋云：『公儀子不受。』可悉其姓公儀，非姓公孫，而子爲男子美稱。」審古漢語，未有發現於複姓之二字間穿插他字者，今「公儀」既爲其姓，於此作「公孫儀」，不類，蔡先生說恐失之，「公孫儀」即「公儀子」之誤，顧廣圻、王先愼已證之，說見陳奇猷《韓非子・外儲說右下篇》〈集釋〉。又《韓非子・外儲說右下篇》云：「一國盡爭買魚而獻之。」《太平御覽》三八九引《韓子》同，唯「國」作「邦」。《淮南子・道應篇》云：「一國獻魚。」《冊府元龜》八〇七同，所言並與此異。《史記・循吏列傳》、《臣軌・廉潔篇》「餽」並作「遺」，《意林》三引、《通典》三一〈注〉引《孫卿子》並同，餽、遺，義同。《白氏六帖》一二「不受枯魚」並〈注〉以所獻之魚爲「枯魚」，與此異。

或謂鄭相曰：「子嗜魚，何故不受？」

　　茂仁案：「或謂鄭相曰」，《韓非子・外儲說右下篇》、《韓詩外傳》三並作「其弟諫曰」，《淮南子・道應篇》作「其弟子諫曰」，《冊府元龜》八〇七同，《史記・循吏列傳》、《臣軌・廉潔篇》則並以爲「客」問，所載並與此異。

對曰：「吾以嗜魚，故不受魚。受魚失祿，無以食魚；不受得祿，終身食魚。」

　　施珂曰：「《意林》引受下無魚字。《韓子・外儲說右下》、《淮南・道應篇》、《史記・循吏傳》皆同。」

　　茂仁案：《韓非子・外儲說右下篇》作「對曰：『夫唯嗜魚，故不受也。夫即受魚，必有下人之色，有下人之色，將枉於法。枉於法，則免於相，雖嗜魚，此不必能自給致我魚，我又不能自給魚。即無受魚而不免於相，雖嗜魚，我能長自給魚」，《韓詩外傳》三作「曰：『夫欲嗜魚，故不受也。受魚而免於相，則不能自給魚，無受而不免於相，長自給於魚』」，《淮南子・道應篇》、《史記・循吏列傳》、《臣軌・廉潔篇》並略同，《冊府元龜》八〇七亦同，《白氏六帖》五「公儀休嗜魚」〈注〉作「吾祿自可致魚，受人魚，罪奪祿，人寧肯饋我」，與此稍異。「不受得祿」，《意林》三引、《類說》三〇引「受」下並有「魚」字，審此與上文「受魚失祿」對言，上作「受魚」，此「不受」下亦當有「魚」字以與之對，故此當據而補。

（十六）原憲居魯

原憲居魯，環堵之室，茨以生蒿，

　　武井驥曰：「《莊子・讓王篇》作『生草』、《韓詩》卷一作『蒿萊』。」

　　梁容茂曰：「《莊子・讓王篇》：蒿，作『草』。《外傳》一：生蒿，作『蒿萊』。」

　　茂仁案：「茨以生蒿」，《冊府元龜》九〇二亦作「茨以生草」，與《莊子》同，《淮南子・原道篇》作「茨之以生茅」，蒿、草、茅、蒿萊，並草類也。「蒿蓬」，何良俊本誤乙為「蓬蒿」，非是，他本並不誤。

蓬戶甕牖，揉桑以為樞，

　　武井驥曰：「《韓詩》作『捊桑而無樞』、《莊子》作『蓬戶不完，桑以為樞而甕牖二室，褐以為塞』。」

　　梁容茂曰：「《莊子》：無『揉』字。《外傳》：作『桷桑而無樞』。」

　　茂仁案：「蓬戶甕牖，揉桑以為樞」，《冊府元龜》九〇二、《古今合璧事類備要・別集》一四〈注〉亦並作「蓬戶不完，桑以為樞而甕牖」。賴炎元先生《韓詩外傳考徵》一云：「桷當作揉，無當作為，字之誤也，而猶以也。」

上漏下濕，匡坐而弦歌。

　　茂仁案：「匡坐而弦歌」，《莊子・讓王篇》無「歌」字，《錦繡萬花谷》二四引

《莊子》同，唯「匡」作「正」，《藝文類聚》三五、《太平御覽》一七四、三九三、四八五並引《莊子》「弦」下則並有「歌」字。審「弦」，即弦歌之意，無歌字，亦通；匡、正，義同。

子贛聞之，乘肥馬，衣輕裘，中紺而表素，軒車不容巷，往見原憲。

　　盧文弨曰：「何作『貢』，下竝同。」

　　武井驥曰：「《韓詩》無『車』字，《莊子》『肥馬』作『大馬』。」

　　梁容茂曰：「《莊子》、《外傳》：俱作『子貢』。以下同。肥，《莊子》作『大』。何本、百子本：亦俱作『子貢』。《拾補》云：『何作貢，下並同。』」

　　茂仁案：郭嵩燾《史記札記・仲尼弟子列傳》云：「案子貢哀公十一年爲魯使以釋衛侯，并不聞有相衛事。疑子貢與聞一貫之旨，所學優矣，不應以結駟連騎，誇示原憲，此亦稗官家說，而史公過取之。」是。崔述《洙泗考信錄》以爲戰國貧賤驕人之士所設託，與郭氏意同。「子贛聞之」，《子思子》六「贛」亦作「貢」，《冊府元龜》九〇二、《類林雜說・床席七十四》〈注〉引《家語》並同，祕書本、陳用光本亦並同，下同。作「贛」爲是，說見本書卷二「昔者鄒忌以鼓琴見齊宣王」章，「子貢」條校記。《事類賦》一四〈注〉引《莊子》「子贛」作「子夏」，與此異。「乘肥馬」，《子思子》六「肥」亦作「大」，義通。「軒車不容巷」，《太平御覽》五〇七引皇甫士安《高士傳》、《冊府元龜》九〇二並作「巷不容軒」。

原憲冠葉冠，杖藜杖而應門，

　　施珂曰：「《漢魏叢書》程本、陳本葉上皆有桑字。」

　　梁容茂曰：「《莊子》作：『原憲華冠縱履，杖藜而應門。』《外傳》：首句作『原憲楮冠黎杖而應門』。」

　　茂仁案：「原憲冠葉冠」，《冊府元龜》九〇二亦作「楮冠」，元刊本、楚府本、何良俊本、楊美益本、白口十行本、程榮本、祕書本、陳用光本、四庫本、百子本「葉」上並有「桑」字，鐵華館本、龍溪本則並與此同。王叔岷先生《莊子校詮・讓王篇》云：「〈釋文〉：『華冠，以華木皮爲冠。（下略）』案華借爲樺，《說文》：『樺，樺木也，讀若華。樺，或從蕐。』段〈注〉：『樺、樺，古、今字也。司馬〈上林賦〉字作華，師古曰：「華，即今之樺，皮貼弓者。」《莊子》「華冠」亦謂樺皮爲冠也。樺者，俗字也。』《韓詩外傳》『華冠』作『楮冠』，《新序》作『桑葉冠』，楮似桑。」是。

正冠則纓絕，衽襟則肘見，納屨則踵決。

盧文弨曰：「（衽）《外傳》一作『振』。」

武井驥曰：「（振襟則肘見）吳本『振』作『衽』，嘉靖本、朝鮮本同。《莊子》作『振襟捉衿。』（茂仁案：作，當植於『襟』下，此蓋誤植。）」

蒙傳銘曰：「『衽襟』，《韓詩外傳》卷一作『振襟』，《御覽》五〇七引《高士傳》作『歛衽』（今本《高士傳》無）。」

梁容茂曰：「《外傳》：衽，作『振』。」

茂仁案：此三句，《莊子·讓王篇》以爲曾子事，與此爲原憲事異。《莊子·讓王篇》「衽襟」作「捉襟」，《冊府元龜》九〇二同，《韓詩外傳》一「衽襟」作「振襟」、「屨」作「履」，《冊府元龜》九〇二「屨」亦作「履」。《太平御覽》六八六引《莊子》「衽襟」作「歛衿」，《永樂大典》五二〇五引《廟學典禮》作「捉衾」。衽襟、捉襟、歛衽、歛衿、捉衾，義並通。

子贛曰：「嘻！先生何病也？」原憲仰而應之曰：「憲聞之，無財之謂貧，學而不能行之謂病。憲，貧也，非病也。

武井驥曰：「《莊子》『之謂』二字倒、『憲』上有『今』字。」

梁容茂曰：「《莊子》：兩『之謂』，俱作『謂之』。」

茂仁案：「無財之謂貧」，《藝文類聚》三五引《莊子》「之謂」，不倒也，與此同。《史記·仲尼弟子列傳》「之謂」亦乙作「謂之」，《太平御覽》五〇七引皇甫士安《高士傳》、《錦繡萬花谷·賊貧賤》二四並同，下並同，之謂、謂之，義同。「學而不能行之謂病」，《子思子》六、《史記·仲尼弟子列傳》「學」下並有「道」字，《太平御覽》五〇七引皇甫士安《高士傳》同，審此與上文「無財之謂貧」並列爲言，「學道」與「無財」並列，是以「學」下當據補「道」字也。

若夫希世而行，

茂仁案：「若夫希世而行」，王叔岷先生《莊子校詮·讓王篇》云：「〈釋文〉：『司馬云：「希，望也。所行常顧世譽而動，故曰希世而行。」』王念孫云：『《說文》：「睎，望也。」司馬彪〈注〉：「希，望也。」希與睎通。』（《廣雅·釋詁一》疏證。）案睎、希，正、假字，《漢書·董仲舒傳》：『〔公孫〕弘希世用事，』（《說文》段〈注〉誤引爲〈公孫弘傳〉語。）希亦借爲睎。」是。

比周而交，學以爲人，教以爲己，

武井驥曰：「《莊子》及《韓詩》『交』作『友』。」

　　施珂曰：「《莊子‧讓王篇》、《外傳》一交皆作友。」

　　梁容茂曰：「《莊子》、《外傳》：交，俱作『友』。」

　　茂仁案：「比周而交」，《冊府元龜》九〇二「交」亦作「友」，交、友，並通。「學以爲人」，《北堂書鈔》八三〈注〉引作「古之學者爲己，今之學者爲人」，又云：「古之學者，得一言以附己；今之學者，得一善言以悅人」，《太平御覽》六〇七引略同。

仁義之慝，輿馬之飾，憲不忍爲也。」

　　盧文弨曰：「（慝）《外傳》作『匿』，當從之。」

　　武井驥曰：「《韓詩》（飾下）有『衣裳之麗』四字。」

　　施珂曰：「《外傳》飾下有『衣裳之麗』四字。」

　　梁容茂曰：「《外傳》：慝，作『匿』。《拾補》云：『當從之。』」

　　茂仁案：「仁義之慝」，匿，古爲泥母、職部；慝，古爲透母、職部，二者音近之字。《說文》有「匿」、無「慝」，十二篇下匸部云：「匿，亡也。」段〈注〉云：「《廣韻》曰：『藏也、微也、亡也、陰姦也。』」審此文義，作「匿」爲是，匿、慝，正、假字也。「輿馬之飾」，《冊府元龜》九〇二「飾」下亦有「衣裳之麗」四字，較此爲詳。楚府本「馬」作「焉」，非是，形近而訛也；《冊府元龜》九〇二「飾」作「餙」，楚府本、程榮本、祕書本、陳用光本、百子本、龍溪本並同，何良俊本、白口十行本並作「餝」。《俗書刊誤》四云：「飾，俗作餙。」竊謂「餝」亦「飾」之俗字也。

子贛逡巡，面有愧色，不辭而去。

　　梁容茂曰：「《外傳》：愧，作『媿』。」

　　茂仁案：「而有愧色」，《白氏六帖》七〈注〉、《太平御覽》五〇七引皇甫士安《高士傳》、《冊府元龜》九〇二「愧」亦並作「媿」，《錦繡萬花谷》二四〈注〉引《莊子》作「媿」。「媿」爲「慚」之異體，與「愧」義同。《說文》十二篇下女部云：「媿，慚也。从女鬼聲。愧，媿或从恥省。」知愧、媿，亦一字之異體也。

原憲曳杖拖履，行歌〈商頌〉而反，聲滿天地，如出金石，天子不得而臣也，諸侯不得而友也。

　　茂仁案：「原憲曳杖拖履」，祕書本、陳用光本、四庫全書薈要本、百子本「履」並作「屨」，履、屨，義通。

故養志者忘身，身且不愛，孰能累之？《詩》云：「我心匪石，不可轉也；我心匪席，不可卷也。」此之謂也。

武井驥曰：「《韓詩》『故』下有『養身者忘家』五字、『累』作『忝』。」

施珂曰：「《外傳》故下有『養身者忘家』五字。」

梁容茂曰：「《外傳》：累，作『忝』。」

茂仁案：「故養志者忘身」，《莊子・讓王篇》作「故養志者忘形，養形者忘利，致道者忘心矣」。「聲滿天地」，《韓詩外傳》一「滿」作「淪」，《冊府元龜》九〇二同，並非是，淪、滿，形近而訛也。「孰能累之」，累、忝並爲辱義，並通。

《詩》云：「我心匪石，不可轉也；我心匪席，不可卷也。」此之謂之。

茂仁案：武井驥《纂註本》、元刊本、楚府本、何良俊本、楊美益本、白口十行本、程榮本、祕書本、陳用光本、四庫本、百子本「云」並作「曰」，義同。

（十七）晏子之晉

晏子之晉，見披裘負芻，息於途者，以為君子也，使人問焉，

武井驥曰：「《呂覽・觀世篇》『披』作『反』，《晏子・雜上篇》同。」

蒙傳銘曰：「《御覽》四七五引『披』作『衣』，六九四引作『皮』，《文選》王子淵〈四子講德論〉李善〈注〉引亦作『皮』。《史記・管晏列傳》張守節〈正義〉引『芻』作『薪』，『者』作『側』。《文選》〈注〉引『者』作『側者』，今本《晏子春秋》同。」

梁容茂曰：「《晏子・雜上》作：『晏子之晉，至中牟，睹弊冠反裘負芻息於途側者。』《呂氏・觀世篇》：披，作『反』；途，作『塗』。途、塗，通用。」

茂仁案：「見披裘負芻，息於途者」，上言《晏子春秋・內篇・雜上篇》、《呂氏春秋・觀世篇》「披裘」並作「反裘」，疑作「反裘」爲是，蓋「反裘」爲惜其皮衣之毛，是以有下文「以爲君子也」語，設若作「披裘」或「皮裘」，則與下文「以爲君子也」有隔，欠妥，《古今合璧事類備要・續集》五〇〈注〉作「反裘」，即其證。《晏子春秋・內篇・雜上篇》、《呂氏春秋・觀世篇》「途」並作「塗」，《春秋別典》八引同，《古今合璧事類備要・續集》五〇〈注〉作「道側」，祕書本「芻」作「薪」。途、塗，未見於《說文》，《玉篇》云：「塗，道也。」又「途，路也。」鄒太華《晏子逸箋》云：「孫云：『塗，《新序》、《太平御覽》作途，是；塗，俗字。』」

曰：「曷為而至此？」

蒙傳銘曰：「《呂覽》亦如此作，《晏子春秋》同，惟『曷爲而至此』作『子何爲

者也』。《史記》〈正義〉、《御覽》四七五引並作『晏子問曰：‘何者？’』《文選》〈注〉作『晏子曰：‘吾子何爲者？’』」

　　茂仁案：「曷爲而至此」，《史記·管晏列傳》〈正義〉引《晏子春秋》作「何者」，《太平御覽》四七五引《晏子春秋》同，《文選》王子淵〈四子講德論〉李善〈注〉引《晏子春秋》作「吾子何爲者」。

對曰：「齊人纍之，吾名曰越石甫。」晏子曰：「嘻！」遽解左驂以贖之，載而與歸。

　　施珂曰：「《呂覽·觀世篇》、《晏子·雜上篇》、《史記·管晏列傳》皆作越石父。甫、父古通。」

　　梁容茂曰：「《晏子》、《呂氏》：甫，俱作『父』。下並同。甫、文（茂仁案：父字之誤），通用。」

　　蔡信發曰：「《呂覽》『纍』作『累』。《晏子》謂越石甫爲僕，《史記》謂其在縲絏之中，彼此參差。《呂覽》高〈注〉：『累之，累然有罪。』畢沅〈校〉：『即《史記》所云在縲絏之中。』《史記志疑》：『所謂累之中，言以負累作僕。』高、畢二氏，據《史記》爲說，梁氏因《晏子》爲釋，衡以情理，觀以文義，當以《晏子》爲長。纍、累，古今字。」又曰：「《晏子》、《呂覽》、《史記》『越石甫』，並作『越石父』。父、甫同音，故相通作。」

　　茂仁案：「齊人纍之，吾名曰越石甫」，《晏子春秋·內篇·雜上篇》作「吾爲人臣僕於中牟，見使將歸。晏子曰：『何爲爲僕？』對曰：『不免凍餓之切吾身，是以爲僕也。』晏子曰：『爲僕幾何？』對曰：『三年矣！』晏子曰：『可得贖乎？』對曰：『可』。」所載贖事，較此爲詳。「齊人纍之」，《史記·管晏列傳》以越石父在「縲絏中」，《通志》九二同。審《史記·管晏列傳》、《通志》九二並以越石父爲在「縲絏中」，張守節〈正義〉云：「縲，黑索、絏，繫也。」則越石父爲奴隸矣，本文作「纍」，意同。而《晏子春秋·內篇·雜上篇》所載之越石父爲負芻之僕役，與此異。陳直先生《史記新證·管晏列傳》云：「本文兩言在縲絏之中，如依《晏子春秋》，越石父僅負薪途側，則無用解左驂贖歸，所謂贖者，以貨贖罪，太史公之紀載是也。」審下文「遽解左驂以贖之」，陳先生之說是也。「吾名曰越石甫」，父，古爲並母、魚部；甫，古爲幫母、魚部，二者音近之字。《說文》三篇下用部云：「甫，男子之美偁也。」又三篇下又部云：「父，巨也。家長率教者。」職是，甫、父，正、假字。

至舍，不辭而入，越石甫怒而請絕。晏子使人應之曰：「嬰未嘗得交也，今免子於患，吾於子，猶未可耶？」

盧文弨曰：「（邪）何作『也』。」

蒙傳銘曰：「宋本作『邪』，鐵華館本作『耶』，陳用光本作『也』。《晏子春秋》『猶』作『尚』，『邪』作『乎』。」

梁容茂曰：「《拾補》云：『邪，何作「也」。』百子本亦作『也』。『邪』、『也』，通用。」

茂仁案：「嬰未嘗得交也」，《晏子春秋·內篇·雜上篇》作「吾未嘗得交夫子也」，「夫」字當爲語詞，若以「夫子」爲實詞，則不辭矣。「猶未可耶」，宋本作「耶」，不作「邪」，蒙先生失檢。武井驥《纂註本》、楚府本、何良俊本、白口十行本、程榮本、四庫本「耶」亦並作「邪」，祕書本亦作「也」。耶、邪、也，並通。

越石甫曰：「吾聞君子詘乎不知己，而信乎知己者，吾是以請絕也。」

武井驥曰：「《呂覽》『而』上有『者』字、『詘』作『屈』。《晏子》『信』作『申』。司馬貞曰：『信讀曰申，《周禮》皆然也。』」

施珂曰：「《呂覽》信作伸。《晏子》作申。並古字通用。詘、伸相對而言。」

蒙傳銘曰：「《文選》〈四子講德論〉〈注〉引作『臣聞之，士者詘乎不知己，而申乎知己。』羊祜〈讓開府表〉〈注〉引作『臣聞之，士者屈於不知己，而申乎知己。』」

梁容茂曰：「《晏子》：君子，作『士』；信，作『申』。《呂覽》：詘，作『屈』；信，作『伸』；知己者，作『己知者』。案：信，猶伸也。」

蔡信發曰：「《呂覽》文義同此；《晏子》作『越石父對之曰：臣聞之：士者詘乎不知己，而申乎知己。故君子不以功輕人之身，不爲彼功詘身之理。吾三年爲人臣僕，而莫吾知也。今子贖我，吾以子爲知我矣。嚮者，子乘不我辭也，吾以子爲忘。今又不辭而入，是與臣（茂仁案：奪僕字）我者同矣。我猶且爲臣，請鬻于世。』《史記》作『石父曰：不然。吾聞：君子詘於不知己，而信於知己者。方吾在縲紲中，彼不知我也。夫子既以感寤而贖我，是知己。知己而無禮，固不如在縲紲之中』，二書均言及請絕之理，較本文詳，唯二者文殊意異，各據傳聞而書。」

茂仁案：「吾聞……請絕也」，《群書類編故事·伸於知己篇》作「臣聞：『士者屈於不知己，而伸於知己。』吾三年爲臣僕，人莫吾知也，今子贖我，吾以爲知己矣。今不辭而入，是與臣我者同矣」，《古今合璧事類備要·續集》五○〈注〉同，《通志》九二亦作「吾聞：『君子詘於不知己，而信於知己者。』方吾在縲紲中，彼不知我也，夫子既已感寤而贖我，是知己。知己而無禮，固不如在縲紲之中」，《類林雜

說‧禮賢篇第五》〈注〉略同，所言並較此爲詳。《呂氏春秋‧觀世篇》作「吾聞君子不屈乎己知者，而伸乎己知者，吾是以請絕也」。本文作「知己」者較《呂氏春秋‧觀世篇》作「己知」者爲長，詘、屈，義通。

晏子乃出見之，曰：「向也見客之容，而今也見客之意。

　　梁容茂曰：「《晏子》、《呂覽》：向，俱作『嚮』。」

　　茂仁案：「向也見客之容」，《說文》六篇下邑部「鄉」字段〈注〉云：「鄉者，今之向字。漢字多作鄉，今作向。所封，謂民域其中；所鄉，謂歸往也。《釋名》曰：『鄉，向也。』」職是，鄉、向，古、今字；鄉、嚮，正、假字也。《說文》無嚮字，嚮字蓋即「向」字歸往義之後起本字也。

嬰聞察實者不留聲，觀行者不幾辭，嬰可以辭而無弃乎？」

　　盧文弨曰：「（幾）《晏子‧雜上篇》、《呂氏‧觀世篇》俱作『譏』。」

　　武井驥曰：「《晏子》作『省行者不引其過，察實者不譏其辭』。驥按：聲，聲聞也；幾、譏通。」

　　梁容茂曰：「《晏子》：不留聲，作『不譏其辭』；下句作『省行者不引其過』。《呂覽》：幾，作『譏』。」

　　茂仁案：許維遹《呂氏春秋集釋‧觀世篇》云：「（高誘〈注〉）『欲觀人之至行，不譏刺之以辭。』陶鴻慶曰：『譏，察也。即孔子聽其言而觀其行之意，高〈注〉釋爲譏刺非。』」陶鴻慶說是也，據是，譏、幾，正、假字。《晏子春秋‧內篇‧雜上篇》作「省行者不引其過，察實者不幾其辭，嬰可以辭而無棄乎？」。《呂氏春秋‧觀世篇》「弃」亦作「棄」，《春秋別典》八引同，何良俊本、程榮本、祕書本、百子本並同，陳用光本、四庫本並作「棄」。弃、棄，古、今字；棄，爲棄字篆文「𣘐」之隸定。

越石甫曰：「夫子禮之，敢不敬從。」晏子遂以為上客。

　　梁容茂曰：「《呂氏》：無『上』字。」

　　蔡信發曰：「《呂覽》無『上』字。高誘〈注〉：『客，敬。』檢：《晏子》、《史記》『客』上並有『上』字，《呂覽》脫，而高誘不察，訓客爲敬，不安，當據《晏》、《史》而補『上』字。如是，則不待釋而義自明。」

　　茂仁案：《通志》九二有「上」字，與此同，《群書類編故事‧伸於知己篇》、《古今合璧事類備要‧續集》五〇〈注〉、《類林雜說‧禮賢篇第五》〈注〉、《春秋別典》八引並同，《白氏六帖》七〈注〉「上客」作「上賓」，義同。

俗人之有功則德，德則驕。晏子有功，免人於厄而反詘下之，其去俗亦遠矣。此全功之道也。

武井驥曰：「《呂覽》『人』下無『之』字。」

梁容茂曰：「《呂氏》：厄，作『阨』；詘，作『屈』。全，作『令』。」

蔡信發曰：「《呂覽》『全』作『令』，乃形近而訛。」

茂仁案：阨从厄得聲，阨、厄，可相通用。詘、屈，古、今字，說見《說文》八篇下尾部「屈」字段〈注〉。《晏子春秋·內篇·雜上篇》上「俗」字上有「君子曰」三字。

（十八）子列子窮

子列子窮，容貌有飢色。

蒙傳銘曰：「涵芬樓本『饑』作『飢』。《高士傳》卷中作『面有飢色。』」

茂仁案：「容貌有飢色」，《列子·說符篇》、《呂氏春秋·觀世篇》「飢」並作「饑」，《冊府元龜》八〇五同，武井驥《纂註本》、程榮本、四庫本並同，下同。元刊本、楚府本、何良俊本、楊美益本、白口十行本、祕書本、鐵華館本、龍溪本並作「飢」，與此同。《說文》五篇下食部云：「饑，穀不孰爲饑。」又云：「飢，餓也。」飢、饑，正、假字。

客有言於鄭子陽者，曰：「子列子圉寇，蓋有道之士也，居君之國而窮，君無乃為不好士乎？」

盧文弨曰：「（圉）何作『禦』，此從宋本。」

武井驥曰：「《莊子》及《列子》無二『子』字。」

施珂曰：「《漢魏叢書》程本、陳本圉並作禦。圉、禦古通。《莊子·繕性篇》：『其來不可圉，』〈釋文〉：『圉，本又作禦。』」

梁容茂曰：「《呂氏·觀世篇》：無下『子』字。《列子·說符篇》：無『禦寇』二字。《拾補》：禦作『圉子』，云：『何作禦，此從宋本。』」

蔡信發曰：「《列子》、《莊子》、《呂覽》並無二『子』字。是。」

茂仁案：「子列子圉寇」，《莊子·讓王篇》「圉」作「御」，《列子·說符篇》、《呂氏春秋·觀世篇》並作「禦」，《太平御覽》五〇七引皇甫士安《高士傳》同，武井驥《纂註本》、元刊本、楚府本、何良俊本、楊美益本、白口十行本、程榮本、祕書本、陳用光本、四庫本、百子本亦並同，陳鱣〈校〉作「圉」。御、禦、圉、圉，古

並爲疑母、魚部，音同可通。

子陽令官遺之粟數十乘。子列子出見使者，再拜而辭。

　　盧文弨曰：「（乘）《呂氏‧觀世篇》作『秉』。」

　　武井驥曰：「（數十秉）舊本『秉』作『乘』，今據《呂覽》及《小爾雅》曰：『鍾二謂之秉，秉十六斛。』」

　　梁容茂曰：「（遺之粟十乘）《呂氏》：乘作『秉』，是也。秉，十六斛也。」

　　蔡信發曰：「《校補》：『《呂氏》，乘作秉，是也。秉，十六斛也。』《列子》、《莊子》並作『鄭子陽即令官遺之粟』，《呂覽‧觀世》作『鄭子陽令官遺之粟數十秉』，斯事首見《列》、《莊》，但言遺粟列子，未嘗言及數量，迄《呂覽》始增『數十秉』，本文因之，以乘爲秉，乃形近而訛。秉訓十六斛，見《小爾雅‧量》、《儀禮‧聘禮》〈注〉暨《論語‧雍也》〈集解〉引馬〈注〉。」

　　茂仁案：四庫《新序》版本有二，二本「粟」下並有「數」字，梁先生以四庫本爲底本，失檢。《列子‧說符篇》、《莊子‧讓王篇》並無「數十乘」三字，《呂氏春秋‧觀世篇》「乘」作「秉」。王叔岷先生《莊子校詮‧讓王篇》云：「《呂氏春秋》粟下有『數十秉』三字。《新序》、《高士傳》並作『數十乘。』乘疑秉之誤，《小爾雅‧量》：『秉，十六斛。』」梁先生曰：「《呂氏》：乘作『秉』，是也。秉，十六斛也。」蔡先生從之，云「以乘爲秉，乃形近而訛」。審「秉」爲古代量名，合十六斛，見諸《小爾雅‧量》，作「秉」自是合理，唯作「乘」，亦未必爲誤，古亦有以之爲量數名者，《禮記‧聘義篇》云：「米三十車，禾三十車。」車即乘，即其明證，且一斛爲十斗，十六斛方百六十斗耳，數小也，以一君之遺有道之士，以彰己之愛士，以此小數爲贈，其未逮「乘」遠矣，當以作「乘」爲長，《太平御覽》五〇七引皇甫士安《高士傳》、《冊府元龜》八〇五並作「乘」，不作「秉」，正與本文同，各本亦並同，即其明證。祕書本「遺」作「移」，移，古爲余母、歌部；遺，古爲余母、微部，二者一聲之轉也，移、遺，聲轉之誤也。楚府本「乘」作「斛」，視此，其君所贈之數，又較「秉」爲小也，子陽當不如是器小，蓋亦非是。

使者去，子列子入。其妻望而拊心，曰：「聞爲有道者，妻子皆得佚樂，

　　茂仁案：《太平御覽》五〇七引皇甫士安《高士傳》「拊」作「撫」，拊、撫，古、今字，說見《說文》十二篇上手部「拊」字段〈注〉。

今妻子皆有飢色矣，君過而遺先生，先生又辭，豈非命也哉！」

　　武井驥曰：「《列子》無『妻子』二字、『過』作『遇』、上『先生』下有『食』

字、又『辭』作『不受』。」

施珂曰：「《莊子·讓王篇》、《呂覽·觀世篇》、《列子·說符篇》，生下皆有食字。」

梁容茂曰：「（今妻子皆有飢色失君過而遺先生）案：失，當作矣。《呂氏》、正作『矣』。程本、百子本亦並作『矣』。《莊子·讓王篇》、《呂氏》、《列子》：遺先生下俱有『食』字。」

蔡信發曰：「《列子》、《莊子》、《呂覽》『生』下並有『食』。『生』下有『食』，方可與上下文之『粟』字相應；不然，句不成，義不明，本文脫，當補。」

茂仁案：「今妻子皆有飢色矣」，四庫《新序》版本有二，二本並作「饑」，不作「飢」；並作「矣」，不作「失」，梁先生以四庫本為底本，失檢。武井驥《纂註本》「飢」作「饑」，下同，飢、饑，正、假字，說見上。「君過而遺先生」，《太平御覽》五〇七引皇甫士安《高士傳》「生」下亦有「食」字，楚府本「而」作「其」。蔡先生云「『生』下有『食』，方可與上下文之『粟』字相應；不然，句不成，義不明，本文脫，當補」，審本文，句義已明，君所遺列子者為「粟」甚明，此省略言之耳，非必補「食」字。審「君過而遺先生」，「遺」為動詞，其下「先生」為受詞，「先生」下當為所贈之「實物」，上文云「子陽令官遺之粟數十乘」、下文云「以人之言而遺我粟也」，並知所「遺」者，「粟」也，若必補之，宜補「粟」字，不當以「食」字，諸書所載「食」字，疑即「粟」字之誤。

子列子笑而謂之曰：「君非自知我者也，以人之言而知我，以人之言而遺我粟也。其罪我也，又將以人之言，此吾所以不受也。且受人之養，不死其難，非義也。死其難，是死無道之人，豈義哉！」

茂仁案：「非義也」，《冊府元龜》八〇五「非」作「不」，武井驥《纂註本》、各本並同。非、不，義同，說見《古書虛字集釋》一〇。

其後，民果作難，殺子陽。子列子之見微除不義遠矣。

武井驥曰：「《列子》、《莊子》、《呂覽》並『後』作『卒』。」

梁容茂曰：「《莊子》、《列子》：『其後民果』，作『其卒民』。」

茂仁案：其後，其卒，義同。《太平御覽》五〇七引皇甫士安《高士傳》「其後」作「居一年」，較此為明。

且子列子，內有飢寒之憂，猶不苟取，見得思義，見利思害，況其在富貴乎？故子列子通乎性命之情，可謂能守節矣。

盧文弨曰：「（憂）何作『色』，訛。」

梁容茂曰：「（內有飢寒之憂）《呂氏》：內，作『方』；憂，作『患』。何本、百子本：憂，作『色』。《拾補》云：『何作色，訛。』」

茂仁案：「內有飢寒之憂」，四庫《新序》版本有二，二本並作「饑」，不作「飢」，梁先生以四庫本爲底本，失檢。祕書本、陳用光本、百子本「憂」亦並作「色」，陳鱣〈校〉作「憂」，與此同。審此文義，憂、患、色，並通。

（十九）屈原者

屈原者，名平，楚之同姓大夫，有博通之知，清潔之行，懷王用之。

蔡信發曰：「《史記・屈原傳》：『上官大夫與之同列，爭寵而心害其能。懷王使屈原造爲憲令。屈平屬草藁，未定。上官大夫見而欲奪之。屈平不與。因讒之曰：『王使屈平爲令，眾莫不知。每令出，平伐其功，曰：以爲非我莫能爲也。』王怒而疏屈平。屈平疾王聽之不聰也，讒諂之蔽明也，邪曲之害公也，方正之不容也，故憂愁幽思而作《離騷》。屈平既絀。其後秦欲伐齊，齊與楚從親，惠王患之，乃令張儀詳去秦，厚幣委質事楚，曰：『秦甚憎齊。齊與楚從親，楚誠能絕齊，秦願獻商於之地六百里。』楚懷王貪而信張儀，遂絕齊。使使如秦受地。張儀詐之，曰：『儀與王約六里，不聞六百里。』楚使怒去，歸告懷王。懷王怒，大興師伐秦。秦發兵擊之，大破楚師於丹、淅，斬首八萬，虜楚將屈匄，遂取楚之漢中地。懷王乃悉發國中兵，以深入擊秦，戰於藍田。魏聞之，襲楚至鄧。楚兵懼，自秦歸，而齊竟怒不救楚。楚大困。明年，秦割漢中地，與楚以和。楚王曰：『不願得地，願得張儀而甘心焉。』張儀聞，乃曰：『以一儀而當漢中地，臣請往如楚。』如楚又因厚幣用事者靳尚，而設詭辯於懷王之寵姬鄭袖。懷王竟聽鄭袖，復釋去張儀。是時屈平既疏，不復在位，使於齊，顧反，諫懷王曰：『何不殺張儀？』懷王悔，追張儀不及。』〈楚世家〉：『懷王十六年，秦欲伐齊，而楚與齊從親。秦惠王患之，乃宣言張儀免相。使張儀南見楚王。十八年，張儀已去，屈原使從齊來。』《楚辭・離騷・序》：『〈離騷經〉者，屈原之所作也。屈原與楚同姓，仕於懷王，爲三閭大夫。三閭之職，掌王族三姓，曰昭、屈、景。屈原序其譜屬，率其賢良，以厲國士，入則與王圖議政事，決定嫌疑，出則監察群情，下應對諸侯，謀行職修，王甚珍之。同列大夫上官靳尚妒害其能，共譖毀之。王乃疏屈原，屈原執履忠貞，而被讒衺，憂心煩亂，不知所愬，乃作〈離騷經〉。』屈原使齊，據〈楚世家〉〈考證〉引黃式三：『先是楚王聽張儀之欺，自恨不用屈原而至此，乃復用屈原，屈原因受命使齊，思合齊以報張儀之恥，屈原自齊反，張儀既釋。』是。諸文相參，得悉屈子使齊，時在伊

賦〈離騷〉之後。又屈子之所以作〈離騷〉，乃遭上官大夫之讒，時在儀使楚之前。換言之，屈子之賦〈離騷〉，與儀之使楚與否，全然無涉，而此首言屈子使齊，時在儀使齊（茂仁案：當作楚）之前，旋又云在儀使楚之後，前後矛盾，彼此參差，且二事合之，純屬失檢。據〈楚策二〉、〈楚世家〉，儀之使楚，在楚懷王十八年，賂靳尚，尚連鄭袖而爲關說，子蘭、子椒不與。復檢〈屈原傳〉，子蘭、上官大夫之短屈子，則在頃襄王時，鄭袖、子椒不與。要之，據《史記》，屈子遭毀而見疏見逐各一，前在懷王時，純爲上官大夫所讒；後在頃襄王時，爲子蘭、上官大夫所譖。然此併之，致使人事混淆，誤中有誤。梁玉繩《志疑》：『王逸〈離騷序〉云：「上官靳尚」，蓋仍《新序・節士》之誤。攷〈楚策〉，靳尚爲張旄所殺，在懷王世，而此言上官爲子蘭所使，當頃襄時，必一人。故《漢書・人表》，列上官五等，靳尚七等。』旄刺尚，見〈楚策二〉。〈屈原傳〉但云上官大夫，不著名姓，而上官大夫與人名靳尚相連，首見本章。設首次讒屈子之上官大夫，塙爲靳尚，則梁氏謂『王逸〈離騷序〉云：「上官靳尚」，蓋仍《新序・節士》之誤』，欠妥。蓋尚之見刺，在儀反秦之際，而屈子前此已作〈離騷〉，尚應健在。朱熹《楚辭辯證》，以子蘭、子椒因《楚辭》蘭之語而附會之。竊以子蘭見諸《史記》，當有其人，朱說誤；子椒不見所出，當無其人，朱說是。至《漢書・古今人表》有令尹子椒，列六等，亦涉本章司馬子椒而誤，不足采信。」

　　茂仁案：本文首載秦欲吞滅諸侯，楚遣屈原東使於齊，以結彊黨。秦患之，遂使張儀之楚，貨楚貴臣以譖屈原，屈原遂見放，因作〈離騷〉。其後又載楚囚張儀，懷王復用屈原，使使齊。前載屈原使齊爲張儀至楚之前，其後載使齊事爲張儀至楚見囚之後，前後矛盾，顯誤。《史記・屈原傳》載屈原之作〈離騷〉，爲受上官大夫之進讒懷王，致懷王怒而疏屈原，屈原遂懷憂愁幽思而作之。是後，秦欲伐齊，以齊、楚從親之故，遂使張儀之楚。後以秦願割六百里地爲獻，使楚絕齊，而欺之以六里，楚遂囚張儀，並使屈原使齊。職此，知本文首載屈原使齊事誤矣，又其載〈離騷〉之作，爲受張儀貨楚貴臣共譖於懷王所致，亦誤矣，蓋牽合失之不審也。而譖屈原者，蔡先生曰：「據〈楚策二〉、〈楚世家〉，儀之使楚，在楚懷王十八年，賂靳尚，尚連鄭袖而爲關說，子蘭、子椒不與。復檢〈屈原傳〉，子蘭、上官大夫之短屈子，則在頃襄王時，鄭袖、子椒不與。要之，據《史記》，屈子遭毀而見疏見逐各一，前在懷王時，純爲上官大夫所讒；後在頃襄王時，爲子蘭、上官大夫所譖。然此併之，致使人事混淆，誤中有誤。」是也。

秦欲吞滅諸侯，并兼天下。屈原為楚東使於齊，以結彊黨。

茂仁案：「以結彊黨」，洪興祖《楚辭補注・九章篇》引、汪繼培《潛夫論箋・明闇篇》引「彊」並作「強」，武井驥《纂註本》、元刊本、楚府本、何良俊本、楊美益本、白口十行本、程榮本、祕書本、陳用光本、四庫本、百子本並同。彊、強，古並爲群母、陽部，音同可通。

秦國患之，使張儀之楚，貨楚貴臣上官大夫、靳尚之屬，上及令尹子蘭，司馬子椒，內賂夫人鄭袖，共譖屈原，屈原遂放於外，乃作〈離騷〉。

盧文弨曰：「（闌）《楚辭》、《史記》皆作『蘭』。」

梁容茂曰：「《楚辭》、《史記》：子闌，皆作『子蘭』。」

茂仁案：「上及令尹子蘭」，《史記・楚世家》言楚懷王之令尹爲昭陽，而《史記・屈原傳》載令尹子蘭之譖屈原，爲楚頃襄王時，此誤合矣。《潛夫論・明闇篇》〈箋〉引「闌」亦作「蘭」，四庫全書薈要本亦同，闌、蘭，古並爲來母、元部，音同可通。楚府本「尹」作「君」，非是，形近而訛也。「司馬子椒」，上條校記蔡先生曰：「朱熹〈楚辭辯證〉，以子蘭、子椒因〈楚辭〉蘭椒之語而附會之。竊以子蘭見諸《史記》，當有其人，朱說誤；子椒不見所出，當無其人，朱說是。」審是文，以見載於《史記》者必爲是，以未見見載者則爲非，此說可慮。黃雲眉〈續蔡氏人表考校補〉云：「〈離騷〉『余以蘭爲可恃兮，』又『椒專佞以慢慆兮，』王逸〈章句〉：『蘭，懷王少弟司馬子蘭也。椒，楚大夫子椒也。』謂子蘭官司馬而非令尹，爲懷王弟而非懷王子，與《史記》、《新序》皆異。又按李賢〈注〉《後漢書・孔融傳》，謂子椒、子蘭，皆懷王子。一椒一蘭，兄弟命名從類，似亦可信。然〈注〉自謂見《史記》，則〈屈原傳〉固廑言懷王稚子子蘭，未嘗及子椒只字也。」愚度王逸爲東漢人，其〈章句〉自較可信，唯其所云子蘭、子椒並爲懷王之弟，與今本《史記》載子蘭爲懷王子，異。唯唐章懷太子李賢〈注〉，言子蘭、子椒並懷王子，且其言見諸《史記》，則以子蘭爲懷王子，與今本同，至如子椒未見今本《史記》載及，然唐時本《史記》有之，顯見今本佚矣，若以見諸《史記》者爲是非之斷，則唐時本《史記》載及「子椒」，則子椒亦有其人矣，要之，以無論無，容值商榷；再者，朱熹之語，以子蘭、子椒爲受〈楚辭〉蘭椒之語而附會，今見《史記》已載其人，王逸、李賢並有說，朱熹之說自亦不可信矣。

張儀因使楚絕齊，許謝地六百里。懷王信左右之姦謀，聽張儀之邪說，遂絕彊齊之大輔。

　　茂仁案：武井驥《纂註本》、元刊本、楚府本、何良俊本、楊美益本、白口十行本、程榮本、祕書本、陳用光本、四庫本、龍溪本、百子本「彊」並作「強」，彊、強，音同可通。

楚既絕齊，而秦欺以六里。懷王大怒，舉兵伐秦，大戰者數，秦兵大敗楚師，斬首數萬級。

　　武井驥曰：「〈本傳〉曰：『大破楚兵於丹淅，斬首八萬。』」

　　梁容茂曰：「《史記》本傳：『秦發兵擊之，大破楚師於丹淅，斬首八萬，虜楚將屈匄。』」

　　茂仁案：「斬首數萬級」，《史記‧楚世家》作「斬甲士八萬，虜我大將軍屈匄，裨將竉逢侯丑等七十餘人」，又〈屈原傳〉作「斬首八萬，虜楚將屈匄」，文義並較此為詳。

秦使人願以漢中地謝。懷王不聽，願得張儀而甘心焉。張儀曰：「以一儀而易漢中地，何愛儀。」請行，遂至楚。楚囚之。上官大夫之屬共言之王，王歸之。是時，懷王悔不用屈原之策，以至於此，於是復用屈原。屈原使齊還，聞張儀已去，大為王言張儀之罪。懷王使人追之不及。

　　茂仁案：「懷王悔不用屈原之策」，陳用光本、四庫本、鐵華館本、百子本、龍溪本「策」並作「䇿」。策、䇿，形近而訛，當據改。

後秦嫁女于楚，與懷王歡，為藍田之會。

　　茂仁案：楚府本「藍」作「籃」，古並為來母、談部，音同可通。

屈原以為秦不可信，願勿會。群臣皆以為可會，懷王遂會，果見囚拘，客死於秦，為天下笑。

　　武井驥曰：「〈本傳〉曰：『懷王欲行，屈平曰：「秦虎狼之國，不可信，不如無行。」子蘭勸王行。』」

　　蔡信發曰：「《史記‧屈原傳》：『時秦昭王與楚婚，欲與懷王會。懷王欲行。屈平曰：「秦虎狼之國，不可信。不如無行。」懷王稚子子蘭勸王行，奈何絕秦歡？懷王卒行。入武關，秦伏兵絕其後，因留懷王，以求割地。懷王怒，不聽，亡走趙。趙不內，復之秦，竟死於秦而歸葬。』〈楚世家〉：『三十年，懷王子子蘭勸王行，曰：

‘奈何絕秦之驩心。’於是往會秦昭王。昭王詐令一將軍伏兵武關，號爲秦王。楚王至，則閉武關，遂與西至咸陽。』《楚辭・離騷・序》：『又使誘楚，請與俱會武關，遂脅與俱歸，拘留不遣，卒客死於秦。』諸書藍田並作武關，而此作藍田，蓋涉〈楚世家〉、〈屈原傳〉，懷王十七年，秦、楚藍田之役而誤。各文所載，勸懷王赴會者，僅子蘭一人，此作群臣，失檢。本傳作屈原諫，〈世家〉作昭睢謀。本傳〈索隱〉：『蓋二人同諫王，故彼此各隨錄之也。』是。」

　　茂仁案：「屈原以爲秦不可信，願勿會」，《史記・楚世家》載諫懷王勿會者爲「昭睢」，《史記・屈原傳》則與本文同作「屈原」。《史記・屈原傳》〈索隱〉云：「〈楚世家〉昭睢有此言，蓋二人同諫王，故彼此各隨錄之也。」是。審司馬遷之作《史記》，於其異說難定處，常並存之，此蓋其例，非史遷誤也，《史記・刺客列傳・聶政》司馬貞〈索隱〉云：「〈表〉聶政殺俠累在列侯三年，列侯生文侯，文侯生哀侯，凡更三代，哀侯六年爲韓嚴所殺。今言仲子事哀侯，恐非其實。且太史公聞疑傳疑，事難的據，欲使兩存，故〈表〉、〈傳〉各異。」此說得之，說詳本書卷六「桀作瑤臺」章，「故伊尹去官入殷，殷王而夏亡」條校記。

懷王子頃襄王，亦知群臣諂誤懷王，不察其罪，反聽群讒之口，復放屈原。

　　茂仁案：「亦知群臣諂誤懷王」，四庫本、鐵華館本、百子本、龍溪本「諂」並作「諂」，作「諂」爲是，說見本書卷一「晉大夫祁奚老」章，「不爲諂」條校記。諂、諂，形近而訛也，當據改。

屈原疾闇主亂俗，汶汶嘿嘿，以是爲非，以清爲濁，

　　蒙傳銘曰：「（屈原疾闇王亂俗）鐵華館本『王』作『主』。」

　　茂仁案：「屈原疾闇主亂俗」，元刊本、楚府本、何良俊本、楊美益本、白口十行本、程榮本、祕書本、陳用光本、四庫本、百子本「主」並作「王」，龍溪本則作「主」，與此同。作「王」，義較長。

不忍見汙世，將自投於淵，漁父止之。

　　盧文弨曰：「（汙）『於』訛。」

　　蒙傳銘曰：「（不忍見于世）宋本『于』作『汙』，鐵華館本同。」

　　梁容茂曰：「（不忍見于世）《拾補》：于作『汙』，云：『於訛。』案：今本作『于』，不作『於』。」

　　茂仁案：「不忍見汙世」，武井驥《纂註本》、元刊本、楚府本、何良俊本、楊美益本、白口十行本、程榮本、四庫本「汙」並作「于」，祕書本、陳用光本、百子本

並作「於」。審度此文，作「汙」爲是，作「于」者，爲「汙」之形訛，作「於」者，又涉「于」字而誤耳。

屈原曰：「世皆醉，我獨醒，世皆濁，我獨清。

武井驥曰：「〈離騷〉作『舉世皆濁，而我獨清；衆人皆醉，而我獨醒』，《文選》作『世人皆濁，我獨清；衆人皆醉，我獨醒』，〈本傳〉作『舉世混濁，而我獨清』。」

茂仁案：「世皆醉……我獨清」，《楚辭‧漁父篇》作「舉世皆濁，我獨清；衆人皆醉，我獨醒」，《釋常談》下同，且二「我」上並有「唯」字。《史記‧屈原傳》作「舉世混濁，而我獨清；衆人皆醉，而我獨醒」，《通志》九四、《太平御覽》五○七引皇甫士安《高士傳》並同，《說苑‧叢談篇》作「世之溷濁而我獨清，衆人皆醉而我獨醒」。

吾獨聞之，

盧文弨曰：「（獨）衍。」

武井驥曰：「嘉靖本無『獨』字，〈本傳〉、《楚辭》、《文選》同。」

茂仁案：「吾獨聞之」，《通志》九四、《釋常談》下亦並無「獨」字，何良俊本、四庫全書薈要本亦並同，他本並有。「獨」字蓋涉上文「我獨醒」、「我獨清」而衍，當據刪。

新浴者必振衣，新沐者必彈冠，又惡能以其泠泠，更事之嘿嘿者哉！吾寧投淵而死。」

武井驥曰：「吳本『世之』作『汶汶』，朝鮮本作『之之』，恐文文誤。〈本傳〉作『人又誰能以身之察察，受物之汶汶者乎，寧赴常流而葬乎江魚腹中耳，又安能以皓皓之白，而蒙世之溫蠖乎』，《楚辭》同，但作『蒙世俗之塵埃乎』。」

梁容茂曰：「（更事之之嘿嘿者哉）何本：上『之』字作『世』，程本、百子本同。惡，百子本作『烏』。《拾補》云：『世之，一作汶汶。』」

茂仁案：「新浴者必振衣……吾寧投淵而死」，《楚辭‧漁父篇》作「新沐者必彈冠，新浴者必振衣，安能以身之察察，受物之汶汶者乎，寧赴湘流，葬於江魚之腹中。安能以皓皓之白，而蒙世俗之塵埃乎」，《釋常談》下略同，《史記‧屈原傳》作「新沐者必彈冠，新浴者必振衣，人又誰能以身之察察，受物之汶汶者乎，寧赴常流，而葬乎江魚腹中耳。又安能以皓皓之白，而蒙世俗之溫蠖乎」，《通志》九四同，《文選》屈平〈漁父〉作「新沐者必彈冠，新浴者必振衣，安能以身之察察，受物

之汶汶者乎？寧赴湘流，葬於江魚腹中，安能以皓皓之白，蒙世俗之塵埃乎」。四庫《新序》版本有二，二本「事」下並有「世」字，且「之」不重出，梁先生以四庫本為底本，失檢；又百子本作「惡」不作「鳥」，又失檢。楚府本「泠泠」作「冷冷」，非是，冷、泠，形近而訛也。元刊本、楚府本、楊美益本下「之」字並重出作「之之」，何良俊本、程榮本、祕書本、陳用光本、四庫本、百子本並作「世之」，白口十行本作「汶汶」，「之」字重出，非是，餘作「世之」、「汶汶」者，並可通。

遂自投湘水、汨羅之中而死。

武井驥曰：「陳殷曰：『汨水出湘陰，入于洞庭。』應劭曰：『汨水在羅，故曰汨羅也。』」

蔡信發曰：「《讀書雜志》三：「下文云：『自屈原沈汨羅後。』又云：『側聞屈原兮，自沈汨羅。』又云：『觀屈原所自沈淵。』則作『自沈』者是也。東方朔〈七諫〉亦云：『懷沙礫以自沈。』是。汨羅，江名，上游曰汨水，一名潙水，源出江西修水縣西南山，西南流經湖南平江縣，折西北，合昌江及諸水，又西經湘陰縣，合鵝籠江，又西羅水自岳陽縣西流來會，是為汨羅江；支津南出，通湘水。此汨羅上置湘水，乃緣〈賈生傳〉『及渡湘水，為賦以弔屈原』而益，累贅，當刪。」

茂仁案：王念孫《讀書雜志》三之五《史記・屈原賈生列傳》「自投」云：「『於是懷石遂自投汨羅以死』，〈索隱〉本『自投』作『自沈』。念孫案：下文云：『自屈原沈汨羅後。』又云：『側聞屈原兮，自沈汨羅。』又云：『觀屈原所自沈淵。』則作『自沈』者是也。東方朔〈七諫〉亦云：『懷沙礫以自沈。』」愚謂自投、自沈，義並通，非必以「自沈」為是。蔡先生云「此汨羅上置湘水，乃緣〈賈生傳〉『及渡湘水，為賦以弔屈原』而益，累贅，當刪」，審《楚辭・漁父篇》、《文選》屈平〈漁父〉並有「寧赴湘流，葬於江魚之腹中」語，《蒙求集註》下〈註〉引《史記》亦作「寧赴湘流，而葬於江魚腹中耳」，顯見屈原投江前，嘗至湘水，而其由，蓋如《類林雜說・忠諫十四》「屈原」〈注〉所云：「（上略）大夫靳尚等共讒原，原憤結乃作〈離騷〉，以申其志於湘水而自沈。漁父見之，屈原謂漁父曰：『一國皆濁，惟我獨清；眾人皆醉，惟我獨醒，遂投汨羅江而死。』」知屈原抒志於湘水，而投於汨羅江，是以《文選》屈平〈漁父〉云：「寧赴湘流，葬於江魚之腹中」，《釋常談》下亦云：「寧赴湘流，葬江魚之腹，遂投汨羅而死。」據是，知此句當改作「遂赴湘水，自投汨羅之中而死」。「湘水」二字，非衍也。

（二十）楚昭王有士曰石奢

楚昭王有士曰石奢，

　　武井驥曰：「《呂覽‧高義篇》作『石渚』。」

　　施珂曰：「《書鈔》五三引作石奮。奮疑奢之形誤。《呂覽‧高義篇》作石渚。渚、奢古通。」

　　蒙傳銘曰：「《韓詩外傳》卷二、《史記‧循吏傳》、《藝文類聚》四九引並作『石奢』，《北堂書鈔》五三引作『石奮』，《渚宮舊事》卷二作『石渚』。疑本作『石奢』，因形近誤作『石奮』，『奢』字壞又誤作『石渚』也。」

　　梁容茂曰：「《呂氏‧高義篇》：楚，作『荊』；奢，作『渚』。下同。」

　　蔡信發曰：「《史記》作『石奢者，楚昭王相也』。《志疑》：『楚相，即令尹。昭王時，子西尸之，未聞相石奢。《呂覽‧高義》，言昭王使石渚爲政，與此同。渚，乃奢之譌。《史》蓋本《呂》，而改作相也。《韓詩外傳》二、《新序‧節士》並言昭王有士曰奢，使爲理。』是。唯《呂覽》『奢』作『渚』，二字並從者得聲，乃同音通作。又此當本諸《外傳》。」

　　茂仁案：《呂氏春秋‧高義篇》「楚」作「荊」、「石奢」作「石渚」，下同，《太平御覽》二三一引、《冊府元龜》六一七、《春秋別典》一一引亦並作「石奢」與本文同。楚、荊，義同。

其為人也，公正而好義，王使為理。

　　武井驥曰：「《呂覽》作『公直無私』，《韓詩》卷二『義』作『直』，《史‧循吏傳》作『堅直廉正，無所阿避』。」

　　梁容茂曰：「《呂氏》：『公正而好義』，作『公直無私』；理，作『政』。以文異意同。《外傳》：二作『王使爲明』。《史記‧循吏傳》作『石奢者，楚昭王相也，堅直廉正。』」

　　茂仁案：「公正而好義」，《韓詩外傳》二作「公而好直」。「王使爲理」，《北堂書鈔》五三引「理」作「廷理」，《史記‧循吏列傳》則載昭王以之爲「相」。梁玉繩《史記志疑》三五「石奢者楚昭王相也」云：「楚相即令尹。昭王時子西尸之，未聞相石奢。《呂覽‧高義篇》言昭王使石渚爲政，與此同【渚乃奢之譌】《史》蓋本《呂》而誤改作相也。《韓詩外傳》二、《新序‧節士》，並言昭王有士曰石奢，使爲理。」是，唯「渚」爲「奢」之譌，可備一說，析之以二者音近相通較長，說見上。向宗

魯《說苑校證・佚文輯補》載《法苑珠林》六十二引《說苑》云：「石奢，楚人，事親孝，昭王時爲令尹。」令尹即「相」，所載與《史記・循吏列傳》同，其誤，說已見上，此引文並可爲「渚」爲「奢」字之借之證。

於是廷有殺人者，

盧文弨曰：「（廷）《史記・循吏傳》、《外傳》二皆作『道』。」

武井驥曰：「《韓詩》『廷』作『道』，《史》同，上有『行縣』二字。」

梁容茂曰：「《外傳》、《史記》：廷，俱作『道』。」

蔡信發曰：「《呂覽》畢沅〈校〉：『道，舊作廷。《新序》同，皆誤也。今從《外傳》、《史記》作‘道’，方與下追之及反立於廷相合。』是。」

茂仁案：「於是廷有殺人者」，由下文知此「廷」爲君廷，奢父膽大亦當不至於此殺人，《史記・循吏列傳》載石奢，云：「行縣，道有殺人者。」向宗魯《說苑校證・佚文輯補》云：「行道，遙見有殺人者。」益知作「道」者是也。廷、道，形近而訛，當據改。

石奢追之，則其父也。

茂仁案：元刊本「追」作「追」，祕書本「其」作「具」，並非是，並形近而訛也。

遂反於廷曰：

武井驥曰：「《御覽》二百三十引『遂』作『還』。」

施珂曰：「《外傳》二遂作還。」

蒙傳銘曰：「《呂覽》作『還車而反，立於廷曰』，《韓詩外傳》作『還返於廷曰』，《渚宮舊事》作『還車立於廷曰』。」

茂仁案：「遂反於廷」，《史記・循吏列傳》作「縱其父而還，自繫焉。使人言之王」，《渚宮舊事》二引《呂氏春秋・高義篇》作「還車立於廷曰」，諸書所載，並較此爲詳。

「殺人者，僕之父也，以父成政，不孝；不行君法，不忠；

武井驥曰：「《韓詩》『僕』作『臣』。」

茂仁案：《史記・循吏列傳》「僕」亦作「臣」，《冊府元龜》六一七同，下並同。僕、臣，義通。

弛罪廢法而伏其辜，僕之所守也。」

施珂曰：「《書鈔》引弛作施。弛、施古通。」

茂仁案：「弛罪廢法而伏其辜」，《韓詩外傳》二「弛」作「弛」，《春秋別典》一一引同，楚府本、程榮本、祕書本、陳用光本、四庫本、百子本、龍溪本並同，《北堂書鈔》五三引、《冊府元龜》六一七並作「施」。作「弛」是也，弛、施，並與「弛」字形近而致訛，當據改。祕書本、四庫本「辜」並作「辠」，非是，辠、辜，形近而訛也。

伏斧鑕，命在君。

武井驥曰：「《韓詩》作『遂伏斧鑕，曰：‘命在君。’』」

茂仁案：「伏斧鑕，命在君」，《呂氏春秋・高義篇》作「於是乎伏斧鑕，請死於王」，《冊府元龜》六一七作「遂伏鈇鑕，曰：『命在君』」。《說文》十四篇上金部「鈇」字段〈注〉引《後漢書・獻帝紀》〈注〉引《蒼頡篇》：「鈇，斧也。」且此作「斧鑕」，下文「遂不離鈇鑕」，作「鈇鑕」，益知「鈇」、「斧」同也。審《韓詩外傳》二、《冊府元龜》六一七「命」上並有「曰」字，較長。

君曰：「追而不及，庸有罪乎！子其治事矣。」

茂仁案：「君曰」，《呂氏春秋・高義篇》、《史記・循吏列傳》「君」並作「王」，下同。「子其治事矣」，《呂氏春秋・高義篇》無「其」字、「治」作「復」，治、復，並通。

石奢曰：「不私其父，非孝也；不行君法，非忠也；

武井驥曰：「《史》『孝』下有『子』字、『忠』下有『臣』字，《呂覽》同，『曰』上有『辭』字、『非』作『不可謂』、無兩「也」字。」

梁容茂曰：「《呂氏》、《史記》：『孝』下有『子』字。」

茂仁案：「不私其父」，《韓詩外傳》二「不」上有「不然」二字，《冊府元龜》六一七同，有「不然」二字，於文氣較順。「非孝也」、「非忠也」二句，《呂氏春秋・高義篇》「孝」下亦有「子」字、「忠」下亦有「臣」字。

以死罪生，非廉也。君赦之，上之惠也；臣不敢失法，下之行也。」

梁容茂曰：「何本：上，作士，非。」

茂仁案：《韓詩外傳》二「敢」作「能」，義通，說見《古書虛字集釋》六。

遂不離鈇鑕，刎頸而死于廷中。

　　武井驥曰：「吳本『鈇』作『斧』，《御覽》『頸』作『頭』，《呂覽》作『歾頭』。」

　　茂仁案：「遂不離鈇鑕」，《春秋別典》一一引「鈇」亦作「斧」，白口十行本同。鈇即斧，說見上。「刎頸而死于廷中」，《呂氏春秋・高義篇》「刎頸」作「歾頭」，《渚宮舊事》二引《呂氏春秋・高義篇》則作「刎頸」與本文同，並通。

君子聞之曰：「貞夫！法哉！」

　　茂仁案：「貞夫！法哉！」，《韓詩外傳》二「哉」下有「石先生乎」四字，《春秋別典》一一引「貞」作「直」。審下文云「直在其中矣」、「邦之司直」，則作「直」，似較妥。

孔子曰：「子為父隱，父為子隱，直在其中矣。」

　　武井驥曰：「《論語・子路篇》文，『子』、『父』易地。」

　　茂仁案：《春秋別典》一一引「子爲父隱，父爲子隱」二句亦倒乙，當據乙正。

《詩》曰：「彼己之子，邦之司直。」石子之謂也。

　　茂仁案：「彼己之子」，《詩經・鄭風・羔裘》「己」作「其」。己，古爲見母、之部；其，古爲群母、之部，二者音近之字。

（二一）晉文公反國

晉文公反國，李離為大理，

　　茂仁案：「晉文公反國，李離爲大理」，審重耳出亡，未承繼君位，是以不當有「文公」之稱，此云「晉文公反國」，似重耳出亡時，已爲文公，非是，知此爲追記之辭也。《韓詩外傳》二作「晉文侯使李離爲大理」，《北堂書鈔》五三引《韓詩外傳》則作「晉文公使李離爲理」，《史記・循吏列傳》作「李離者，晉文公之理也」，《冊府元龜》六一七作「李離，晉人。文公時爲理」，《晉文春秋・李離伏劍死第四十一》作「文公使李離爲大理」，並無「反國」二字，文義並較此爲詳且長。賴炎元先生《韓詩外傳考徵》二云：「《新序・節士》『文侯』作『文公』，《書鈔》五十三、《御覽》二百三十一引同，並無大字。案：《史記・循吏列傳》：『李離者，晉文公之理也。』疑此當從《新序》改，大字衍，當刪。」今檢《新序》，各本並有「大」字，賴先生失檢，唯以「大」字爲衍文，則可從，參見本書卷四「管仲言齊桓公曰」章，「請置以爲田官」條校記。

過殺不辜，自繫曰：「臣之罪當死。」

　　武井驥曰：「《史·循吏傳》作『過聽殺人』，《韓詩》卷二同。」又曰：「《韓詩》作『自拘於廷』。」

　　梁容茂曰：「《外傳》二、《史記·循吏列傳》：俱作『過聽殺人』。下句，《外傳》作『自拘於廷，請死於君曰』，《史記》作『自拘當死』。」

　　茂仁案：「過殺不辜」，《冊府元龜》六一七、《晉文春秋·李離伏劍死第四十一》亦並作「過聽殺人」。祕書本、四庫本「辜」並作「辠」，下同，辠、辜，形近而訛也。「自繫曰：『臣之罪當死』」，《晉文春秋·李離伏劍死第四十一》亦作「自拘於廷，請死於君」，與《韓詩外傳》二同；《冊府元龜》六一七亦作「自拘當死」，與《史記·循吏傳》同。

文公令之，

　　茂仁案：「文公令之」，《韓詩外傳》二「文公」作「君」，《史記·循吏列傳》無「令之」二字，《冊府元龜》六一七、《晉文春秋·李離伏劍死第四十一》並同。

曰：「官有上下，罰有輕重，是下吏之罪也，非子之過也。」

　　武井驥曰：「《史》作『貴賤』。」

　　梁容茂曰：「上下，《外傳》、《史記》俱作『貴賤』。過，俱作『罪』。」

　　茂仁案：「官有上下」，《冊府元龜》六一七、《晉文春秋·李離伏劍死第四十一》「上下」亦並作「貴賤」，《春秋別典》四引作「大小」。審下文云「是下吏之罪也」，則此作「上下」似較長。「是下吏之罪也，非子之過也」，《晉文春秋·李離伏劍死第四十一》「過」亦作「罪」，《史記·循吏列傳》「罪」、「過」互易，《冊府元龜》六一七同。罪、過互文，互易否，並通。

李離曰：「臣居官為長，不與下讓位；受祿為多，不與下分利；

　　武井驥曰：「《史》『下』作『吏』，《韓詩》『下』下有『吏』字，下同。」

　　梁容茂曰：「《外傳》：讓上有『吏』字；祿，作『爵』。分上有『吏』字。《史記》：下作『吏』。」

　　茂仁案：「不與下讓位」、「不與下分利」，《晉文春秋·李離伏劍死第四十一》兩「下」字下亦並有「吏」字，《冊府元龜》六一七上「下」字亦作「吏」。審「下」下有「吏」字，於文義較明。「受祿為多」，《晉文春秋·李離伏劍死第四十一》「祿」亦作「爵」，審「爵」為分高低，非分多寡，故作「祿」為是，作「爵」，非也。

過聽殺無辜，委下畏死，非義也，臣之罪當死矣。」

　　梁容茂曰：「《外傳》、《史記》：無辜，作『人』。下句，《外傳》，作『下吏蒙其死』。《史記》：委作『傳』（茂仁案：傳字之誤）。」

　　茂仁案：「過聽殺無辜」，《韓詩外傳》二、《史記・循吏列傳》「過」上並有「今」字、「無辜」並作「人」，《冊府元龜》六一七、《晉文春秋・李離伏劍死第四十一》並同。審「過」上有「今」字，於文義較明且長，下文「今離刻深」，即其比，當據補。「委下畏死」，《韓詩外傳》二作「而下吏蒙其死」，《晉文春秋・李離伏劍死第四十一》同，《史記・循吏列傳》作「傳其罪下吏」，《冊府元龜》六一七同，《春秋別典》四引「畏」作「罪」。

文公曰：「子必自以為有罪，則寡人亦有過矣？」

　　梁容茂曰：「《外傳》：過，作『罪』。」

　　茂仁案：「則寡人亦有過矣」，《史記・循吏列傳》「過」亦作「罪」，《冊府元龜》六一七、《晉文春秋・李離伏劍死第四十一》並同，罪、過，互文。

李離曰：「君量能而授官，臣奉職而任事，臣受印綬之日，君命曰：『必以仁義輔政，寧過於生，無失於殺。』臣受命不稱，壅惠蔽恩，如臣之罪乃當死，君何過之有？且理有法，失生即生，失殺即死。

　　盧文弨曰：「（失生即生，失殺即死）《外傳》作『法失則刑，刑失則死』。」

　　武井驥曰：「《史》作『失刑則刑，失死則死』，《韓詩》作『法失則刑，刑失則死』。」

　　梁容茂曰：「（失生即失）《外傳》作：『法失則刑；刑失則死』。《史記》作：『失刑則刑，失死則死。』」

　　茂仁案：「失生即生，失殺即死」，四庫《新序》版本有二，二本下「生」字並作「生」，不作「失」，梁先生以四庫本為底本，失檢。《冊府元龜》六一七亦作「失刑則刑，失死則死」，《晉文春秋・李離伏劍死第四十一》作「法失則刑失，刑失則死」。

君以臣為能聽微決疑，故任臣以理。今離刻深，不顧仁義，信文墨不察是非，聽他辭不精事實，掠服無罪使百姓怨。天下聞之，必議吾君；諸侯聞之，必輕吾國。怨積於百姓，惡揚於天下，權輕於諸侯，如臣之罪，是當重死。」

　　茂仁案：「君以臣為能聽微決疑」，《史記・循吏列傳》「君」作「公」，《冊府元龜》六一七同，非是。審此文義，君、公，雖並可通，然人臣稱其王為「君」，非稱

「公」也，且本書人臣稱其王，並稱「君」，無他稱者，如卷一「昔者魏武侯謀事而當」章，「君朝而有憂色」；卷四「管仲言齊桓公曰」章，「君如欲治國強兵」、又「公季成謂魏文侯曰」章，「君常與之齊禮」，並為其比，凡此例者甚多，不勝枚舉，今《韓詩外傳》二作「君」，《晉文春秋・李離伏劍死第四十一》同，《春秋別典》四引亦同，並不誤也。「故任臣以理」，《韓詩外傳》二作「故使臣為理」，《晉文春秋・李離伏劍死第四十一》同，《史記・循吏列傳》作「故使為理」，《冊府元龜》六一七同。

文公曰：「吾聞之也，直而不枉，不可與往；方而不圓，不可與長存。願子以此聽寡人也。」

　　茂仁案：「直而不枉……不可與長存」，《喻林》四四引《說苑・叢談篇》作「直而不能枉，不可與大任；方而不能圓，不能與長存」，《喻林》四四引《說苑・叢談》下「能」作「可」。「方而不圓」，《春秋別典》四引「圓」作「員」，《說文》六篇下囗部云：「圜，天體也。」又云：「圓，圜全也。」又云：「員，物數也。」圜，古為匣母、元部；圓、員，古並為匣母、文部。圓、員，音同，並與圜為音近之字。職是，圜、員，並為「圓」之借字也。

李離曰：「君以所私害公法，殺無罪而生當死，二者非所以教於國也。離不敢受命。」

　　茂仁案：祕書本「二」作「一」，非是，審此字，非壞字所致，則作「一」者，蓋與「二」字形近而致訛也。

文公曰：「子獨不聞管仲之為人臣耶？身辱而君肆，行汙而霸成。」

　　茂仁案：「子獨不聞管仲之為人臣耶」，《春秋別典》四引「耶」作「也」，元刊本、楚府本、楊美益本、白口十行本、程榮本、祕書本、陳用光本、四庫本、百子本則並作「邪」。耶、也、邪，並通。

李離曰：「臣無管仲之賢，而有辱汙之名；無霸王之功，而有射鉤之累，夫無能以臨官，籍汙以治人，

　　蒙傳銘曰：「何良俊本『籍』作『藉』，籍、藉古通。」

　　茂仁案：「而有辱汙之名」，《春秋別典》四引「辱汙」乙作「汙辱」，本文文氣較長。「夫無能以臨官，籍汙以治人」，《韓詩外傳》二作「夫無能以事君，闇行以臨官」，《春秋別典》四引「籍」作「藉」。籍、藉，古通，說見本書卷一「昔者舜自耕稼陶漁而躬孝友」章，「舜孝益篤」條校記。

君雖不忍加之於法，臣亦不敢汙官亂治以生。臣聞命矣。」遂伏劍而死。

　　施珂曰：「《漢魏叢書》陳本忍作能。」

　　梁容茂曰：「百子本：忍，作『能』。」

　　茂仁案：「君雖不忍加之於法」，祕書本「忍」亦作「能」，並通。「臣不敢汙官亂治以生」，《韓詩外傳》二作「臣不能以虛自誣」，《晉文春秋・李離伏劍死第四十一》同。

（二二）晉文公反國

晉文公反國，酌士大夫酒，召咎犯而將之，召艾陵而相之，授田百萬。

　　蔡信發曰：「據《左傳》，晉文公於魯僖公四年出亡，當晉獻公二十一年；魯僖公二十三年冬，由秦助之歸，當晉惠公十四年，前後凡一十九年。次年春，抵晉即位，二月戊申，使殺懷公于高梁，是爲元年。文公賞從亡者，即在是年。通考史傳，當年從文公出亡之賢而有功者，據《左・僖公二十三年》之追記，有狐偃、趙衰、顚頡、魏武、司空季子；〈晉語四〉，有狐偃、趙衰、賈佗；《史記・晉世家》，有趙衰、狐偃、賈佗、先軫、魏武子，均無提及艾陵，而此驟出斯人，與咎犯並稱，不類，殊難信之。〈晉世家〉：『文公修政，施惠百姓，賞從亡者及功者，大者封邑，小者尊爵。從亡賤臣壺叔曰：「君三行賞，賞不及臣，敢請罪。」文公報曰：「夫導我以仁義，防我以德惠，此受上賞；輔我以行，卒以成立，此受次賞；矢石之難，汗馬之勞，此復受次賞。」』文公賞亡，以〈晉世家〉言之最翔，而何人受何賞，亦無明載。相，助也。相之，謂置之左右而爲助。居是職者，無不恩信有加，又官高爵顯，豈可輕授？揆以情理，覈以事功，當由咎犯任之，而由趙衰爲將方是。檢《左》僖公二十七年《傳》，當晉文公四年，晉作三軍，郤縠將中軍，乃出衰之薦。職是，竊之所推，雖不中也，亦不遠矣。『咎犯』，別見《荀子・臣道》、《韓子・外儲說左上》、《史記・律書》、〈晉世家〉、《說苑・至公》；一作『子犯』，見《國語・晉語四》、《左》僖公二十四年《傳》、《史記・晉世家》；一作『舅犯』，見《國語・晉語二》、《禮記・大學》。咎犯、子犯、舅犯，乃一人，即晉賢大夫狐偃。狐，姓；偃，名；子犯，字；故作子犯。文公舅。舅、咎同音，故或作咎犯。」

　　茂仁案：「晉文公反國，酌士大夫酒」，文不符實，「晉文公」爲追記之辭也，說見上章「晉文公反國」條校記。「召咎犯而將之，召艾陵而相之」，蔡先生曰：「通考史傳，當年從文公出亡之賢而有功者，據《左・僖公二十三年》之追記，有狐偃、趙衰、顚頡、魏武、司空季子；〈晉語四〉，有狐偃、趙衰、賈佗；《史記・晉世家》，

有趙衰、狐偃、賈佗、先軫、魏武子，均無提及艾陵，而此驟出斯人，與咎犯並稱，不類，殊難信之。」審隨公子重耳出亡之臣，各書所引，取捨不一，所載亦異，介子推亦從亡者之一，且有割股以啖重耳之恩，說見《莊子・盜跖篇》、《楚辭》東方朔〈七諫篇〉，唯所賞未及之，知所從亡者，未全見載。即如《左傳・僖公二十三年》所載顛頡、司空季子二人，亦未見載《史記・晉世家》及《國語・晉語四》，若以此言「顛頡」、「司空季子」二人於《左傳》驟出之，而殊難令人信之，恐未全得。《金樓子・說蕃篇》言晉文公重耳之賢士有五人，曰趙衰、狐偃、咎犯、賈佗、先軫。《國語・晉語四》云：「晉公子亡，（中略）師事趙衰。」則重耳反國，立以為相者，當首推趙衰耳，《琴操》下〈龍蛇歌〉云：「重耳復國，舅犯、趙衰俱蒙厚賞」，趙衰之厚賞，為其相耶？檢《左傳・僖公二十七年》云：「（晉）作三軍，謀元帥。趙衰曰：『郤縠可。臣亟聞其言矣，說禮、樂而敦詩書，詩、書，義之府也；禮、樂，德之則也；德、義，利之本也。夏書曰：‘賦納以言，明試以功，王服以庸。’君其試之。』乃使郤縠將中軍，郤溱佐之，使狐偃將上軍。」郤縠之將中軍，為趙衰之薦，則趙衰為卿相亦可知矣。今「艾陵」之名於此出之，未見前此諸書所載，竊疑艾陵為趙衰之誤，或艾陵實即趙衰耳。一如魏武子之作魏犫然。《春秋別典》四引、《晉文春秋・反國賞士第三十》亦並作「艾陵」與此同，則益證愚說之可信也。「召咎犯而相之」，「咎」或作「舅」，咎、舅，古並為群母、幽部，音同可通，《禮記・檀弓下篇》鄭〈注〉云：「舅犯，重耳之舅，狐偃也，字子犯。」職此，作「舅」為是。舅、咎，正、假字。何良俊本無「艾」字，於此空闕一格。

介子推無爵，齒而就位，觴三行，

武井驥曰：「《左傳・僖二十四年》作『介之推』。」

梁容茂曰：「襄二十四年《左傳》：子，作『之』。子、之，通用。」

蔡信發曰：「『介子推』，或作『介之推』，『之』語詞，猶『南威』之作『南之威』，『佚狐』之作『佚之狐』，『燭武』之作『燭之武』，『之』、『子』古音並在咍部，疊韻，是以通作。設省姓，則又可單稱『推』。《琴操》下作『子綏』，蓋綏、推韻，古音並在灰部。」

茂仁案：「介子推無爵」，《漢書古今人表疏證》引梁玉繩曰：「介子推始見《呂氏春秋・介立》。本作介之推（《左・僖廿四》。）亦曰子推，（《水經・汾水》〈注〉。）亦曰介推，（《史・晉世家》。）亦曰介山之推，（《大戴禮・衛將軍篇》。）亦曰介山子然，（《史・弟子傳》。）亦曰介子綏，（《荊楚歲時記》引《琴操》。）亦曰介子。（《楚辭・惜往日》、〈悲回風〉，《淮南・說山》。）姓王、名光，晉人。（《列仙傳》）（中略），

案：（中略），裴〈注〉作介山子，然，誤也。」王觀國《學林》五引「子」作「之」，《琴操》下作「介子綏」。介子推之作介推、介子、子推，蓋古漢語姓名割裂所致，說見本書卷三「樂毅爲昭王謀」章，「柳下季曰」條校記。子、之，並爲語助詞，可相通用，說見《古書虛字集釋》八。子，古爲精母、之部；之，古爲章母、之部。推，古爲透母、微部；綏，古爲心母、微部。子、之；推、綏，古並音近之字。何良俊本無此三句，武井驥《纂註本》、他本並有。

介子推奉觴而起曰：「有龍矯矯，將失其所；有蛇從之，周流天下。龍既入深淵，得其安所；蛇脂盡乾，獨不得甘雨。此何謂也？」

武井驥曰：「此詩《說苑・復恩篇》、《呂覽・介立篇》、《淮南子・說山訓》高誘〈註〉，其他所載不同。」

蔡信發曰：「《呂覽》作『有龍于飛，周徧天下。五蛇從之，爲之丞輔。龍反其鄉，得其處所。四蛇從之，得其露雨。一蛇羞之，槁死於中野』，《淮南・說山》〈注〉作『有龍矯矯，而失其所。有蛇從之，而唊其口。龍既升雲，蛇獨泥處』，與此異。《琴操》下〈龍虵歌〉作『有龍矯矯，遭天譴怒。捲排角甲，來遁於下。志願不與，虵得同伍。龍虵俱行，身辨山墅。龍得升天，安厥房戶。虵獨抑摧，沈滯泥土。仰天怨望，綢繆悲若。非樂龍伍，悵不眄顧』，是歌，《史記》、《說苑》又以推與母隱，從者憐之而作，前者作『龍欲上天，五蛇爲輔。龍已升雲，四蛇各入其宇。一蛇獨怨，終不見處所』，後者作『有龍矯矯，頃失其所。五蛇從之，周徧天下。龍饑無食，一蛇割股。龍反其淵，安其壤土。四蛇入穴，皆有處所。一蛇無穴，號於中野』。于大成《淮南子校釋》：『諸書或以爲介子推自書此歌，或以爲從者憐之，爲之作歌，以感文公，皆與《左傳》不同，恐出於後人附會。』是。」

茂仁案：〈龍蛇歌〉之作者、歌辭，各書所載，互有異同，《呂氏春秋・介立篇》作「介子推不肯受賞，自爲賦詩曰：『有龍于飛，周徧天下。五蛇從之，爲之丞輔。龍反其鄉，得處所。四蛇從之，得其露雨。一蛇羞之，橋死於中野。懸書宮門，而伏於山下』」，《淮南子・說山篇》高誘〈註〉作「子推獨不及，故歌曰：『有龍矯矯，而失其所。有蛇從之，而唊其口。龍既升雲，蛇獨泥處』」，《史記・晉世家》作「介子推從者憐之，乃懸書公門，曰：『龍欲上天，五蛇爲輔。龍已升雲，四蛇各入其宇。一蛇獨怨，終不見處所』」，《通志》九〇、《冊府元龜》二四一並同，《說苑・復恩篇》作「推從者憐之，乃懸書宮門，曰：『有龍矯矯，頃失其所。五蛇從之，周徧天下。龍饑無食，一蛇割股。龍反其淵，安其壤土。四蛇入穴，皆有處所。一蛇無穴，號於中野』」，《晉文春秋・介子推第三十四》同，《琴操》下作「綏甚怨恨，

乃作龍虵之歌以感之，遂遁入山。其章曰：『有龍矯矯，遭天譴怒。捲排角甲，來遁於下。志願不與，虵得同伍。龍虵俱行，身辨山墅。龍得升天，安厥房戶。虵獨抑摧，沈滯泥土。仰天怨望，綢繆悲若。非樂龍伍，悗不眄顧』，《冊府元龜》八八〇、《晉文春秋・反國賞士第三十》、《春秋別典》四引所載則並與本文同。《天中記》五六引，以此歌爲「舟之僑」所進，其後又云介子推入介山事，知此「舟之僑」爲「介子推」之誤記，其歌曰：「有龍矯矯，頃失其所。一蛇從之，周流天下。龍反其淵，安寧其處。一蛇耆乾，獨不得其所」，《說苑・復恩篇》兩載此事，一以爲介子推所作、一以爲舟之僑所作，葉大慶《考古質疑》四云：「《左傳・僖公二十八年》城濮之戰，舟之僑先歸，及振旅入，晉殺舟之僑以狥于國，民于是大服，夫僑既犯師律，文公戮之以狥，民乃大服，安有所謂文公求之不得，終身誦〈甫田〉之詩乎？以此而觀〈龍虵〉之章，乃介子推事，劉向惑于多聞而不知筆削，遂聯載之以爲舟之僑事，非也。」是。淩揚藻《蠢勺編》二三所載略同。本文以此歌爲介子推奉觴面對晉文公而作者，《冊府元龜》八八〇、《晉文春秋・反國賞士第三十》並同；《呂氏春秋・介立篇》、《淮南子・說山篇》高誘〈注〉、《琴操》下則並以爲介子推自歌；《史記・晉世家》、《說苑・復恩篇》並以爲介子推之從者憐之，將此歌辭懸之宮門之上，《通志》九〇、《冊府元龜》二四一、《晉文春秋・介子推第三十四》並同，所言互有異同。于大成先生《淮南子校釋・說山篇》云：「諸書或以爲介推自書此歌，或以爲從者憐之爲之作歌，以感文公，皆與《左傳》不合，恐出於後人附會。」審《左傳・僖公二十四年》云：「晉侯賞從亡者，介之推不言祿，祿亦弗及（中略），其母曰：『亦使知之，若何？』對曰：『言，身之文也。身將隱，焉用文，之是，求顯也。』」《傳》載介子推不以言知告於文公，以其將隱之故然，今上引諸書所載〈龍蛇歌〉，或以爲介子推自歌者，以《傳》文考之，似有未合，且下文云：「推聞君子之道，謁而得位，道士不居也；爭而得財，廉士不受也。」故此歌之出自介子推，蓋出後人附會；或謂此歌爲從者憐之而懸書宮門，度以情理，似較符實。梁玉繩《史記志疑》二一，以爲〈龍虵歌〉爲從者所爲，蓋得之矣。「蛇脂盡乾」，《學齋佔畢》二引作「有蛇從之」，本文義較長。

文公曰：「嘻！是寡人之過也。吾為子爵，與待旦之朝也；吾為子田，與河東陽之間。」

　　茂仁案：「與河東陽之間」，《春秋別典》四引「間」作「閒」，龍溪本同。閒、間，古、今字。

介子推曰：「推聞君子之道，謁而得位，道士不居也；爭而得財，廉士不受也。」

　　茂仁案：「道士不居也」，楚府本「不」上有「之」字，審此與下文「廉士不受也」對言，則此「不」上不當有「之」字，他本並無，是也。

文公曰：「使我得反國者子也，吾將以成子之名。」介子推曰：「推聞君子之道，為人子而不能承其父者，則不敢當其後；為人臣而不見察於其君者，則不敢立於其朝；然推亦無索於天下矣。」遂去而之介山之上。

　　武井驥曰：「《史》曰：『子推亡，入緜上山中，文公封之以為介推田，號曰介山。』《說苑》亦同。」

　　蔡信發曰：「《左傳》：『遂隱而死。晉侯求之，不獲。以緜上為之田，曰：「以志吾過，且旌善人。」』《呂覽》：『或遇之山中，負釜蓋簦，問焉，曰：「請問介子推安在？」應之曰：「夫子推苟不欲見而欲隱，吾獨焉知之？」遂背而行，終身不見。』《史記》：『遂求所在，聞其入緜上山中。於是文公環緜上山中，而封之以為介推田，號曰介山，以記吾過，且旌善人。』《說苑》：『使人召之，則亡。遂求其所在，聞其入緜上山中。於是表緜上山中，而封之以為介推田，號曰介山。』《左傳》但記推隱去，不謂隱於何地。推入山之說，首見《呂覽》，亦平易可信。顧炎武謂二說得其實，是。（說見《日知錄》二十五）《史記》合《左》、《呂》二事為一，《說苑》暨本章因之，前者無甚出入，本章則直述推隱介山，遂與原事相去遠甚，是乃涉後世之名而誤。」

　　茂仁案：蔡先生說是。審《琴操》下亦載介子推所入者為緜山，與上諸書所載合，《歲華紀麗》一〈注〉、《古文苑》邯鄲淳〈曹娥碑〉〈注〉並同。

文公使人求之不得，為之避寢三月，號呼朞年。

　　茂仁案：「為之避寢」，祕書本「寢」作「寑」，非是，寑、寢，形近而訛。「號呼朞年」，《春秋別典》四引「朞」作「期」。朞、期，一字之異體。

《詩》曰：「逝將去汝，適彼樂郊。適彼樂郊，誰之永號。」此之謂也。

　　武井驥曰：「《詩・魏風・碩鼠篇》下『適彼樂郊』，今《詩》作『樂郊樂郊』。」

　　梁容茂曰：「今《詩・魏風・碩鼠》：下句作『樂郊樂郊』。」

　　茂仁案：「逝將去汝」，《詩經・魏風・碩鼠》與此同，《公羊傳・昭公十五年》〈疏〉引作「誓將去汝」。逝、誓，古並為禪母、月部，音同可通。《說文》二篇下

「逝，往也。从辵折聲，讀若誓。」又三篇上言部云：「誓，約束也。」段〈注〉云：「凡自表不食言之辭皆曰誓。」職是，誓、逝，正、假字。末句「適彼樂郊」，《詩經・魏風・碩鼠》作「樂郊樂郊」，《春秋別典》四引同，此蓋涉上句「適彼樂郊」而誤，當據改。

文公待之不肯出，求之不能得，以謂焚其山，宜出。及焚其山，遂不出而焚死。

武井驥曰：「《後漢書・用舉傳》〈註〉引『遂』上有『推』字。」

蔡信發曰：「顧炎武《日知錄》二十五：『立枯之說，始自屈原；燔死之說，始自《莊子》。《楚辭・惜往日》：‘介子忠而立枯兮，文公寤而追求。封介山而為之禁兮，報大德之優遊。思久故之親身兮，因縞素而哭之。’《莊子・盜跖篇》：‘介子推至忠也，自割其股，以食文公。文公後背之，子推怒而去，抱木而燔死。’於是瑰奇之行彰，而廉靖之心沒矣。』《莊子》但謂推燔死，未嘗明言焚山，然為本章所源，當無疑慮。《莊子》一書，汪洋恣肆，寓言十九，推事即一；史公不錄，知其不實；《呂覽》弗采，憭其虛玄，而此以為實錄，言之鑿鑿，當誤。」

茂仁案：顧炎武《日知錄》二十五「介子推」云：「立枯之說，始自屈原；燔死之說，始自《莊子》。《楚辭・九章》、〈惜往日〉：『介子忠而立枯兮，文公寤而追求。封介山而為之禁兮，報大德之優遊。思久故之親身兮，因縞素而哭之。』《莊子》則曰：『介子推至忠也，自割其股，以食文公。文公後背之，子推怒而去，抱木而燔死。』於是瑰奇之行彰，而廉靖之心沒矣。」今當以《左氏》為據，割股燔山，理之所無，皆不可信。」是。梁玉繩《史記志疑》二一言此事，與顧炎武略同，以被焚之說起于戰國時所附會，蓋是。審本文蓋緣《莊子・盜跖篇》而演之以焚山事，《琴操》下、《冊府元龜》八八〇、《晉文春秋・反國賞士第三十》載此事並同，蓋又緣此而為者。

（二三）申徒狄非其世

申徒狄非其世，將自投於河，

蔡信發曰：「『申徒狄』，或作『申屠狄』，見《說苑・談叢》。《通志・氏族略》三以地為氏：『申徒氏，《風俗通》云：本申徒氏，隨音改為申屠氏。』又《元和姓纂》三、《通志・氏族略》引《風俗通》，並以為夏賢；《莊子・外物》、〈盜跖〉、《淮南・說山》〈注〉、《漢書・鄒陽傳》〈注〉引服虔說、《莊子・大宗師》〈釋文〉，並以狄為殷士，上二說，並異此。《外傳》一、《史記・鄒陽傳》〈索隱〉引韋昭說，並以

狄爲周人，同此。詳見《論衡校釋》一七二頁。」

　　茂仁案：「申徒狄非其世」，《後漢書・周燮傳》李賢〈注〉引「徒」作「屠」，徒、屠，古並爲定母、魚部，音同可通。申徒狄向有爲夏人、殷人、周人三說。王念孫《讀書雜志》八之一《荀子・不苟》「申徒狄」云：「楊〈注〉曰：〈莊子音義〉曰：『殷時人，劉云。』案：服虔《漢書》〈注〉亦曰：『殷之末世介士也。』高誘〈說山訓〉〈注〉亦曰：『殷末人。』然《外傳》及《新序》並載申徒狄事，其荅崔嘉，有吳殺子胥、陳殺泄冶語，據此言之，則非殷時人。」是。汪繼培輯《尸子・尸子存疑》，以申徒狄爲夏之賢人，其案語云《通志・氏族略》引《風俗通》、《姓纂》三、《莊子・外物篇》、又〈盜跖篇〉並以申徒狄爲夏賢人，《淮南子・說山訓》高誘〈注〉、《漢書・鄒陽傳》顏師古〈注〉引服虔〈注〉則並以爲殷人，《史記》〈索隱〉引韋昭說，又云其爲六國時人，末則以《韓詩外傳》一稱「申徒狄非其世，將自投於河，崔嘉聞而止之」語，以申徒狄引關龍逢、王子比干、子胥、泄冶以自況，《新序・節士篇》同，則狄當爲周末世人爲結。汪繼培說亦是也，且較王念孫說爲詳。《墨子閒詁・墨子佚文》云：「申徒狄謂周公曰。」則申徒狄爲周時人矣。

崔嘉聞而止之曰：「吾聞聖人仁士之於天地之間，民之父母也。

　　武井驥曰：「《後漢書・周燮傳》〈註〉引作『聖人從事於天地之間』。」

　　茂仁案：「吾聞聖人仁士之於天地之間，民之父母也」，《後漢書・周燮傳》〈注〉引「仁士之」作「從事」、「民」作「人」，《冊府元龜》八八〇「聖人仁士之」作「仁智士」，鐵華館本、龍溪本「間」並作「閒」，閒、間，古、今字。

今為濡足之故，不救溺人可也。」

　　盧文弨曰：「（不救溺人可乎）宋作『也』，與邪通。」

　　武井驥曰：「《後漢書・崔駰傳》〈註〉『溺人』二字倒。」

　　梁容茂曰：「《外傳》：濡足，作『儒雅』。《拾補》云：『乎，宋作也，與邪通。』」

　　蔡信發曰：「《外傳》『濡足』作『儒雅』。」

　　茂仁案：「今爲濡足之故」，《韓詩外傳》一「濡足」作「儒雅」，《韓詩外傳考徵》一云：「說文：『疋，足也。古文以爲《詩・大雅》字，亦以爲足字。』《外傳》本作濡疋，後人因改疋爲雅，復誤改濡爲儒。」是。「不救溺人可也」，《後漢書・崔駰傳》〈注〉引「溺人」倒乙，《後漢書・周燮傳》〈注〉引、又〈崔駰傳〉〈注〉引、《喻林》一〇四引「也」並作「乎」，武井驥《纂註本》、各本並同，也、乎，並通。

申徒狄曰：「不然。昔者桀殺關龍逢，紂殺王子比干，而亡天下，

　　茂仁案：「昔者桀殺關龍逢」，《韓詩外傳》一、《莊子‧人間篇》「逢」並作「逢」，《冊府元龜》八八〇同，元刊本、楚府本、何良俊本、楊美益本、白口十行本、程榮本、祕書本、陳用光本、四庫本、百子本亦並同。「逢」為「逢」之誤，竊疑「逢」之作「逢」為六朝俗寫所致，說見本書卷六「宋玉事楚襄王而不見察」章，「雖羿、逢蒙不得正目而視也」條校記。

吳殺子胥，陳殺洩治，而滅其國。

　　施珂曰：「（陳殺洩冶）《漢魏叢書》陳本冶誤治。」

　　茂仁案：「陳殺洩治」，陳用光本作「冶」，不作「治」，施先生失檢。《左傳‧宣公九年》載陳靈公殺洩冶事，字作「洩冶」，《白氏六帖》一一同，《韓詩外傳》一、又七、賈子《新書‧胎教篇》、《史記‧陳杞世家》、《說苑‧尊賢篇》「洩冶」並作「泄冶」，《天中記》九引《論語讖》同，武井驥《纂註本》、元刊本、楚府本、何良俊本、楊美益本、白口十行本、程榮本、陳用光本、四庫本、鐵華館本、百子本、龍溪本「治」亦並作「冶」。作「冶」，是也，治、冶，形近而訛，當據改；洩、泄，古並為心母、月部，音同可通。

故亡國殘家，非聖智也，不用故也。」

　　盧文弨曰：「（非無聖智也）（無）舊脫，據《外傳》一補。」

　　武井驥曰：「《韓詩》『非』下有『無』字，是。」

　　梁容茂曰：「《外傳》：非下有『無』字，是也。《拾補》亦據《外傳》補『無』字。」

　　茂仁案：「故亡國殘家，非聖智也，不用故也」，文不辭。《冊府元龜》八八〇、《天中記》九引《論語讖》「非」下亦並有「無」字。「非」下有「無」字，則文從句順矣，當據補。

遂負石沈於河。君子聞之曰：廉矣乎！如仁與智，吾未見也。《詩》曰：「天實為之，謂之何哉！」此之謂也。

　　武井驥曰：「《韓詩》『負』作『抱』。」

　　蒙傳銘曰：「《史記‧鄒陽傳》司馬貞〈索隱〉引作『抱甕自沈於河』。」

　　梁容茂曰：「《外傳》：負，作『抱』。」

　　茂仁案：「遂負石沈於河」，《韓詩外傳》一「負」作「抱」，《莊子‧盜跖篇》、《鶡

冠子‧備知篇》「沈」並作「投」，負、抱；沈、投，義並通。本書卷三「齊人鄒陽客游於梁」章，云：「申徒狄蹈雍之河」，《漢書‧鄒陽傳》〈索隱〉引作「抱甕自沈於河」，王念孫以「蹈雍」當爲「抱甕」，抱甕、負石、抱石，並欲其速沈之謂也，參見該章該條校記。

（二四）齊大飢

齊大飢，黔敖為食於路，

茂仁案：「齊大飢」，《呂氏春秋‧介立篇》高誘〈注〉無「大」字，《禮記‧檀弓下篇》「飢」作「饑」，武井驥《纂註本》、程榮本、祕書本、四庫本並同，《兩山墨談》一三「大」作「人」。《說文》五篇下食部云：「饑，穀不孰爲饑。」又云：「飢，餓也。」職是，「齊大飢」，以作穀不熟之「饑」爲是，飢、饑，正、假字。而「大」或作「人」，審度此文，作「大」，於義較長。

以待餓者而食之。

盧文弨曰：「（餓）何作『飢』。」

武井驥曰：「（以待饑者而食之）吳本『饑』作『餓』。」

梁容茂曰：「（以待餓者而飲之）程本：餓，作『饑』；百子本：餓，作『飢』。《拾補》云：何作『飢』。」

茂仁案：「以待餓者而食之」，四庫《新序》版本有二，二本並作「食」，不作「飲」，梁先生以四庫本爲底本，失檢。陳用光本「餓」亦作「飢」，《冊府元龜》八八〇、《兩山墨談》一三「餓」並作「饑」，武井驥《纂註本》、程榮本並同。「飢」、「饑」之別已如上校記，此作「飢」、「餓」爲正也。

有餓者蒙袂接履，貿貿然來。

武井驥曰：「〈檀弓下〉『接履』作『輯屨』，《呂覽‧介立篇》高誘〈註〉『貿貿』作『瞢瞢』。」

施珂曰：「《禮記‧檀弓》接作輯。」

梁容茂曰：「（有餓者蒙袂接履貿貿然來）接，《禮記‧檀弓》作『輯』。」

茂仁案：「有餓者蒙袂接履」，四庫《新序》版本有二，二本並作「餓」，不作「饑」，梁先生以四庫本爲底本，失檢。《呂氏春秋‧介立篇》高誘〈注〉作「有人戢其履」，《白氏六帖》二三〈注〉、《冊府元龜》八八〇、《兩山墨談》一三「接履」亦並作「輯

屨」，《北堂書鈔》一四三引《禮記》則作「戢屨」。《說文》十二篇下戈部「戢」字段〈注〉云：「〈周頌‧時邁〉曰：『載戢干戈，載櫜弓矢。』〈傳〉曰：『戢，聚也。』（中略）戢與輯音同，輯者，車輿也。可聚諸物，故毛訓戢爲聚。」職是，「戢屨」、「輯屨」，並因餓極而邁不出步伐，致使鞋子因之碰觸在一起之謂，與本文「接屨」義同。「貿貿然來」，《呂氏春秋‧介立篇》高誘〈注〉作「晉晉而求」。貿貿、晉晉，義通。

黔敖左奉食，右執飲，曰：「嗟來！食！」餓者揚其目而視之，曰：「予唯不食『嗟來』之食，以至於此也。」從而謝焉，終不食而死。

　　茂仁案：「嗟來！食！」當如是斷句。「來」，猶「哉」也，說見《古書虛字集釋》六，前此爲之作釋者，大抵以「嗟來食」爲句，非是。俞越《群經平議》一九《禮記》「嗟來食」云：「來乃語助之辭，《莊子‧大宗師篇》：『子桑戶死，孟子反，子琴、張相和而歌曰：「嗟來！桑戶乎？嗟來！桑戶乎？」』此云『嗟來！食！』文法正同。下云：『予唯不食嗟來之食。』是『嗟來』二字連文之明證。」俞樾說甚旳。「餓者揚其目而視之」，《禮記‧檀弓下篇》無「餓者」二字，《冊府元龜》八八○、《兩山墨談》一三並同，《呂氏春秋‧介立篇》高誘〈注〉「視之」作「應之」。陳霆《兩山墨談》一三云：「宋洪簨謂以文意推之，『揚其目而視之』，『終不食而死』，其上皆當有『餓者』字；『從而謝焉』上當有『黔敖』字。以予觀之，仍其本文，亦自意足，仍其文，正足見〈檀弓〉之高古也。」審此，有「餓者」二字，於文義較明。「以至於此也」，《禮記‧檀弓下篇》「此」作「斯」，《冊府元龜》八八○、《兩山墨談》一三並同。斯、此，義同。

曾子聞之曰：「微與！其嗟也可去，其謝也可食。」

　　茂仁案：「曾子聞之曰」，元刊本「曾」作「管」，非是，蓋形近致訛，《禮記‧檀弓下篇》、《白氏六帖》二三〈注〉、《冊府元龜》八八○並與本文同，並不誤，武井驥《纂註本》、他本亦並同。

（二五）東方有士曰袁族目

東方有士曰袁族目，

　　盧文弨曰：「（族）《列子‧說符篇》作『旄』。」

　　武井驥曰：「《後漢書‧張衡傳》作『旄旐』，太子賢曰：『一作爰精目。』《韓詩》

卷一作『表旌目』，《呂覽・介立篇》作『爰旌目』，《列子・說符篇》同，『士』作『人』、下有『焉』字。」

　　施珂曰：「《呂覽・介立篇》、《外傳》一、《列子・說符篇》，族皆作旌，族即旌之誤。」

　　梁容茂曰：「袁族目，《呂氏・介立篇》、《列子・說符篇》俱作『爰旌目』；《外傳》一作『袁旌目』，族，蓋『旌』之誤。」

　　蔡信發曰：「《呂覽》畢沅〈校〉：『梁仲子云：‘《列子・說符篇》亦作爰旌目。《後漢書・張衡傳》作旌瞀，〈注〉云：“一作爰精目。”並引《列子》，亦作精目。又《新序・節士篇》作族目，訛。’』《校補》：『《外傳》一作‘袁旌目’。』又《金樓子・雜記上》作爰旌目，《北山錄・異學》作爰精目，《劉子・妄瑕》、《北山錄・釋賓問》〈注〉並作袁精目。爰、袁同音，並屬爲紐元韻；旌，精同音，並屬精紐清韻；目、瞀同音，並屬明紐蕭部，故皆可通作。《廣韻》：『爰，亦姓，出濮陽，亦舜裔，胡公之後。袁，或作爰。』《通志・氏族略》『以字爲氏』：『爰氏，即袁氏也。陳胡公裔九代孫爰伯諸之後。』此作『族』，蓋『旌』之形近而誤。梁說是。袁旌目，不見《外傳》一，《校補》失檢。」

　　茂仁案：上言並以「族」爲「旌」之誤，是，當據改，《類說》三〇引「族」正作「旌」，下同。蔡先生云「袁旌目，不見《外傳》一，《校補》失檢」，今檢《韓詩外傳》一，正有「袁精目」，梁先生未失檢也。又《金樓子・雜記篇》作「袁旌目」，蔡先生引作「爰旌目」，蓋異本也。

將有所適而飢於道。

　　盧文弨曰：「（飢）何訛『饑』。」

　　梁容茂曰：「（將有所適而飢於道）《呂氏》：無『所』字；飢，作『饑』。《列子》同。《拾補》云：『何訛饑。』」

　　茂仁案：四庫《新序》版本有二，二本並作「饑」，不作「飢」，梁先生以四庫本爲底本，失檢。《呂氏春秋・介立篇》、《列子・說符篇》「飢」並作「餓」，《冊府元龜》八〇五「飢」作「饑」，武井驥《纂註本》、程榮本、祕書本、陳用光本、四庫本、百子本並同。《說文》五篇下食部云：「饑，穀不孰爲饑。」又云：「飢，餓也。」故此當以作「飢」或「餓」爲是。飢、饑，正、假字。

狐父之盜丘人也，見之，下壺餐以與之。

　　武井驥曰：「《呂覽》作『孤（茂仁案：狐字之誤）父之盜曰丘』，《列子》同。」

蔡信發曰:「《列子》、《呂覽》並作『狐父之盜曰丘』。狐父,地名。丘,人名。據是,此『人』乃衍文。此所以有此謬者,乃涉二書下文『我狐父之人丘也』之人丘而倒。狐立(茂仁案:當作父),在江蘇碭山縣南三十里,亦名狐父聚。」

茂仁案:「狐父之盜丘人也」,《金樓子・雜記篇》作「狐丘之盜父」,下同。蔡先生云:「此『人』乃衍文。此所以有此謬者,乃涉二書下文『我狐父之人丘也』之人丘而倒」。審此「人」字,非衍也,「盜丘人」,即盜墓者也,與下文「我狐父之盜丘人也」同,劉向《新序》,據《漢書・劉向傳》所載,以悟君爲上,今此章以「潔」爲訴求,是以不食盜之齎食,據地歐之而死以表其潔,此「盜丘人」或即劉向據《呂氏春秋・介立篇》、《列子・說符篇》所自改作,要之,「人」字非必衍,且未必涉二書而誤也,若「人」爲衍,則與下文意未接,非也,說詳下。楚府本「狐」原作「孤」,後人改寫爲「狐」,是。

袁旌目三餔而能視,仰而問焉,曰:「子,誰也?」曰:「我狐父之盜丘人也。」

盧文弨曰:「(盜)《列》無,案:不當有。」

武井驥曰:「(我孤父之盜丘人也)《列子》、《呂覽》作『我狐父之人丘也』。」

施珂曰:「《呂覽》、《列子》並作『我狐父之人丘也。』此文既衍盜字,『人丘』二字又誤倒。」

梁容茂曰:「《呂氏》、《列子》:盜,作『人』;丘下無『人』字。百子本:丘,作邱,下同。《拾補》云:『(盜),《列》無,案不當有。』」

蔡信發曰:「《列子》、《呂覽》並作『曰:我狐父之人丘也。』此『盜』不當有。蓋豈有爲盜而自稱邪?此當誤。」

茂仁案:「我狐父之盜丘人也」,《呂氏春秋・介立篇》、《列子・說符篇》並作「我狐父之人丘也」,《冊府元龜》八〇五作「我狐父之盜丘也」,盧文弨云「(盜)《列》無,案不當有」,蔡先生云「此『盜』不當有。蓋豈有爲盜而自稱邪?此當誤」,審此有「盜」字是也,即因此人自明其爲盜,故方有下文袁旌目緊接之「嘻!汝乃盜也」語,及其「據地而歐」之動作,上下承接甚密。若此句無「盜」字,則下文袁旌目,何以知其爲盜?則下文之語無著矣,且若如是,則袁旌目之語於此驟出之,莫明益甚!據是,有「盜」字爲是,未可刪也。武井驥《纂註本》「狐」作「孤」,非是,形近致訛也。梁先生以百子本「丘」作「邱」,今檢百子本作「𠀌」(避聖諱,丘字缺筆避諱),梁先生失檢。

袁族目曰：「嘻！汝乃盜也！何為而食我以？吾不食也。」

　　武井驥曰：「《呂覽》作『汝非盜耶』。」又曰：「《呂覽》作『吾義不食士（茂仁案：子字之誤）之食也』，《列子》同。」

　　梁容茂曰：「《呂氏》、《列子》作：『吾義不食子之食也』。」

　　茂仁案：《列子・說符篇》「汝乃盜也」亦作「汝非盜邪」、無「以」字。楚府本「以」下後人增寫「食」字，審此文義已足，非必補「食」字，唯補之，於義較明。

兩手據地而歐之，不出，喀喀然，遂伏地而死。

　　武井驥曰：「《呂覽》『歐』作『吐』，《子》無下『地』字。《廣韻》曰：『喀喀，吐聲。』」

　　梁容茂曰：「《呂氏》：歐，作『吐』。」

　　茂仁案：「兩手據地而歐之」，《類林雜說・廉儉第十》「歐」亦作「吐」，《金樓子・雜記篇》「歐」作「嘔」，《類說》三〇引、《冊府元龜》八〇五並同，四庫全書薈要本亦同。《說文》有「歐」、無「嘔」，八篇下欠部云：「歐，吐也。」職是，知歐、嘔，古、今字，並與「吐」，義同。武井驥《纂註本》、程榮本「據」並作「擄」，白口十行本作「擄」，擄、擄，並未見於字書，愚謂即「據」字俗寫。

縣名為勝母，曾子不入；邑號朝歌，墨子回車。

　　茂仁案：「縣名為勝母」，《淮南子・說山篇》、《論衡・問孔篇》、《鹽鐵論・晁錯篇》「縣」並作「閭」，《說苑・談叢篇》作「邑」，本書卷三「齊人鄒陽客游於梁」章，作「故里名勝母」。作「縣」，當非，審「縣」為秦之行政單位，先秦無之，故此作「縣」，非是，當據改作「里」或「閭」或「邑」。載籍或言不入勝母之閭者為孔子，或言回車於朝歌者為顏淵，說並見本書卷三「齊人鄒陽客游於梁」章，「故里名勝母，而曾子不入；邑號朝歌，墨子回車」條校記。「縣名為勝母」與下文「邑號朝歌」對句，此別見本書卷三，其文作「里名勝母」與「邑號朝歌」，並無「為」字，職此，「縣名為勝母」之「為」字，顯為衍文，當刪，句法正一律。

故孔子席不正不坐，割不正不食，不飲盜泉之水，積正也。

　　武井驥曰：「《尸子》曰：『孔子過於盜泉，渴矣而不飲，惡其名也。』」

　　蔡信發曰：「《尸子》、《說苑・談叢》、《論語・比考讖》、《鹽鐵論・晁錯》、《論衡・問孔》、《後漢書・鍾離意傳》、《劉子・鄙名》、《兩同書・厚薄》、《申鑒・俗嫌》，並以為孔子事，與此同；《淮南・說山》以為曾子事，與此異。劉文典以『曾』當為『孔』之誤，是。說見〈淮南子校補〉、《三餘札記》一中。」

茂仁案：「不飲盜泉之水」，《淮南子·說山篇》以不飲盜泉者爲「曾子」，劉文典《三餘札記·淮南子校補》一云：「『曾子立廉，不飲盜泉』，典案：『曾』當爲『孔』，涉上『曾子立孝』而誤也。《尸子》：『孔子至於勝母，暮矣而不宿。過於盜泉，渴矣而不飲。惡其名也』【《文選》陸士衡〈猛虎行〉〈注〉引《水經·沂水》〈注〉引略同】，《水經·沂水》〈注〉：『《列女傳》：「樂羊子妻曰：『妾聞志士不飲盜泉之水。』」』〈注〉引《論語撰考讖》：『水名盜泉，仲尼不漱。』《後漢書·鍾離意傳》：『臣聞孔子忍渴於盜泉之水。』《說苑·談叢篇》：『邑名勝母，曾子不入。水名盜泉，孔子不飲。醜其聲也。』《論衡·問孔篇》：『孔子不飲盜泉之水，曾子不入勝母之閭。避惡去汙，不以義恥辱名也。』諸書皆以不飲盜泉爲孔子事，非曾子也。且上文已言『曾子立孝，不過勝母之閭』，下更言『曾子立廉』，於詞亦複矣。」于大成先生《淮南子校釋·說山篇》云：「劉家立云：『《家語》：「孔子忍渴於盜泉。」』則不飲盜泉乃孔子事。』鄭良樹云：『《鹽鐵論·晁錯篇》：「孔子不飲盜泉之流，曾子不入勝母之閭。」荀悅《申鑒·俗嫌篇》：「盜泉、朝歌，孔、墨不由。」《劉子新論·鄙名篇》：「水名盜泉，尼父不漱。里名勝母，曾子還軔」，亦皆以之屬孔子。』」上三說，並以「曾」乃「孔」字之誤，是也。

族目不食而死，潔之至也。

武井驥曰：「吳本『至』作『正』，嘉靖本、朝鮮本同。」

茂仁案：「潔之至也」，元刊本、楚府本、何良俊本、楊美益本、白口十行本「至」亦並作「正」，作「至」爲是，正、至，形近而訛也，他本並不誤。

（二六）鮑焦衣弊膚見

鮑焦衣弊膚見，

茂仁案：「鮑焦衣弊膚見」，白口十行本、四庫本「弊」並作「獘」，獘，俗引申爲利弊字，說見《說文》十篇上犬部「獘」字段〈注〉。

潔畚將蔬，

武井驥曰：「（挈畚捋蔬）《韓詩》卷一『將』作『持』，《列士傳》作『捋』。驥按：『將』當作『捋』。」

施珂曰：「《漢魏叢書》陳本潔作挈。《外傳》一同。挈、潔正假字。《外傳》將作持。下同。將猶持也。」

　　蒙傳銘曰：「『潔』，《韓詩》作『絜』，崇本書院本作『挈』。『將』，《御覽》四六引作『採』。將當作捋，武說蓋是。」

　　梁容茂曰：「《外傳》一：潔，作『絜』；將，作『持』，是也。百子本亦作『絜』。」

　　茂仁案：「潔畚將蔬」，《韓詩外傳》一「潔」作「絜」、「將」作「持」，下同。審「潔畚將蔬」爲正對，此作「潔」，非是，當據改作「絜」。今本作「潔」者，蓋「絜」形訛作「絜」，後人又以「絜」之俗字「潔」改之，致有此誤也，《冊府元龜》八八〇「潔」亦作「絜」，武井驥《纂註本》、楚府本、白口十行本、程榮本、祕書本、陳用光本、四庫全書薈要本、百子本並同，即其明證。武井驥云「『將』當作『捋』」，檢《說文》十二篇上手部云：「捋，取易也。」職是，作「捋」，於義較長，《冊府元龜》八八〇亦作「捋」，下同。俞樾《諸子平議補錄・韓詩外傳》一六云：「『持』疑『捋』字之誤。《詩・芣苢篇》：『薄言捋之。』〈傳〉曰：『捋，取也。』《新序・節士篇》作『將』，此作『持』，皆『捋』字之誤。《御覽》作『採』，則後人以意改之。」審將、持，義同，並與「捋」義近，非必誤也。

遇子贛於道，子贛曰：「吾子何以至此也？」

　　武井驥曰：「《韓詩》『至』下有『於』字。」

　　梁容茂曰：「《外傳》、何本、百子本：子贛，俱作『子貢』。」

　　蔡信發曰：「《外傳》『子贛』作『子貢』。《十駕齋養新錄》二：『《說文》：〝贛，賜也。貢，獻也。〞兩字音同義別。子貢，名賜，字當从贛。《論語》作貢，《禮記》唯〈樂記〉一篇稱子贛，餘與《論語》同。《左傳》定十五年、哀七年、十二年，作子貢；哀十五年、十六年、廿六年、廿七年，作子贛。』案：子贛之於端木賜合，猶子淵之於顏回合，子牛之於司馬耕合，伯牛之於冉耕合，其理一也。錢說是。」

　　茂仁案：「遇子贛於道」，《冊府元龜》八八〇「贛」亦作「貢」，祕書本、陳用光本、百子本亦並同，下並同，武井驥《纂註本》、他本並作「贛」與此同，作「贛」爲是，說見本書卷二「昔者鄒忌以鼓琴見齊宣王」章，「子貢」條校記。「吾子何以至此也」，《韓詩外傳》一「至」下有「於」字，審下文鮑焦云「吾何以不至於此也」爲承此而來，故此「至」下有「於」字爲長。

焦曰：「天下之遺德教者眾矣，吾何以不至於此也？

　　武井驥曰：「《韓詩》『焦』上有『鮑』字。」

　　蒙傳銘曰：「崇本書院本、涵芬樓本並無『於』字。」

　　茂仁案：「焦曰」，《冊府元龜》八八〇「焦」上亦有「鮑」字，審下文亦作「鮑

焦曰」，故此「焦」上當據而補「鮑」字，以符文例。蒙先生云「崇本書院本、涵芬樓本並無『於』字」，今檢該二本（崇本書院本，即愚之楚府本；涵芬樓本，即愚之何良俊本），並有「於」字，蒙先生失檢。

吾聞之，世不己知而行之不已者，是爽行也；上不己知而干之不止者，是毀廉也。行爽廉毀，然且不舍，惑於利者也。」

施珂曰：「（上不己知）《外傳》知作用。」

梁容茂曰：「（上不己知而干之不止者，毀廉也）《外傳》：知，作『用』。」

茂仁案：四庫《新序》版本有二，二本「毀」上並有「是」字，梁先生以四庫本為底本，失檢。「上不己知而干之不止者」，《韓詩外傳》一「知」作「用」，白口十行本「干」作「于」，祕書本「干」作「千」，知、用，並通；于、千，並「干」之形訛字。「行爽廉毀」，《韓詩外傳》一「廉毀」乙作「毀廉」，審此為正對，乙之，非是，《春秋別典》一四引《韓詩外傳》則不乙，武井驥《纂註本》、各本並同，是也。

子贛曰：「吾聞之，非其世者，不生其利；汙其君者，不履其土。

施珂曰：「《漢魏叢書》程本土誤上。」

蒙傳銘曰：「（汙其君者不履其上）『上』當為『土』之誤。《韓詩外傳》一正作土。下文云：『今吾子汙其君而履其土』，尤為碻證，各本皆作『土』字，不誤。」

茂仁案：「非其世者，不生其利；汙其君者，不履其土」，《莊子・盜跖篇》〈釋文〉引司馬彪云，作「汙時君，不食其祿；惡其政，不踐其土」，成玄英〈疏〉作「非其政者，不履其地；汙其君者，不受其利」。

今吾子汙其君而履其土，非其世而將其蔬，此誰之有哉！」

武井驥曰：「（蔬下）《韓詩》有『《詩》曰：「普天之下，莫非王土。」』十字。」

梁容茂曰：「《外傳》：將，作『持』。」

茂仁案：「今吾子汙其君而履其土」，楚府本「今」作「令」，非是，形近而訛也。「此誰之有哉」，《韓詩外傳》一作「《詩》曰：『溥天之下，莫非王土』，此誰之有哉」，《史記・鄒陽列傳》〈索隱〉引晉灼云、《漢書・鄒陽傳》顏師古〈注〉、《文選》鄒陽〈獄中上書自明〉李善〈注〉並引《列士傳》作「此焦之有哉？」。審《韓詩外傳》一所言，於義較長且明也。

鮑焦曰：「嗚呼！吾聞賢者重進而輕退，廉者易醜而輕死。」

蔡信發曰：「《外傳》作『於戲』，並歎詞，古通。《禮記・大學》〈疏〉：『於戲，

猶言嗚呼矣。』《說文》烏〈注〉：『古者短言於，長言烏呼，於、烏一字也。《匡謬正俗》曰：今文《尙書》悉爲於戲字，古文《尙書》悉爲烏呼字，而《詩》皆云於乎。中古以來，文籍皆爲烏呼字。按：經傳《漢書》，烏呼無有作嗚呼者。唐石經誤爲嗚者，十之一耳。近今學者，無不加口作嗚，殊乖大雅。又小顏云：古文《尙書》作烏呼，謂枚頤本也；今文《尙書》作於戲，謂漢石經也。洪適載石經《尙書》殘碑於戲字，尙四見，可證也。今《誆謬正俗》，古今字互譌。』」

乃棄其蔬而立，

茂仁案：「乃棄其蔬而立」，元刊本、楚府本、楊美益本、白口十行本、程榮本、鐵華館本、龍溪本「棄」並作「弃」，陳用光本、四庫本並作「棄」。弃、棄，古、今字；棄，爲棄字篆文「棄」之隸定。

槁死於洛水之上。

施珂曰：「《漢魏叢書》陳本槁誤稿。」

梁容茂曰：「《外傳》：無『死』字。」

茂仁案：「槁死於洛水之上」，《後漢書・崔駰傳》〈注〉、《春秋別典》一四並引《韓詩外傳》則並有「死」字，與此同。《莊子・盜跖篇》云鮑焦乃「立乾」，《晏子春秋》二云其爲「立餓枯槁而死」，《韓非子・八說篇》云「鮑焦木枯」，《說苑・雜言篇》云「鮑焦抱木而立枯」，《風俗通義・愆禮篇》云鮑焦「立枯而死」，《全三國文》阮籍〈大人先生傳〉云「鮑焦立以枯槁」，《太平御覽》七六五引《韓詩外傳》則云鮑焦乃「立枯於洛水之上」，《類林雜說・廉儉第十》〈注〉云鮑焦乃「抱樹不食而死」，所言並與此異，其間《韓非子・八說篇》之「木枯」，李瓚〈注〉云：「立死若木之枯也。」知「木」字乃涉注文而誤，當作「立」。祕書本、百子本「槁」亦並作「稿」，祕書本「於」作「于」，稿、槁，形近而訛也，並可參稽王觀國《學林》九「槀槁」。于、於，古、今字。

君子聞之曰：「廉夫剛哉！夫山銳則不高，水狹則不深，行特者其德不厚，志與天地疑者，其爲人不祥。

盧文弨曰：「（狹）《外傳》一作『徑』。」又曰：「（疑）讀爲擬，《外傳》作『擬』。」

武井驥曰：「《韓詩》『狹』作『徑』。」又曰：「《韓詩》『特』作『碨』、『疑』作『擬』，驥按：疑、凝（茂仁案：當作擬）通。」

梁容茂曰：「《外傳》：狹，作『徑』；特，作『碨』；疑，作『擬』。《拾補》云：

『疑，讀為‘擬’。』」

茂仁案：《韓詩外傳》一「狹」作「陘」、「特」作「礦」、「疑」作「擬」，《春秋別典》一四引《韓詩外傳》僅「疑」作「擬」，餘與本文同，《喻林》四七引，亦與本文同。《說文》無「狹」字，「狹」當作「陜」，《說文》十四篇下阜部云：「陜，隘也。」《玉篇・自部・陜》二二云：「亦作狹。」今作「狹」者，蓋後人所改作，以《新序》為漢代作品，故當據改作「陜」，以復《新序》本眞。《說文》九篇下石部云：「礦，厲石也（中略）讀若鎌。」又十四篇上金部云：「鎌，鍥也。」職是，「特」、「礦」，義並可通，唯作「特」，於義較明。疑、擬，古並為疑母、之部，音同可通，擬、疑，正、假字。

鮑子可謂不祥矣。其節度淺深，適至而止矣。《詩》曰：『已焉哉！天實為之，謂之何哉！』」

盧文弨曰：「（而止）《外傳》作『於是』。」

梁容茂曰：「《外傳》：止，作『於是』。」

茂仁案：《韓詩外傳》一「子」作「焦」、「而止」作「於是」、「曰」作「云」、「已」上有「亦」字，《春秋別典》一四引《韓詩外傳》「已」上無「亦」字，與本文同。本文所引《詩》，乃《毛詩》，見《詩經・邶風・北門》。

（二七）公孫杵臼、程嬰者

公孫杵臼、程嬰者，晉大夫趙朔客也。

蔡信發曰：「〈趙世家〉以杵臼為朔客，以嬰為朔友，與此異。《說苑》不載杵臼事，與此異；以嬰為朔客，與此同。」

茂仁案：《說苑・復恩篇》未載公孫杵臼與程嬰，謀以他嬰兒，以欺屠岸賈與諸將事，蓋略之耳，非異也。《說苑・復恩篇》載該事由「後生男，乳。朔客程嬰持，亡匿山中」言起，觀其文可知。此數句，《史記・趙世家》、《說苑・復恩篇》並置於下文「走公宮匿」句下，《春秋別典》六引（文末〈注〉云《說苑・復恩篇》、《新序・節士篇》）同，文作「公孫杵臼者、程嬰者，皆朔客也」。「公孫杵臼」，祕書本「杵」作「抒」，非是，抒、杵，形近而訛也。「程嬰者」，《論衡・吉驗篇》載此事言及「程嬰」，作「程嬰齊」，非是，「齊」字蓋涉下文「趙嬰齊」而誤衍。

晉趙穿弒靈公，趙盾時為貴大夫，亡不出境，還不討賊，故《春秋》責之，以盾為弒君。

　　盧文弨曰：「（責）『貴』訛。」

　　施珂曰：「《漢魏叢書》程本責作貴。責、貴形近又涉上貴字而誤。」

　　蒙傳銘曰：「（故《春秋》貴之）盧校是也。陳用光本、何良俊本、崇本書院本、涵芬樓本、鐵華館本『貴』並作『責』。」

　　梁容茂曰：「責，《拾補》云：『貴訛。』案：四庫本不誤。」

　　蔡信發曰：「《拾補》：『貴，訛。』是。貴、責之形訛。」

　　茂仁案：「亡不出境，還不討賊」，《左傳‧宣公二年》作「亡不越竟，反不討賊」，《穀梁傳‧宣公二年》作「出亡不遠，君弒，反不討賊」，《史記‧晉世家》作「亡不出境，反不誅國亂」，又〈趙世家〉作「亡不出境，反不討賊」，《孔子家語‧終記解》同〈趙世家〉，唯「反」作「返」。竟、境；反、返，並古、今字。出、越；還、反，義並通。「故《春秋》責之」，程榮本「責」作「貴」，非是，貴、責，形近而訛也，盧文弨說是，元刊本、楊美益本、白口十行本、祕書本、龍溪本亦並作「責」，與此同，並不誤也。

屠岸賈者，幸於靈公。

　　武井驥曰：「《史‧趙世家》、《說苑‧復恩篇》『者』下有『始』字、『幸』作『有寵』。」

　　茂仁案：《冊府元龜》七四八、《春秋別典》六引「者」下亦有「始」字、「幸」亦作「有寵」。

晉景公時，賈為司寇，欲討靈公之賊。盾已死，欲誅盾之子趙朔。

　　武井驥曰：「嘉靖本無『趙』字。」

　　施珂曰：「《漢魏叢書》程本缺趙字。」

　　蒙傳銘曰：「（欲誅盾之子朔）何良俊本亦無『趙』字，鐵華館本有。程榮本『朔』上空一格，疑原刻衍『趙』字而又削去者也。然上文歷言趙盾、趙朔，此文但云『欲誅盾之子朔』，義自明曉，『趙』字似可省去。」

　　梁容茂曰：「（欲誅盾之子時朔。徧告諸將）何本、百子本：時，俱作『趙』。程本作缺一字。《拾補》云：『偏訛。』案，四庫本不誤。」

　　茂仁案：「欲誅盾之子趙朔」，四庫《新序》版本有二，四庫全書薈要本「誅」下有「趙」字、且無下「趙」字；四庫全書本作「趙」，不作「時」，梁先生以四庫

本爲底本，失檢。四庫本「盾」上有「趙」字，元刊本、楚府本、楊美益本「趙朔」並作「時朔」，何良俊本、四庫本並無「趙」字，他本則並與此同。有無「趙」字，並通，唯「趙」作「時」，則非是。

遍告諸將，

　　盧文弨曰：「（徧告諸將）『徧』訛。」

　　武井驥曰：「（徧告諸將）舊本『徧』作『偏』，今據吳本、嘉靖本改。」

　　茂仁案：《史記・趙世家》、《說苑・復恩篇》「遍」並作「徧」，下同。《說文》有「徧」、無「遍」，其二篇下彳部云：「徧，帀也。」職是，作「徧」爲正，《冊府元龜》七四八、《春秋別典》六引「遍」亦並作「徧」，何良俊本、白口十行本、四庫本、鐵華館本、龍溪本亦並同，即其明證，當據改，下同。程榮本、祕書本、陳用光本、百子本「遍」並作「偏」。偏、徧，形近而訛；徧、遍，古並爲幫母、眞部，音同可通，遍，蓋即徧之後起本字也。

曰：「盾雖不知，猶爲首賊，賊臣弒君，子孫在朝，何以懲罪？請誅之。」

　　盧文弨曰：「（猶爲賊首）各本俱作『首賊』。」

　　武井驥曰：「《史》『首賊』二字倒。」

　　梁容茂曰：「何本、百子本：首賊，俱作『賊首』。《拾補》亦作賊首，云：『各本俱作首賊。』」

　　茂仁案：「猶爲首賊」，《史記・趙世家》「首賊」乙作「賊首」，《冊府元龜》七四八同。盧文弨云「各本俱作首賊」，今檢何允中本、陳用光本、百子本並作「賊首」，盧文弨失檢，武井驥《纂註本》亦作「賊首」，亦不乙。「賊臣弒君」，《史記・趙世家》「賊」作「以」，《冊府元龜》七四八同，《說苑・復恩篇》「弒」作「殺」，殺、弒，並通。

韓厥曰：「靈公遇賊，趙盾在外，吾先君以爲無罪，故不誅。今諸君將妄誅，妄誅謂之亂。臣有大事，君不聞，是無君也。」

　　武井驥曰：「《說苑》『將』下有『誅其後，是非先君之意，而後』十一字。」

　　施珂曰：「（今諸君妄誅）《史記・趙世家》『諸君』下更有『將誅其後，是非先君之意，而今』十二字。《說苑・復恩篇》亦有此十二字，惟『而今』作『而後』耳。」

　　茂仁案：「今諸君將妄誅」，鐵華館本「君」下有「將」字，與此同，施先生以鐵華館本爲底本，失檢。《春秋別典》六引作「今諸君將誅其後，是非先君之意，而復妄誅」。《史記・趙世家》所載，文義較此爲長且明。「君不聞」，《史記・趙世家》、

《說苑・復恩篇》「君」上並有「而」字，《冊府元龜》七四八、《春秋別典》六引並同，有「而」字，於文氣較順。

屠岸賈不聽，韓厥告趙朔趣亡，趙朔不肯，曰：「子必不絕趙祀，予死不恨。」韓厥許諾，稱疾不出。

茂仁案：「予死不恨」，《史記・趙世家》、《說苑・復恩篇》「予」並作「朔」，《冊府元龜》七四八、又七六四、《春秋別典》六引並同。審此爲自稱，就禮言之，作「朔」，於義較長。元刊本「予」作「子」，非是，形近而訛也。「韓厥許諾」，楚府本「諾」作「諸」，亦非是，亦形近致訛也。

賈不請，而擅與諸將攻趙氏於下宮，殺趙朔、趙同、趙括、趙嬰齊，皆滅其族。

蔡信發曰：「《史記・趙世家》同此。《左》成公八年《傳》：『六月，晉討趙同、趙括。』〈晉世家〉：『（景公）十七年，誅趙同、趙括，族滅之。』《說苑・復恩》：『殺趙朔、趙括、趙嬰齊，皆滅其族』，並異此。檢《左》成公八年〈疏〉：『二年《傳》，欒書將下軍，則於時朔已死矣。同、括爲莊姬所譖，此年見殺，趙朔不得與同、括俱死。』《困學紀聞》一一翁元圻〈注〉引閻若璩：『事之徵信，《史》不若《傳》，《傳》不若《經》。成公八年，大書晉殺其大夫趙同、趙括，不聞有趙朔，蓋朔已前死矣。』二說是。趙翼亦有所辨，見《陔餘叢考》五。又據《左》文公五年《傳》，嬰齊通於莊姬，爲括、同所放，前此三年，史有明載，亦不當與同、括俱死。檢《左》、《史》暨本章，並有趙同，《說苑》無，誤脫。金嘉錫《說苑補正》，亦有論及。要之，此以朔、同、括、嬰齊並於是年遭戮滅族，乃涉《史記》而誤。」

茂仁案：蔡先生說是也。審此說別見焦竑《焦氏筆乘續集》五、陳霆《兩山墨談》二、梁玉繩《史記志疑》二三、郭嵩燾《史記札記》四並有詳考，可相參稽。《春秋別典》六引無「趙同」二字，又《左傳・成公八年》載，趙同、趙括之見殺，爲莊姬以「原屏將爲亂」，譖之於晉侯，晉遂於六月殺之。職此，殺趙同、趙括者當爲莊姬，非屠岸賈也。

趙朔妻，成公姊，有遺腹，走公宮匿。

武井驥曰：「《左傳・成四年》云：『晉趙嬰通于趙莊姬。』〈五年〉：『春，原屏放諸齊。』〈八年〉：『六月，晉討趙同、趙括。』與此不同。」

蔡信發曰：「《史記・趙世家》、《說苑・復恩》並同此。檢：《左》成公八年〈注〉：『莊姬，晉成公女。』〈疏〉：『傳趙衰適妻，是文公之女。若朔妻，成公之姊，則亦

文公之女。父之從母，不可以爲妻。且文公之卒，距此四十六年，莊姬此時尙少，不得爲成公姊也。賈、服先儒，皆以爲成公之女，故杜從之。』梁玉繩《志疑》:『姊是女字之誤，或成公是景公之誤耳。』二說是。《左》成公八年《傳》:『武從姬氏畜于公宮。』與此異。《困學紀聞》十一翁元圻〈注〉引閻若璩:『朔死而武生，於是年已七歲，從母畜公宮，無遺腹之說。』考之甚確，當從。此二事，此並緣《史記》而訛。」

　　茂仁案：蔡先生說是也。梁玉繩《史記志疑》二三云：「莊姬爲成公女，故趙武從母畜公宮，同、括被殺時，其去朔卒已踰七年，武之生雖幼，亦十歲以上，安得言是遺腹，而或索宮中、或匿山中乎？」所論與上言閻若璩近同，並是。「走公宮匿」，《說苑·復恩篇》「匿」下有「後生男，乳」四字。

公孫杵臼謂程嬰胡不死，嬰曰：「朔之妻有遺腹，若幸而男，吾奉之；即女也，吾徐死耳。」無何而朔妻免，生男。

　　茂仁案：「無何而朔妻免」，《史記·趙世家》「無」上有「居」字、「免」作「免身」，《冊府元龜》七六四同，四庫本「免」作「娩」。有「居」字，於義爲明；免、娩，古、今字。《說苑·復恩篇》無此數句，並無下文賈搜嬰，與公孫杵臼及程嬰謀匿趙孤兒以欺賈等之事。

屠岸賈聞之，索於宮。朔妻置兒袴中，祝曰：「趙宗滅乎？若號；即不滅乎？若無聲。」及索，兒竟無聲。

　　茂仁案：「朔妻置兒袴中」，《史記·趙世家》「袴」作「絝」，義通，說見《說文》十三篇上糸部「絝」字段〈注〉。「即不滅乎」，《史記·趙世家》、《論衡·吉驗篇》並無「乎」字，《冊府元龜》七六四同，審此文無「乎」字，於文氣較順，於文義亦較長。「兒竟無聲」，何良俊本「竟」作「童」，非是，形近而訛也。

已脫，程嬰謂杵臼曰：「今一索不得，後必且復之，奈何？」杵臼曰：「立孤與死孰難？」嬰曰：「立孤亦難耳。」

　　武井驥曰：「《史》作『死易，立孤難耳』。」

　　施珂曰：「《史記》『立孤』上有『死易』二字。」

　　茂仁案：「嬰曰」，《論衡·吉驗篇》作「程嬰齊曰」，非是，「齊」字蓋涉上文「趙嬰齊」而誤衍，說已見上。「立孤亦難耳」，《冊府元龜》七六四亦作「死易，立孤難耳」，較此義爲明。

杵臼曰曰:「趙氏先君遇子厚，子彊為其難者，吾為其易者，吾請先死。」

　　茂仁案:「子彊爲其難者」，《春秋別典》六引「彊」作「強」，武井驥《纂註本》、元刊本、楚府本、何良俊本、楊美益本、白口十行本、程榮本、祕書本、陳用光本、四庫本、百子本並同，彊、強，古並爲群母、陽部，音同可通。

而二人謀，取他嬰兒，負以文褓，匿山中。

　　梁容茂曰:「何本:褓，作『謀』。」

　　茂仁案:「而二人謀」，《史記·趙世家》「而」作「乃」，元刊本「二」作「工」。而、乃，義同，說見《經傳釋詞再補》;工、二，形近致訛也。「負以文褓」，《史記·趙世家》「褓」作「葆」，〈集解〉引徐廣曰:「小兒被曰葆。」褓、葆，古並爲幫母、幽部，音同可通，又《說文》十三篇上糸部「緥」字段〈注〉云:「褓，緥之俗字。」職是，「葆」爲「褓」之借字;緥、褓，正、俗字。

嬰謂諸將曰:「嬰不肖，不能立孤，誰能與吾千金，吾告趙氏孤處。」諸將皆喜，許之，發師隨嬰攻杵臼。

　　武井驥曰:「(嬰謂諸將曰)《史》『嬰』下有『出謬』二字。」

　　施珂曰:「(嬰謂諸將曰)《史記》作『嬰出，謬謂諸將軍曰:』」

　　茂仁案:《冊府元龜》七六四「嬰」下亦有「出謬」二字。《春秋別典》六引「謂」作「詣」。

杵臼曰:「小人哉程嬰!下宮之難不能死，與我謀匿趙氏孤兒，今又賣之。縱不能立孤兒，忍賣之乎?」

　　武井驥曰:「《史》『曰』上有『謬』字、『下宮』上有『昔』字。」

　　茂仁案:「杵臼曰」，元刊本「曰」作「臼」，非是，蓋涉「杵臼」而誤。「下宮之難不能死」，《冊府元龜》七六四「曰」上亦有「謬」字、「下」上亦有「昔」字。

抱而呼:「天乎，趙氏孤兒何罪?請活之，獨殺杵臼也。」

　　武井驥曰:「《史》作『抱兒呼，曰:〝天乎!天乎!〞』、『臼』下有『可』字。」

　　茂仁案:「抱而呼」，《冊府元龜》七六四亦作「抱兒呼，曰:『天乎!天乎!』」審度此文，「而」作「兒」是也，當據改，楚府本正作「兒」，即其明證。四庫本「乎」作「曰」，非是。

諸將不許，遂併殺杵臼與兒。

　　施珂曰：「《史記》與下有孤字。與上下文俱作『孤兒』一律。」

　　茂仁案：「遂併殺杵臼與兒」，《史記‧趙世家》無「併」字，〈考證〉曰：「楓山、三條本，遂下有并字，與《新序》合。」審「併」字係呼應上文「獨殺杵臼」之「獨」字而來，故此有「併」字為長。《春秋別典》六引「併」作「并」，各本並同。《說文》八篇上人部云：「併，竝也。」又八篇上干部云：「并，相从也。」併、并，可相通用。

諸將以為趙氏孤兒已死，皆喜。然趙氏真孤兒乃在，程嬰卒與俱匿山中，居十五年，晉景公病，

　　武井驥曰：「《左傳‧成十年》云：『晉侯夢，大厲披髮及地，搏膺而踊，曰：「殺余孫，不義，余得請於帝矣。」壞大門及寢門而入。公懼，入于室，又壞戶。公覺。』」

　　蔡信發曰：「《史記‧趙世家》〈考證〉：『成十年《左傳》云：「晉侯夢大厲披髮及地，搏膺而踊，曰：『殺我孫，不義，余得請於帝矣。』壞大門及寢門而入。公懼，入于室，又壞戶。』杜預〈注〉：『厲，鬼也。趙氏之先祖也。八年，晉侯殺趙同、趙括，故怒也。』與此異。梁玉繩曰：『景公病崇而卒，在十九年，〈晉世家〉所書，是也。此云居十五年，〈韓世家〉作十七年，並誤。』』檢：《左傳》載復武田邑，在魯成公八年，當晉景公十七年；景公疾，在魯成公十年，當晉景公十九年，《史記‧年表》、〈晉世家〉同，與此異，是。〈趙〉、〈韓世家〉倒置二事，《說苑》亦然，與此同，誤。又《左》成公八年《傳》，晉誅趙氏暨復武田邑，並在是年，《史記‧晉世家》同，異於此，是。〈趙世家〉以誅趙氏在晉景公三年，復武田邑在晉景公十八年，《說苑》同，誤；〈韓世家〉以誅趙氏在晉景公三年，復武田邑在晉景公十七年，前非後是。」

　　茂仁案：檢梁玉繩語，見《史記志疑》二三，而〈考證〉言夢事與此異，是，唯引梁玉繩之言，云「居十五年」事則非。審「居十五年」，為指程嬰匿趙孤於山中之年數，非指景公病崇之「在位年數」言，《史記‧韓世家》所載，以君之在位年為綱，以述該年事於其下，與《史記‧趙世家》所載之「居十五年」異，本文同《史記‧趙世家》，檢閱該文，即瞭若揭，梁玉繩失考，故有是說，〈考證〉緣引之而未察，亦失之矣。

卜之，

　　梁容茂曰：「（十之）《史記‧趙世家》作：『卜之，大業之後不遂者為祟。』」何

本、程本、百子本：十之，俱作『卜之』，是也。」

　　茂仁案：四庫《新序》版本有二，二本並作「卜」，不作「十」，梁先生以四庫本爲底本，失檢。各本亦並不誤也。

大業之胄者爲祟。

　　武井驥曰：「《史》作『大業之後，不遂者爲祟（茂仁案：當作祟）』，《說苑》同。」

　　施珂曰：「《史記》、《說苑》胄並作後，下更有『不遂』二字。」

　　蔡信發曰：「《史記》、《說苑》『胄』作『後』，『祟』下有『不遂』。《國語·周語上》〈注〉：『胄，後也。』二字義通。又據《史記》、《說苑》，當有『不遂』二字，本文脫。」

　　茂仁案：「大業之胄者爲祟」，《冊府元龜》七六四「胄」亦作「後」、「後」下亦有「不遂」二字。楚府本「祟」作「樂」，非是，後人改寫爲「祟」，是。

景公問韓厥，韓厥知趙孤存，乃曰：「大業之後在晉絕祀者，其趙氏乎！夫自中行衍，皆嬴姓也。

　　盧文弨曰：「《史》無『行』字，下同。」

　　武井驥曰：「《說苑》無『行』字。《史》曰：『趙氏之先與秦共祖，至中衍爲帝大戊御。』」

　　施珂曰：「《說苑》亦無行字，當據刪。」

　　蔡信發曰：「《史記》、《說苑》無『行』，下同。是。」

　　茂仁案：「夫自中行衍」，《冊府元龜》七六四亦無「行」字，下同。《史記·秦本紀》云：「秦之先，帝顓頊之苗裔，孫曰女脩。女脩織，玄鳥隕卵。女脩吞之，生子大業。大業取少典之子曰女華，女華生大費（中略），舜賜姓嬴氏，大費生子二人，一曰大廉，實鳥俗氏；二曰若木，實費氏。其玄孫曰費昌。子孫或在中國，或在夷狄。費昌當夏桀之時，去夏歸商，爲湯御以敗桀於鳴條。大廉玄孫曰孟戲、中衍。」職是，「中行衍」之「行」字，疑涉《左傳·成公十七年》、《國語·晉語六》之「中行偃」而誤衍，當據刪，下同。

中行衍，人面鳥噣，降佐帝大戊及周天子，皆有明德，下及幽厲無道，

　　武井驥曰：「《說苑》『噣』作『喙』、『帝』上有『殷』字。」

　　施珂曰：「《史記》、《說苑》佐下皆有殷字。」

　　蔡信發曰：「《史記》、《說苑》『佐』下並有『殷』。是。」

　　茂仁案：「人面鳥噣」，《史記·秦本紀》作「鳥身人言」。「降佐帝大戊及周天子」，

審上條校記引《史記·秦本紀》，知有「殷」字爲明。

而叔帶去周適晉，事先君繆侯，至于成公，世有立功，未嘗絕祀。

盧文弨曰：「（帶）『帝』訛。」

武井驥曰：「《史》『繆侯』作『文侯』，《說苑》同。」

施珂曰：「（繆侯）《史記》、《說苑》皆作文侯。」

梁容茂曰：「何本、程本：帶，作『帝』。《拾補》云：『帝訛。』」

蔡信發曰：「《史記》、《說苑》『帝』作『帶』，『繆』作『文』。是。〈趙世家〉：『奄父生叔帶。叔帶之時，周幽王無道，去周如晉，事晉文侯。』」

茂仁案：「事先君繆侯」，《冊府元龜》七六四「繆侯」亦作「文侯」。《史記·趙世家》云：「奄父生叔帶，叔帶之時，周幽王無道，去周如晉，事晉文侯，始建趙氏於晉國。」職此，「繆」爲「文」之誤，檢《史記·晉世家》載文侯爲穆（繆）侯之子，今誤「文」爲「繆」，蓋以其事近失考致誤耳，當據改。

今及吾君，獨滅之趙宗。

武井驥曰：「《史》無『之』字。」

茂仁案：「獨滅之趙宗」，《冊府元龜》七六四、《春秋別典》六引亦並無「之」字，審此文，有無「之」字，並通。

國人哀之，故見龜筴，唯君圖之。」

施珂曰：「《史記》、《說苑》筴皆作策。筴即策之隸變。」

茂仁案：「故見龜筴」，《冊府元龜》七六四「筴」作「策」。筴與策同，說見本書卷三「昔者秦魏爲與國」章，「是大王籌筴之臣失之也耳」條校記；策、筞，形近而訛也。

景公問：「趙尚有後子孫乎？」韓厥具以實告。景公乃與韓厥謀立趙孤兒，召匿之宮中，諸將入問病，景公因韓厥之眾，以脅諸將，而見趙孤兒。孤兒名武。諸將不得已，乃曰：「昔下宮之難，屠岸賈爲之。矯以君命，并命群臣。非然，孰敢作難？微君之病，群臣固將請立趙後。今君有命，群臣願之。」

武井驥曰：「《史》、《說苑》作『群臣之願也』。」

茂仁案：「群臣願之」，《冊府元龜》七六四「願之」亦作「之願也」。審上文云「群臣固將請立趙後」，故此作「群臣之願也」爲長。

於是召趙氏、程嬰，遍拜諸將，

　　盧文弨曰：「（於是召趙武）『氏』訛。」

　　武井驥曰：「《史》、《說苑》『氏』作『武』，下同。」

　　蒙傳銘曰：「宋本『氏』作『武』，鐵華館本同。」

　　茂仁案：「於是召趙氏、程嬰」，宋本作「氏」，不作「武」，蒙先生失檢。《冊府元龜》七六四「氏」亦作「武」，鐵華館本、百子本、龍溪本亦並同。盧文弨云「氏訛」，審此「趙氏」乃承上文「孤兒名武」而來，故「氏」當據改作「武」，下同。「遍拜諸將」，楚府本、何良俊本、白口十行本、程榮本、祕書本、陳用光本、四庫本、鐵華館本、百子本、龍溪本「遍」並作「徧」，徧、遍，古並爲幫母、眞部，音同可通，遍，蓋即徧之後起本字也。

遂俱與程嬰、趙氏攻屠岸賈，滅其族，復與趙氏田邑如故。

　　武井驥曰：「《史》『俱』作『反』。」

　　蔡信發曰：「《左傳》載復武田邑，在魯成公八年，當晉景公十七年；景公疾，在魯成公十年，當晉景公十九年，《史記·年表》、〈晉世家〉同，與此異，是。〈趙〉、〈韓世家〉倒置二事，《說苑》亦然，與此同，誤。又《左·成公八年傳》，晉誅趙氏暨復武田邑，並在是年，《史記·晉世家》同，異於此，是。〈趙世家〉以誅趙氏在晉景公三年，復武田邑在晉景公十八年，《說苑》同，誤；〈韓世家〉以誅趙氏在晉景公三年，復武田邑在晉景公十七年，前非後是。」

　　茂仁案：蔡先生說是。本文以復趙氏田邑如故，在晉景公病、卜之後，此誤，蓋緣《史記·趙世家》而來。「遂俱與程嬰趙氏攻屠岸賈」，《說苑·復恩篇》「俱」亦作「反」，並通。

趙武冠爲成人，程嬰乃辭大夫，

　　武井驥曰：「《史》『大』上有『諸』字。」

　　茂仁案：「趙武冠爲成人」，《史記·趙世家》「趙」上有「及」字，《冊府元龜》七六四同，有「及」字，於文氣爲順，於文義亦較爲長。「程嬰乃辭大夫」，《冊府元龜》七六四「辭」下亦有「諸」字。

謂趙武曰：「昔下宮之難，皆能死，我非不能死，思立趙氏後。今子既立爲成人，趙宗復故，我將下報趙孟與公孫杵臼。」

　　武井驥曰：「（我將不報）吳本『不報』作『下報』，嘉靖本同，《史》『孟』上有『宣』字，趙孟，趙盾也。」

蒙傳銘曰：「『不』當作『下』，下文云：『嬰之自殺下報亦過矣。』可證。《史記·趙世家》『不』亦作『下』，鐵華館本同。」

蔡信發曰：「《史記》『不』作『下』。是。」

茂仁案：「今子既立爲成人」，楚府本「今」作「令」，非是，形近而訛也。「我將下報趙孟與公孫杵臼」，《史記·趙世家》「趙孟」作「趙宣孟」，〈考證〉引中井積德曰：「下報，宜舉趙朔，不當指宣孟。」《冊府元龜》七六四同《史記》。審趙孟即趙盾，趙衰子，謚宣孟（見《史記·趙世家》，唯〈考證〉言但謚宣，孟非謚），故或云趙宣孟，或稱趙宣子、趙孟，說見《左傳·僖公二十三年》、又〈文公六年〉並杜預〈注〉、《國語·晉語五》韋昭〈注〉。趙孟既爲趙盾，則程嬰無須下報之，檢《史記·趙世家》載程嬰爲趙朔之友人，本文載程嬰爲趙朔之客，姑不論其爲友抑爲客，今二書並言趙朔以趙穿弑靈公事，而見殺於屠岸賈，程嬰匿奉趙朔兒武，及至冠爲成人，故程嬰所自殺下報者，當爲爲「趙朔」，而非爲「趙孟」也，上引中井積德已指之，是也。是知「孟」爲「朔」之誤，當據改。武井驥《纂註本》、程榮本「下」並作「不」，非是，形近而訛也，下文「今我不下報之」、「嬰之自殺下報」，即其明證。

趙武號泣固請曰：「武願苦筋骨，以報子至死，而子忍棄我死乎？」

武井驥曰：「《史》作『啼泣』，下有『頓首』二字。」

施珂曰：「《史記》泣下有頓首二字。」

茂仁案：「趙武號泣固請曰」，《冊府元龜》七六四「號泣」亦作「啼泣頓首」。「而子忍棄我而死乎」，楚府本、陳用光本、四庫本「棄」並作「棄」，鐵華館本、龍溪本並作「弃」。弃、棄，古、今字；棄，爲棄字篆文「𢍁」之隸定。

程嬰曰：「不可。彼以我爲能成事，故皆先我死。今我不下報之，是以我事爲不成也。」遂自殺。

蔡信發曰：「《左·成公八年》〈疏〉：『公孫杵臼取他兒代武死，程嬰匿武於山中。居十五年，因晉侯有疾，韓厥乃請立武爲趙氏後，與《左傳》皆違，馬遷妄說，不可從也。』梁玉繩《志疑》：『下宮之事，《左·成八年》〈疏〉、《史通·申左篇》，並以《史》爲謬，後儒歷辨其誣，惟劉向取入《說苑·復恩》、《新序·節士》，《皇極經世》依〈世家〉書之，前編分載賈殺趙朔，在周定王十年；趙姬譖殺原、屏，在簡王三年，皆不足據也。匿孤報德，視死如歸，乃戰國俠士刺客所爲，春秋之世，無此風俗，則斯事固妄誕不可信，而所謂屠岸賈、程嬰、杵臼，恐亦無其人也。』

他如洪邁《容齋隨筆》十、王應麟《酖學紀聞》十一、郎瑛《七修類稾》下、方以智《通雅》、趙翼《陔餘叢考》五，並有詳考，可資參稽，要之，右搜孤救孤事，不可采信，此錄自《史記·趙世家》，亦沿彼而誤。」

茂仁案：蔡先生說是。審存趙孤事不可信，別見陳霆《兩山墨談》二、焦竑《焦氏筆乘續集》五、凌揚藻《蠡勺編》八，梁玉繩語，見《史記志疑》二三。

趙武服衰三年，為祭邑，春秋祠之，世不絕。君子曰：「程嬰、公孫杵臼可謂信交厚士矣。嬰之自殺下報，亦過矣。」

盧文弨曰：「（祠）何作『祀』。」

武井驥曰：「吳本『祠』作『祀』，嘉靖本、朝鮮本同。」

茂仁案：《史記·趙世家》「衰」上有「齊」字、「祠」作「祀」、「世不絕」作「世世勿絕」，《太平御覽》四二○引《史記》、《冊府元龜》七六四並同，唯「祠」作「祠」不作「祀」，並與本文同，白口十行本、祕書本、陳用光本、百子本「祠」亦並作「祀」。祠、祀，古並為邪母、之部，音同可通，《說文》一篇上示部云：「祀，祭無已也。」段〈注〉引《釋詁》云：「祀，祭也。」又一篇上示部云：「祠，春祭曰祠。」段〈注〉云：「公羊傳曰：『春曰祠。』〈注〉：『祠猶食也。』猶繼嗣也，春物始生，孝子思親，繼嗣而食之。」據此，作「祠」為是，祠、祀，正、假字。

（二八）吳有士曰張胥鄙、譚夫吾

吳有士曰張胥鄙、譚夫吾，前交而後絕。

武井驥曰：「《御覽》四百十引無『曰』字。」

梁容茂曰：「百子本：譚，作『談』。」

茂仁案：《群書集事淵海》三九引、《春秋別典》九引、《天中記》二○引並有「曰」字，與此同，各本並同。檢百子本作「譚」，不作「談」，梁先生失檢。

張胥鄙有罪，拘將死，譚夫吾合徒而取之出，至於道，而後乃知其夫吾也，

武井驥曰：「《御覽》無『而』字。」

茂仁案：《群書集事淵海》三九引、《春秋別典》九引、《天中記》二○引並有「而」字，與此同，各本並同。《群書集事淵海》三九引並無「張」、「譚」二字。

輟行而辭，曰：「義不同於子，故前交而後絕。

武井驥曰：「吳本『子』作『此』，《御覽》『義』上有『吾』字、無『於』字。」

茂仁案：《群書集事淵海》三九引、《春秋別典》九引、《天中記》二〇引並有「而」字，與此同，各本並同。

吾聞之，君子不爲危易行。

盧文弨曰：「（之下）『君子不以安肆志』五字舊脫，據《御覽》四百十補。」

武井驥曰：「舊本『不以安肆志』五字脫，今據《御覽》補。」

梁容茂曰：「《御覽》四一〇引：『君子』下有『不以安肆志』，依下文義，當據補。」

蔡信發曰：「《御覽》四一〇引，『子』下有『不以安肆志』。依下文『安則肆志』，則此當有此五字。」

茂仁案：《莊子・繕性篇》云：「不爲軒冕肆志，不爲窮約趨俗。」《史記・李斯傳》云：「不爲安肆志，不以危易心。」知「不爲（以）……，不爲（以）……」，爲古時常語，今此「吾聞之，君子不爲危易行」，顯有奪文，審下文「今吾從子，是安則肆志，危則易行也」，乃承上爲言，故「子」下顯奪「不以安肆志」五字，《太平御覽》四一〇引「子」下正有此五字，即其明證，盧文弨說是，當據補。陳鱣〈校〉同。

今吾從子，是安則肆志，危則易行也。

茂仁案：祕書本「吾」作「我」，並通。

與吾因子而生，不若反拘而死。」

武井驥曰：「《御覽》無『與』字。」

茂仁案：「與吾因子而生」，《太平御覽》四一〇引無「與」字，非是。審此爲「與（其）……，不若……」句法，「與」字，不當刪，《群書集事淵海》三九引、《春秋別典》九引、《天中記》二〇引並有「與」字，各本並同，並其明證。「不若反拘而死」，楚府本「若」作「君」，非是，君、若，形近而訛也。

闔閭聞之，令吏釋之。

武井驥曰：「《御覽》『令』作『命』。」

茂仁案：「令吏釋之」，《群書集事淵海》三九引無「吏」字，程榮本「令」作「今」。令、命，義通；今、令，形近而訛也。

張胥鄙曰：「吾義不同於譚夫吾，故不受其任矣。

茂仁案：「故不受其任矣」，《春秋別典》九引「故」作「固」，祕書本、陳用光

本、百子本並同，《說文》六篇下口部「固」字段〈注〉云：「事之已然者曰固，即『故』之假借字。」據此，故、固，正、假字。

今吏以是出我，以譚夫吾故免也，吾庸遽受之乎！」

武井驥曰：「《御覽》『我』作『誠』、『故』作『放』。」

梁容茂曰：「（今吏是以出）《御覽》四一○引：吏，作『利』。」

茂仁案：「今吏以是出我」，四庫《新序》版本有二，二本並作「以是」，不乙作「是以」，梁先生以四庫本爲底本，失檢。《太平御覽》四一○引作「今利以是出，誠以譚夫吾故免也」、並無「吾庸遽受之乎」六字，作「故」，不作「放」，武井驥恐失之。《群書集事淵海》三九引「今吏以是出我」作「今出我」。「吏」作「利」，非是，蓋「吏」之音誤字。

遂觸牆而死。

梁容茂曰：「《御覽》四一○引：牆，作『廧』。」

茂仁案：「遂觸牆而死」，《群書集事淵海》三九引、《天中記》二○引「牆」並作「墻」，武井驥《纂註本》、元刊本、楚府本、何良俊本、楊美益本、白口十行本、程榮本、祕書本、陳用光本、四庫全書薈要本、百子本並同，他本並與此同。牆、廧並从嗇得聲，可相通用；牆、墻，正、俗字。

譚夫吾聞之曰：「我任而不受，佞也；不知而出之，愚也。

武井驥曰：「《御覽》『我』作『致』。」

梁容茂曰：「《御覽》四一○引：我，作『致』。」

茂仁案：《群書集事淵海》三九引無「我」字。《春秋別典》九引、《天中記》二○引並與此同。

佞不可以接士，愚不可以事君，吾行虛矣。

武井驥曰：「《御覽》『士』作『上』。」

梁容茂曰：「《御覽》四一○引：士，作『上』。」

茂仁案：「佞不可以接士」與「愚不可以事君」對言，「士」與「君」對，是。上文明言「吳有士」云云，又此篇俱言士之相接事，故「士」作「上」，非是，且作「上」，與「君」義複，不類。上、士，形近而訛也，《群書集事淵海》三九引、《春秋別典》九引、《天中記》二○引並與此同，並不誤，各本並同。

人惡以吾力生，吾亦恥以此立於世。」乃絕頸而死。君子曰：「譚夫吾其以失士矣，張胥鄙亦未為得也。可謂剛勇矣，未可謂得節也。」

茂仁案：「人惡以……立於世」，《群書集事淵海》三九引作「寧立於世乎」，並無下「君子曰」云云等三十字，《太平御覽》四一○引亦無此三十字。

（二九）蘇武者

蘇武者，故右將軍平陵侯蘇建子也。孝武皇帝時，以武為栘中監，使匈奴。

盧文弨曰：「（栘）『栘』訛。」

武井驥曰：「《漢書》『中』下有『廄』字，顏師古曰：『栘中，廄名，為之監也。』」

梁容茂曰：「（以武為栘中監）《拾補》云：『何作祀。』《漢書》本傳：栘，作栘。《拾補》作栘，云：『栘訛。』」

蔡信發曰：「《拾補》『栘』作『栘』，云：『栘，訛。』檢《漢書》亦作『栘』，則此栘乃栘之形誤。盧說是。顏〈注〉：『栘中，廄名。為之監也。栘，音移。』」

茂仁案：「以武為栘中監」，四庫《新序》版本有二，二本並作「栘」，不作「栘」，梁先生以四庫本為底本，失檢，又引「《拾補》云：『何作祀』」者，為本卷「公孫杵臼、程嬰者」章，「春秋祠之」條校記之誤植，亦失檢。元刊本、楚府本、楊美益本、祕書本、陳用光本、百子本「栘」並作「栘」，白口十行本殘泐不可識，武井驥《纂註本》、他本並作「栘」，與此同。顏師古〈注〉云：「栘中，廄名。為之監也。栘，音移。」職是，作「栘」是也，栘、栘，蓋形近而訛，抑音同而誤也。陳鱣亦〈校〉作「栘」。

是時，匈奴使者數降漢，故匈奴亦欲降武以取當。

茂仁案：檢《漢書‧蘇武傳》載，天漢以前，漢伐胡，數使使通匈奴，欲竊觀其實，唯數遭匈奴留置不歸，匈奴使漢之使，漢亦效之，留而不使歸。及至天漢元年，且鞮侯單于初立，恐漢襲之，乃尊漢天子為丈人，並盡歸漢使。武帝嘉之，乃遣蘇武為使，並張勝、常惠等，使武持節送匈奴使留漢者，及武等至匈奴，適會匈奴內反，累及漢使張勝，匈奴遂將武等留置，欲招降之。所載與此異。

單于使貴人故漢人衛律說武，武不從，乃設以貴爵重祿尊位，終不聽。於是律絕不與飲食，武數日不降；又當盛暑，以旃厚衣并束，三日暴，武心意愈堅，終不屈橈，

蔡信發曰：「《漢書》作『律知武終不可脅，白單于。單于愈益降之。迺幽武置大窖中，絕不飲食。天雨雪。武臥，齧雪與旄毛並咽之，數日不死。匈奴以為神，乃徙武北海上無人處，使牧羝』，人時並與此異，當以《漢書》為準。蓋塞北苦寒，風狂氣厲，即盛暑亦不逮關內遠甚。設此所記屬實，則後出之《漢書》，斷無不取之理。檢：本書卷十，記漢事甚多，而其乖《史記》者眾，同《漢書》者夥。準此，則本章自不及正《史》《漢書》本傳之精確明矣。此當誤。」

茂仁案：「又當盛暑，以旄厚衣并束，三日暴」，《漢書·蘇武傳》未載盛暑事，唯載「天雨雪，武臥齧雪與旄毛并咽之」，本書不載武臥齧雪咽旄毛之事，非必誤也，或班固遺。王楙《野客叢書》四「蘇武在匈奴」云：「《前漢書》載蘇武在匈奴，衛律白單于，幽武大窖中，絕不與飲食，天雨雪，武臥齧雪與旄毛並咽之。數日不死。劉向《新序》又載武在匈奴，『衛律絕不與飲食，武數日不降，當盛暑，以旄衣并束，三日暴，武心意俞堅，終不屈撓』。今人徒知武在匈奴劇寒中被如是之虐，不知劇暑中亦受如是之苦。」梁玉繩《瞥記》五云：「《新序·節士篇》：『衛律說武不降，當盛暑，以旄厚衣并束，三日暴，武心意愈堅，終不屈撓。』《漢書》但載齧雪咽氊事，此可補孟堅之遺。」此說得之。元刊本、陳用光本、百子本「束」並作「朿」，非是，形近而訛也。元刊本、楊美益本、白口十行本「暴」並作「曓」，楚府本作「暴」，陳用光本、百子本並作「暴」。曓、曓蓋由隸定「暴」字篆文而來；曓、暴，形近而訛，當據改。「終不屈橈」，元刊本、楚府本、何良俊本、楊美益本、白口十行本、程榮本、陳用光本、四庫本、百子本「橈」並作「撓」，《說文》六篇上木部云：「橈，曲木也。」段〈注〉云：「引申為凡曲之偁，見《周易·考工記》、〈月令〉、《左傳》，古本無從手撓字，後人肊造之，以別於橈，非也。」

稱曰：「臣事君，由子事父也。子為父死，無所恨。」

梁容茂曰：「百子本：由，作『猶』。案：由、猶，古通。」

茂仁案：百子本作「由」，不作「猶」，梁先生失檢。四庫全書薈要本「由」作「猶」。

守節不移，雖有鈇鉞湯鑊之誅而不懼也，尊官顯位而不榮也。匈奴亦由此重之。

盧文弨曰：「（鈇）『鐵』訛。」

武井驥曰：「（鐵鉞）《漢書》作『斧鉞』。驥按：『鐵』當作『鈇』，鐵俗作鈇，故誤。」

蒙傳銘曰：「盧、武說是。宋本『鐵』正作『鈇』，鐵華館本同。」

梁容茂曰：「（鐵鈇）鐵，俗作『鈇（茂仁案：當作鈇）』，或作『斧』。《拾補》作『鈇』，云：『鐵訛。』」

茂仁案：元刊本、楚府本、何良俊本、楊美益本、白口十行本、程榮本、祕書本、陳用光本、四庫本、百子本「鈇」並作「鐵」，非是。鐵之俗字作「鈇」，與「鈇」形近致訛，後又改鈇爲鐵也，盧文弨說是，陳鱣〈校〉同。龍溪本作「鈇」，亦不誤也。

武留十餘歲，竟不降下，可謂守節臣矣。《詩》云：「我心匪石，不可轉也；我心匪席，不可卷也。」蘇武之謂也。匈奴紿言武死，其後漢聞武在，使使者求武，匈奴欲慕義，歸武，漢尊武以為典屬國，顯異於他臣也。

茂仁案：「匈奴紿言武死」，楚府本「紿」作「給」，祕書本作「詒」，《說文》三篇上言部云：「詒，相欺詒也。」段〈注〉云：「《史》、《漢》多假紿爲之。」據是，詒、紿，正、假字；給、紿，形近而訛也。「匈奴欲慕義」，元刊本、楊美益本「慕」並作「蓁」，非是，蓁、慕，形近而訛也。「漢尊武以爲典屬國」，元刊本、楚府本、何良俊本、楊美益本、白口十行本「屬」並作「属」，属，未見於字書，唯版刻習見之，蓋即「屬」字俗寫。